GRUNDLAGEN DES STUDIUMS DER WIRTSCHAFTSGESCHICHTE

Unter Benutzung des Werkes von
PROF. DR. LUDWIG BEUTIN
völlig neu bearbeitet

von

PROF. DR. HERMANN KELLENBENZ

Direktor des Seminars für Wirtschafts- und Sozialgeschichte
der Universität Erlangen-Nürnberg

1973
BÖHLAU VERLAG KÖLN WIEN

Copyright © 1973 by Böhlau-Verlag, Köln
Alle Rechte vorbehalten

Ohne schriftliche Genehmigung des Verlages ist es nicht gestattet,
das Werk unter Verwendung mechanischer, elektronischer und anderer Systeme
in irgendeiner Weise zu verarbeiten und zu verbreiten.
Insbesondere vorbehalten sind die Rechte der Vervielfältigung
– auch von Teilen des Werkes – auf photomechanischem oder ähnlichem Wege,
der tontechnischen Wiedergabe,
des Vortrags, der Funk- und Fernsehsendung,
der Speicherung in Datenverarbeitungsanlagen,
der Übersetzung und der literarischen oder anderweitigen Bearbeitung

Gesamtherstellung: Boss-Druck, Kleve
Printed in Germany
ISBN 3 412 86373 4

BÖHLAU-STUDIEN-BÜCHER
GRUNDLAGEN DES STUDIUMS

WIRTSCHAFTSGESCHICHTE

VORWORT

Als der Böhlau-Verlag 1958 die „Einführung in die Wirtschaftsgeschichte" herausbrachte, war ihr Verfasser, Ludwig Beutin, nicht mehr am Leben. Einige Wochen zuvor hatte ihn der Tod von seinem Leiden erlöst. Seine zwei Schüler Elisabeth Harder (von Gersdorff) und Friedrich Seidel hatten die Drucklegung überwacht und der Hamburger Kollege Paul Johannsen verfaßte das Geleitwort. Die „Einführung in die Wirtschaftsgeschichte", so schrieb Johannsen, „war das geistige Vermächtnis eines feinsinnigen Denkers, eines zutiefst sittlich empfindenden Forschers, der auch Verständnis und Toleranz für andere Auffassung besaß." In diesem wohl wichtigsten Beitrag zu einer Methodik und Systematik der Wirtschaftsgeschichte, die Beutin entsprechend dem deutschen Forschungsstand der Nachkriegszeit lieferte, blieb manches gewiß noch skizzenhaft; namentlich was die internationalen Leistungen und Zusammenhänge betraf, bedurfte das Werk der Ergänzung. Kein anderer als Beutin hätte diese Arbeit für eine Neuauflage besser gemacht als er selbst, wäre ihm ein längeres Leben beschieden gewesen.

Die Neubearbeitung, die hier vorgelegt wird, erfolgte aus dem Gefühl der geistigen Verbundenheit mit Beutin und der Dankbarkeit gegenüber seinem Werk. Namentlich im Abschnitt III kommt dies zum Ausdruck. Wo es ratsam erschien, Neues einzufügen und die Ansätze zu erweitern, geschah dies anhand möglichst einschlägiger Literatur, so besonders im Abschnitt über die Methoden der Wirtschaftshistoriker. Ganz neu ist der umfangreiche Abschnitt über die Historiographie der Wirtschaftsgeschichte. Das Ziel war immer, die Grundkonzeption Beutins einer möglichst umfassenden Besinnung über die Grundlegung des Studiums der Wirtschaftsgeschichte beizubehalten.

All denen, die an dem Buch mitarbeiteten, besonders den Herrn Ak. Rat Dr. Guntram Philipp und Dr. Otto Nübel, sowie meinen Nürnberger Mitarbeitern Dr. Jürgen Schneider, Dipl.-Handelslehrer Dietmar Trautmann und Dipl.-Handelslehrer Lambert Peters danke ich für ihre Mithilfe. Ebenso danke ich dem Böhlau-Verlag für seine Unterstützung.

Nürnberg, Herbst 1973   Hermann Kellenbenz

INHALT

Vorwort V

I. BEGRIFF UND STANDORT DER WIRTSCHAFTS-
GESCHICHTE 1

II. DIE METHODEN DER WIRTSCHAFTSHISTORIKER 7
   1. Historische Technik, Grund- und Nachbarwissenschaften 7
   2. Quellenkunde 8
      a) Allgemeines 8
      b) Für den Wirtschaftshistoriker wichtige Sachquellen 10
      c) Schriftliche Quellen 12
      d) Archive 29
      e) Firmen-, Wirtschafts- und Werksarchive 30
      f) Museen 44
      g) Bibliotheken 45
   3. Quellenkritik 47
   4. Moderne Wissenschaftslehre und geschichtliches Verstehen 50
   5. Die Wirtschafts- und sozialwissenschaftliche Fragestellung 53
      a) Wirtschaftsgeschichte und Theorie allgemein 53
      b) Einzelne Aspekte des theoretischen Ansatzes 58
      c) Der besondere sozialwissenschaftliche Aspekt 61
   6. Statistik für Historiker 62
   7. Die Darstellung 66

III. HAUPTASPEKTE DER WIRTSCHAFTSGESCHICHTE 68
   1. Natur und Wirtschaft 68
      a) Veränderungen der Natur selbst 68
      b) Beeinflussung durch den Menschen 71
   2. Die Bevölkerung 75
   3. Wirtschaft und Technik 77
   4. Geld, Preise und Löhne 80
   5. Das Gewinnstreben 85
   6. Der einzelne Mensch und die Wirtschaft 86
   7. Die Wirtschaft und die Gesellschaft 88
   8. Die Wirtschaft und der Staat 94
   9. Die Wirtschaft und das Recht 97
  10. Geistig-religiöse Grundkräfte und Leitbilder 98
  11. Organisationsformen der Wirtschaft 101
  12. Hauptzweige der Wirtschaft 104
  13. Struktur und Dynamik – Krisen und Konjunkturen 107

IV. GLIEDERUNG DER WIRTSCHAFTSGESCHICHTE 115
1. Sachliche Gliederung 115
2. Räumliche Gliederung 115
3. Zeitliche Gliederung 117

V. HISTORIOGRAPHIE DER WIRTSCHAFTSGESCHICHTE . . . 123
A. Von der Frühzeit bis ins 19. Jahrhundert 123
   1. Frühes wirtschaftliches Denken. Griechische Antike 123
   2. Römische Welt und frühes Christentum 129
   3. Islam 133
   4. Spätmittelalter und Humanismus 135
   5. Der Einfluß der überseeischen Expansion 138
   6. Rechtshistorie und Polyhistorie 140
   7. Merkantilisten, Enzyklopädisten 143
   8. Bemühungen um neue Methoden 143
      a) Die Aufklärer 143
      b) Der Historismus 148
      c) Der Weg zum französischen Positivismus 151
      d) Das Erbe Hegels 154
      e) Die kulturgeschichtliche Betrachtungsweise 158
      f) Die historische Schule der Nationalökonomie 161
      g) Jüngere Stufenbildungen 165
      h) Die Kritik an der Wirtschaftsstufentheorie und die Erweiterung der wirtschaftsgeschichtlichen Methode 168
B. 19. und 20. Jahrhundert 171
   1. Bedeutende wirtschaftsgeschichtliche Arbeiten des 19. und 20. Jahrhunderts 171
   2. Die Wirtschaftsgeschichte nach dem Zweiten Weltkrieg 195

VI. WIRTSCHAFTSGESCHICHTE IN DER GEGENWÄRTIGEN FORSCHUNG UND LEHRE 223

VII. WOZU WIRTSCHAFTSGESCHICHTE? 229

Register 231

I. BEGRIFF UND STANDORT DER WIRTSCHAFTSGESCHICHTE

Zwischen den Gegebenheiten der Natur und dem, was der Mensch zum Leben braucht, d. h. seinen Bedürfnissen, besteht ein mehr oder weniger latentes Spannungsverhältnis. Der menschliche Bedarf ist in der Regel größer als der Vorrat, der zur Verfügung steht, um ihn zu befriedigen. Deshalb steht der Mensch vor der ständigen Aufgabe zu wirtschaften, d. h. mit dem Vorrat auszukommen, oder zusätzlichen Vorrat zu beschaffen. Wir verstehen dabei unter Wirtschaft den Gesamtzusammenhang von Einrichtungen und Maßnahmen, die zur Deckung des menschlichen Bedarfs dienen. Die Wirtschaftsgeschichte befaßt sich mit diesem Fragenkomplex in der historischen Perspektive.

Wirtschaftsgeschichte ist demnach die Geschichte der Wirtschaft als des umfassenden Bereichs der Einrichtungen und Maßnahmen, die seit Beginn der Menschheit zur Deckung des materiellen menschlichen Bedarfs gedient haben. Das Sammeln von Früchten und Beeren, das Fischen und die Jagd als ursprünglichste Betätigungen gehören ebenso dazu wie besonders die später ausgebildeten Bereiche der Viehzucht und des Ackerbaus, der Forstwirtschaft, des Bergbaus, der gewerblichen Produktion, des Verkehrs, des Warenhandels und des Geld-, Kredit- und Versicherungswesens. Der Prozeß dieser Bedarfsdeckung besteht aus zahllosen Einzel- und Massenvorgängen. Er wird erst dann allgemein bewußt, wenn er erforscht und, in einen geistigen Zusammenhang gebracht, dargestellt wird. Erst durch die Arbeit des Historikers wird das wirtschaftliche Geschehen, wie es durch die Jahrhunderte hindurch, bis in unsere Gegenwart hinein erfolgt ist, als „Faktizität" sich angesammelt und überliefert hat zur Wirtschaftsgeschichte als wissenschaftlicher Leistung. So gesehen, bildet die Wirtschaftsgeschichte einen Zweig der allgemeinen Geschichte, wie die politische, die Literatur- und Kunstgeschichte. Sie ist keine eigene Wissenschaft, sondern eine historische Disziplin, die die Wirtschaft als Hauptgegenstand betrachtet und sich ihrer besonderen methodischen Mittel bedient, um diesen untersten, aber auch breitesten und notwendigsten Kultursachbereich in der Gesellschaft zu erhellen. Da ihr Hauptgegenstand die Wirtschaft ist und deren Funktion im Rahmen der Gesellschaft gesehen werden muß, steht die Wirtschaftsgeschichte auch in engem Zusammenhang mit den Wirtschafts- und Sozialwissenschaften. Ihr Standort als wissenschaftliche Disziplin wird durch diese zwei Bezüge näher bestimmt. Von hier aus ergibt sich auch ihr besonderes methodisches Rüstzeug, das zunächst weitgehend von den historischen Wissenschaften übernommen ist, andererseits aber auf eine enge Anlehnung an den Begriffsapparat der Wirtschafts- und Sozialwissenschaften Wert legt.

Soweit sich die Wirtschaftsgeschichte der methodischen Hilfsmittel der Geschichte bedient, wurden diese lange vorwiegend bestimmt durch die im 19. Jh. ausgebildeten Erkenntnismethoden der Geistes- und Kulturwissenschaften, die sich stark von denen der Naturwissenschaften unterscheiden.

Die Herausbildung dieser Methoden ist ein Prozeß, der bis ins 18. Jh. zurückweist und vor dem Hintergrund der Anregungen zu verstehen ist, die von der Aufklärung ausgegangen sind. Neben der pragmatischen Geschichtsbetrachtung, die die Geschichte letzten Endes als eine pädagogisch nützliche Beispielsammlung ansah, als eine vordergründig, kausal zusammenhängende Kette von Ereignissen, tritt zum ersten Mal eine Betrachtungsweise in Erscheinung, die man später als kulturgeschichtlich bezeichnet hat. Man erkannte, daß die politischen Ereignisse, die Schlachten und die diplomatischen Verhandlungen, denen sich die Historiker – abgesehen von der Kirchengeschichte – vorwiegend gewidmet haben, nur einen Sektor einer umfassenden Geschichte darstellten, in deren Mitte der Mensch und seine kulturellen und zivilisatorischen Leistungen standen.

Inzwischen erfuhr die Menschheit tiefgreifende politische, wirtschaftliche und gesellschaftliche Wandlungen. Die Französische Revolution und die Kriege Napoleons brachten das alte Römische Reich mit seiner Vielstaatlichkeit zum Einsturz. Sie weckten auch die nationalen Gefühle und machten in Mitteleuropa und Italien den Weg zur nationalen Einheit frei, während die Völker des amerikanischen Kontinents eine weitgehende Unabhängigkeit von ihren europäischen Mutterländern errangen. Dazu brachte der in England einsetzende und vom europäischen Festland übernommene Industrialisierungsprozeß Veränderungen wirtschaftlicher und sozialer Art, die auch die Geschichtsauffassung ganz wesentlich beeinflussen sollten. Das Entstehen und Wachsen neuer Elemente einer künftigen Gesellschaft mit Unternehmertum und Arbeiterschaft und die Auflösung der traditionellen ständisch gebundenen Gesellschaft zwangen nicht nur die Politiker, sondern alle jene, die sich mit Fragen der Wirtschaft und der Gesellschaft beschäftigten, zu neuen Erkenntnissen und Lösungen zu kommen.

Die wichtigsten Anregungen hinsichtlich der historischen Aspekte gingen dabei von Deutschland und Frankreich aus, während die Engländer mehr zu einer statischen Betrachtungsweise neigten. Doch soll auch der englische Beitrag nicht zu gering geschätzt werden. Mit der Auseinandersetzung um das Merkantilsystem wie aus der Antithese zu den die Natur überbetonenden Physiokraten erstanden mit Adam Smith beginnend die Grunderkenntnisse der klassischen Theorie der künftigen Nationalökonomie, die die drei Hauptfaktoren des Wirtschaftsprozesses: Boden, Arbeit und Kapital in ein System zu fügen bestrebt waren. Damit wurde ein Instrumentarium geliefert, das künftige Generationen von Nationalökonomen verbessern und immer mehr verfeinern sollten und das als methodisches Rüstzeug auch für die Wirtschaftshistoriker seine Bedeutung bekommen sollte.

Die Probleme der gesellschaftlichen und wirtschaftlichen Entwicklung wurden um so mehr ein Anliegen der Franzosen und Deutschen. In der Auseinandersetzung mit der aufklärerischen Naturrechtsauffassung erfolgten einerseits wichtige Ansätze zum Entwicklungsgedanken im Sinne einer Stufenfolge bei Turgot, Condorcet und Saint-Simon. Außerdem begann sich

I. Begriff und Standort der Wirtschaftsgeschichte

eine wissenschaftliche Methode abzuklären, die nach einer gesetzmäßigen Erfassung des historischen Prozesses strebte und namentlich einer kollektivistischen und materialistischen Geschichtsauffassung entgegenkam. Diese französische Tradition, das Streben, im Gang der Geschichte eine Gesetzmäßigkeit zu sehen, diese Gesetzmäßigkeit mit wissenschaftlichen Methoden zu erfassen und den Blick auf die ganze Gesellschaft zu erweitern, hat nicht nur Karl Marx entscheidend angeregt, sondern auch auf die historische Schule der deutschen Nationalökonomie, die für die künftige Wirtschaftsgeschichte so wichtig geworden ist, gewirkt. Freilich, ihre entscheidenden Impulse bezog diese aus der auf ein vertieftes historisches Verstehen gerichteten romantischen Bewegung und ihre besondere Kraft aus der Auseinandersetzung mit der statisch eingestellten klassischen Theorie der Nationalökonomie. Konnten sich die von ihr erarbeiteten Wirtschaftsstufentheorien auch nicht halten, so war ein Ergebnis all dieser Bemühungen ein verfeinertes Rüstzeug, um das wirtschaftliche Leben der Vergangenheit durch Gliederung besser überschaubar zu machen und nicht nur in seinem zeitlichen Ablauf, sondern auch in seinen strukturellen Verschiebungen zu erfassen.

Eine weitere wichtige Aufgabe bestand darin, das Verhältnis des Individuellen, Einmaligen zum Größeren, Allgemeinen schärfer zu erfassen, aus der Fülle des Ephemeren das wirklich Bedeutende, Repräsentative herauszuholen. Ihm diente einerseits das von Wilhelm Dilthey und der Heidelberger Schule in der Auseinandersetzung mit der naturwissenschaftlichen Methode gewonnene Erkenntnisverfahren des „historischen Verstehens" und die von der ganzen Richtung des Historismus betonte Individualität und Irrationalität im historischen Ablauf, andererseits aber auch ein kritisch gewordenes Verhältnis gegenüber dem Begriff der Gesetzmäßigkeit in der Geschichte. Die Kritik an den Wirtschaftsstufentheorien hatte ergeben, daß man eine Gesetzmäßigkeit im Sinne einer organischen Entwicklung des Gesamtgeschehens wohl zugeben könne, daß aber diese Gesetzmäßigkeit zu allgemein gehalten war. Es handelte sich um keine Kausalgesetze im Sinne der Naturwissenschaften, sondern um empirische Regelmäßigkeiten, die die Tendenzen höchster Wahrscheinlichkeiten aufzeigen konnten.

Um so nützlicher wurde der Typenbegriff, auf den diese Diskussionen hingeführt haben, wobei besonders Max Webers Idealtypus weiterzündende Anregung lieferte. Man stellte schließlich fest, daß es zwischen dem historisch Allgemeinen und dem Individuellen „substantiell Generelles" in größerer und geringerer Verdichtung gab (Redlich). Mit dieser Erkenntnis öffnete sich ein neuer Weg, um unsere Einsicht über das einmalige Ereignis hinaus, zu jenen Bezugssystemen der „longue durée" (Braudel) zu vertiefen, die wir heute mittels des Strukturbegriffs zu erfassen bemüht sind. Dieser Weg, die Verdichtung zum Allgemeineren ist gerade für die Wirtschaftsgeschichte von Belang, weil sie sich im besonderen Umfang mit Massenvorgängen befaßt und außerdem die Rechenhaftigkeit namentlich in der modernen Wirtschaft eine besonders große Rolle spielt.

So ergab sich ganz natürlich die enge Zusammenarbeit mit den Wirtschafts- und Sozialwissenschaften, deren systematische Methoden Begriffe und Modelle liefern, mit denen sich der Stoff der Wirtschaftsgeschichte analysieren und gliedern läßt und außerdem technische Mittel an die Hand gibt, um die mit zunehmender Gegenwartsnähe anschwellenden Stoffmassen quantitativ zu erschließen. Verdanken wir das methodische Instrumentarium in starkem Maße zunächst der deutschsprachigen Forschung, so sind in den letzten Generationen von französischer, amerikanischer und englischer Seite wertvolle Anregungen ausgegangen, die einerseits den Ausbau der quantitativen Methode verfolgten, andererseits die Wirtschaftsgeschichte ins Bezugssystem der Sozialwissenschaften eingliederten und so als Teil einer umfassenden Geschichte des Menschen bzw. der menschlichen Gesellschaft überhaupt begriffen. Mit dieser Entwicklung hat sich die Brückenfunktion der Wirtschaftsgeschichte zwischen der Geschichte und den Wirtschafts- und Sozialwissenschaften immer deutlicher ausgeprägt[1].

[1]) *Zur allgemeinen Orientierung verweisen wir auf:*
F. W a g n e r, Geschichtswissenschaft, 1951; d e r s., Moderne Geschichtsschreibung, Ausblick auf eine Philosophie der Geschichtswissenschaft, 1960; Geschichte, Hg. W. Besson, Fischer-Lexikon 24, 1961; P. K i r n, Einführung in die Geschichtswissenschaft, ³1959; Th. S c h i e d e r, Geschichte als Wissenschaft 1965, ²1968. M. B l o c h, Apologie pour l'histoire ou métier d'historien, Paris 1942 ⁴1961; H. M a r r o n, Qu'est-ce que l'histoire?, in: L'histoire et ses méthodes; F. B r a u d e l, Écrits sur l'histoire, Paris 1969; Theories of History, Hg. P. Gardiner, New York 1959, London 1960; History as a Social Science, Hg. D. Landes u. Ch. Tilly, Englewood Cliffs N.Y. 1971.

Zur Wirtschafts- und Sozialgeschichte im besonderen:
Th. S o m m e r l a d, Über Wesen und Aufgaben der Wirtschaftsgeschichte, 1893; E. S a l i n, Zur Methode und Aufgabe der Wirtschaftsgeschichte in: Schmollers Jahrb. N.F. 45, 1921, 483ff.; R. H ä p k e, Wirtschaftsgeschichte, 1. Teil, Mittelalter und Merkantilismus, 1928 (darin VIIIff. Einführung in das Studium der Wirtschaftsgeschichte). E. B a a s c h, Wirtschaftsgeschichte, in: Wörterbuch der Volkswirtschaft 3, 1933, 1024–1030; C. B a u e r, Wirtschafts- und Sozialgeschichte, in: Staatslexikon 8, 1963, 838–847. Ludwig B e u t i n, Einführung in die Wirtschaftsgeschichte, 1958; d e r s., Wirtschaftsgeschichte, in: Handbuch der Wirtschaftswissenschaften, Hg. K. Hax und Th. Wessels, 1959 (in 2. Aufl. 1966 bearbeitet und erweitert von H. Kellenbenz); H. K e l l e n b e n z, Wirtschaftsgeschichte (I), Grundlegung, in HDSW 12, 1965, 124–141; F. M. H e i c h e l h e i m (II) Epochen, Vorzeit und Altertum, ebenda, 141–144 und 145–156; P. H o n i g s h e i m (II) Epochen, Altertum, Altamerikanische Hochkulturen, ebenda, 156f.; M. M. P o s t a n (II) Epochen, Mittelalter, ebenda 158–166; R. M a n d r o u (II) Epochen, Neuzeit, allgemeine Entwicklung, ebenda, 166–177; F. L ü t g e (II) Epochen, Neuzeit, Deutsche Wirtschaftsgeschichte, ebenda 177–185; W. Z o r n, Einführung in die Wirtschafts- und Sozialgeschichte, 1972.

I. Begriff und Standort der Wirtschaftsgeschichte 5

O. B r u n n e r, Neue Wege der Sozialgeschichte 1956, ²1968; W. C o n z e, Sozialgeschichte in: Religion in Geschichte und Gegenwart VI, ³1962; L'histoire sociale, sources et méthodes, Paris 1967; P. L a s l e t t, History and the Social Sciences, in: Intern. Encycl. of the Social Sciences V, 434ff.; J. H e c h t, Social History, ebenda, 434ff.; D. C. N o r t h, Economic History, ebenda, 455ff.; R. W. H i d y, Business History, ebenda, 474–479. H. M. L a r s o n, Guide to Business History, Materials for the study of american business history and suggestions for their use, Cambridge/M. ²1950; M. M. P o s t a n, The historical method in social science, An inaugural lecture, Cambridge 1939 (auch in: M. M. Postan, Fact and relevance, Essays on historical methods, Cambridge 1971, 22–34; W. H. B. C o u r t, Economic History, in: Approaches to history, Hg. H. P. R. Finberg, London 1962. H. J. P e r k i n, Social History, ebenda, 51–82; P. M a t h i a s, Economic History, in: New movements in the study and teaching of history, Hg. M. Ballard, London 1971; W. Kula, Problemy i methody historie gospodarcjej, Warschau 1963 (franz. 1970, it. 1972).

Einführung in den Stoff der Wirtschaftsgeschichte:

W. J. A s h l e y, Introduction to english economic history and theory, 1888, dt. 1896. N. S. B. G r a s, Introduction to economic history, New York 1922, Ndr. 1969; Ch. V e r l i n d e n, Introduction à l'histoire économique générale, Coimbra 1948; G. D. H. C o l e, An introduction to economic history, 1750–1950, London 1952; A. P i e t t r e, Histoire économique – les faits et les idées, Paris 1970.

²) D. S c h ä f e r, Das eigentliche Arbeitsgebiet der Geschichte, 1888; E. G o t h e i n, Die Aufgaben der Kulturgeschichte, 1889; W. B a u e r, Einführung in das Studium der Geschichte, 1928. J. H u i z i n g a, Über eine Definition des Begriffs Geschichte, in: Wege der Kulturgeschichte, 1930, 86; B. C r o c e, Geschichte als Gedanke und Tat, deutsch 1944; F. W a g n e r, Geschichte und Zeitgeschichte, in: Historische Zeitschrift 183, 1957, 303ff.

³) J. G. D r o y s e n, Historik, Vorlesungen über die Enzyklopädie und Methodologie der Geschichte, Hg. R. H ü b n e r, 1937; A. F e d e r, Lehrbuch der historischen Methodik, ³1924; E. K e y s e r, Die Geschichtswissenschaft, 1931; E. S p r a n g e r, Die Kulturzyclentheorie und das Problem des Kulturverfalls, Sitzungsberichte der Preußischen Akademie der Wissenschaften 1926, S. LIII.

⁴) J. Heinz M ü l l e r u. B. D i e t r i c h s, Wirtschaft, in: Staatslexikon 8, 1963, 718–727. W. E. M ü h l m a n n, Kultur, in Wörterbuch d. Soziologie, Hg. E. Bernsdorf, 1969.

⁵) F. L ü t g e, Ausgangstatsachen der Volkswirtschaftslehre, in: Hax-Wessels, Handbuch der Wirtschaftswissenschaften, ²1966, 11–33.

⁶) Vgl. dazu V A 8.

⁷) H. R i c k e r t, Kulturwissenschaft und Naturwissenschaft, 1899, ⁵1920; W. D i l t h e y, Einleitung in die Geisteswissenschaften, Gesammelte Schriften I, ⁴1959; d e r s., Der Aufbau der geschichtlichen Welt in den Geisteswissenschaften, Gesammelte Schriften VII, ²1958; E. T r o e l t s c h, Der Historismus und seine Probleme 1922; K. M a n n h e i m, Der Historismus, in: Archiv für Sozialwissenschaft und Sozialpolitik 52, 1923, 257–308; E. R o t h a c k e r, Logik und Systematik der Geisteswissenschaften, 1926; d e r s., Geschichtsphilosophie, 1934, ²1947; d e r s., Mensch und Geschichte, Studien zur Anthropologie und Wissenschaftsgeschichte, ²1950; F. K a u f m a n n, Methodenlehre der Sozialwissenschaften, Wien

1936; O. Hintze, Zur Theorie der Geschichte, Gesammelte Abhandlungen, 2, 1942; H. Heimsoeth, Geschichtsphilosophie, 1948; O. F. Anderle, Theoretische Geschichte, in: HZ 185, 1958.
Zum Typenbegriff: M. Weber, Die Objektivität sozial-wissenschaftlicher und sozialpolitischer Erkenntnisse, in: Archiv für Sozialwissenschaft 19, 1904 (auch Gesammelte Aufsätze zur Wissenschaftslehre, 1922) sowie: Schriften zur theoretischen Soziologie, zur Soziologie der Politik und Verfassung, Hg. M. Graf zu Solms, 1947; O. v. Zwiedineck-Südenhorst, Theoretische Begriffsbildung und Wirtschaftsgeschichte, in: Festgabe für Werner Sombart, 1933 (sowie Schmollers Jahrbuch 62, 1938, 191–214); G. Weippert, Die idealtypische Sinn- und Wesenserfassung und die Denkgebilde der formalen Theorie, in: Zeitschr. f. d. ges. Staatswissensch. 100, 1940, 257–308; J. M. Bochenski, Die zeitgenössischen Denkmethoden, 1957; K. Popper, The poverty of historicism, London 1957; ders., The open society and its enemies, London 1944, dt. 1957/58; Ch. Watrin, Zur Grundlegung einer rationalen Gesellschaftspolitik, in: Ordo, Jahrbuch für die Ordnung von Wirtschaft und Gesellschaft 13, 1962, 87–105; J. Janoska-Bendl, Methodologische Aspekte des Idealtypus, Max Weber u. die Soziologie der Geschichte, 1965; Th. Schieder, Der Typus in der Geschichtswissenschaft, in: Th. Schieder, Staat und Gesellschaft im Wandel unserer Zeit, ²1970. Fr. Redlich, Der Unternehmer, 1964, bes. Einleitung.

[8]) Vgl. folgende Arbeiten: M. Bloch, Apologie pour l'histoire ou métier d'historien (Cahiers des Annales 3), Paris ³1959; Ch. Morazé, Introduction à l'histoire économique, Paris ³1952; ders., Trois essais sur histoire et culture (Cahiers des Annales 2) Paris 1948. F. Braudel, Écrits sur l'histoire, Paris 1969; A. H. Cole, Meso – economics; A contribution from entrepreneurial history, in: Explorations in Entrepreneurial History, Sec. Ser. 6 No 1, 1968, 4–33; F. Redlich, Toward comparative historiography in: Kyklos XI, 1958; ders., Steeped in two cultures, New York 1971. M. M. Postan, Fact and relevance, Essays on historical method, Cambridge 1971.

II. DIE METHODEN DER WIRTSCHAFTSHISTORIKER

1. Historische Technik, Grund- und Nachbarwissenschaften

Aus der Verflechtung der wirtschaftlichen Entwicklung mit dem historischen Gesamtablauf ergibt sich zunächst die Notwendigkeit, daß sich der Wirtschaftshistoriker die Technik des Historikers aneignet, d. h. sich der Methoden und Erkenntnisse der verschiedensten Einzelwissenschaften bedient, von der Religions-, Kunst-, Rechts- und Verfassungsgeschichte bis zur Archäologie, Völkerkunde, Anthropologie und Psychologie, Geographie und Ethnographie. Dazu kommen jene Disziplinen, die wir zu den Wirtschafts- und Sozialwissenschaften zählen. Der Wirtschaftshistoriker muß Kenntnisse in der Nationalökonomie, besonders der Wirtschaftspolitik und Finanzwissenschaft, dann der Betriebswirtschaftslehre, der Statistik und Soziologie besitzen.

Wir gehen auf ihren besonderen wirtschaftshistorischen Belang im Abschnitt über die einzelnen Aspekte der Wirtschaftsgeschichte ein. Insbesondere muß der Wirtschaftshistoriker etwas von jenen Wissenschaften verstehen, die zum eigentlichen Rüstzeug des Historikers gehören, wie Epigraphie und Paläographie, Urkunden- und Aktenlehre, Wappen-, Siegel- und Münzkunde, historische Geographie u. a. Früher nannte man sie Hilfswissenschaften, heute spricht man von historischen Grundwissenschaften, weil historische Arbeit nur auf ihrer Grundlage erfolgen kann. Die wichtigste der historischen Grundwissenschaften ist die Quellenkunde[1].

[1]) *Ältere Lit.:*

E. Bernheim, Lehrbuch der historischen Methode und der Geschichtsphilosophie, 1889, ⁶1908. W. Bauer, Einführung in das Studium der Geschichte, 1928; E. Keyser, Die Geschichtswissenschaft, 1931; P. Kirn, Einführung in die Geschichtswissenschaft, 1947 (Göschen 270) ²1952; K. Erslev, Historisk teknik, Kopenh. 1926, ⁶1965 (dt. 1928).

Neuere Lit.:

R. Klauser – O. Meyer, Clavis Mediaevalis, 1962; A. v. Brandt, Werkzeug des Historikers, 1958, ²1969; A. Wolf, Historische Grundwissenschaften, in: W. Besson (Hg.), Geschichte 1961; A. Cordolani, Comput, chronologie, calendriers, in: l'Histoire et ses Méthodes, 37–51; G. Beaujouan, Le temps historique, ebenda 52–67; Ch. Higounet, Géohistoire, ebenda 68–91; J. Bottéro, Essor de la recherche, ebenda, 143–186; R. Bloch, Méthodes modernes de l'archéologie, ebenda, 217–249; P. M. Duval, Archéologie antique, ebenda, 250–274; J. Hubert, Archéologie médiévale, ebenda, 275–328; J. Babelon, Numismatique, ebenda, 329–392; Y. Metman, Sigillographie et marques postales, ebenda,

393–446. L. R o b e r t , Epigraphie, ebenda, 453–497; A. Dain, Papyrologie, ebenda, 498–531; d e r s., Paléographie grecque, ebenda, 532–552; J. M a l l o n , Paléographie romaine, ebenda, 553–579; Ch. P e r r a t , Paléographie médiévale, ebenda, 585–615; J. R i c h a r d , Cryptographie, ebenda, 616–632; G. T e s s i e r , Diplomatique, ebenda, 633–676; P. L e b e l , Onomastique, ebenda, 677–723; J. Meurgey de Tupigny, Généalogie, ebenda, 724–739; d e r s., Héraldique, ebenda, 740–767; P. M a r o t , Les outils de la recherche historique, ebenda, 1421–1453; M. C o h e n , La linguistique et l'histoire, ebenda, 823–846; E. B o s h o f , K. D ü w e l l , H. K l o f t , Grundlagen des Studiums der Geschichte (Böhlau-Studien-Bücher), Köln/Wien 1973.

2. Quellenkunde

a) Allgemeines

Quellenkunde ist die Lehre von den Materialien, aus denen der Historiker seine Erkenntnisse gewinnt. Unter historischen Quellen versteht man alle Überreste menschlichen Lebens und Ergebnisse menschlicher Betätigungen, die geeignet sind, der Erkenntnis geschichtlicher Tatsachen oder Zustände zu dienen. Quellen können also Gegenstände, wie schriftliche Aufzeichnungen sein. Wenn wir uns auf die Suche nach den Quellen begeben, so müssen wir feststellen, daß sie weit verstreut liegen. Nach Bernheim wird sich „kein Erkenntnisgebiet ausfindig machen lassen, das der geschichtlichen Forschung nicht gelegentlich diente", d. h. Quellenwert besäße. Wer sich mit unserer Vergangenheit im Sinne der Wirtschafts- und Sozialgeschichte beschäftigt, der muß auf wesentlich weiter ausgedehnten Feldern suchen als der allein an politischer Geschichte interessierte Historiker. Aus der Vielschichtigkeit des wirtschaftlichen Prozesses ergibt sich die Vielgestalt der Quellen, mit denen der Wirtschaftshistoriker zu arbeiten hat. Es ist dabei außerordentlich schwer, eine klare, allgemein befriedigende Einteilung des weiten und verwickelten Bereichs der historischen Quellen zu finden.

Viele Historiker haben sich um eine übersichtliche Ordnung der Quellen bemüht, und jeder ist wieder zu anderen Ergebnissen gekommen. J. G. Droysen machte in seiner „Historik" von 1868 den Unterschied zwischen dem, was aus der Vorzeit erhalten geblieben ist und dem, was mittels des Gedächtnisses überliefert wurde. Das eine nannte er Überreste, das andere Quellen im eigentlichen Sinn der Tradition. Dazu fügte er noch als Zwischengruppe die sogenannten Denkmäler, Überreste einer bestimmten Zeit, bestimmter Vorgänge oder Geschäfte, die in einer ganz bestimmten Form etwas bezeugen, für die Erinnerung festhalten wollen.

E. Bernheim setzte in seinem klassischen „Lehrbuch der historischen Methode" (1889) die Denkmäler als besondere Gruppe unter die Überreste. G. Wolf (1916) meinte, daß es gerade für den neueren Historiker von Vorteil sei, an der Einteilung Überreste und Tradition festzuhalten. Nach ihm sind a) Überreste Bestandteile der betreffenden Ereignisse, b) Traditionen

2. Quellenkunde

solche Berichte, welche zur Belehrung der nicht unmittelbar an diesen Ereignissen gleichzeitig oder nachträglich Beteiligten abgefaßt sind.

A. Feder befürwortete eine Einteilung a) nach dem Ursprung, b) nach dem Inhalt, c) nach dem Zweck, d) nach dem Erkenntniswert. Ihr hat sich Paul Kirn angeschlossen. Erich Keyser gliederte in Natur, Sachen, Schriften, Sprache und Musik, Sitte und Beruf. Neuerdings hat sich die Einteilung in zwei große Gruppen Geltung verschafft, man spricht von Primär- und von Sekundärquellen. Die einen stammen von der Tätigkeit des Menschen selbst. Vielfach handelt es sich dabei um Werkzeuge, um Ergebnisse seiner technischen, seiner wirtschaftlichen und geistig-künstlerischen Leistung. Bei der zweiten Gruppe, den sekundären Quellen, haben wir es im wesentlichen mit Berichten über Vorgänge und Zusammenhänge zu tun.

Wichtiger als das Wissen um solche Einteilungsmöglichkeiten ist die Fähigkeit, mit den Quellen zu arbeiten. Für den Wirtschaftshistoriker genügt es, wenn er sich die zwei Gegensatzpaare Sachquellen und schriftliche Quellen, primäre und sekundäre Quellen, merkt. Sachquellen sind Überreste wirtschaftlicher Tätigkeit, die sich vom Beil der Steinzeit bis zum modernen Chemiefaserprodukt erstrecken. Sie umfassen aber beispielsweise auch Veränderungen der Landschaft, sowie die verschiedenen Formen menschlicher Siedlungen bis hin zur Großstadt. Unter schriftlichen Quellen versteht man den ganzen Bereich von den Inschriften, frühen Urkunden und chronikalischen Aufzeichnungen bis zu den Akten und der umfassenden Literatur des modernen Geschäftslebens. Primäre Quellen sind solche, die unmittelbar den Wirtschaftsvorgängen entstammen und dazu dienen, solche Vorgänge festzulegen, z. B. ein Wechselbrief, eine Versicherungspolice oder ein Kaufmannsjournal. Als sekundär bezeichnet man diejenigen Quellen, die wirtschaftliche Vorgänge nur mittelbar betreffen, zu ihnen in einem rechtlichen und politischen oder wirtschaftstechnischen Bezug stehen. Sie dienten dazu, ordnende Aussagen über die Wirtschaft zu machen. Dazu kommen zeitgenössische Darstellungen, bei denen es sich um einfache Aufzeichnungen, chronikalische Berichte oder aber um wissenschaftliche Untersuchungen oder literarische Darstellungen handeln kann.

Die wichtigsten Fundorte der Quellen sind Archive, Bibliotheken und Museen. In den Archiven wird ungedrucktes Quellenmaterial aufbewahrt, in den Museen findet man Sachquellen, in den Bibliotheken vornehmlich gedruckte Literatur. Aber auch Bibliotheken und Museen, ebenso Historische und sonstige Gelehrte Gesellschaften können über Handschriftenbestände verfügen. Im 20. Jh. sind die Wirtschaftsarchive entstanden, die es sich zur Aufgabe gemacht haben, das aus verschiedenen Bereichen der Wirtschaft seit Beginn des 19. Jhs. erwachsene historisch bemerkenswerte Material zu sammeln[2].

[2]) S. Anm. 1), ferner: H. B e n g t s o n, Einführung in die alte Geschichte, 1949, ⁴1962; H. Q u i r i n, Einführung in das Studium der mittelalterlichen und neueren

Geschichte, 1952. O. D a h l, Terminologi og systematikk i kildeteorien, in: Historie, Jyske Samlinger, Ny Raekke VII, 1, 1966. 3–12; H. P. C l a u s e n, P. E n e m a r k und O. L a r s e n, Et udvalg af historiemetodisk litteratur, in: Historie, Jyske Samlinger, Ny Raekke VII, 1, 1966, 77–91 (Wichtige Literaturzusammenstellung).

b) Für den Wirtschaftshistoriker wichtige Sachquellen

Die Auswertung der Sachquellen verlangt große Vorsicht. Vielfach wird es darauf ankommen, diese Quellenart in Reihen oder Serien auszuwerten, ihre Fundorte auf Karten zu verzeichnen, ihre Verbreitung zu werten usw.

Es liegt nahe, daß diese Quellen besonders wichtig sind für jene Epochen der Geschichte, in denen es noch keine schriftliche Überlieferung gegeben hat, also für die frühen Phasen der Geschichte. Was man bei zahlreichen Ausgrabungen gefunden hat, diente im wesentlichen Zwecken des täglichen Lebens, dem Haushalt und der Verteidigung. Gerade für die Erforschung der wirtschaftlichen Zustände fällt dabei viel ab. Die meisten Funde stammen aus der Stein- und Bronzezeit. Mit denkbar primitiven Hau-, Schneide- und Stichwerkzeugen aus Knochen und Stein fängt es an. Der Fortschritt der Zivilisation geht so langsam vor sich, daß man nicht nur mit Hunderten, sondern mit Tausenden von Jahren rechnen muß, um die nächst höhere Stufe festzustellen; die ersten Geräte für den Ackerbau und das Handwerk, dann Schlackenhaufen, erhalten gebliebene Schmelzöfen, aus denen man auf das Vorhandensein von Kupfer- und Eisenbergwerken schließen kann. Sehr gut erhalten blieben viele Gegenstände in den Mooren: Textilien, Getreidekörner und Boote, die Auskunft geben über den frühen Schiffbau. Wenn wir so rudimentäre Einblicke in den Stand der Zivilisation, in das Leben des Alltags, in die wirtschaftlichen Verhältnisse bekommen, so bleibt doch die soziale Struktur, bleibt vor allem die geistige Kultur, in der diese Menschen lebten, im wesentlichen verborgen. Man muß außerordentlich vorsichtig sein, wenn man etwa versuchen will, auf dem Wege von Analogieschlüssen Unbekanntes zu rekonstruieren.

Wo finden wir diese Gegenstände aus vor- und frühgeschichtlicher Zeit? Alle größeren Städte besitzen heute Museen, in denen die Funde in Schausammlungen und Depotbeständen aufbewahrt werden. Am besten erhalten geblieben sind von diesen Gegenständen solche aus Stein, Metall oder Keramik, während fast alles, was aus Holz, Leder oder Textilien angefertigt wurde, verloren gegangen ist. Auch für spätere Epochen, in denen es bereits eine schriftliche Überlieferung gibt, sind Sachquellen, insbesondere Möbel, Textilien, Gefäße, Waffen und Bilder für den Wirtschafts- und Sozialhistoriker von beachtlichem Interesse. Man kann an ihnen die Kulturhöhe einzelner Gesellschaftsschichten, die Eigenart und schöpferische Kraft bestimmter Epochen ablesen. Des weiteren helfen sie, technische Prozesse zu erklären und zu verdeutlichen. Die mittelalterliche Technikgeschichte beruht in starkem Maße auf Darstellungen in Miniaturen. Das Hausbuch der Mendelschen Zwölfbrüderstiftung zeigt Handwerksbilder des 15. und 16. Jhs. Ebenso aufschlußreich für die Berufe des 16. Jhs. sind die Darstellungen Jost Ammanns, die Bergwerks- und Hüttentechnik des gleichen Jahrhunderts machte Agricolas Werk anschaulich. Mit der Druckgraphik des 17. und 18. Jhs. nehmen solche Darstellungen immer größeren Platz ein. Wir finden solche Gegenstände im übrigen in alten Schlössern, in den Sakristeien der Kirchen und wieder in Museen, wobei es für den Wirtschaftshistoriker solche gibt, die ganz besonders für ihn geschaffen sind: die Gewerbemuseen, die Schiffahrts- und Bergbaumuseen, das Deutsche Museum in München, das Germanische Museum in Nürnberg. In Falun, Schweden, existiert das Kopparbergsmuseum, das über den schwedischen Kupferbergbau unterrichtet; in San Sebastian und auf Schloß Kronborg gibt es Marinemuseen, dort kann man sich über die Seefahrt der Basken, hier über die Geschichte des Öresunds unterrichten.

Manchmal sind Reste früherer wirtschaftlicher Tätigkeit in der Landschaft erhalten geblieben, Spuren von Waldschmieden und Glashütten, Ruinen von Mühlen und anderen gewerblichen Anlagen. Eines der ältesten historischen Denkmäler Brasiliens ist der Engenho de São Jorge bei Santos, die Ruine einer Zuckermühle aus dem ausgehenden 16. Jh. Dies bringt uns auf die Bedeutung der Landschaft als Erkenntnisquelle, der Kulturlandschaft, wie sie unter dem Einfluß menschlicher Tätigkeit sich geformt und gewandelt hat.

Dazu kommen die Grabstätten, die Stein- und Höhlengräber, die Felsengräber Ägyptens, die skythischen Königsgräber in Südrußland; dann die Bauten, z. B. die Wallbauten der Römer vom Rhein bis zur Donau, die Limesanlagen im Norden Englands, der Trajanswall in der Dobrudscha. Ferner die Ringbauten in den Landschaften zwischen Riesengebirge und Ostseeküste, Hochäcker in der Nähe von München und Ulm, in denen man urgermanischen Ackerboden entdeckt zu haben glaubte, die aber in Wirklichkeit schon älter sind als die Germanen, die Römerstraßen, erkenntlich an Resten von Meilensteinen, die Grenzen von Wald-, Wiesen- und Ackerland, Veränderungen an der Küste durch Sturmfluten und Eindeichungen, dazu Kanäle und Straßen. Weiter sind natürlich die Spuren und Überreste alter Siedlungen selbst wichtig, die Kökkenmöddinger der Steinzeit, die Pfahlbauten der Bronzezeit, die Spuren, die die Handelsstädte Birka und Haithabu hinterlassen haben, die Stadtreste aus römischer Zeit in Köln, Trier und Regensburg, die mittelalterlichen Burgen und Städte sowie die ländlichen Siedlungen, das Haufendorf, das Marsch- und Waldhufendorf, der Weiler, die Wüstungen, das Kloster, der Adelssitz, von einem anderen Gesichtspunkt her gesehen der Flecken oder Markt im Gegensatz zur Stadt. In der Stadt sind die alten Stadtkerne mit ihren Platzanlagen und ihren besonders gerichteten Straßenzügen zu nennen, die anders verlaufen als jene der planmäßig angelegten Gründungsstadt, die in der älteren Kolonialzeit und dann wieder in der

Epoche des fürstlichen Absolutismus vorkommt. Innerhalb der städtischen Bereiche sind dann wieder einzelne Gebäude, Rathäuser und Kathedralen, Bischofs- und Adelssitze oder Kaiserpfalzen hervorzuheben. Alle bieten Möglichkeiten der Einfühlung und Deutung[3].

[3]) G. Schwantes, Deutschlands Urgeschichte, 1952; H. Wahle, Deutsche Vorzeit, Basel 1952; J. G. D. Clark, Prehistoric Europe, The Economic Basis, London 1952; E. Werth, Grabstock, Hacke und Pflug, 1954; J. Briard, L'âge du Bronze (Que sais-je 835), Paris 1959; O. Johannsen, Geschichte des Eisens, 1952. C. Schuchardt, Die Burg im Wandel der Weltgeschichte, 1931; R. v. Uslar, Studien zu frühgesch. Befestigungen zwischen Nordsee und Alpen, 1964; A. Tuulse, Burgen des Abendlandes, 1958; R. Schmidt, Burgen des deutsch. Mittelalters 1959.
A. Luschin von Ebengreuth, Allgemeine Münz- und Geldgeschichte des Mittelalters und der neueren Zeit, 1904, [2]1926; F. Friedensburg, Münz- und Geldgeschichte der Einzelstaaten des Mittelalters und der neueren Zeit, 1926; H. Gebhart, Die deutschen Münzen des Mittelalters und der Neuzeit, 1930, Ndr. 1956. A. Suhle, Deutsche Münz- und Geldgeschichte von den Anfängen bis zum 15. Jh., 1964.
Notgeld, Papiergeld:
A. Keller, Das deutsche Notgeld 1914–1924; [5]1934; R. Gaettens, Inflationen, 1955; A. Pirk, Papiergeld, 1967.
Medaillen:
G. Habich, Die Medaillen der italienischen Renaissance, 1923; ders., Die deutschen Schaumünzen des 16. Jh., 2 Bde, 1929–34; G. F. Hill, Medals of the Renaissance, Oxford 1920; J. Babelon, La Médaille et les Médailleurs, 1927.
Wappen, heraldische Zeichen:
H. Gevaert, L'héraldique, Brüssel 1923; D. L. Galbreath, Handbüchlein der Heraldik, Lausanne [2]1948.
F. Bachmann, Die alte deutsche Stadt, Ein Bilderatlas der Stadtansichten bis zum Ende des 30jährigen Krieges, 3 Bde 1941/49; H. Jankuhn, Haithabu, [3]1955; P. Johansen, Umrisse und Aufgaben der hansischen Siedlungsgeschichte und Kartographie, in: HGBll 73, 1955; R. Kötschke, Ländliche Siedlung und Agrarwesen in Sachsen, Herbert Helbig (Hg.) 1954 (Forschungen zur Landeskunde 77).
Geräte:
V. Husa, I. Petran, A. Subtrova, Homo faber, Prag 1967; W. Dexel, Deutsches Handwerksgut. Eine Kultur- und Formengeschichte des Hausgeräts, 1939.
Bilder:
E. Patzelt, Das Bild als urkundliche Quelle der Wirtschaftsgeschichte, in: Archivalische Zs. 50/51, 1955.

c) Schriftliche Quellen

Eine wichtige Epoche in der Geschichte beginnt mit dem Aufkommen der Schrift. Die frühesten schriftlichen Überlieferungen haben wir aus dem Bereich der ältesten Hochkulturen, im Vorderen Orient und dann im Mittel-

2. Quellenkunde

meerraum. Bei uns in Mitteleuropa gibt es schriftliche Überlieferungen vereinzelt aus der Römerzeit und dann im Zusammenhang mit der Ausbreitung des Christentums. Im Norden nehmen die Runeninschriften den frühesten Platz ein. Einen bedeutenden und rasch wachsenden Umfang erreichte die schriftliche Überlieferung mit dem Aufkommen der Papierherstellung in Europa und mit der Erfindung des Buchdrucks.

Die ältesten Schriftzeichen wurden in Stein, Ziegel, Holz oder Wachs eingeritzt. Die frühesten Formen entwickelten Kulturvölker der Antike. Von den Sumerern sind aus dem 3. Jahrtausend v. Chr. Geschäftsaufzeichnungen auf Tontafeln überliefert, die in Kästen geordnet wurden und so eine erste Kartei darstellten. Eintragungen auf Ton-, Lehm- und Wachstafeln, auf Papyrusrollen, Palmblättern, Bambustafeln oder Pergamentblättern kannten auch die übrigen großen Stromkulturen (der Assyrer, Babylonier, Ägypter, Chinesen) und die Kulturvölker des Mittelmeerraums (Phönizier, Karthager, Griechen und Römer)[4]. Für unsere Kenntnis des Altertums sind die Inschriften von ganz eminenter Bedeutung. Was wir von der assyrisch-babylonischen und der ägyptischen Welt wissen, verdanken wir fast ausschließlich ihnen, und auch unser Wissen von der griechischen und römischen Geschichte beruht zu einem bedeutenden Teil auf solchen Quellen. Je reicher die folgenden Jahrhunderte an sonstigen historischen Nachrichten wurden, desto mehr verlieren die Inschriften ihre historische Bedeutung. Manche, z. B. Koransprüche an maurischen Gebäuden, viele frühe christliche Inschriften an Gebäuden und Gräbern sind historisch überhaupt ohne oder nur von begrenztem lokalem Interesse.

Große Bedeutung für die Kenntnis der Geschichte des Nordens haben die Runensteine bekommen, nicht nur wegen der Inschriften, die Auskunft geben über die Wikingerzüge, sondern auch wegen ihres Bildmaterials, das uns z. B. Zusammenhänge zwischen der Insel Gotland und der spätantiken Welt erschließt. Größere Bedeutung erlangte die Inschrift wieder in der humanistisch gebildeten Welt der Renaissance und des Barock. Inschriften auf Grabmälern, über Portalen und an Hausfassaden können beachtliches familien-, kunst- und kulturgeschichtliches Interesse gewinnen.

Ein weites Feld der Inschriftenkunde finden wir im Bereich des Münzwesens. Die Phönizier versahen, so heißt es, ihre Metallbarren, die abgewogen waren, mit einem bestimmten Buchstaben, der gleichzeitig als Zahlwert galt. Herodot berichtet uns, daß die Lyder (nicht viel vor 800 v. Chr.) Münzen prägten. Anfänglich prägte man nur einfache bildliche Darstellungen ein, in Ägina z. B. eine Schildkröte, in Theben einen Schild, in Theos einen Becher.

Im 6. Jh. begann man auch eine Umschrift dazu zu setzen. Daraus ergibt sich die erste Möglichkeit, Münzen sicher zu datieren. Um 550 erreichen die Münzen bereits künstlerische Formen, deren Gehalt in der nächsten Zeit noch steigt, besonders in Mazedonien, Thessalien, Tarent und Sizilien. Jetzt war es so, daß ein bestimmtes Gepräge die offizielle Urkunde über den Wert einer Münze darstellte. Verschiedenartig sind die Erkenntnisse, die wir aus dem Gepräge von Münzen entnehmen können. Die indobaktrischen Reiche, die auf Alexander den Großen folgten, konnte man fast nur anhand von Münzen feststellen und historisch erhellen. Aus den zahlreichen tarentinischen Münzen können wir uns ein Bild von der verschiedenartigen gewerblichen Produktion der Stadt machen. Die römischen Kaisermünzen konnten für die Topographie Roms, für die römische Familiengeschichte verwertet werden.

Mit dem niedergehenden Kaisertum sinkt auch der künstlerische Gehalt der Münzen. Nicht mehr so gut sind diejenigen der Kaiser von Konstantinopel, aber immer noch besser als diejenigen der beginnenden Germanenreiche. In dieser Zeit entfalteten die orientalischen Staatswesen eine bedeutende numismatische Produktion, angefangen bei den Prägungen der parthischen Arsakiden und der Sasaniden bis zu den arabischen Münzen der Kalifen und der folgenden Dynastien von Indien bis Spanien, den Dirrhems aus Silber und Dinaren aus Gold. In der mittelalterlich-abendländischen Welt beginnt mit dem Silberdenar eine neue Phase. Berühmt wurden die goldenen Augustalen (augustalis, augustarius, agostaro) die der Hohenstaufer Friedrich II. seit 1231 als König von Sizilien mit antikisierendem Brustbild im Lorbeerkranz und sitzenden naturalistischem Adler in Messina und Brindisi schlagen ließ. Der Name wurde in Anlehnung an die aurei der römischen Imperatoren gewählt. Hinzukamen die neuen Goldmünzen des Dukaten und des Florin sowie der silberne Groschen.

Besonders schön sind dann die Prägungen des 15. Jhs., vor allem die Münzen des Erzherzogs Sigismund, der nicht umsonst der „Münzreiche" hieß. Was auf diesen Münzen abgebildet wurde, waren zunächst stilisierende Wappen, Stadtheilige, Madonnen. Erst im 15. Jh. verbreitete sich das Portrait erneut auf den Münzen.

Eine besondere Bedeutung erlangten Münzfunde für die Aufhellung historischer Zusammenhänge. Arabische und byzantinische Münzfunde auf Gotland belegen die über Rußland gehenden Handelsbeziehungen dieser Insel zur orientalischen Wirtschaftswelt. Auf andere Handelswege weisen angelsächsische, deutsche Münzen hin.

Eine andere spezielle Gruppe stellen die Notmünzen dar. Es waren Münzen, die bei Belagerungen oder Besetzungen durch eine fremde Macht ausgegeben wurden. Man behalf sich zuweilen damit, daß man Silbergeschirr zerschnitt und die Stücke mit einem behelfsmäßigen Stempel versah. Oder die besetzende Macht versah die Münzen des eroberten Landes mit einem besonderen Zeichen. Italienisches Geld zeichneten die Franzosen so während der Revolutionskriege. Häufig gab man schlechterem Metall durch den Stempel einen höheren Wert, so bei der spanischen Kupfermünze im 17. Jh., bei den Kupfermünzen Gustav Adolfs, bei den Kupfertalern Karls XII. von Schweden. In Schweden wurde schon um 1660 Papiergeld in Umlauf gebracht. Im zweiten Jahrzehnt des 18. Jhs. kam man erneut auf Wertzeichen aus Papier, so in Frankreich wie in Skandinavien. Während der Französischen Revolu-

2. Quellenkunde

tion behalf man sich mit ungedeckten Assignaten, d. h. Anweisungen auf Staatseinkünfte.

Einen weiteren Zweig der Numismatik stellt die Medaillenkunst dar, die Prägung von Schau- und Gedenkmünzen bei besonderen Anlässen. Solche Gedenkmünzen kennen wir schon aus der Zeit der römischen Kaiser. Im Verlauf der Renaissance bekam der Gedanke, Schaumünzen zu prägen, einen starken Auftrieb. So begann man gegen Ende des 14. Jhs. in Padua und Mantua sog. tesserae (tessera = Würfel, Marke, Täfelchen) zu prägen mit einem Bildniskopf des Stadtherrn auf der einen Seite, auf der anderen eine symbolische Darstellung nach antikem Muster. Bald begann man solche Stücke in Bronze zu gießen, die man Großmetalle, medaglioni, nannte.

In Italien wurden während des 15. Jhs. prächtige Exemplare solcher Medaillen geprägt. Gegen Ende des Jahrhunderts folgten die deutschen Meister und die Niederländer. Bald wurden auch solche Stücke nicht mehr gegossen, sondern geprägt. In der Folgezeit fertigte man auf alle bedeutenden Begebenheiten und für alle Fürsten Medaillen an, beispielsweise während der Reformationszeit oder des Kampfes der Niederländer gegen Spanien.

Ein weiteres Gebiet der historischen Überlieferung stellen die heraldischen Zeichen und Waffen dar. Die heraldischen Zeichen spielen eine Rolle bei der Erforschung der Wikingergeschichte. In Rußland hat man auf Denkmälern der Wikingerzeit bis zum 12. Jh., also aus der Zeit der Nachkommen Rjuriks von Vladimir Svjatoslavič bis Andrej Bogoljubskij († 1174) fürstliche Eigentumsmarken festgestellt, die alle von ein und derselben ersten, augenscheinlich symbolischen, stilisierten Zeichnung ausgehen. Mit jedem Fürsten entwickelten sie sich dadurch weiter, daß ergänzende Motive und auf Schmuckgegenständen sogar byzantinisch anmutende Strichzeichnungen oder orientalische Palmetten angebracht wurden. Diese Zeichen fand man auf Münzen, Siegelringen, Handelsplomben, auf Fahnenstangenspitzen, auf Ziegeln, auf Gefäßen, Anhängseln oder Gürtelbeschlägen.

Eine Fundkarte dieser Zeichen zeigt ihre hauptsächliche Verbreitung dem Flußsystem vom Ladoga entlang bis nach Kijew, aber auch an der Wolga und am Don und sogar am Schwarzen Meer kamen sie zum Vorschein. Francis Balodis vermutete, daß diese heraldischen Zeichen ursprünglich eine vereinfachende Stilisierung von Schiffen darstellen, wie man sie ähnlich auf Münzen der Wikingersiedlung Birka im Mälarsee findet[5].

Aus dem Handzeichen (Handgemal), mit dem nach dem Sachsenspiegel das freie Eigentum bezeichnet wurde, entwickelte sich die Hausmarke und das Warenzeichen der Handlungshäuser sowie das Wappen. Die Hausmarken und Warenzeichen stellten einfache Figuren dar, die meist aus sich kreuzenden Strichen bestanden. Seit dem 12. Jh. kamen auf den Wappen die sogenannten Bilder hinzu, Löwen, Blumen, Flügel, Vogelklauen, Greifenköpfe. Vermutlich waren es Lokalbezeichnungen für die Burg, die Stadt, die Herrschaft, das Territorium, nach dem man sich nannte. Sie heißen auch sprechende Wappen, etwa im Falle der römischen Familie de Colonna, die eine Säule im Wappen führt. Seit dem 12. Jh. wurde es üblich, daß der zweite und dritte Sohn bei der Übernahme eines neuen Besitzes den alten Namen der Familie aufgab, dagegen das Wappen beibehielt. So zweigten sich von den Grafen von Zollern die Grafen von Hochberg und die Burggrafen von Nürnberg ab, die alle drei das schwarz-weiße Schild beibehielten.

Primäre schriftliche Quellen sind anfänglich im Abendland noch spärlich. Die wichtigsten sind im Bereich der Kirche entstanden. Gütererwerb, Besitzübertragungen, Einkünfte wurden niedergeschrieben in sogenannten Traditionsbüchern und Urbaren. Wir bekommen damit Einblick in das Vermögen, die Verwaltung, die wirtschaftlichen Interessen der Kirchen und Klöster.

Anordnungen, Leistungen wurden in der Form der Urkunde niedergeschrieben. Eine Urkunde ist ganz allgemein ein in einer bestimmten Form niedergelegtes Rechtsgeschäft. Im eigentlich historischen Sinne sind dagegen Urkunden nur die feierlichen Bezeugungen für abgeschlossene Verträge und Rechtsgeschäfte, Schenkungen, Begnadigungen, Diplome.

Die Urkunde ist vorwiegend zu einem Begriff der mittelalterlichen Geschichte geworden. Urkunden von Päpsten, Kirchen, Klöstern, Kaisern, Königen, Fürsten, Städten, Städtebünden liegen in zahlreichen Editionen vor. Solche Urkunden kennt man seit der Zeit der merowingischen und lombardischen Könige. Neben der Urkunde haben wir das sogenannte „breve", das an einzelne Personen gerichtet, mit dem Handsiegel versiegelt ist. Weiter sind zu nennen placita, Beleihungen, Beschlüsse ständischer Versammlungen.

Über dem Interesse für die mittelalterlichen Urkunden hat man die Urkunden der neueren Zeit vielfach vernachlässigt, etwa die Handels- und Subsidienverträge. Viele befinden sich in Museen, viele liegen auch in Archiven begraben. Zum Teil waren die Verträge geheim, etwa wenn gegen Subsidien militärische Hilfe vereinbart wurde. Zum Teil ging man so vor, daß nur ein Teil des Vertrages bekannt gemacht wurde oder daß man sein Bestehen wenigstens durchsickern ließ, während daneben Geheimartikel, „secrete" Artikel, vereinbart wurden, die nur wenigen Beteiligten bekannt waren und blieben, freilich dann auch öfter von den zahlreichen Agenten und Spionen der gegnerischen Mächte ausgekundschaftet wurden. Eine große Rolle spielen diese secreten Artikel für die Geschichte der Subsidienpolitik, etwa Ludwigs XIV. Mit solchen Urkunden ist nicht einfach zu arbeiten, da die Verträge zuweilen nicht ratifiziert wurden und deshalb auch nicht in Kraft traten, zuweilen erfolgte die Ratifikation nicht auf demselben Pergament oder Papier[6].

Die Abfassung und Registrierung der Urkunden erforderte eine bestimmte behördliche Organisation, in deren Rahmen der öffentliche Notar bzw. der Ratssekretär wichtige Funktionen ausübte. Die Urkunden wurden in die Notariatsprotokolle eingetragen, dicke Schweinslederfolianten, die heute noch zu Tausenden in den Archiven West- und Südeuropas lagern. Umfangreich finden sie sich in Venedig, Genua, Valencia, Sevilla, Antwerpen und Amsterdam. In Deutschland hat das Notariatswesen keine so weite Verbreitung gefunden. Hier wurden die Urkunden in die Stadtbücher eingetragen. Je mehr sich die Schriftlichkeit ausbreitete, desto mehr gewannen die Bücher der Kaufleute selbst urkundlichen Wert. Von da ab schränkte sich der Kreis der in den Stadtbüchern eingetragenen Urkunden mehr und mehr auf den Bereich reiner Grundstücksgeschäfte ein. Lübeck besaß so sein Niederstadtbuch, Hamburg sein Schuldbuch, Köln seine Schreinsbücher[7].

In der europäischen Wirtschaftsgeschichte bedeutet das Aufkommen der Schriftlichkeit einen tiefen Einschnitt. Bis dahin ist die schriftliche Überlieferung außerordentlich spärlich. Die Historiker mußten sich ihr Bild vom wirtschaftlichen Leben des frühen und hohen Mittelalters anhand einer Überlieferung machen, die mehr oder weniger zufälligen Charakter hat. Sie mußten mit dem arbeiten, was die Chronisten und Annalisten der Zeit bei ihren Aufzeichnungen über politische und kirchliche Ereignisse oder Vorgänge betont lokaler Bedeutung nebenbei auch vermerkt hatten oder was im Schriftverkehr der weltlichen und geistlichen Instanzen festgehalten wurde. Die eigentlichen Träger der Wirtschaft, voran die Kaufleute, konnten meist nicht schreiben. Die Fernhändler unternahmen weite Reisen, sie traten mit ihrer Kundschaft in direkte Verbindung und ließen sich für ihre Waren mit anderen Gütern im Sinne des Tauschgeschäfts bezahlen. Da brauchte man keine Aufzeichnungen. Und so, wie man über diese Geschäfte kaum etwas erfährt, wird uns auch nur selten Näheres über die Person des Kaufmanns überliefert.

Das wurde anders, als im Zusammenhang mit dem großen Umbruch, den die Epoche der Kreuzzüge mit sich brachte, die Kaufleute das Schreiben, das bislang ein Vorzug der Geistlichen war, zu erlernen begannen; als sie ihre Geschäfte aufzeichneten, ihren Handelsfreunden und Dienern, die sich in der Ferne befanden, Briefe schrieben, als sie, um einen Vorgang beglaubigen zu lassen, zum Notar gingen und als sie anfingen, Geldgeschäfte auf dem Wege des Wechselbriefes zu erledigen. Das ist ein über Generationen sich erstreckender Vorgang, der im 13. Jh. in verstärktem Maße einsetzt und der dank dieser neuen technischen Möglichkeiten zum erstenmal Unternehmungen entstehen läßt, die dann die Epoche des Frühkapitalismus charakterisieren sollten.

Dank des schriftlichen Verkehrs in der Wirtschaft, der nun einsetzt, beginnt die Überlieferung reicher zu fließen. Die Art der Quellen, die dem Wirtschaftshistoriker zur Verfügung steht, wird vielfältig. Es sind Quellen öffentlicher und privater Natur, Quellen, die im Schriftverkehr der kirchlichen, staatlichen und städtischen Instanzen entstanden sind und Quellen, die aus dem Geschäftsverkehr der kaufmännischen bzw. großgewerblichen Unternehmungen erwuchsen und die wir heute, auf die jeweiligen Unternehmungen bezogen, als Firmenarchive bezeichnen.

Dabei gingen die mittelmeerischen Handelszentren voran. Bei den Venezianern sind Ansätze zur Schriftlichkeit schon im 10. Jh. festzustellen, wobei

Handelsbräuche des byzantinischen und arabischen Bereichs Anregungen lieferten. Die ältesten, bislang bekannten Aufzeichnungen eines Kaufmannes des Mittelalters stammen von 1157 und haben sich in der Form rasch hingeworfener Notizen im Cartular eines genuesischen Notars erhalten. Ein Ausbau der schriftlichen Aufzeichnungen wurde erst von dem Augenblick ab erforderlich, als der Überland- und Überseehandel sich ausweitete, das einfache Commendaverhältnis durch größere Handelsgesellschaften abgelöst und das Kreditwesen ausgebaut wurde. In diesem Zusammenhang entstand neben dem Notariat und dem Briefwechsel mit Gesellschaftsagenten oder Faktoren aus der einfachen die doppelte Buchführung, d. h. anstelle einer einmaligen Aufzeichnung in einfacher Paragraphen- oder Abschnittsform die doppelte Eintragung unter Soll und Haben, wodurch eine doppelte Erfolgsrechnung des Gewinnes und Verlustes möglich wurde. Man glaubt heute, daß sich die Neuerung an verschiedenen Plätzen Italiens gleichzeitig durchgesetzt hat, wobei möglicherweise die Bankiers und Geldwechsler Genuas sich des Systems zuerst bedienten. Nach Raymond de Roover wurden die Rechnungen der massari der Finanzverwaltung in Genua seit 1327 ad modum banchi geführt (erhalten seit 1340). Die verschiedenen heterogenen Ansätze wurden bis um 1400 zu einem „integrierten Klassifikationssystem" verschmolzen. Was sich in der Praxis entwickelt hatte, brachte der Franziskaner Luca Pacioli in einem theoretischen Werke (Summa de Arithmetica, Geometria, Proportioni et Proportionalita, Venedig 1494) zum ersten Mal als Lehrbuch zur Darstellung.

Die Entwicklung in Deutschland läßt sich seit dem letzten Drittel des 13. Jhs. verfolgen. Der rotulus eines Lübecker Gewandschneiders und ein Kieler Fragment aus dieser Zeit zeigen, daß die schriftliche Aufzeichnung zum Zweck der internen Geschäftskontrolle im hansischen Bereich nichts Ungewöhnliches mehr war. Entsprechend der Form der gleichzeitigen städtischen Akten wurden die Aufzeichnungen auf einzelnen Pergamentblättern oder Pergamentrollen gemacht. Wie diese Aufzeichnungen aus dem hansischen Bereich ist auch das älteste erhaltene Kaufmannsbuch Oberdeutschlands, das Schuldbuch der Nürnberger Holzschuher (1304–1307), lateinisch geführt. Wenn ein Geschäft abgeschlossen war, wurde die Eintragung darüber einfach durchgestrichen. Die Aufzeichnungen erfolgten in Paragraphenform. Das Rechnungsbuch des Lübeckers Hermann Wittenborg und seines Sohnes, das Aufzeichnungen von 1329–1360 enthält, beginnt lateinisch und geht später ins Plattdeutsche über. Im lateinischen Rechnungsbuch des Rostocker Kaufmanns Johann Tölner (1345–1350) sind gewisse Ansätze zu einer Klassifizierung festzustellen.

Im allgemeinen waren die Niederdeutschen konservativer als die Oberdeutschen, wobei die Tatsache hereingespielt haben mag, daß die Art des Warenverkehrs und die Organisationsform weniger kompliziert war als bei den stärker von den mediterranen Verhältnissen beeinflußten Oberdeutschen. Während die Buchführung in Norddeutschland noch bis ins 16. Jh. ziemlich individuell gehandhabt wurde, bedienten sich die oberdeutschen Kaufleute, am frühesten die Nürnberger, inzwischen der doppelten Buchführung, wie sie in Italien üblich war. Geführt wurden zwei Bücher, das Journal (auch Grundbuch) und das Schuldbuch. Im Journal wurden die laufenden Buchungen gemacht. Aus dem Journal wurden die einzelnen Posten in das Schuldbuch, getrennt nach Creditoren und Debitoren, übertragen. Nach dem sogenannten „zweiten" oder „deutschen" Buchhalten wurden ins Schuldbuch nur die Personalkonten eingetragen und daneben ein besonderer „Kapus" (oder Kaps, Güterbuch) für die Sachkonten geführt. Außer diesen „Hauptbüchern" kannte man auch Nebenbücher, so das „Memorial" zur ersten, eiligen Niederschrift, das „Kassenbuch" für die Bareinnahmen und Barausgaben, dann die „Kladde" oder das „Haderbüchlein" für den Eintrag von Kosten, die im Zusammenhang mit der Geschäftsführung entstanden. Des weiteren gab es das „Wechselbuch" für Wechselgeschäfte, das „Fuhrlohnbuch" für die Abrechnung der Fuhrlöhne, das „Gesellenbuch" für die Geschäfte der Zweigniederlassungen, das „Barchentbuch", das „Kupferbüchlein", das „Silberbüchlein", das „schwarze Buch" der schwer einbringbaren Schulden, das „Sekret-" oder „Geheimbuch", das unmittelbar der Gewinnermittlung diente und vom Handelsherrn oder seinem ersten Buchhalter geführt wurde.

Für die weitere Entwicklung auf deutschem Boden wurde das Rechenbuch des Nürnbergers Henricus Grammateus (= Heinrich Schreiber), das 1518 gedruckt, in einem Abschnitt das „Buechhalten durch Journal, Kaps und Schuldbuch auf alle Kaufmannschaft" darstellte, wichtig. Daneben fand die „Musterbuchhaltung" des Fuggerschen Hauptbuchhalters Matthäus Schwarz handschriftliche Verbreitung.

Antwerpens bedeutendster Verfasser auf diesem Gebiet war Jan Ympyn Christoffels (Nieuwe instructie ende bewijs etc. 1543). Die Fortschritte, die in Norddeutschland, namentlich in Hamburg, seit der Zuwanderung von Niederländern gemacht wurden, werden ersichtlich aus dem Werk des Passchier Goessens (Buchhalten fein kurz zusammengefasset und begriffen nach Art und Weise der Italiener), das 1594 erschien. Nach dieser Entwicklung der Buchhaltung im Laufe des 16. Jhs. kamen in Deutschland bis zum Beginn des 19. Jhs. keine wesentlichen Ergänzungen hinzu. Die einfache Buchführung, nach der jeder Posten nur einmal ins Hauptbuch übertragen wurde, fand in Flügels „Wegweiser" (1741) eine selbständige Darstellung. Um die weitere Aufgliederung des Grundbuches bemühten sich in der 2. Hälfte des 17. Jhs. der Franzose de la Porte, dann zu Beginn des 18. Jhs. der Nürnberger J. G. Schoapp (1714), ferner Flügel, bis schließlich zu Beginn des 19. Jhs. der Nürnberger Johann Michael Leuchs die Aufgliederung des Grundbuches als seine Erfindung in Anspruch nahm und dieses Verfahren als Nürnberger Buchführung bezeichnete. Weitere Anregungen lieferte der Hamburger Carl Crüger (1821), dazu kam der Einfluß der „amerikanischen" Buchführung des Franzosen Eduard Degrange (1804), die dahin tendierte, Journal und Hauptbuch zu verschmelzen. Dieselbe Idee hatte Philippson in seinen „Briefen über das Kaufmännische Rechnungswesen" (1813). Vorschläge zur Vereinfachung machten ferner C. D. Fort (Dresden 1832) und Schuhmacher (Mainz 1874), der erneut mit der Bezeichnung „amerikanische" Buchführung hervortrat. Die Einführung des Kontokorrentkontos wurde durch sie wesentlich unterstützt.

Einen starken Anstoß zur Weiterentwicklung erhielt die Buchhaltung mit der Industrialisierung. Die Gliederung wurde verfeinert, wobei besondere Anregungen von E. Schmalenbachs „Kontenrahmen" und dem „Kontenplan" ausgingen. Dauerkontenbücher und Karteikarten kamen hinzu. Anstelle der Übertragungsbuchführung trat das Durchschreibeverfahren und nach der Erfindung von H. Hollerith (1880) kamen die Lochkartenmaschinen und schließlich die Elektronengeräte auf. Mit dieser Entwicklung, die den Charakter des aus dem Buchhaltungsbereich stammenden Quellenmaterials so sehr veränderten, mußten sich auch die Methoden ihrer Verwertung wandeln; neben der Einzelauswertung war schließlich in vorherrschender Weise die „serielle" Auswertung heranzuziehen[8].

Der ergänzende Vorgang ist die Wirtschaftsprüfung. Über ihre Anfänge wissen wir noch wenig Genaues. Erst mit der Entwicklung der modernen Industriewirtschaft bekommen wir eine deutlichere Vorstellung. So gab es in England um 1800 „Accomptants" (Accountants), deren Zahl im Lauf des 19. Jhs. rasch wuchs. Namentlich die Großunternehmen trugen zur Ausbildung des wirtschaftlichen Prüfungswesens bei. Die Companies Act von 1844 machte regelmäßige Abschlußprüfungen bei den Eisenbahngesellschaften zum erstenmal obligatorisch, 1862 wurde diese Bestimmung auf alle Companies ohne eigene Satzung erweitert und seit 1900 waren alle Companies ohne Unterschied dazu verpflichtet. In Deutschland sprach man zunächst vom Bücherrevisor, dessen Tätigkeit durch den Eid sanktioniert war. Gegen Ausgang des 19. Jhs. kamen Treuhandgesellschaften hinzu, die zuerst von Banken herangezogen wurden. Die Neufassung des Genossenschaftsgesetzes von 1889 führte die Pflichtprüfung für Genossenschaften ein. Auf Grund der Erfahrungen, die man während der Weltwirtschaftskrise sammelte, wurde die Prüfung auch für die Aktiengesellschaften zur Pflicht gemacht. Von jetzt ab bildete sich der Beruf des Wirtschaftsprüfers, dem das Gesetz die Pflichtprüfungen vorbehielt.

In der Frühzeit standen die Handels- oder Handlungsbücher im Mittelpunkt. Die ersten Ansätze zu den künftigen Handlungsbüchern stammen, wie angedeutet, aus dem 13. Jh. Im 14. Jh. häuft sich das Material bereits so, daß von Francesco di Marco Datini in Prato über 500 Rechnungsbücher erhalten sind. Die wichtigeren Bestände werden wir weiter unten im Zusammenhang mit den Wirtschaftsarchiven besprechen[9].

Seltener als Handlungsbücher sind geschlossene Bestände von Geschäftsbriefen erhalten geblieben. Der Brief diente ja nur zur Übermittlung von Nachrichten. Hatte er diesen Zweck erfüllt, dann war er im allgemeinen wertlos geworden. Deshalb sind Geschäftsbriefe gewöhnlich nur durch Zufall erhalten geblieben, etwa bei Konkursen oder bei Erb- und sonstigen Rechtsstreitigkeiten, wenn die kaufmännische Korrespondenz als Beweismittel dienen mußte. Aus solchen Gründen blieben die Briefe der Brüder Veckinchusen erhalten. Die größte frühe Briefsammlung befindet sich im Datiniarchiv in Prato. Zahlreiche Briefkopierbücher aus dem 16./17. Jh. sind im Fuggerarchiv verwahrt. Die bedeutendste kaufmännische Briefsammlung des 16. Jhs., die daneben entstand, bildete sich im Unternehmen des spanischen Kaufherren Simon Ruiz, der sein Archiv dem Hospital in Medina del Campo vermachte. Aus Konkursakten entstand die Sammlung der „Insolvente Boedelskammer" im Stadtarchiv zu Antwerpen[10].

Mit der Verbreitung des Geldverkehrs bekam der Wechselbrief wachsende Bedeutung, vor allem wieder in West- und Südeuropa. Der Wechsel am Ort oder von einem Platz zum andern wurde ein wichtiger Ansatzpunkt des Privatbankwesens. Das cambium per litteras bot die besten Möglichkeiten, Darlehensgeschäfte zu verschleiern. Die ersten erhaltenen Wechselbriefe stammen aus dem späten 14. Jh. Der Scheck wurde noch wenig gebraucht. Dafür gab es die mündliche Zahlungsanweisung, die der Wechsler oder Bankier entsprechend in seinem Register vermerkte. Die frühesten polizze hat Federigo Melis im Datiniarchiv festgestellt. Die internationalen Bankgeschäfte, die von den lokalen Geschäften der Wechsler zu unterscheiden sind, beruhten auf der Handhabung der Wechselkurse. Der Kurs variierte dabei von Tag zu Tag. Für drei Jahrzehnte von 1390–1420 enthält das Datiniarchiv in Prato die ersten erhaltenen Wechselkurse aller damaligen europäischen Bankplätze. Solche Wechselkurse liegen dann seit dem 16. und 17. Jh. in wachsendem Umfang von den internationalen Handelsplätzen Antwerpen, Amsterdam, Hamburg und London vor.

Einen wichtigen Ansatz zur Negotiabilität der Effekten stellt der indossierte Wechsel dar; dessen frühestes Vorkommen wiederum Melis aus dem Datiniarchiv nachweisen konnte. Für Spanien hat H. Lapeyre das Indossament zum ersten Mal 1575 festgestellt, während man die Neuerung in Antwerpen nicht vor 1610, in Lyon nicht vor 1618 einführte. Skontierte Obligationen konnte H. van der Wee für 1536 feststellen, einen skontierten Wechsel für 1576. Der cambio con la ricorsa, seit 1524 in engem Zusammenhang mit der Praxis des aval, ist eine Umbildung des alten recambio, der nach Heers im Genua des 15. Jhs. durchaus üblich war. So zeigt das private Wirtschaftsleben des ausgehenden Mittelalters bereits ein außerordentlich reich entwickeltes Schriftwesen, das allerdings, soweit es erhalten geblieben ist, einerseits meist schwer zu entziffern und auch schwer zu analysieren ist[11].

Konservativ blieb das Rechnungswesen der städtischen und fürstlichen Verwaltungen. Seit der zweiten Hälfte des 14. Jhs. sind aus den oberdeutschen Städten Steuerregister und bald auch Steuerbücher erhalten, am frühesten aus Eßlingen (ab 1360). Daneben gibt es Aufzeichnungen über Einnahmen und Ausgaben der zentralen städtischen Finanzverwaltung sowie über den städtischen Schuldendienst. Im Laufe des 16. Jhs. kommen die Stadt-

oder Kämmereirechnungen auf, sie werden jetzt ergänzt durch Zollakten, Münzakten und Gerichtsprotokolle[12].

Mit dem Ausbau des Behördenwesens der Territorien bekam insbesondere der Schriftverkehr der fürstlichen Kammer Bedeutung für Finanz- und sonstige Wirtschaftsfragen. Der ganze Schriftverkehr wurde im Archiv aufbewahrt, die eingelaufenen Schreiben im Original, die auslaufenden im Entwurf. Die Abrechnungen über die Einnahmen und Ausgaben wurden jedes Jahr im Kammer- oder Rentenkammerprotokoll ins Reine geschrieben. Solche Rentenkammerrechnungen liegen oft in langen Reihen in den einzelnen Staatsarchiven. Mit dem Ausbau der Verwaltung wurden die einzelnen Gebiete mehr und mehr voneinander gesondert, beispielsweise in die Einkünfte aus den Bergwerken, aus dem Münzwesen, Handel und Gewerbe, Rechnungen der Kaufleute, die Hoflieferungen tätigten, Ausgaben für das Bauwesen, oder die ganzen Unterlagen über die eingehobenen Steuern, die Zollverwaltung und die Seeschiffahrt[13].

Zu den Akten aus öffentlichen Institutionen gehört das Material, das von den öffentlichen Banken erhalten geblieben ist. Dieses Material beginnt mit den taulas de cambis in den katalanischen Städten, Barcelona, Gerona und in Valencia. Auch das Material der Casa di San Giorgio in Genua gehört dazu, während die montes pietatis zum Grenzbereich der Bankinstitutionen gehören. Eine neue Phase beginnt dann mit dem Banco di Rialto in Venedig (1581), der Wisselbank in Amsterdam (1609), der Girobank in Hamburg (1618) und dem Banco Publico in Nürnberg (1621), deren schriftliches Material, abgesehen von Hamburg, sehr umfangreich ist. Noch mehr gilt dies für die schwedische Reichsbank, die Bank von England und weitere öffentliche Banken des 18. und 19. Jhs.[14].

Die städtischen und staatlichen Rechnungsbücher sowie die Rechnungen von Hospitälern sind wichtig für die Preisgeschichte. Um ein zuverlässiges Bild der Preisentwicklung zu bekommen, müssen die Preisangaben möglichst vollständig sein, möglichst viele zusammenhängende Jahre umfassen und aus den verschiedenen Bereichen stammen. Eng verbunden mit der Preisgeschichte ist die Geschichte der Löhne, die ebenfalls aus serienmäßig erhaltenen Quellen, vor allem wiederum Rechnungsbüchern, erschlossen werden muß. Schließlich enthalten die Archivmaterialien der öffentlichen Verwaltungen auch die Hauptunterlagen für die Bevölkerungsgeschichte in der Form von Steuer- und Wehrlisten sowie Taufregistern. Vom 16. Jh. ab kommen Konfirmationsregister, Visitationsberichte u. a. hinzu[15].

Für eine quantitative Auswertung ist das Quellenmaterial um so wertvoller, je mehr es seriellen Charakter trägt. Dazu gehören die Steuerbücher, die städtischen Rechnungen, die staatlichen Kämmereiprotokolle, Zolleinnahmebücher, Münzordnungen und Erdbücher.

Von den letzteren sind die frühesten das Domesday Book, das Wilhelm der Eroberer 1085–1086 in England anlegen ließ, dann König Waldemars Erdbuch (Liber Census Daniae), die englischen Customs Accounts, die

Pfundzollregister aus Lübeck und Danzig, die Danziger Pfahlgeldlisten über die entrichteten Ankergebühren, die Register, die seit dem 15. Jh. über den Öresund passierenden Schiffe geführt wurden. Die ersten zusammenhängenden Statistiken kamen in der Zeit auf, als sich das merkantilistische Gedankengut in den Staatsverwaltungen Geltung verschaffte. Solche Statistiken wurden aber erst im Lauf des 18. Jhs. häufiger, bis dann im 19. Jh. sich statistisches Material der Länder und Städte, das der landschaftlichen und gewerblichen Verbände (Firmen, Banken, Kammern) zu häufen beginnt.

Als sekundäre Quellen kann man solche bezeichnen, die mit dem Wirtschaftsprozeß direkt nichts zu tun haben, aus denen sich aber wirtschaftliche Fakten und Zusammenhänge erschließen lassen.

Das gilt einmal für die verschiedenen rechtlichen Verfügungen. In die Anfänge der germanischen Staaten und ihrer wirtschaftlichen Verhältnisse führen die leges barbarorum, die Volksgesetze der Burgunder, Goten, Franken (Lex Salica). Das Capitulare de Villis Karls des Großen enthielt wirtschaftliche Anordnungen für die Domänen, aus denen man die Einrichtung des Feld- und Gartenbaus, die Dienstleistungen der Hörigen und Formen des Gewerbes ablesen kann. Manche der hier erwähnten Rechtseinrichtungen reichen bis in die Gegenwart herein. Dazu gehören die sogenannten flämischen Rechtsinstitute, wie die flämische Hufe. Reicher als man gemeinhin ahnt, sind die Aufschlüsse, die man aus den Stadtrechten bekommt, dem Soester, dem Lübecker, dem Magdeburger, dem Wiener Stadtrecht; die drei letzteren wirkten in ihren Ausstrahlungen nach Nord- bzw. Osteuropa hinein[16]. In diesen Bereich gehören weiter die genossenschaftlichen Ordnungen, die Zunftordnungen der mittelalterlichen Städte, die bäuerlichen Weistümer, die Berg- und Seerechte, Ordnungen der hansischen Kontore, Preis- und Lohntaxen der Obrigkeiten, Gerichtsurteile und schließlich der ganze Niederschlag der Gesetzgebung des aufblühenden Fürstenstaates[17].

Hierher gehören ferner die Privilegien und Urkunden, die in den Urkundenbüchern der Klöster und Städte veröffentlicht worden sind. Es gibt zahlreiche solcher Veröffentlichungen, die meist nicht abgeschlossen sind, weil die Zahl der Aufzeichnungen im Lauf des Mittelalters schon ins Unermeßliche gestiegen ist. Seit dem ausgehenden Mittelalter werden die Privilegien mehr und mehr durch Verträge ersetzt. Von ihnen sind die Handelsverträge für den Wirtschaftshistoriker am interessantesten[18]. Aus der großen Zahl der Prozeßakten und Verhandlungen von Ständen und anderen Gruppen seien die Resolutionen der Generalstaaten, dann die Reichskammergerichts- und Reichshofratsakten hervorgehoben; Berichte und Denkschriften sind entstanden, um einem Auftraggeber ein zusammenhängendes Bild von bestimmten Zuständen und Eindrücken zu vermitteln. Die bekanntesten Formen solcher Berichte sind die Depeschen und Schlußrelationen der venezianischen Diplomaten. Dazu kommen die Berichte von Kommissionen und Untersuchungsausschüssen, Gutachten von Fachleuten. Sie werden in der merkantilistischen Phase häufiger. Schließlich sind die Visitationsberichte von Kirchen, die

Monats-, Quartals- und Jahresberichte von Industrie- und Handelskammern zu nennen[19].

Dazu kommen die zusammenhängenden Schilderungen in Form von Annalen, Chroniken, Reisebeschreibungen, Tagebüchern, eine Quellengruppe, die für unseren Bereich zurückreicht bis auf die Germania des Tacitus, den Reisebericht des Pytheas von Marsilia, und die Beschreibungen von Pilgerfahrten. Ergiebiger für den Wirtschaftshistoriker wird diese Art Beschreibungen seit der Epoche des Merkantilismus. Zu Ende des 17. Jhs. kommen die Enzyklopädien auf, während die Handbücher schon mittelalterliche Vorgänger haben, die zunächst handschriftliche Verbreitung fanden. Im 18. Jh. wird ihr Typ durch die Arbeiten von Savary, Marperger Ludovici und Büsch markiert. Die Autobiographien sind zunächst für den Wirtschaftshistoriker weniger ergiebig, um so interessanter aber für den Sozialgeschichtler. Erst aus dem 18. und 19. Jh. haben wir Autobiographien von Leuten der Wirtschaft selbst (Gotzkowski, Johann Peter Hasenclever, Werner v. Siemens[20]). Schriften, die sich auf sozial- und wirtschaftspolitische sowie wirtschaftstheoretische Themen beziehen, sind vor allem wichtig für den geistigen Hintergrund der wirtschaftlichen Programme und Forderungen, der Ideen und Lehren. Das Material über das kanonische Zinsverbot, über die Wucherlehre gehört hierher, dann die Schriften der Reformatoren, schließlich der Merkantilisten des 16., 17. und 18. Jhs., der Physiokraten und der Freihandelsvertreter beginnend mit Adam Smith, dann der Sozialisten und Kommunisten, der Vertreter des Liberalismus im 19. Jh. sowie der Nationalökonomen[21].

Auch die schöngeistige Literatur gibt dem Wirtschafts- und Sozialhistoriker wichtige Hinweise. Dies gilt schon für den Decamerone des Boccaccio, dann für den Simplicissimus und noch mehr für den aufkommenden bürgerlichen Roman des 18. Jhs. und die realistischen Darstellungen des 19. Jhs. etwa bei Dickens, Balzac, Flaubert, Zola oder Immermann[22].

⁴) *Keilschrift:*
J. F r i e d r i c h , Geschichte der Schrift, 1966; K. J a r i t z , Schriftarchäologie der altmesopotamischen Kultur, 1967; B. M e i s s n e r und K. O b e r h u b e r , Die Keilschrift ³1967;
Runen:
S. Anm. 5.

Papier:
K. K e i m , Das Papier, 1951; A. R e n k e r , Das Buch vom Papier, 1951.

Antike Buchhaltung:
Federigo M e l i s , Storia della Ragioneria, Bologna 1950; H. M ü n s t e r m a n n , Buchführung, in: Staatslexikon, 2, 1958.

2. Quellenkunde

⁵) *Runensteine:*

M. O l s e n , Norges Indskrifter med de Yngre Runer, 3 Bde 1941–1954; L. J a c o b s e n – E. M o l t k e , Danmarks Runeinskrifter 1942; A. B a e k s t e d , Islands Runeinskrifter, 1942; H. A r n t z , Handbuch der Runenkunde, 1944; H. A r n t z – H. Z e i s s , Die einheimischen Runendenkmäler des Festlandes, 1939; F. A l t h e i m – E. T r a u t m a n n , Vom Ursprung der Runen, 1939; W. K r a u s e , Was man in Runen ritzte, ²1943; H. H ö f l e r , Sakralkönigtum I: Der Runenstein von Rök, 1952.

Münzwesen:

Th. M o m m s e n , Geschichte des röm. Münzwesens 1860, Ndr. 1956; E. B a b e l o n , Traité des monnaies greques et romaines, 7 Bde, Paris 1901–28; U. R e g l i n g , Die antiken Münzen, ³1929; F. F r i e d e n s b u r g , Die Münze in der Kulturgeschichte, ²1926; F. Frh. v. S c h r ö t t e r , Wörterbucch der Münzkunde, 1930.

Warenzeichen, Hausmarke:

K. K. R u p p e l , Die Hausmarke, 1939; A. M. F r a n k , Hausmarke und Hauszeichen, 1944; W. M a r k s , Sachsenspiegel, 1964.

⁶) *Urkunden:*

L. S a n t i f a l l e r , Urkundenforschung, 1937; H. F o e r s t e r , Mittelalterliche Buch- und Urkundenschriften, Bern 1946.

⁷) *Notariatswesen:*

E. D ö h r i n g , Geschichte der deutschen Rechtspflege seit 1500, 1953; A. S a p o r i , Le marchand italien au moyen âge, Paris 1952; R. D o e h a r d , Les relations commerciales entre Gênes, la Belgique et l'Outremont d'après les archives notariales genoises aux XIIIe et XIVe siècles, 4 Bde, Brüssel-Rom 1941ff.; J. S t r i e d e r , Aus Antwerpener Notariatsarchiven, Quellen zur deutschen Wirtschaftsgeschichte des 16. Jhs. (Deutsche Handelsakten des Mittelalters und der Neuzeit 4) 1930, Ndr. 1962; F. M. K o e n , Notarial Records relating to the Portuguese Jews in Amsterdam up to 1639, in: Studia Rosenthaliana I, 1967ff.; H. v. V o l t e l i n i – F. H u t e r , Die Tiroler Notariatsimbreviaturen, 2 Bde, Innsbruck 1899 u. 1951; H. A m m a n n , Mittelalterliche Wirtschaft im Alltag, Quellen zur Geschichte von Gewerbe, Industrie und Handel aus den Notariatsregistern von Freiburg im Üchtland, Aarau 1954; H. L a p e y r e , Les archives de Valence, Cahiers du Monde Hispanique et Luso – Brésilien 6, 1966, 33–71.

Stadtbücher:

H. P l a n i t z u. Th. B u y k e n , Die Kölner Schreinsbücher des 13. und 14. Jhs. (Publ. d. Gesellsch. f. Rhein. Geschichtskde 46), 1937; E. von L e h e , Das hamburgische Schuldbuch von 1288, 1956.

⁸) *Buchhaltung:*

B. P e n n d o r f , Geschichte der Buchhaltung in Deutschland, 1913; L. P a c i o l i , Abhandlung über die Buchhaltung 1494, Übers. und mit einer Einführung versehen von B. Penndorf, 1933; J. Löffelholz, Geschichte der Betriebswirtschaft und der Betriebswirtschaftslehre, 1953; J. P. Stiegler, 5000 Jahre Buchhaltung, 1949; ders., 500 Jahre doppelte Buchführung, 1949; G. Korlén, Kieler Bruchstücke kaufmännischer Buchführung, Nddt. Mitt. 5, Lund 1949; F. Melis, Storia della ragioneria, Bologna 1950; R. de Roover, The Development of Accounting prior to Luca Pacioli according to the Account Books of medieval Merchants, in: Studies in the History of Accounting, London 1956; E. Leitherer, Geschichte der handels- und absatzwirtschaftlichen Literatur, 1961; A. v. Brandt, Ein Stück kaufmännischer Buchführung aus dem letzten Viertel des 13. Jhs. (Aufzeichnungen aus dem Detailgeschäft eines Lübecker Gewandschneiders), Zs. des Vereins für Lübeck. Gesch. u. Altertumskunde 44, 1964; E. Schmalenbach, Der Kontenrahmen, 1939; ders., Die doppelte Buchführung, 1951; H. Münstermann, Buchführung in: Staatslexikon 2, 1958; B. S. Yamey, H. C. Edey u. H. W. Thompson, Accounting in England und Scotland, 1543–1800, London 1963; H. W. Thompson u. B. S. Yamey, Foreign Books on Bookkeeping and Accounts 1494 to 1750, 1968; W. Stromer von Reichenbach, Das Schriftwesen der Nürnberger Wirtschaft vom 14. bis zum 16. Jh. Zur Geschichte oberdeutscher Handelsbücher, in: Beiträge zur Wirtschaftsgeschichte Nürnbergs II, 1967; H. Schiele und M. Ricker, Betriebswirtschaftliche Aufschlüsse aus der Fuggerzeit, 1967; H. Kellenbenz, Buchhaltung, in: Handwörterbuch der deutschen Rechtsgeschichte, 1966; ders., Der Stand der Buchhaltung in Oberdeutschland zur Zeit der Fugger und Welser, in: Die Wirtschaftsprüfung 22, 1970; ders., Buchhaltung der Fuggerzeit, in: VSWG 58, 1971; F. Melis, Documenti per la storia economica dei secoli XIII–XVI, Florenz 1972 (grundlegend).

[9]) Vgl. S. 31.

[10]) Sulle fonti della storia economica, appunti raccolti alle lezioni del Prof. Federigo Melis a cura del Dott. Brino Dini, Università degli Studi di Firenze, Facoltá di Economia e Commercio, Istituto di Storia Economica, Anno Accademico 1963/64, 144f.; F. Melis, Aspetti della vita economica medievale, Studi nel Archivio Datini di Prato I, Siena 1962; H. Lapeyre, Une famille de marchands, les Ruiz, Paris 1955; J. Gentil da Silva, Stratégie des Affaires à Lisbonne, Paris 1956; ders., Marchandises et Finances I–II, Paris 1959; V. Vazquez de Prada, Lettres marchandes d'Anvers I–IV, Paris o. J.; F. Ruiz Martin, Lettres marchandes échangées entre Florence et Medina del Campo, Paris 1965; J. Denucé, Inventaris van de Insolvente Boedelskamer, in: Antwerpsch Archievenblad, Tweede Reeks 1927f.

[11]) R. de Roover, L'évolution de la lettre de change, Paris 1953; ders., The Rise and Decline of the Medici Bank 1397–1494, Cambridge/Mass. 1963; H. Lapeyre, Simon Ruiz et les „asientos" de Philippe II, Paris 1953; G. Mandich, Le pacte de ricorsa et le marché italien des changes au XVIIe siècle, Paris, 1953; J. Gentil da Silva u. R. Romano, L'histoire des changes: Les foires de „Bisenzone" de 1600 à 1650, in: Annales 17, 1962.

[12]) H. Kirchgässner, Studien zur Geschichte des kommunalen Rechnungswesens der Reichsstädte Südwestdeutschlands vom 13. bis zum 16. Jh. in: Finances et comptabilité urbaines du XIIIe au XVIe siècle (Collection Histoire n^0 7) 1964.

[13]) *Ein Beispiel:*

L. Andresen u. W. Stephan, Beiträge zur Geschichte der Gottorfer Hof-

2. Quellenkunde

und Staatsverwaltung von 1544–1659 II, in: Quellen und Forschungen zur Geschichte Schleswig-Holsteins XV, 1928.
[14]) A. P. U s h e r, The early History of Deposit Banking in Mediterranean Europe I, Cambridge/Mass. 1943; History of the principal public banks etc., Coll. by J. G. van Dillen, Den Haag 1934; R. F u c h s, Der Banc(h)o Publico zu Nürnberg, Berlin 1955.
[15]) *Preise – Löhne:*
S. unter Abschnitt Preise – Löhne.
[16]) K. A. E c k a r d t, Germanenrechte, Texte und Übersetzungen, 1935–1950;

Sachsenspiegel, Hg. K. A. E c k a r d t, Monumenta Germaniae Historica, Fontes Juris Germ., N. Serie 1, 1933ff.; Wilhelm J e s s e, Quellenbuch zur Münz- und Geldgeschichte, Halle 1924; Capitulare de Villis: F. L. G a n s h o f, Was waren die Kapitularien?, 1956.

Stadtrechte:

H. P l a n i t z, Die Deutsche Stadt im Mittelalter, 1954.
[17]) W. W e g e n e r, Bergrecht, in Handwörterbuch zur deutschen Rechtsgeschichte I, 1971, 373ff.

Seerecht:

W. E b e l (Hrsg.) Lübecker Ratsurteile I, 1421–1500, 1955; II, 1501–1525, 1956; K.-F. K r i e g e r, Ursprung und Wurzeln der Rôles d'Oléron, 1970.

Preis – Lohntaxen:

F. B l a i c h, Die Reichsmonopolgesetzgebung im Zeitalter Karls V., 1967.
Gesetzgebung des Fürstenstaates:
I. B o g, Der Reichsmerkantilismus, 1959.

[18]) *Urkundenbücher:*

Hansisches Urkundenbuch, 10 Bde, 1876–1939; Hanserezesse 25 Bde (I, I–IV, 2), 1870–1970; R. H ä p k e, Niederländische Akten und Urkunden zur Geschichte der Hanse 1531–1669, 2 Bde, 1913, 1923; J. P r ü s e r, Die Handelsverträge der Hansestädte Lübeck, Bremen und Hamburg mit den überseeischen Staaten im 19. Jh., 1962; H. K e l l e n b e n z, Handelsvertrag, in: Handwörterbuch zur deutschen Rechtsgeschichte I, 1953ff.
[19]) W. A n d r e a s, Staatskunst und Diplomatie der Venezianer im Spiegel ihrer Gesandtenberichte, 1943. Nuntiaturberichte: L. J u s t, Beiträge zur Geschichte der Kölner Nuntiatur, in: Quellen und Forschungen aus italienischen Archiven und Bibliotheken XXXVI, 1956.

[20]) *Epen:*

M. W i l m o t t e, L'épopée française, Paris 1939; R. Menendez P i d a l, La epopeya castellana a través de la literatura castellana, Buenos Aires 1946; K. W a i s, Frühe Epen Westeuropas I, 1953; C. M. B o w r a, From Virgil to Milton, London 1945; d e r s., Heldendichtung, 1964; H. M o s e r , Mythos und Epos, 1965; L. P o l l m a n n , Das Epos in den romanischen Literaturen, 1966.

Chroniken:

Chroniken der deutschen Städte, 36 Bde, 1862–1931; H. S c h m i d t , Die deutschen Städtechroniken, 1958.

Pilgerfahrten:

L. Vazquez d e P a r g a , J. M. L a c a r r a , J. Uria R i u , Las peregrinaciones a Santiago de Compostela, 3 Bde, Madrid 1948/49; B. K ö t t i n g , Peregrinatio religiosa, 1950; R. K r i s s , Wallfahrtsorte Europas, 1950; R. R o u s s e l , Les pélerinages à travers les siècles, 1954.

Tagebücher – Lebenserinnerungen:

Christoph v o n S t e t t e n , in: Deren von Stetten Geschlechterbuch MDXXXXVIII (Stetten-Jahrbuch MCML) 2 Bde, Hg. A. Hämmerle; W. N a b e r , Reisebeschreibungen von deutschen Beamten und Kriegsleuten im Dienst der niederländischen West- und Ostindienkompagnien, s'Gravenhage 1930ff.; H. K e l l e n b e n z , Peter Hasenclever, in: Rheinische Lebensbilder IV, 1970.

Aus dem 19. Jh.

Alfred K r u p p , Leben und Briefe, Essen 1929; Werner S i e m e n s , Lebenserinnerungen; P. E. S c h r a m m , Hamburg, Deutschland und die Welt, 1943; d e r s., Kaufleute zu Haus und über See, Hamburgische Zeugnisse des 17., 18. und 19. Jhs., 1949; d e r s., Neun Generationen, 2 Bde, 1963/64.

Kaufmännische Handbücher:

R. S. L o p e z , Un texte inédit: Le plus ancien manuel italien de la technique commerciale, in: Revue Historique 493, 1970, 67–76; Francesco d i B a l d u c c i P e g o l o t t i , La pratica della mercatura, Hg. A. Evans, Cambridge, Mass. 1936; The Merchants Avizo by J. Brown M a r c h a n t , 1589, P. McGrath (Hg.), Boston/Mass. 1957; K. O. M ü l l e r , Welthandelsbräuche 1480–1540, 1934; d e r s., Quellen zur Handelsgeschichte der Paumgartner von Augsburg 1480–1570, 1955; M. H u m p e r t , Bibliographie der Kameralwissenschaften 1937; E. L e i t h e r e r , Geschichte der handels- und absatzwirtschaftlichen Literatur, 1961; R. S e y f f e r t , Über Begriff, Aufgaben und Entwicklung der Bwl, [5]1963. Melis, Documenti per la storia economica; M. S c h u m a c h e r , Auslandsreisen deutscher Unternehmer 1750–1851 unter besonderer Berücksichtigung von Rheinland und Westfalen, 1968.

[21]) J. H ö f f n e r , Wirtschaftsethik und Monopole im 15. u. 16. Jh., 1941; E. F. H e c k s c h e r , Der Merkantilismus, übersetzt v. G. Mackenroth, 2 Bde 1932; E. S a l i n , Politische Ökonomie, Geschichte der wirtschaftspolitischen Ideen von Platon zur Gegenwart, [5]1967.

[22]) F. S c h e u r e r, Le commerçant dans le roman allemand de 1796 à nos jours, Strasbourg 1930; E. F a i l l e t a z, Balzac et le monde des affaires, Diss. Lausanne 1932; G. M i l k e r e i t, Das Unternehmerbild im zeitkritischen Roman des Vormärz (Kölner Vorträge zur Sozial- und Wirtschaftsgeschichte, H. Kellenbenz (Hg.)), 10, 1970.

d) Archive

Einrichtungen zur Aufbewahrung von Archivmaterial gab es schon im Altertum, so bei den ausstellenden Kanzleien in Mesopotamien und Kleinasien. Bei den Griechen gab es zu dem Zweck das Metroon, das von Pheidias erbaut wurde, in Rom gründete Sulla auf dem Kapitol ein tabularium, um darin die zerstreuten Unterlagen zu vereinen und zugleich eine Geschäftsstelle für sämtliche Behörden zu schaffen. Später wurde dafür hinter dem Saturntempel das Aerarium Saturni erbaut. Scrinium ist später die Bezeichnung für den Platz, wo solche Schriftstücke aufbewahrt wurden. In der Kaiserzeit war der magister scrinii der Vorsteher der Hofkanzlei oder Staatskanzler.

Mit dem Humanismus setzte sich die Bezeichnung archivum (von griechisch archeion = Behörde und arca sicherer Ort) durch. Im frühen Mittelalter entstanden Archive an der päpstlichen Kurie und einigen griechischen und italienischen Bischofssitzen und Klöstern. Von Papst Gregor I. (590–604) sind die ersten „regesta" erhalten, Angaben über geschäftliche, aktenmäßig erfaßte Vorgänge. Eines der ältesten weltlichen Archive stellt das im Tower zu London dar, das, mindestens seit Heinrich II., (1150) in ununterbrochener Folge weitergeführt wurde. Ein anderes altes Archiv ist das von Venedig, das als solches schon um 1300 bestand. Für das mittelalterliche Kaisertum war es schwer, ein an einen bestimmten Platz gebundenes Archiv zu begründen, da es noch keine feste Residenz gab. Unter Kaiser Heinrich VII. wanderte die ganze Reichskanzlei mit nach Italien, und als der Kaiser 1313 umkam, eilte sein deutsches Gefolge heim, während man die Reichspapiere in Italien ließ. Ein Teil davon erhielt sich zuletzt noch im Stadtarchiv von Pisa.

Die am besten geführten Archive findet man in Kirchen und Klöstern, Städten wie Venedig, Florenz, Köln und Lübeck oder beim Deutschen Orden. In fürstlichen Hofhaltungen zeigte sich das Interesse für eine archivalische Ordnung im ausgehenden 14. Jh., und seit dem 15. Jh. beginnen sich die Akten in den fürstlichen Archiven immer mehr zu häufen. Jetzt finden sich in großer Zahl politische Korrespondenzen, Berichte von Gesandten, Aufzeichnungen über die Konzilsverhandlungen zu Konstanz und Basel. Als erstes offizielles Archivgebäude wurde 1542 von Karl V. das Schloß Simancas bei Valladolid bestimmt.

Dienten die Archive zunächst praktischen Verwaltungszwecken, der Verwahrung von Rechten und Besitztiteln, so setzte sich im Lauf des 19. Jhs. immer mehr der wissenschaftliche Wert der historischen Quellen durch. Das

Wiener Haus-, Hof- und Staatsarchiv wurde 1868 der Öffentlichkeit zugänglich gemacht. Preußen folgte 1875, das Vatikanische Archiv 1881. Zu den wichtigsten Archiven gehören vor allem das Vatikanische in Rom, die Nationalarchive, etwa in Paris (Archives Nationales, ferner Archives du Ministère des Affaires Etrangères), in London (The Public Record Office), in Kopenhagen (Rigsarkiv), in Haag (Rijksarchief), in Spanien (Archivo General in Simancas bei Valladolid, Archivo Nacional in Madrid, Archivo General de Indias in Sevilla), in Portugal (Arquivo da Torre do Tombo). Wichtige Neuschöpfungen sind das Deutsche Zentralarchiv in Merseburg, das Bundesarchiv in Koblenz.

Doch muß man sich grundsätzlich merken, daß nicht alle Archivalien in den Hauptstädten an einem Platz vereinigt sind. In Holland gibt es neben dem Rijksarchief noch ein Koninklijk Huisarchief, in Berlin gab es bis 1945 neben dem Geheimen Staatsarchiv noch ein Hohenzollernsches Hausarchiv (Charlottenburg). In Schwerin existierte neben dem Mecklenburgischen Landesarchiv noch ein geheimes Hausarchiv der Schweriner und ein solches der Strelitzer Linie. In München haben wir ein Bayerisches Hauptstaatsarchiv, ein Geheimes Staatsarchiv, ein Wittelsbachisches Hausarchiv, eine Abteilung Heeresarchiv und ein Kreisarchiv. In Wien gab es außer dem Haus-, Hof- und Staatsarchiv noch ein Hofkammerarchiv (heute Österreichisches Staatsarchiv) und ein Heeresarchiv. Zu den Staatsarchiven treten die Stadtarchive, die Kloster-, Familien- und Privatarchive. Für den Wirtschaftshistoriker besonders wichtig sind die Archive der großen Unternehmungen, der Kaufmannshäuser und Gesellschaften. Auf sie wollen wir im Folgenden näher eingehen[23].

---

[23]) Archivalische Zs., Hg. Generaldirektion der Staatlichen Archive Bayerns, seit 1876; Der Archivar, Mitteilungsblatt für deutsches Archivwesen, Hg. Staatsarchiv Düsseldorf, seit 1947/48; Archivmitteilungen, Hg. Hauptabt. Archivwesen im Ministerium der DDR, seit 1951; H. O. M e i s s n e r, Urkunden- und Aktenlehre der Neuzeit, 1950; A. B r e n n e k e, Archivkunde, ergänzt von W. Leesch, 1953; H. C r o o n, Sozialgeschichtsforschung und Archive, in: Der Archivar 7, 1954; 243–252; A. O p i t z, Die wirtschaftliche Entwicklung Deutschlands und die inhaltlichen Wandlungen des staatlichen Archivgutes im 19. und 20. Jh., in: Archivalische Zs. 52, 1956, 219–233; R. B r a n d t s, Die rheinische Archivberatungsstelle und ihre Tätigkeit von 1951–1955, in: Düsseldorfer Jahrb. 48, 1956; H. R i c h t e r i n g, Firmen- und wirtschaftsgeschichtliche Quellen in Staatsarchiven, Vortragsreihe der Gesellschaft für Westfälische Wirtschaftsgeschichte 6, 1957; R. B a u t i e r, Les archives, in: L'historire et ses méthodes 1120–1166.

e) F i r m e n -, W i r t s c h a f t s - u n d W e r k s a r c h i v e

Die Ansätze zu solchen Archiven liegen bereits im Mittelalter. Wir suchen sie begreiflicherweise zuerst bei den großen italienischen Unternehmungen. Von den Florentiner Firmen des 14. Jhs. sind leider nur Fragmente ihrer

Rechnungsbücher erhalten geblieben, so von den Peruzzi, den Alberti und Acciaiuoli. Von den Medici kennt man 3 libri segreti, die die Zeit der ersten Hälfte des 15. Jhs. umspannen. Um so reichhaltiger ist das, was Francesco di Marco Datini aus Prato hinterlassen hat, nämlich über 500 Rechnungsbücher und etwa 153 000 Briefe, die an seine Firma gerichtet wurden. Das Datiniarchiv, im Palazzo Crocini in Prato untergebracht, ist heute wohl das älteste, einigermaßen vollständig erhaltene Firmenarchiv. Ergänzt wird dieses toskanische Material durch Kaufmannsarchive anderer Städte, so in Florenz, Siena, Lucca, Genua, Mailand und Venedig. In Mailand sind die Handelsbücher der Borromei erhalten, in deren Hauptbüchern von 1427 und 1428 die doppelte Buchhaltung voll ausgebildet erscheint. Die Überlieferung aus der italienischen Geschäftswelt des späten Mittelalters ist so reich, daß sie uns, wenn auch noch lange nicht alles ausgewertet ist, doch heute schon ein klares Bild von der Modernität und Leistungsfähigkeit der italienischen Unternehmungen, ihrer Überlegenheit gegenüber den meisten europäischen Firmen der Zeit ermöglicht[24]. Aus dem Bereich nördlich der Alpen ist die Überlieferung wesentlich spärlicher, auch haben hier die Unternehmungen die Größenordnung der italienischen nicht erreicht. Immerhin reichen die Belege für eine schriftliche Rechnungsführung ebenfalls ins 13. Jh. zurück, wie die erwähnten Kieler Bruchstücke und die Vermerke eines Lübecker Gewandschneiders beweisen. Aus Oberdeutschland gibt uns das Handelsbuch der Nürnberger Holzschuher 1304 bis 1307 über Tuchhandelsgeschäfte im fränkischen Raum Auskunft. Dann kennen wir aus dem hansischen Raum desselben Jhs. die Bücher der Firmen Warendorp & Clingenberg in Hamburg sowie der Wittenborg in Lübeck, des Rostockers Tölner und der Hamburger Geldersen. Umfangreich sind die Geschäftspapiere der Brüder Hildebrand und Sievert Veckinchusen, die um 1400 von Brügge und Lübeck bzw. Köln aus ein Unternehmen aufbauten, das auch nach dem mediterranen Raum ausgriff. Hinzu kommen das Rechnungsbuch des Danziger Kommissionskaufmanns Johann Pisz und die aus der 2. Hälfte des 15. Jhs. stammenden Aufzeichnungen der Lübecker Heinrich Dunkelgud und Paul Mulich.

Aus dem ganzen 16. Jh. ist aus dem hansischen Bereich kein großes Firmenarchiv überliefert. Für Hamburg sind die Unterlagen des Mathias Hoep bemerkenswert, Bestände der wendischen Städte bearbeiteten G. Fink, A. v. Brandt, H. Thierfelder und K. F. Olechnowitz, die Revaler Handelsbücher erschloß G. Mickwitz, über die Breslauer Popplau schrieb L. Petry. Ditlev Enbeck in Malmö, Namann Jansen in Flensburg, Christoffer Faaborg in Kalundborg hinterließen Aufzeichnungen, desgleichen verschiedene Kaufleute in Posen[25]. Bruchstücke der Bestände der fortschrittlichen Nürnberger, u. a. der Stromer, Gruber, Podmer, Kress, Mendel und Praun vom ausgehenden 14. Jh. ab hat W. Frhr. v. Stromer erschlossen. Für die weitere Entwicklung der Nürnberger Wirtschaft während des 16., 17. und 18. Jhs. finden sich eine Reihe von Firmenarchiven oder Reste derselben im Nürnberger Stadtarchiv, im Archiv des Germanischen Nationalmuseums sowie auf den verschiedenen Schlössern der Nürnberger Landschaft (Behaim, Tucher, Imhof, Haller, Kress, Praun, Viatis und Peller).

In den anderen oberdeutschen Städten ist die Überlieferung lange nicht so gut. Von der großen Ravensburger Gesellschaft sind nur bescheidene Überreste überliefert worden. Ähnlich ist es in Ulm, das uns Ott Rulands Rechnungsbuch und Bruchstücke der nach Spanien handelnden Kaufleute Ferber und Ehinger erhalten hat, in Biberach ist fast alles verloren gegangen. Verhältnismäßig reich ist die Überlieferung in Augsburg, namentlich aus den Unternehmungen der Haug, Langenauer und Link sowie der Neidhart-Seilerschen Familiengruppe. Von den Welsern ist nur geringes und verstreutes Material überliefert. Das Welsersche Archiv (Neunhof bei Nürnberg) stellt leider nur einen bescheidenen Rest dar, ein Tatbestand, der mitbewirkt hat, daß die Geschichte des Welserschen Unternehmens, das, kühner bis nach den Antillen und Venezuela ausgriff und hinsichtlich seines Warenhandels vielleicht bedeutender als das Fuggersche war, mehr im Schatten dieses letzteren stand.

Glückliche Umstände haben es bewirkt, daß aus der Blütezeit des Fuggerschen Unternehmens verhältnismäßig umfangreiche Bestände, wenn auch keine Hauptbücher, erhalten sind, die heute im Fürstlich und Gräflich Fuggerschen Familien- und Stiftungsarchiv zu Dillingen (Donau) verwahrt sind. Franz Dobel, Konrad Häbler, Richard Ehrenberg, Max Jansen, Jakob Strieder und seine Schüler haben aus diesen Beständen geschöpft und unsere Vorstellung von der oberdeutschen Wirtschaftswelt und ihrer Bedeutung für den Frühkapitalismus entscheidend mitgeprägt. Jansen gründete eine Schriftenreihe „Studien zur Fuggergeschichte" ab 1907. Götz Frhr. von Pölnitz konnte weiteres Fuggersche Material in zahlreichen europäischen Archiven sammeln und darauf aufbauend seine großen Biographien von Jakob und Anton Fugger schreiben.

Außerhalb des Augsburger Kreises, der in der zweiten Hälfte des 16. Jhs. noch durch die Papiere der Österreicher erhellt wird, sind in Oberdeutschland nur Bruchstücke erhalten geblieben, etwa die Konkursakten der Zangmeister in Memmingen. Einblicke in die österreichische Geschäftswelt vermitteln das Handelsbuch des Judenburger Kaufmanns Clemens Körbler und die Gewölberegister der Wiener Neustädter Firma Alexius Funk. In Laibach liegen Geschäftsbücher von Siegmund Mosbacher[26].

Die Geschäftsbücher und Korrespondenzen Jacques Coeurs, des bedeutendsten Unternehmers, den Frankreich im 15. Jh. besaß, sind verloren gegangen, und seine wirtschaftliche Tätigkeit muß u. a. an Hand des Journals des Generalprokurators Jean Dauvet rekonstruiert werden, der den Prozeß gegen Coeur durchführte. Von dem bedeutenden Handelszentrum Rouen ist nichts erhalten geblieben. Michel Mollat mußte in seiner Arbeit über die Normandie vor allem auf die Notare zurückgreifen. Von Marseille haben wir aus dem späten 16. und beginnenden 17. Jh. Briefe der Brüder Antoine und Gilles Hermite. Die Geschichte der Waid- und Spezereienhändler von

2. Quellenkunde

Toulouse mußte Gilles Caster vornehmlich aus Notariatsregistern erschließen. Auch in Bordeaux, La Rochelle, sind aus dieser Zeit ebensowenig größere Archivbestände von Firmen überliefert oder zugänglich wie in Paris oder Lyon, und so bleibt das Bild, das wir vom Wirtschaftsleben dieser Plätze haben, begreiflicherweise unvollständig. In Nantes befinden sich vier Rechnungsbücher von André Ruiz (Ruys), die die große Sammlung seines Verwandten Simon Ruiz ergänzen[27]. Welche Ausbeute wir aus Venedig erwarten können, hat Ugo Tucci mit der Edition der Briefe von Andrea Berengo gezeigt, einem Kaufmann mittleren Formats, der in der Mitte des 16. Jhs. in Aleppo Handel trieb.

Mailand, Zankapfel zwischen Frankreich und Habsburg und schließlich Beute Habsburgs, wurde als Verwaltungszentrum und finanzieller Stützpunkt im Rahmen des Herrschaftskomplexes Karls V. und Philipps II. Sitz einer Gruppe von Finanzleuten, von denen einer der bekanntesten Filippo Candiani ist, dessen Profil dank der Arbeit von Gino Barbieri aus der Hinterlassenschaft des Unternehmens der Affaitadi aus Cremona ersichtlich wird. Über Florenz, das im 16. Jh. zur Residenzstadt der Medici wird, aber weiterhin sich als Handelsplatz und als Mittelpunkt der Manufakturen behauptet, sind wir einigermaßen durch Melis aus dem Strozziarchiv und durch Ruiz Martin aus der Korrespondenz des Medineser Bankherrn Simon Ruiz informiert. Die Geschichte der Strozzi, Capponi, Guicciardini, Corsi und Salviati bleibt noch zu schreiben; an Hinterlassenschaft aus diesen Firmen fehlt es nicht. Ähnlich ist es mit den Buonvisi in Lucca. Die großen Bankhäuser Genuas, die Grimaldi, Fieschi, Spinola, Sauli, Doria, Marini, Negroni kennen wir bislang besser aus ihrer Tätigkeit in Spanien, Portugal, Frankreich und Niederlanden als aus den Archiven Genuas selbst, wo von ihnen leider nur wenige Bestände deponiert wurden[28].

In Spanien und Portugal ist nur wenig an bedeutenden Kaufmannsarchiven erhalten geblieben. Ramón Carande mußte sein großes Werk über die Bankiers Karls V. aus den Papieren des Staates erarbeiten. Für die Kaufmannswelt von Burgos und Sevilla stehen reiche Notariatsarchive zur Verfügung. Aber was bedeutet dies gegenüber den etwa 50 000 Briefen, mehreren tausend Wechselbriefen und einer Reihe von Geschäftsbüchern des Kaufmannsarchivs von Simon Ruiz aus Medina del Campo (heute im Universitätsarchiv Valladolid). Henry Lapeyre erarbeitete aus ihnen ein Gesamtbild seiner Person und Geschäfte und Fernand Braudel und sein Kreis nützten die Gelegenheit, um die Briefe des Bankherrn mit dessen Geschäftsfreunden in Lissabon, Antwerpen und Florenz zu edieren und damit die Finanzen, das Geldgeschäft und den Warenhandel in der Zeit Philipps II. in ganz neuem Licht zeigen[29].

In den Niederlanden ist die Überlieferung von Firmenarchiven für das 16. Jh. spärlich. Wir kennen aus Antwerpen nur ein Buch des Druckers Plantin, und vier Bücher der Affaitadi, die in Cremona ihren Ausgang nahmen, um mit Gian Carlo in Antwerpen eine Weltfirma darzustellen. Nicht viel weniger weltumspannend waren die Handelsgeschäfte der Mendes und der Ximenes, und doch kennen wir von ihnen und anderen bedeutenden Neuchristen nur Bruchstücke oder Umrisse, weil wir uns bislang auf die Aussagemöglichkeiten der in den öffentlichen Archiven, in den Notariatsprotokollen enthaltenen Daten stützen müssen und ergänzendes privates Material verloren gegangen oder in privatem Besitz unzugänglich ist. Ähnlich liegt der Fall bei den aus dem Limburger Raum stammenden Schetz, der größten niederländischen Unternehmergruppe der Fuggerzeit, die zu Herren von Grobbendonk und schließlich zu Herzögen von Ursel aufgestiegen sind. Ausnahmen bilden der Nachlaß von Thomas de Sampayo und die Papiere der Andrea, Immerseel, Boussemart und zahlreicher anderer Antwerpener Firmen, die mit einem Bankrott endeten und in der Insolvente Boedelskammer landeten[30]. Ähnlich ist es mit dem Firmenmaterial aus der großen Zeit der nördlichen Niederlande. Zwar gingen wertvolle Dokumente im letzten Krieg in Middelburg verloren, aber trotzdem besitzen öffentliche und private Sammlungen zahlreiche Firmenarchive oder Reste davon, die erst teilweise ausgeschöpft sind. Es seien die Bestände im Amsterdamer Stadtarchiv und im Economisch Historisch Archief im Haag hervorgehoben, dann die Unterlagen der großen Überseekompagnien im Reichsarchiv im Haag, von denen bislang nur die Ostindienkompagnie eingehender erforscht worden ist, nicht dagegen die Westindiengesellschaft.

Aksel E. Christensen hat aus den Papieren des Claes Adriansz van Adrichem in Delft gezeigt, wie die Ostseefahrt mit der Westfahrt kombiniert wurde. P. W. Klein hat das Unternehmen der Familie Trip geschildert, das neben den Firmen von Louis de Geer und Marselis zu den größten Amsterdamer Häusern gehörte. Louis de Geer hat neben den De Besche, Du Rees, Momma-Reenstierna, Amya und Rademacher wesentlich zur Industrialisierung Schwedens im 17. Jh. beigetragen. Seine Tätigkeit als Bankier, Reeder und Industrieller kennen wir dank der Tatsache, daß das De Geersche Familienarchiv von Leufsta den Forschern von Dahlgren an zugänglich war. Die Rolle der Marselis in Dänemark, Norwegen und Rußland ist von Louis Bobé und Erik Amburger geschildert worden, ohne daß ihnen freilich ein Archiv dieser Familie zur Verfügung gestanden hätte[31].

Mit diesem Namen sind Höhepunkte der wirtschaftlichen Entwicklung angedeutet, denen das 18. Jh. wenig Vergleichbares an die Seite zu stellen hat. Die Basis für die unternehmerische Entfaltung ist sozial gesehen breiter geworden. Vor allem ist das Interesse des Staates im merkantilistischen Sinn vorherrschend geworden.

Die großen privilegierten Kompagnien in Westeuropa, auf der Iberischen Halbinsel, in Skandinavien und vereinzelt bei uns konnten sich nur dank des besonderen staatlichen Schutzes in der Form der Kapitalgesellschaft entfalten. Die Unterlagen dieser Kompagnien sind größtenteils in die öffentlichen Archiven gelangt und ihre Geschichte ist teilweise schon geschrieben. Im Bereich des privaten Unternehmens sind wichtige Verlagerungen eingetreten,

2. Quellenkunde

ein Teil der großen Häuser Genuas ist ausgestorben, aber andere haben sich im Bankgeschäft behauptet, das Unternehmertum Venedigs ist innerhalb des Privilegiensystems der Dominante erstarrt[32].

Um so mehr regt es sich in der Terraferma. Verhältnismäßig reich ist die Überlieferung in der Schweiz und in Oberdeutschland. Im Rheinland haben Köln, Aachen und Remscheid Firmenarchive, so das der Kölnisch-Wasserfirma Farina und der Hasenclever. Ein schönes Beispiel dafür, wie ein noch bestehendes Firmenarchiv Westfalens für das 18. Jh. ausgeschöpft werden konnte, zeigt die von Elisabeth Esterhues erstellte Geschichte der Seidenhändlerfamilie Zurmühlen in der bischöflichen Residenz Münster[33].

In den Seestädten liegen eine Reihe von Firmenarchiven, deren Inhalt man noch nicht voll kennt. Richard Ehrenberg hat daraus eine der frühesten Firmengeschichten über die Parish geschrieben. Was dazu aus privatem Besitz an Details hinzugegeben werden kann, zeigen die Forschungen von Percy Ernst Schramm. In den Seestädten Frankreichs oder den zuständigen öffentlichen Archiven liegt vermutlich noch viel mehr Material. Besonders reich ist das Verzeichnis von Marseille, und oft findet man solches, wo man es nicht vermutet, etwa in Draguignan für Toulon. Was dieses Material zur trockenen offiziellen Überlieferung der Intendanturen hinzuzutun vermag, hat Jean Cavignac mit der Monographie des Jean Pellet in Bordeaux gezeigt. Das Material stammt auch hier aus einer reichen Serie von Failliten, ähnlich wie das Manual der „Companya nova de Gibraltar" in Barcelona, das Pierre Vilar bearbeitet hat. Die Bestände, aus denen Pierre Goubert die Geschichte der Danse und der Motte von Beauvais geschrieben hat, befinden sich teilweise noch in Privatbesitz, auf einem Schloß der Normandie bzw. lagen in einem Haus der Nachkommen der Danse in Beauvais, das im letzten Krieg zerstört wurde.

Die Archive der großen Kaufmannshäuser in Stockholm sind nach Kurt Samuelsson mit ein paar Ausnahmen gänzlich verschwunden, und so mußte er im wesentlichen seine Darstellung aus den Beständen der öffentlichen Archive rekonstruieren. Der Suck-Paulische Bestand im Stockholmer Stadtarchiv enthält in erster Linie Material über ein Manufakturunternehmen.

Bis zur Industriellen Revolution waren die Kaufleute die wichtigsten Träger des wirtschaftlichen Prozesses. Sie waren vielfach Warenhändler, Bankiers, Reeder, Verleger und damit Industrielle zugleich – der gebührende Anteil anderer unternehmerisch tätiger Gruppen, voran des Adels und der aus dem gewerblichen Produktionsprozeß Aufsteigenden, der absolutistisch regierenden Fürsten, am Wirtschaftsprozeß sei damit nicht eingeschränkt. Die Diskussion um Max Webers These vom Einfluß des Protestantismus auf den Kapitalismus hat den Blick für jene protestantischen Gruppen geschärft, die namentlich in England an der Frühphase der Industrialisierung beteiligt waren, voran die Quäker, von denen die Darbys of Coalbrookdale am bekanntesten geworden sind. Es darf aber auch auf die Mennoniten des Hamburger Raums, auf die protestantischen Unternehmer der frühen rheinischen

Tuch- und Eisenindustrie, auf die Industrialisierung im schweizerischen Textilsektor durch protestantische Emigranten verwiesen werden. In diesen Kreisen ist die Familientradition sehr gepflegt worden, und so fehlt es auch nicht an firmengeschichtlichem Material[34].

Nun wird der Fächer der am Produktionsprozeß Beteiligten viel reicher und auch viel differenzierter. In den Seestädten entstehen neben den Export-Importkaufleuten eigene Reedereiunternehmen, von denen verschiedene die Formen von Kapitalgesellschaften annehmen. Das Bankgeschäft geht seine eigenen Wege. Das gleiche geschieht mit dem Versicherungsgeschäft. Insbesondere der Sektor der industriellen Produktion beginnt sich zu weiten. Neben dem Bergbau wachsen die metallverarbeitenden Betriebe empor, die Konsumgüterindustrie entfaltet sich, es kommt die chemische, die Elektroindustrie, die Industrie des Verkehrs; die Zahl der Unternehmungen in den einzelnen Nationalökonomien wächst ins nicht mehr Überschaubare.

Die ersten Wirtschaftsgeschichten, die die Epoche des Industrialismus schilderten, schöpften im wesentlichen aus offiziellen Statistiken, beschrieben die Rolle des Staates bei diesem ganzen Vorgang. Von der Leistung des Unternehmers war da noch nicht viel die Rede. Das Konzept des Unternehmers und des Unternehmens mußte erst entwickelt werden. Das Frankreich eines Saint-Simon, eines Jean-Baptiste Say hat dazu ebenso Bausteine geliefert wie die von den Kathersozialisten entfachte sozialpolitische Diskussion. Schmoller hat über die Unternehmung gearbeitet, Sombart hat dem Unternehmer in seinem Modernen Kapitalismus Beachtung geschenkt. Schon im ersten, 1902 erschienenen Band finden die „Kapitalistische Unternehmung" und der „Kapitalistische Unternehmer" ihre Definition. Eben damals wurde die Privathandelslehre ausgebildet, die Idee der Handelshochschule verwirklicht. Damals wurden auch die ersten Wirtschafts- und Firmenarchive im modernen Sinn geschaffen. Von 1901 ab legte Richard Ehrenberg in Rostock aus dem Nachlaß Johann Heinrich von Thünens eine Institutssammlung an, die der Wissenschaft zugänglich gemacht werden sollte und gab die Zeitschrift „Thünenarchiv" heraus. 1905 entstand das Krupp-Archiv, 1907 das Siemens-Archiv. Im Jahre 1906 veröffentlichte Ehrenberg seine Arbeit über die Unternehmungen der Brüder Siemens. Im nächsten Jahr erschien der erste Band der Studien zur Fugger-Geschichte mit einer Arbeit über die Anfänge des Hauses. Die Verwertung firmengeschichtlichen Materials trat in eine neue Phase ein. Die Anfänge der Firmengeschichtsschreibung reichen ins 18. Jh. zurück, ja Buchhändleranzeigen und -kataloge stellen noch frühere Vorformen dar. Eine weitere Ausbildung erfuhr die Darstellungsform erst im Laufe des 19. Jhs. Nach 1830 erschienen einige Arbeiten, die sich vorwiegend den preußischen Staatsunternehmungen widmeten. Seit den achtziger Jahren wurde es üblich, daß Firmen anläßlich eines Jubiläums für ihre Kunden und einen weiteren Interessentenkreis eine Geschichte ihres Unternehmens verfassen ließen. Die Banken und Verleger machten den Anfang damit. Aber das waren Arbeiten, die noch kein wissenschaftliches Niveau erreichten und deren Ergiebigkeit für die allgemeine Wirtschaftsgeschichte begrenzt blieb. Die Firmengeschichte mit wissenschaftlichen Ansprüchen setzte erst, wie angedeutet, zu Beginn unseres Jahrhunderts ein, als Richard Ehrenberg, Conrad Matschoß, Franz Maria Feldhaus und Wilhelm Berdrow, der Leiter des Krupparchivs, sich ihr zu widmen begannen.

In den Jahren vor dem ersten Weltkrieg fing man auch in anderen europäischen Ländern, so in England und Frankreich, an, Geschäftspapiere wissenschaftlich auszuwerten. Seitdem sind Hunderte, ja Tausende von Firmenschriften erschienen, und zu ihnen haben sich die Unternehmerbiographien gesellt. Eine reiche Fülle von Material ist auf diese Weise der Wissenschaft erschlossen worden, wobei die Schriften im Einzelnen freilich im äußeren Format ebenso wie auch im inneren sachlichen Wert außerordentlich ungleich waren. In dieser Hinsicht wird es wohl nie zu einem Standard der Anforderungen kommen, da der Publizitäts- und Gefälligkeitsanspruch der einen Seite sich mit der Forderung nach sachlicher Ergiebigkeit der anderen einfach nicht in Übereinklang bringen läßt, auch wenn inzwischen Zeitschriften wie Wilhelm Treues „Tradition" die Firmengeschichte besonders pflegen und Institutionen wie die wirtschaftsgeschichtliche Forschungsstelle Ernst Hiekes in Hamburg oder das „Erhvervsarkiv" in Aarhus sich der Aufgabe der Firmengeschichte widmen[35].

Weil der Prozeß des wirtschaftlichen Wachstums mit der Zeit einen immer größeren Raum im Rahmen des gesamten historischen Geschehens eingenommen hat, sind die Wirtschaftshistoriker aufgerufen, diesen Prozeß zu deuten, zu zeigen, wie vielgestaltig und vielschichtig er ist, wie oft Positives und Negatives, Schöpferisches und dämonisch Zerstörerisches beieinander liegen. Das amtliche Material liefert uns meist nur ein nüchtern trockenes Gerüst. Dazu müssen die Bestände der Firmenarchive erschlossen werden. Sie eröffnen den Zugang zum gestaltenden Menschen, der den ganzen Prozeß der Industrialisierung getragen hat, dem Unternehmer, wie wir ihn heute in seiner ganzen Dynamik sehen. Uns interessieren dabei nicht nur spröde Rechnungen und sonstige Geschäftspapiere, sondern Denkschriften und Briefe, die mehr Persönliches aussagen, oder gar Tagebücher, Reiseberichte, Lebenserinnerungen. Je mehr solche Unternehmerbiographien erarbeitet sind, desto deutlicher heben sich einzelne Gruppen und Generationen ab, erkennt man das, was allen gemeinsam ist, sieht man, wie verschiedenartig die Motive sind, die sich hinter dem verbergen, was man einseitig nur als Erfolgs- und Gewinnstreben zu sehen gewohnt ist.

Dazu kommt eine Kenntnis der Rolle der Firma, des Betriebs und der Struktur des Unternehmens, eine Frage, die gerade in den letzten Jahren immer größere Beachtung gefunden hat. Welche Kapitalien wurden für den Aufbau verwendet, welche technischen Verfahren lösten einander ab, wie steht es um Rohstoffbezug und Absatzgebiete. Welche Aufgaben kamen neben den eigentlichen Unternehmern den kaufmännischen und technischen Leitern zu? Wie hat sich die Belegschaft zusammengesetzt, welche sozialpolitischen Aufgaben sind von dieser Seite erwachsen, wie sind sie gelöst worden? Nicht zu vergessen Probleme des Standortes, der Verflechtung mit Nachbargebieten, der Gruppen und Verbände, des Belangs für ein ganzes Staatswesen und die Volkswirtschaft.

Mit dieser Entwicklung fand der Gedanke, eigene Archive der Wirtschaft einzurichten weiteren Anklang. Eugen Schmalenbach legte an der Kölner Handelshochschule ein Bilanzarchiv an, das heute noch als „Wirtschaftsarchiv" besteht. In Hamburg führt eine Linie von der 1908 gegründeten Zentralstelle des Kolonialinstituts zum Welt-Wirtschafts-Archiv von 1919, in Kiel führte Bernhard Harms in seinem „Institut für Seeverkehr und Weltwirtschaft" ab 1914 ein Wirtschaftsarchiv als selbständige Abteilung. Seit 1910 gab er die Zeitschrift „Weltwirtschaftliches Archiv" heraus. Haben diese Archive eher den Charakter von „Dokumentationszentralen", so konstituierte sich 1906/07 in Köln ein Rheinisch-Westfälisches Wirtschaftsarchiv und dem Kölner Typ schloß sich das seit 1906 in Saarbrücken bestehende „Südwestdeutsche Wirtschaftsarchiv" an. Nach einer Unterbrechung zu Beginn der zwanziger Jahre ging daraus das Saarwirtschaftsarchiv hervor, das allerdings den zweiten Weltkrieg nicht überstand. 1906 entstand auch das „Archiv für Wirtschaftsgeschichte Leipzigs". Seine Ausweitung zu einem Regionalarchiv verhinderte schon der Erste Weltkrieg. 1910 wurde in Basel ein Schweizerisches Wirtschaftsarchiv gegründet, das, zunächst dem Basler Staatsarchiv angegliedert, 1921 selbständig wurde. 1910 wurde in Zürich ein „Archiv für Handel und Industrie" als private Institution geschaffen, und 1913/14 folgte das „Economisch-Historisch Archief" im Haag. Als Nachzügler wurde 1941 ein Westfälisches Wirtschaftsarchiv geschaffen, das seine regelmäßige Tätigkeit aber erst nach dem Krieg in Dortmund aufnahm. In Dänemark wurde 1948 das Erhvervsarkiv in Århus gegründet[36].

Neben dem regionalen Wirtschaftsarchiv erfuhr der Gedanke des firmeneigenen „Werksarchivs" bis 1939 starken Auftrieb. Für die Werksarchive wurde 1938 bei den Vereinigten Stahlwerken eine eigene Beratungsstelle gegründet. Neue Anregungen erfolgten in den fünfziger Jahren mit der Gründung der Vereinigung deutscher Werks- und Wirtschaftsarchivare (1957) mit schließlich mehr als 120 Mitgliedern. Dabei überwiegen aber heute nicht „Werksarchive" im engeren Sinn, sondern Zentralarchive bei Konzernen, Banken, Versicherungen, Verbänden und Kammern. Zu den bekanntesten Wirtschaftsarchiven gehören heute neben den erwähnten das Oppenheimarchiv in Köln, das Thyssenarchiv und das Archiv von Phoenix-Rheinrohr in Duisburg sowie das Archiv der Gutehoffnungshütte in Oberhausen[37].

24) *Handelsbücher und Wirtschaftsarchive:*

H. Kellenbenz, Firmenarchive und ihre Bedeutung für die europäische Wirtschafts- und Sozialgeschichte, in: Tradition 14, 1969, 1–20. (Lit.) Italien im Mittelalter: A. Castellani, Nuovi testi fiorentini, Florenz 1952; I libri di commercio dei Peruzzi, Hg. A. Sapori, Mailand 1934; I libri della ragione bancaria

2. Quellenkunde

dei Gianfigliazzi, Hg. A. S a p o r i , Mailand 1943; R. d e R o o v e r , The Story of the Alberti Company of Florence 1332–1348, as revealed in its account books, in: The Business Hist. Rev. XXXII, 1, 1958, 14ff.; d e r s., The Rise and Decline of the Medici Bank 1397–1494, Cambridge/Mass., 1963, 3ff. u. 391ff.; F. M e l i s , Storia della Ragioneria, Bologna 1950, 509ff. Sulle fonti della storia economica, appunti raccolti alle lezioni del Prof. Federigo Melis a cura del Dott. Bruno Dini, Università degli Studi di Firenze, Facoltà di Economia e Commercio, Istituto di Storia Economica, Anno Accademico 1963/64, 144f.; F. M e l i s , Aspetti della vita economica medievale, Studi nel Archivio Datini di Prato I, Siena 1962; J. H e e r s , Le livre de comptes de Giovanni Piccamiglio, homme d'affaires génois 1456–1459, Paris 1959, 5f.; T. Z e r b i , Le origini della partita doppia, Mailand 1952, 311–368; F. Ch. L a n e , Andrea Barbarigo, Merchant of Venice, Baltimore, 1944; Lettere di commercio di Andrea Barbarigo, mercante veneziano del 400, Neapel 1951.

[25]) *Nördlich der Alpen:*

G. K o r l é n , Kieler Bruchstücke kaufmännischer Buchführung, in: Niederdeutsche Mitteilungen 5, Lund 1949; N. L e s n i k o v , Torgavaja kniga ganseiskogo kupza načala XV veka, in: Akad. Nauk SSSR, Istoričeski archiv 2, 1958; G. M i c k w i t z , Neues zur Funktion der hansischen Handelsgesellschaften, in: HGBll 24; 1937; C. N o r d m a n n , Die Veckinchusenschen Handlungsbücher, Zur Frage ihrer Edition, in: HGBll 65, 1941. H. T h i e r f e l d e r , Rostock-Osloer Handelsbeziehungen im 16. Jh., Die Geschäftspapiere der Kaufleute Kron in Rostock und Bene in Oslo, 1958; G. F i n k , Ein vielseitiger Geschäftsmann, in: Zs. d. Ver. f. Lüb. Geschichte 31, 1949 (Paul Hartwichs Buch von 1528–1537); A. v. B r a n d t , Waren- und Geldhandel in Lübeck um 1560, ebenda 34, 1954. (Maklerbuch des Steffen Molhusen von 1560 bis 1564); L. B e u t i n , Alte bremische Handlungsbücher, in: Bremisches Jahrbuch 34, 1934; Thierfelder, Rostock-Osloer Handelsbeziehungen 186: Im Lüneburger Stadtarchiv: Das Rechnungsbuch des Heinrich Wülsche von 1504 bis 1513; ein Buch von 1578ff.; Ein Rechnungsbuch der Familien Loitzsch und von Dassel sowie das Rechnungsbuch des Nikolaus Havike für Johann Stenkamp, 1549–1560; K.-F. O l e c h n o w i t z , Handel und Seeschiffahrt der späten Hanse, 1965 (Kaufmannsbücher aus den wendischen Städten). Nordeuropa: Malmö Köbmanden Ditlev Enbecks regnskabsbog 1521–1525, ed. E. A n d e r s e n , Kopenhagen 1954; Rechnungsbuch des Namann Janssen in Flensburg, Stadtarchiv Flensburg Nr. 565; E. A n d e r s e n , En lille rest af et köbmandsarkiv, in: Afhandlinger tilegn. Arkivmanden og Historikern Riksarkivar Dr. phil. Axel Linvald, Kopenhagen 1956; B. O d é n , Ett svenskt köpmansarkiv från senare 1500 - talet, in: Vetenskaps Societetens i Lund Årsbok 1960.

[26]) *Oberdeutschland:*

W. Frhr. S t r o m e r v o n R e i c h e n b a c h , Die Nürnberger Handelsgesellschaft der Gruber-Podmer-Stromer im 15. Jh., 1963; d e r s., Wirtschaft und Politik, Oberdeutsche Hochfinanz 1350–1450, 3 Bde, 1970; d e r s., Das Schriftwesen der Nürnberger Wirtschaft vom 14. bis zum 16. Jh., in: Beiträge zur Wirtschaftsgeschichte Nürnbergs II, 1967; L. V e i t , Das Archiv des Germanischen Nationalmuseums, Eine Übersicht über seine Bestände, in: Anzeiger des Germanischen Nationalmuseums, 1954–1959 (Die Bestände der Kress und Praun, Behaim und Imhoff);

F. S c h n e l b ö g l , Adelsarchive im Nürnberger Raum, in: Mitt. d. Altnürnberger Landschaft 10. H. 3, 1961; L. G r o t e , Die Tucher, Bilder aus einer Patrizierfamilie, 1961; H. J a h n e l , Die Imhoff, eine Nürnberger Patrizier- und Großkaufmannsfamilie, Eine Studie zur reichsstädtischen Wirtschaftspolitik und Kulturgeschichte der Wende vom Mittelalter zur Neuzeit (1351–1579), Diss. 1951; H. Frhr. H a l l e r v o n H a l l e r s t e i n , Die Haller von Hallerstein, Eine Nürnberger Patrizierfamilie, = Ausstellungskatalog der Stadtbibliothek Nürnberg 21, 1961; F. B a s t i a n , Das Runtingerbuch 1383–1407, I–III, 1935, 1944; C. W e h m e r , Mainzer Probedrucke in der Type des sog. Astron. Kalenders für 1448, 1948; F. G e l d n e r , Das Rechnungsbuch des Speyrer Druckherrn, Verlegers und Großbuchhändlers Peter Drach, in: Archiv für Geschichte des Buchwesens 5/1962, 1–196; A. S c h u l t e , Geschichte der Großen Ravensburger Handelsgesellschaft I–III, 1923; D. F u n k , Biberacher Barchent, Herstellung und Vertrieb im Mittelalter und zu Beginn der Neuzeit, 1965; K. O. M ü l l e r , Welthandelsbräuche 1480–1570, 1934; d e r s., Quellen zur Handelsgeschichte der Paumgartner in Augsburg (1480–1570), 1955; vgl. dazu Th. G. W e r n e r , Repräsentanten der Augsburger Fugger und Nürnberger Imhoff als Urheber der wichtigsten Handschriften des Paumgartner-Archives über Welthandelsbräuche, in: VSWG 52, 1965, 1–41.

Welser-Archiv: Th. Gust. W e r n e r , in: Scripta Marcaturae, 1967; *Fugger-Archiv:* H. F. D e i n i n g e r , Zur Geschichte des fürstlich und gräflich Fuggerschen Familien- und Stiftungs-Archives zu Augsburg, in: Archival. Zs. 37, 1928; F. T r e m e l , Das Handelsbuch des Judenburger Kaufmanns Clemens Körbler, in: Beiträge zur Erforschung der steir. Geschichtsqu. N.F. 15, Graz 1960; O. P i c k l , Das älteste Geschäftsbuch Österreichs, Die Gewölberegister der Wiener Neustädter Firma Alexius Funck (1516–ca. 1538) und verwandtes Material zur Geschichte des steirischen Handels im 15./16. Jh., Graz 1966.

[27]) *Frankreich und Schweiz:*

E. Forestié, Les livres de comptes des frères Bonis, marchands montalbanais du XIVe siècle, I/II, Paris 1890–1894; C. C u g n a s s e , Activité économique et milieu humain à Montauban au XIVe siècle, d'après le registre de Barthélemy Bonis, in: Annales du Midi LXIX, 1957, 207ff.; D. H a u c k , Das Kaufmannsbuch des Johan Blasi (1329–1337) 1–2, Diss. Saarbrücken 1965; H. A m m a n n , Genfer Handelsbücher des 15. Jahrhunderts, in: Indicateur d'histoire suisse 18, 1920, 12–24; J. F. B e r g i e r , Genève et l'économie européenne de la Renaissance, Paris 1963, 268–269; Les affaires de Jacques Coeur, journal du procureur Dauvet, 2 Bde, Hg. M. Mollat, Paris 1952/55; M. Mollat, Le commerce maritime normand à la fin du Moyen Age, Paris 1952, VII; M. B a u l a n t , Lettres de négociants marseillais: Les frères Hermite (1570–1612), Paris 1953; G. C a s t e r , Le commerce de pastel et de l'épicerie à Toulouse de 1450 à environ 1561, Toulouse 1962; zu la Rochelle: E. Trocmé et M. Delafosse, Le commerce rochelais de la fin du XVe siècle au début du XVIe Paris 1953; J .T a n g u y , Le commerce de Nantes au milieu du XVIe siècle, Paris 1956.

[28]) *Italien:*

U. T u c c i , Lettres d'un marchand vénitien: Andrea Berengo (1553–1556), Paris

1957; G. B a r b i e r i , Origini del capitalismo lombardo, studi e documenti sul Milanese del periodo ducale, Mailand 1961, 443ff.; F. Melis, Il commercio transatlantico di una compagnia fiorentina stabilita a Siviglia a pochi anni dalle imprese di Cortes e Pizarro, in: V. Congresso de Historia de la Corona de Aragon, Estudios III, Saragossa 1954, 142ff.; H. Lapeyre, Une famille de marchands, 341.

²⁹) *Spanien/Portugal:*

H. L a p e y r e , Les archives de Valence, in: Caravelle 6, 1966; d e r s., Simon Ruiz et les asientos de Philippe II, Paris 1953; d e r s., Une famille de marchands: les Ruiz, Paris 1953; V. Vazquez d e P r a d a , Lettres marchandes d'Anvers I–IV, Paris o. J.; J. Gentil d a S i l v a , Stratégie des affaires à Lisbonne entre 1595 et 1607, Paris 1956; F. Ruiz M a r t i n , Lettres marchandes échangées entre Florence et Medina del Campo, Paris 1965; O livro de rezão de Antonio Coelho Guerreiro, Prefacio de Virginia Rau, Lissabon 1956; F. M a u r o , Pour une histoire de la comptabilité au Portugal: Le „Livre de Raison" de Coelho Guerreiro, in: Caravelle I, 1963.

³⁰) *Südliche Niederlande:*

J. D e n u c é , Inventaire des Affaitadi, banquiers italiens à Anvers de l'année 1568, Antwerpen 1934; d e r s., Thomas de Sampayo en het Spaansch Legerarchief (1626–1666), in: Antwerpsch Archievenblad, 2e Reeks 1, 1926; d e r s., Inventaris van de Insolvente Boedelskamer, ebenda 1927ff.

Nördliche Niederlande:

³¹) I. H. v a n E e g h e n , Inventaris van het familie-archief Backer, Amsterdam 1954; d e r s., Inventaris van het familie-archief Moens (behorend tot het archief van het R. K. Jongensweeshuis), Amsterdam 1955; d e r s., Inventaris van het familie-archief Bicker, Amsterdam 1956; d e r s., Inventaris van het familie-archief Brants, Amsterdam 1959; d e r s., Inventarissen van de archieven van de directie van de moscovischen handel. Directie van de oostersche handels en reederijen commissarissen tot de graanhandel, Amsterdam 1961; d e r s., Inventarissen van de familiearchiven Heshuysen, Hooft, Hooft van Woudenberg, Amsterdam 1960; d e r s., Inventaris van het archief van regenten en regentessen van het Deutzenhofje, Amsterdam 1962; W. Ch. P i e t e r s e , Inventaris van de archieven der portugues-israelitische gemeente te Amsterdam 1614–1870, Amsterdam 1964; Lijst van Archieven, bewaard in het Economisch-Historisch Archief te s'Gravenhage, in: Economisch-Historisch Jaarboek 30, 1965; J. G. v a n D i l l e n , Het oudste aandeelhoudesregister van de kamer Amsterdam der Ostindischen Compagnie, s'Gravenhage 1958; M. A. P. M e i l i n k - R o e l o f s z , A Survey of Archives in the Netherlands pertaining to the History of the Netherlandes Antilles, in: De West-Indische Gids 35, 1954; J. Nanniga U i t t e r d i j k , Een Kamper handelshuis te Lissabon 1572–1594, Zwolle 1904; A. E. C h r i s t e n s e n , Dutch Trade to the Baltic about 1600, Copenhague-the Hague 1941; P. W. K l e i n , De Trippen in de 17e eeuw, Een Studie over het ondernemersgedrag op de hollandse stapelmarkt, Assen 1965; H. R o s m a n , Ett återfunnet privatarkiv, in: Personhistorisk Tidskrift 1898–1899; E. W. D a h l g r e n , Louis de Geer 1587–1652, Hans lif och verk,

1–2, 1923; E. Amburger, Die Familie Marselis, Studien zur russischen Wirtschaftsgeschichte, 1957.

[32]) *Handelskompagnien:*

K. G l a m a n n, Dutch Asiatic Trade 1620–1740, Copenhagen–The Hague 1958; England: G. D. R a m s a y, English Overseas Trade during the Centuries of Emergence, London 1957; W. W e s t e r g a a r d, The Danish West Indies unter Company Rule 1672–1917, New York 1927; J. B r o - J ø r g e n s e n, Dansk Vestindien indtil 1755, in: Vore gamle Tropekolonier, ed. G. Olsen etc., under Redaktion af J. Brøndsted II, Kopenhagen 1953; G. N ø r r e g a a r d, De danske etablissementer paa Guinea Kysten, ebenda, I, 1952; H. K e l l e n b e n z, Zur Geschichte der portugiesischen Handelskompagnien, in: Wirtschaft, Geschichte und Wirtschaftsgeschichte, Festschrift Friedrich Lütge, 1966.

[33]) *18. Jh., Rheinland:*

Mitteilungen aus dem Stadtarchiv von Köln 21, 1892, 40–44; H. S t e h k ä m p e r, Nachlässe und Sammlungen, Verbands-, Vereins-, Familien- und Firmenarchive im Stadtarchiv Köln, ebenda 47, 1963; I. M ü l l e r, Das Firmenarchiv des Hauses Johann Maria Farina gegenüber dem Jülicher Platz, in: Mitteilungen der Industrie- und Handelskammer zu Köln 22, 1967 505–509; O. B r ü g e l m a n n, Die historischen Sammlungen des Hauses F. W. Brügelmann Söhne, ebenda 133–138; W. T r e u e, Das Archiv des Bankhauses Sal. Oppenheim jr. und Cie., ebenda 144; E. E s t e r h u e s, Die Seidenhändlerfamilie Zurmühlen in Münster i.W., Ein Beitrag zur Handelsgeschichte Westfalens im 17./18. Jahrhundert, 1960.

[34]) *Seestädte:*

P. E. S c h r a m m, Kaufleute zu Haus und über See, Hamburgische Zeugnisse des 17., 18. und 19. Jh., 1949; d e r s., Neun Generationen, dreihundert Jahre deutsche Kulturgeschichte in Sicht der Schicksale einer Hamburger Bürgerfamilie (1648–1948) I–II, 1963/1964; d e r s., Gewinn und Verlust, Die Geschichte der Hamburger Senatorenfamilien Jencquel und Luis (16. bis 19. Jh.), Hamburg o. J.; K. F. O l e c h n o w i t z, Handel und Seeschiffahrt der späten Hanse, 1965; Chambre de Commerce et d'Industrie de Marseille, Répertoire numérique des Archives, T. 1er, Archives antérieures à 1864, Fond Particulier de la Chambre, publié par Jean Reynaud, Marseille 1947, Tome II, Série 2, Fond annexe de la Chambre, publié par Ferréol Rebuffat, Marseille 1965; J. C a v i g n a c, Jean Pellet, Commerçant de Gros 1694–1772, Contribué à l'étude du négoce bordelais au XVIII siècle, Paris 1967; P. V i l a r, Le „Manual de la Compania Nova" de Gibraltar 1769–123, Paris 1962; Ayuntamiento de Barcelona, Documentos y Estudios, Catalogo del Fondo Commercial del Instituto Municipal de Historia, por Pedro Voltes Bou, Vol. VII, Barcelona 1961; P. G o u b e r t, Familles marchandes sous l'ancien regime: Les Danse et les Motte, de Beauvais, Paris 1959; K. Samuelsson, De stora Köpmanshusen i Stockholm 1719–1815, Stockholm 1951; B. B o ë t h i u s, Magistraten och borgerskapet i Stockholm 1719–1845, Stockholm 1943; A. O l s e n, in: Hist. Tidsskrift 9, 1. R.; L. S t o n e, An Elizabethan, Sir Horatio Palavicino, Oxford 1950; D. C. C o l e m a n, Sir John Banks, Baronet and Businessman, Oxford 1963; P. B r o o -

mé, Suck – Pauliska arkivet, in: Stadskollegiets utlåtanden och memorial 1946, bihang 20, bil. 1.

[35]) *Unternehmergeschichte und Firmenarchive:*

F. R e d l i c h, Unternehmungs- und Unternehmergeschichte, in: HDSW 1959; auch in: F. R e d l i c h, Der Unternehmer, Wirtschafts- und Sozialwissenschaftliche Studien, 1964; H. F r e u d e n b e r g e r, Zum Anfang der deutschen Firmengeschichte, in: Tradition 7, 1952; L. H a t z f e l d, Zum Anfang der deutschen Firmengeschichte, ebenda; R. E n g e l s i n g, Anfänge der Firmengeschichte im Buchgewerbe, in: Archiv für Geschichte des Buchwesens LVI, 1967.

Liste von Firmengeschichten:

P. H. M e r t e s, in: Die Wirtschaft Westfalens und des Ruhrgebietes in Firmen-Festschriften, 1952; D. L i n d e n l a u b, Firmengeschichte und Sozialpolitik, in: Wissenschaft, Wirtschaft und Technik, Festschrift Wilhelm Treue, 1969.

[36]) *Wirtschaftsarchive:*

K. v a n E y l l, Voraussetzungen und Entwicklungslinien von Wirtschaftsarchiven bis zum zweiten Weltkrieg, 1969 (auch ältere Lit.); E. S a b b e, Wirtschaftsarchive, in: Archivalische Zs. 44, 1936; F. H e l l w i g, Das Saarwirtschaftsarchiv, in: Saarwirtschaftsfragen, 1938; d e r s., Über die Erfassung und Sicherung von Quellen zur Geschichte des Unternehmertums, in: Zur Wirtschaftsgeschichte der deutschen Unternehmung, hrsg. von C. Brinkmann, 1942; C. B a u e r, Grundsätzliches zur Frage der Wirtschaftsarchive, in: Schriften der Akademie für Deutsches Recht, Gruppe Wirtschaftswissenschaft 5, 1942; E. Z i p f e l, Die Archivpflege in der Wirtschaft, ebenda; W. H a h n, Das Wirtschaftsarchiv, ein unentbehrliches Glied der Betriebsorganisation, in: Betriebswirtschaftliche Forschung und Praxis 2, 1950; H. L. M i k o l e t z k y, Wirtschaftsarchive, in: Der Archivar 6, 1953; H. R i e p e n, 50 Jahre Rheinisch-westfälisches Wirtschaftsarchiv zu Köln, in: Mitteilungen der Industrie- und Handelskammer zu Köln II, Nr. 24, 1956; A. O p i t z, Die wirtschaftliche Entwicklung Deutschlands und die inhaltlichen Wandlungen des staatlichen Archivgutes im 19. und 20. Jh., in: Archivalische Zs. 52, 1956; H. R i c h t e r i n g, Firmen- und wirtschaftsgeschichtliche Quellen in Staatsarchiven, Vortragsreihe der Gesellschaft für Westfälische Wirtschaftsgeschichte 6, 1957; F. W. S c h a a f h a u s e n, Das Hamburgische Welt-Wirtschafts-Archiv, in: Der Archivar 11, 1958; G. W. S a n t e, Archive in Staat und Wirtschaft, Organisation und Technik, in: Der Archivar 13, 1960; P. H. M e r t e s, Das Westfälische Wirtschaftsarchiv in Dortmund, in: Der Archivar 13, 1960; d e r s., Das Deutsche Wirtschaftsarchivwesen, seine Möglichkeiten und seine Grenzen, in: Tradition 10, 1966; G. M i l k e r e i t, Der „Erste Allgemeine Wirtschaftsarchivtag" und die ersten Wirtschaftsarchive, in: Tradition 9, 1964; L. H a t z f e l d, Wesen, Abgrenzung und Aufgaben von Wirtschaftsarchiven, in: Der Archivar 18, 1965; H. E i c h e n - h o f e r, Die Archive des Hamburgischen Welt-Wirtschafts-Archivs, in: Der Archivar 13, 1960; K. E. B o r n, Das Rheinisch-Westfälische Wirtschaftsarchiv zu Köln, in: Rheinische Vierteljahrbll. 25, 1960; H. V o l l m e r h a u s, Aufbau und Gliederung regionaler Wirtschaftsarchive, in: Tradition 10, 1965; L. B e u t i n, Die Aufgaben des Wirtschaftsarchivs von der Forschung her gesehen, in: 50 Jahre Rheinisch-

Westfälisches Wirtschaftsarchiv, 1957; A. Z e c h e l, Das Archivwesen der Wirtschaft – ein Überblick und ein Ausblick, in: Der Archivar 20, 1967; I. J. B r u g m a n s, Vijftig jaren Economisch-Historisch Archief, 1914–1964, in: Economisch-Historische Herdrukken, s'Gravenhage 1964; d e r s., die Wirtschaftsarchive in den Niederlanden, in: Tradition 10, 1965.

[37]) *Werks-Betriebs-Archive:*

K. D e m e t e r, Private Wirtschaftsarchive in Berlin, in: Archivalische Zs. 44, 1936; H. L i n h a r d t, Das Betriebsarchiv, in: Westfälische Wirtschaft, Mitteilungsblatt der Wirtschaftskammer Westfalen-Lippe 4, H. 13, 1940; F. H e l l w i g, Die Erfassung und Sicherung von Quellen zur Geschichte des Unternehmertums, in: Zur Wirtschaftsgeschichte der deutschen Unternehmung, Hg. C. Brinkmann, 1942; V. D y b d a h l, Af Erkvervsarkivets historie, in: Erhvervshistorisk årbog I, Aarhus 1948; E. N e u s s, Der Quellenwert älterer und neuerer Betriebsarchivalien, in: Archivmitteilungen 1952; H. P a p r i t z, Grundfragen der Archivwissenschaft, in: Archivalische Zs. 52, 1956; B. V o l l m e r, Wirtschafts- und Betriebsarchive, in: Der Archivar 6, 1953; H. G r i n g m u t h - D a l l m e r, Probleme des Archivwesens der Wirtschaft, 1957; H. B e h r e n s, Von der praktischen Werksarchivarbeit, in: Der Archivar 9, H. 4, 1956; J. S t u d t m a n n, Die Werksarchive im Rahmen des deutschen Archivwesens, in: Der Archivar 11, 1958; H. N a b h o l z, Zur Frage der Wirtschafts- und Kulturarchive, Zürich 1958; E. N e u s s, Aktenkunde der Wirtschaft, Teil I: Kapitalistische Wirtschaft, 1954; d e r s., Betriebsarchive – Betriebsarchivalien – Betriebsarchivare, in: Der Archivar 11, 1958; E. S c h r ö d e r, Das Krupp-Archiv – Geschichte und Gegenwart, in: Der Archivar 13, 1960; K. B u s s e, Das Siemens-Archiv in München, ebenda; H. T h e i s s, Organisation und Funktion der Bankarchive, ebenda; B. H e r z o g, 30 Jahre Historisches Archiv der Gutehoffnungshütte (GHH) in Oberhausen/Rhld., ebenda, 20, 1967; A. H o f f m a n n, Unternehmensplanung, Unternehmertradition und Werksarchive, in: Wirtschaftspol. Blätter, Wien, H. 3, 1970.

f) M u s e e n

Unter einem Museum, von griechisch museion (Musensitz), verstand man ursprünglich die Aufbewahrungsstätte von Gegenständen monumentalen Charakters. Im Altertum gab es das Museum von Alexandrien und ähnliche Sammlungen der hellenistischen Herrscher, in Rom stellte man aus geraubten Schätzen große Sammlungen zusammen. Das meiste davon ging durch Kriege, besonders diejenigen der Völkerwanderungszeit, auch durch Zerstörung von seiten der Christen, unter. Im frühen Mittelalter hatte man noch keinen rechten Sinn für das Sammeln von Kunstwerken. Erst die Kreuzzüge und das mit dem Humanismus und der Renaissance erwachende neue Interesse für die Antike regten dazu an. Neben antiken Sammlungen bildeten sich seit dem 14. Jh. solche von Reliquien und anderen Kuriositäten. Reiche Privatleute und besonders Fürsten taten sich dabei hervor. Es bildeten sich die Kunstkammern, die Kupferstichkabinette, die Galerien der Fürsten. Die Bezeichnung Museum wurde erst im 18. Jh. allgemein gebräuchlich.

Staatliche Museen bildeten sich zuerst in Frankreich unter Ludwig XIV.

2. Quellenkunde

und im England Oliver Cromwells. Der allgemeine Zutritt zu den Museen aber wurde erst seit der Französischen Revolution gewährt. Die Spezialisierung und das Aufblühen der Wissenschaften im 19. Jh. brachten dann einen großartigen Ausbau der Museen. Jetzt begann man das Museumswesen auch systematisch zu ordnen und zu trennen in Gemälde-, Antikensammlungen, Vorgeschichts- und Völkerkundemuseen. Es bildeten sich Landes-, Stadt- und Vereinsmuseen.

Für den Wirtschaftshistoriker sind die vor allem in Skandinavien weitverbreiteten Freilichtmuseen mit ihrer Darstellung der bäuerlichen Wohn-, Lebens- und Arbeitswelt von Interesse, aber auch die Gewerbe- und Technikmuseen und die Spezialsammlungen, so die Waffen- und Münzsammlungen, die Bergbaumuseen, die Schiffahrtsmuseen in zahlreichen Seestädten der ganzen Welt u. dgl.[38]

[38]) J. v. Schlosser, Die Kunst- und Wunderkammern der Spätrenaissance, 1908; O. Homburger, Museumskunde, 1924; J. Baum, Museum und Museumspflege, 1948; P. Pradel, Les Musées, in: L'histoire et ses méthodes 1024–1060.

g) Bibliotheken

Jede bedeutende Bibliothek enthält eine Bücher- und Handschriftensammlung. Meist ist es eine recht verwickelte Geschichte, wie die verschiedenen Bestände einer Bibliothek zusammengekommen sind. Von den antiken Bibliotheken ist das meiste untergegangen und nur weniges durch Ausgrabungen gerettet worden. Eine der ältesten, in Überresten erhalten gebliebenen Bibliotheken besteht aus gebrannten Tonziegeln und enthält die keilschriftliche Sammlung des assyrischen Königs Assurbanipal aus dem 7. Jh. v. Chr. (heute in England). Die bedeutendsten Bibliotheken des griechischen Altertums waren die Alexandrinische und die Bibliothek von Pergamon. Im 4. nachchristlichen Jh. gab es in Rom 28 öffentliche Bibliotheken. Seit dieser Zeit werden die Nachrichten über die christlichen Bibliotheken zahlreicher. Eine der ersten war die des Lateran. Daneben bemühten sich die Klöster und Stifte um Sammlungen von Codices, die inzwischen die Bücherrollen ersetzt hatten. Eine universal ausgerichtete Bibliothek hinterließ so Cassiodor († 578) im Kloster Vivarium in Bruttien.

Bis ins 14. Jh. hinein blieben diese Bibliotheken an ihrem ursprünglichen Standort. Dann interessierten sich die Humanisten für die alten Schätze, sie erwarben und stahlen sie auch zum Teil. Im Zusammenhang mit den Säkularisationen durch die Reformation entstanden viele Stadtbibliotheken. So konnte sich nur ein geringer Teil der mittelalterlichen Sammlungen an ihrem ursprünglichen Standort erhalten (St. Gallen, Einsiedeln, Monte Cassino, Bamberg).

Viele Klosterbibliotheken sind heute auf eine ganze Reihe von staatlichen Bibliotheken zerstreut, z. B. die von Corbie auf Amiens, Paris, Leningrad und Rom, die von Lorsch auf Heidelberg und Rom. Die Bibliothek des Isaak Vossius gelangte nach Leiden, die des Engländers Thomas Bodley als Bodleyana nach Oxford. Bedeutend waren die Bibliotheken verschiedener Kardinäle, z. B. des Fabio Chigi, dann die zahlreicher Fürsten, z. B. der Medici in Florenz, der Fürsten von Urbino und Este, des Herzogs Albrecht I. in München, des Landgrafen Wilhelm des Weisen in Kassel, des Kurfürsten Otto Heinrich in Heidelberg, des Herzogs Julius von Braunschweig in Wolfenbüttel, des Kaisers Rudolf II. in Prag, des Matthias Corvinus in Ofen, dann vor allem die vatikanische Bibliothek, die durch Papst Nikolaus V. neu gegründet und im Lauf des nächsten Jahrhunderts durch zahlreiche Sammlungen erweitert wurde.

Seit dem 14. Jh. kamen die Bibliotheken von Universitäten, Staaten und Städten hinzu. Die erste öffentliche Bibliothek in Italien gründete Cosimo de Medici 1441 in Florenz. Die erste öffentliche Bibliothek in England ist die Bodleyana in Oxford (1602), Frankreichs erste öffentliche Bibliothek geht auf Kardinal Mazarin zurück.

Heute gibt es öffentliche Bibliotheken vor allem in den Landeshauptstädten, als Staats-, bzw. National- oder Landesbibliotheken. Im Norden, in Kopenhagen und Stockholm, sowie im Haag tragen sie den Namen „Königliche Bibliothek". Daneben sind die Stadtbibliotheken zu nennen, die in den großen Städten einen beträchtlichen Umfang erreichen können, weiter die Universitätsbibliotheken und die Bibliotheken der Technischen Hochschulen, die Bibliotheken gelehrter Gesellschaften und historischer Vereinigungen.

Die Wirtschaftshistoriker interessieren verschiedene Spezialbibliotheken, so diejenige des Deutschen Museums in München und die Eisenbibliothek bei Schaffhausen für Fragen der Technikgeschichte, die Kommerzbibliotheken in Hamburg und Leipzig für die mitteleuropäische Handelsgeschichte, Goldsmith's Library of Economic Literature an der Universität London, die Widener Library der Harvarduniversität und besonders die Kress Room Library der Baker Library, die eine reiche Sammlung alter Druckschriften wirtschaftsgeschichtlichen Charakters verwahrt. Umfangreiche Sammlungen von Firmenfestschriften besitzen die Bibliotheken des Deutschen Industrieinstituts in Köln und des Westfälischen Wirtschaftsarchivs in Dortmund. Mit die größten wirtschaftswissenschaftlichen Fachsammlungen nennen die Bibliothek des Weltwirtschaftsinstituts in Kiel und die Universtätsbibliothek in Köln ihr eigen[39].

[39] A. Hessel, Geschichte der Bibliothek, 1925; J. Vorstius, Grundzüge der Bibliotheksgeschichte 1935, ⁵1954; E. Mehl u. K. Hannemann, Deutsche Bibliotheksgeschichte, ²1956; P. Josserand, Les bibliothèques, in: L'histoire et ses méthodes; 1061-1119; A. Hobson, Große Bibliotheken der Alten und der Neuen Welt, 1971; J. B. Williams, A Guide to the Printed Materials for English Social and Economic History, 1750-1850, 2 Bde, New York 1926; D. D. Reeves, Resources for the Study of Economic History. A Preliminary Guide to the Pretwentieth Century Printed Material in Collections in Certain American and

British Libraries, 1961; M. C a n n e y – D. K n o t t, Catalogue of the Goldsmiths Library of Economic Literature, 3 Bde, Cambridge 1921ff.

3. Quellenkritik

Die Aussagekraft der Quellen ist außerordentlich vielgestaltig und von unterschiedlichem Wert, deshalb müssen sie kritisch auf ihren Charakter geprüft werden.

α) Wir müssen zunächst einmal den Ursprung einer Quelle feststellen, d. h. wir müssen herausfinden, wann und wo eine Quelle entstand und wer ihr Urheber ist. Werden darüber hinaus Angaben in der betreffenden Quelle oder einer Urkunde gemacht, dann bleibt festzustellen, ob diese Angaben auch zutreffen, d. h. ob die Quelle echt ist. Nicht immer stimmen Urheber und Erzeuger überein. Da gilt es vor allem zu unterscheiden zwischen dem Schreiber einerseits und dem hinter dem Schriftstück stehenden Auftraggeber andererseits.

β) Bei fest am Boden haftenden Dingen ist die Fundstätte mit dem Ort der Herkunft identisch; bei beweglichen Sachen muß man feststellen, von wo sie an den betreffenden Ort gekommen sind. Die Fundverhältnisse zeigen oft die Ursprungszeit an und sind von großer Bedeutung für die ganze Vorgeschichtsforschung.

Bei den schriftlichen Quellen muß beachtet werden, wo sich die Quelle jetzt befindet und wo sie ursprünglich aufbewahrt wurde. Wenn sich eine Urkunde unter den Akten des Absenders befindet und nicht beim Adressaten und Empfänger, so darf man vermuten, daß die Urkunde überhaupt nicht abgesandt wurde. Liegen die zwei ausgefertigten Exemplare eines Vertrages nicht jeweils beim Empfänger, so darf vermutet werden, daß die Urkunden nicht ausgetauscht wurden, der Vertrag also gar nicht zustande kam.

γ) Das Material der Quelle selbst kann Hinweise geben auf die Zugehörigkeit zur Stein-, Bronze- und Eisenzeit. Weiteres erfahren wir durch die Technik, in der die Quelle ausgeführt worden ist. Die verwendeten Schreibstoffe (Ton-, Wachstafeln, Papyrus, Birkenrinde, Pergament, Papier – seit etwa 1300 Wasserzeichen!) und Schreibwerkzeuge (Schreibrohr, Vogelfeder, Rötel, weiche Metallstifte etc.) tragen wesentlich zur Identifikation von Quellen bei. Großes Gewicht kommt der Schriftvergleichung zu. Daß es heute möglich ist, fotografische Faksimiles anzufertigen, erleichtert es uns wesentlich, die Echtheit von Urkunden festzustellen.

δ) Sprache, Stil, ja die Rechtschreibung spielen eine Rolle bei der Untersuchung schriftlicher Quellen. Leicht ist man versucht, etwas für einen individuellen Zug zu nehmen, was in Wirklichkeit Gepräge eines ganzen Zeitalters ist. Die Urkunden und Akten staatlicher Behörden haben mehr oder weniger streng festgelegte Formen bzw. Formeln, die sich ab und zu ändern und dadurch eine zeitliche Orientierung ermöglichen.

ε) Der Inhalt der Quelle muß zusammengestellt werden mit dem, was man sonst über Personen und Tatsachen weiß. Bei undatierten Urkunden können Orts- und Personenangaben weiterführen. Dann kommt es vor, daß eine Urkunde von Begebenheiten spricht, die tatsächlich erst später stattgefunden haben. Daraus ist zu schließen, daß die Quelle unecht oder falsch datiert ist. Es gibt aus dem Mittelalter wie aus der späteren Zeit umfangreiche gefälschte Urkunden. Für den hansischen Bereich von besonderem Interesse sind die Fälschungen des Lübeckers Dreyer aus dem 18. Jh.[40].

Die *Auslegung* (Interpretation, Hermeneutik der Philologen) hat die Aufgabe zu erklären, was eine redende Quelle sagt, d. h. was der kundige Leser der damaligen Zeit aus ihr herausgeholt haben würde. Die Aussage kann an einen einzelnen, an einen größeren Kreis oder an die Allgemeinheit gerichtet sein. Es gibt allerdings einen gewissen Unterschied zwischen der Arbeitsweise des Philologen und jener des Historikers. Der Philologe beschäftigt sich vornehmlich mit Werken von Schriftstellern, die eine individuell geprägte Ausdrucksweise haben, ihm geht es um die Meinung des Autors und seine Persönlichkeit. Für den Historiker kommen nicht nur Werke von schriftstellerischem Rang in Frage, sondern auch Akten, deren individuelle Urheber oft gar nicht bestimmt werden können. Häufig sind sie hervorgegangen aus der Zusammenarbeit von mehreren Personen. Oft konzentriert sich die Arbeit des Philologen auf die Schwierigkeit des Wortlauts. Für den Historiker ist die rechtsbildende Wirkung einer Urkunde oder die Befolgung eines Befehls von Interesse. Wenn der Verfasser sich irreführend ausdrückte oder falsch schrieb, so hat doch die Urkunde oder der Befehl in eben dieser Form gewirkt.

Bei der *Auslegung* schriftlicher Quellen ist ferner zu beachten: 1. Die Schrift und alles was damit zusammenhängt, muß begriffen werden. Dies ist im besonderen der Gegenstand der Paläographie und der damit parallel laufenden Epigraphik. 2. Die Worte müssen einzeln und in ihrem Zusammenhang, nach dem Sprachgebrauch des Landes, der Zeit und des jeweiligen Verfassers verstanden werden. Der Sprachgebrauch unterliegt ja ständigem Wandel. Am stärksten fällt das bei Fachausdrücken auf. Dux und comes bedeuten im klassischen Latein Anführer und Begleiter, im Mittelalter Herzog und Graf. Consul wird zu Ratsherr, proconsul zu Bürgermeister; miles, ursprünglich Krieger, Soldat, wird um 1000 zu Reiter, einige Jahrhunderte später zu Ritter. 3. Der Inhalt muß aus dem Ganzen verstanden werden, das Gewicht, die Bedeutung eines Wortes, zum Beispiel in einer Leichenpredigt oder in einem Pamphlet sind zu berücksichtigen. 4. Der Inhalt muß auf Grund der Anschauungen des Verfassers und der betreffenden Zeit verstanden werden. In der Frage des Zinsnehmens etwa spielten die kirchlichen Lehrmeinungen eine große Rolle[41].

Bei der Auslegung bildlicher Darstellungen kann man natürlich nach ähnlichen Gesichtspunkten verfahren. Um eine mittelalterliche Abbildung verstehen zu können, muß man etwas wissen vom Verhältnis der damaligen Zeit

zur Natur, ihrer Symbolsprache und dem Mangel der Perspektive. Die einzelnen Figuren haben in ihren Stellungen und Attributen eine ganz bestimmte Bedeutung. Auch die Farben haben ihre bestimmte Symbolik[42].
Die Auslegung soll so klar und scharf wie möglich durchgeführt werden. Man soll nichts hineinlegen, was nicht in der Quelle steht. Man darf nicht ohne weiteres annehmen, daß die Quellen Wichtiges, Erstrangiges bezeugen. Das Quellenbild entspricht nicht ohne weiteres dem tatsächlichen Bild der Vergangenheit. Vielfach ist es so, daß Dinge des Alltags, des gewöhnlichen Lebens in größerer Menge überliefert sind, während über wichtige und bedeutungsvolle Vorgänge nichts ausgesagt sein kann. Andererseits geht die Quellenüberlieferung häufig auf Ausnahmeerscheinungen, Ereignisse, die nicht alltäglicher Natur sind, zurück. Sie stammt gerne von Vorgängen, die von der gesellschaftlichen, besonders der juristischen Norm abgewichen sind. Prozeßakten sind eine außerordentliche wichtige Quellengruppe, die es aber mit Ausnahmezuständen zu tun hat.

Richtige Quellenkritik bedeutet nicht nur Verstehenkönnen, sondern auch Verstehenwollen. Wie der Historiker allgemein, so muß der Wirtschaftshistoriker bestrebt sein, die Quelle möglichst ohne Vorurteile zu deuten und auszuwerten. Kritisch gegenüber der Quelle sein heißt also auch möglichst objektiv sein; allerdings ist auch der Begriff „objektiv" relativ. Strenge Objektivität würde bedeuten, den unüberschaubaren und vielgestaltigen Fluß des historischen Prozesses abzubilden. Der Historiker kann aber höchstens im Sinn jenes Forschers abbilden, der von einem Land eine Karte anfertigt. Er muß immer nach einem Auswahlprinzip verfahren. Hinsichtlich der Gegenstände und was die Zeit betrifft, kann er die Vergangenheit nur dadurch erfassen, daß er sie in einzelne Stücke aufteilt und diese in ihrer Statik zu begreifen sucht[43].

[40] Vgl. Anm. 7, sowie: P. R e n v a l l, Den moderna historie-forskningens principer; C l a u s e n, Kilderne og kildekritiken, in: Hvad er historie? Torstendahl, Historien som vetenskap, Om källkritik, ebenda, Schiller-Odén, Statistik för historiker. – A. v. B r a n d t , Johann Carl Henrich Dreyer, in: NDB 4, 1959.
[41] Art. Ritter, in: E. H a b e r k e r n und J. F. W a l l i c h, Hilfswörterbuch für Historiker, Mittelalter und Neuzeit, ²1964, sowie: Art. Ritter, in: Erich B a y e r , Wörterbuch zur Geschichte, 1960.

[42] *Symbolik:*
J. H u i z i n g a, Herfstij der Middeleeuwen, Haarlem ⁴1935, 298f.; P. E. S c h r a m m, Herrschaftszeichen und Staatssymbolik, 1954ff.; K. Fürst S c h w a r z e n b e r g, Adler und Drache, 1958.
[43] G. H e n n e m a n n, Das Problem der Voraussetzungslosigkeit und Objektivität in der Wissenschaft, 1947; E. R o t h a c k e r , Die Wirkung der Geschichtsphilosophie auf die neueren Geisteswissenschaften, in: XIe Congrès International des Sciences Historiques Stockholm, 1960, Rapports I; R. A r o n , Essai sur les limi-

tes de l'objectivité historique, 1965; vgl. dazu den ganzen Abschnitt Exploitation critique des témoignages in: L'histoire et ses méthodes, S. 1205 ff., davon bes. R. Marichal, La critique des textes, ebenda 1247–1366; G. Ouy, Les faux dans les archives et les bibliothèques, ebenda, 1367–1383; H.-I. Marrou, Comment comprendre le métier d'historien, 1465–1540.

4. Moderne Wissenschaftslehre und geschichtliches Verstehen

Aus der analytischen Arbeit muß die richtige Synthese folgen. Die Deutung der Quelle darf nicht isoliert vorgenommen werden, sondern muß in größerem Zusammenhang gesehen werden. Dem Historiker geht es dabei um das historische Verstehen, das als besondere Methode der ganzheitlichen Erkenntnis neben dem Begreifen logischer und mathematischer Zusammenhänge verstanden wird. Historisches Verstehen bedeutet, daß historische Vorgänge, wenn wir von Massenvorgängen zunächst absehen, in ihrer Individualität, ihrer historischen und geographischen Einmaligkeit begriffen werden. Der Historiker muß sich darüber im klaren sein, daß er damit sich einer methodischen Hilfe bedient, die von der modernen Wissenschaftslehre in Frage gestellt wird. Sie, die stark durch den sprachhistorischen Neopositivismus geprägt worden ist, leugnet den Gegensatz zwischen Natur- und Geisteswissenschaften und betrachtet als Gegenstand aller empirischen Wissenschaften explikative Aussagen, d. h. Sätze über Sachverhalte, die im Prinzip nach dem induktiv vorgehenden Kausalitätsdenken greifbar sind. Danach ist die Wissenschaft ein System von Regeln, bei deren Einhaltung Sätze bestimmter Qualität erzielt werden (R. König). Werturteile sagen demgegenüber etwas über Einsichten aus, die vom Aussagenden nicht ablösbar sind, von andern also nicht überprüft werden können. Da die Ergebnisse der Forschung unabhängig von der Persönlichkeit des Forschers gelten sollten, von andern überprüft werden können müssen, wird dem Verstehen, weil es untrennbar mit der Person des Aussagenden verbunden ist, der Beweischarakter abgesprochen.

Wer um eine Brücke zwischen dem historischen Verstehen und der modernen Wissenschaftslehre bemüht ist, muß zugeben, daß die Methode des historischen Verstehens der Korrekturen bedarf, die sich aus der Logik der modernen Wissenschaftslehre ergeben. Dem den westeuropäischen Traditionen Zugänglichen wird es eher möglich sein, auf die Autonomie der Geisteswissenschaften zu verzichten und sie im Rahmen eines naturalistischen Erkenntnisprogramms zu sehen. Schon Max Weber bemerkte, daß „das Verstehen" mit den sonst gewöhnlichen Methoden kausaler Zurechnung, soweit möglich, kontrolliert werden müsse[44].

Der Historiker muß also gleichzeitig mit den Methoden der modernen Wissenschaftslehre vertraut sein. Sie hilft ihm, an einem Quellenkomplex mit

4. Moderne Wirtschaftslehre und geschichtliches Verstehen

einer bestimmten Fragestellung heranzugehen, bzw. er kann von vornherein eine Hypothese aufstellen. Diese Hypothese muß prüfbar, d. h. mit der Wirklichkeit vergleichbar, falsifizierbar sein. Wenn sie mit der später festgestellten Wirklichkeit nicht übereinstimmt, muß sie verworfen werden. Erweist sich die Fragestellung und Hypothese als fruchtbar, dann kann sie zu einer Theorie verdichtet werden. Turner's Theorie von der Bedeutung der Frontier für die Entstehung der amerikanischen Gesellschaft ist ein gutes Beispiel für die Fruchtbarkeit einer Hypothese[45].

Historisches Verstehen verlangt nicht nur Auslese, sondern dazu Verknüpfung von Tatsachen womöglich im Sinne eines Kausalzusammenhanges. Auch hier droht die Gefahr, daß man die Dinge zu einfach sieht, nur eine Ursache erkennt, wo eine ganze Reihe von Ursachen zusammenwirkten. Meist steht ein bestimmter Vorgang in einem Netz polar aufeinander wirkender Kräfte, wobei das Materielle auf das Geistige, das Geistige aber auch auf das Materielle wirkte. Gerade im Bereich der Wirtschaftsgeschichte gilt es zu beachten, daß neben der Materie der Mensch mit seinem unternehmerischen Geist, seinen Ideen und insbesondere die politischen Institutionen, der Staat immer wieder entscheidend in den Gang der Dinge eingegriffen haben.

Immer wieder wird sich der Wirtschaftshistoriker das Problem der Vollständigkeit stellen, wird er bestrebt sein, möglichst alle verfügbaren Quellen für die Klärung eines bestimmten Problems heranzuziehen, aber dies scheitert einerseits für die frühen Zeiten an der Lückenhaftigkeit der Überlieferung und in der jüngsten Vergangenheit an der Masse des zu bewältigenden Quellenmaterials. Aus diesem Grund tritt an den Wirtschaftshistoriker, der insbesondere mit meßbaren Größen und Verhältnisse zu tun hat, die Aufgabe der Auswahl, die nach der Voraussetzung erfolgt, daß jeweils eine größere Zahl von Erscheinungen denselben Typus vertritt. Das Gemeinsame dieser verschiedenen Erscheinungen versuchte man mittels dessen zu erfassen, was Max Weber als „Idealtypus" bezeichnet hat. Wer mit diesem Begriff arbeitet, muß sich im klaren darüber sein, daß der Idealtypus eine gedankliche Konstruktion ist, daß er nur ein Hilfsmittel darstellt, er ist kein Ziel. Näher führt der von Walter Eucken und Arthur Spiethoff gebrauchte Begriff des „Realtypus" im Sinne der „anschaulichen Theorie" an die Wirklichkeit heran. Spiethoff stellte die von Salin geprägte anschauliche der reinen Theorie gegenüber und hob sie von der rationalen Theorie ab, die um Teilerkenntnis bemüht ist, während die anschauliche Theorie Gesamterkenntnis, Wesenserkenntnis anstrebt. Nur sollten wir anstelle des Realtypus, der neuerdings auch umstritten ist, besser „historischer", d. h. aus der Geschichte selbst gewonnener Typus sagen[46]. Gegenüber den verschiedenen Möglichkeiten, das dynamische Element der historischen Vorgänge zu erfassen, sucht der Strukturbegriff ihrer Statik gerecht zu werden, was insbesondere für bestimmte Zeitquerschnitte von Nutzen sein kann. Was der Entwicklungsbegriff vielfach nicht erfaßt, kann um so deutlicher im Sinne der braudelschen „longue durée" durch die Strukturgeschichte herausgearbeitet werden, wobei wir mit

Ernst Pitz die historische Struktur als Komplex von Motivationsketten und Motivationshorizonten begreifen und als „Entsprechung" die Ordnung verstehen können, in die sich Motivationsketten und -horizonte jeweils einfügen. In der Kombination einer dynamischen und einer statischen Betrachtungsweise liegt das Ziel, das, wie der allgemeine Historiker so auch der Wirtschaftshistoriker anstreben sollte[47].

[44]) *Hermeneutik:*

H. R i c k e r t , Die Grenzen der naturwissenschaftlichen Begriffsbildung, 1902, [5]1929; W. D i l t h e y , Die Entstehung der Hermeneutik, in: Ges. Schriften 5, 1924; J. W a c h , Das Verstehen, Grundzüge einer Geschichte der hermeneutischen Theorie im 19. Jh., 3 Bde, Ndr. 1966; E. B e t t i , Zur Grundlegung einer allgemeinen Auslegungslehre, 1954; P. R e n v a l l , De historiska slutledningarnas helhetskaraktär, in: Historie, Jyske Samlinger, Ny Raekke VII, 1, 1966.

Historisches Verstehen:

J. G. D r o y s e n , Historik [3]1958; G. S i m m e l , Das Problem der Geschichtsphilosophie, [5]1923; O. F. B o l l n o w , Das Verstehen, 1949; R. W i t t r a m , Das Interesse an der Geschichte, 1958; H.-I. M a r r o u , Comment comprendre le métier d'historien?, in: L'histoire et ses méthodes, 1465–1540.

[45]) K. P o p p e r , Conjectures and Refutations, The Growth of Scientific Knowledge, London 1963; H. A l b e r t , Zur Logik der Sozialwissenschaften, in: Archiv. Europ. Sociol. V, 1964, 241–254; d e r s ., Hermeneutik und Realwissenschaften, Die Sinnproblematik und die Frage der theoretischen Erkenntnis, in: Sozialtheorie und soziale Praxis, Eduard Baumgarten zum 70. Geburtstag, Mannheimer Sozialwissenschaftliche Studien 3, 1960; E. T o p i t s c h (Hg.), Logik der Sozialwissenschaften, darin speziell der Artikel von V. Kraft, Geschichtsforschung als strenge Wissenschaft, 72–82, 1971; Schiller-Odén, Statistik för historiker, 19ff.

[46]) *Idealtypus – Realtypus:*

M. W e b e r , Die Objektivität sozialwissenschaftlicher und sozialpolitischer Erkenntnisse, in: Gesammelte Aufsätze zur Wissenschaftslehre, 1922, [2]1956; A. S p i e t h o f f , Die allgemeine Volkswirtschaftslehre als geschichtliche Theorie, Schmollers Jahrb. 56, 1932; Ch. L u y k e n , Der Begriff des Idealtypus in der Nationalökonomie, 1947; A. S p i e t h o f f , Anschauliche und reine volkswirtschaftliche Theorie und ihr Verständnis zueinander, in: Synopsis, 1948, 567; M. S c h ä f e r , Die logische Struktur des Idealtypus bei Max Weber, Walter Eucken und Wilhelm Vershofen, 1951; A. R ü s t o w , Der Idealtypus, oder die Gestalt als Norm, in: Studium Generale, 6, 1953; O. v. Z w i e d i n e c k - S ü d e n h o r s t , Typus und Gesetz: in: Zs. für die gesamte Staatswissenschaft, 109, 3, 1953; M. J. und C. A. A n d e r s o n , Wirtschaftstypen, in: Schmollers Jahrbuch, 75, H. 5, 1955; G. W e i s s e r , Wirtschaftstypen, in: HDSW 12, 1965.

[47]) *Dynamisch-statische Betrachtungsweise:*

Vgl. S. 107 und F. P i t z , Geschichtliche Strukturen, Betrachtungen zur angeblichen Grundlagenkrise in der Geschichtswissenschaft, in: HZ 198, 1964.

5. Die wirtschafts- und sozialwissenschaftliche Fragestellung

a) Wirtschaftsgeschichte und Theorie allgemein

Es genügt für den Wirtschaftshistoriker nicht, die Quellen nur deuten und beschreiben zu wollen. An Antworten, die sie zu liefern vermögen, kann es viele geben, je nachdem man zu fragen versteht. Es kommt also darauf an, mit den richtigen Fragestellungen an die Quellen heranzugehen. Der Wirtschaftshistoriker muß mit den Fragestellungen und Methoden der Wirtschafts- und Sozialwissenschaften vertraut sein, insbesondere, je mehr der zu untersuchende Vorgang sich unserer Gegenwart nähert. Die Methoden der Wirtschaftswissenschaften, voran die der Nationalökonomie, der Statistik, dann der Sozialwissenschaften, der Soziologie, Anthropologie und Sozialpsychologie sind betont systematisch, d. h. analytisch-synthetisch. Der Wirtschaftshistoriker wird durch sie angeregt, über dem Einzelfall das Allgemeine, die Struktur, in die sich dieser einfügt, zu beachten. Bezüglich der Anwendung dieser und jener Methode wird es immer Diskussionen geben, und zwar aus folgendem Grund. Im Verhältnis der Menschen zur Vergangenheit kann man, Diltheys Typenlehre etwas abwandelnd, zwei Grundeinstellungen unterscheiden: eine individualisierende und eine generalisierende. Die erste ist interessiert am Reichtum der Vorgänge, an der Vielfalt der Vergangenheit. Ihre Anhänger versenken sich in die bunte Welt der Erscheinungen und können diese Einstellung steigern bis zur extremen antiquarischen Spielerei. Die andere Richtung interessiert sich für die großen Linien, das Typische, Allgemeinere, insbesondere soweit es von Belang ist für die Deutung der Gegenwartssituation.

Diese so verschiedenartigen Einstellungen zur Vergangenheit lassen sich durch die Tatsache erklären, daß es eben verschiedene Typen von Menschen gibt. Dazu kommt, daß bei den einzelnen Nationen verschiedene typische Haltungen vorherrschen. Die individualisierende Tendenz herrscht z. B. überall da vor, wo der deutsche Idealismus sich ausgewirkt hat, während in Westeuropa, in Frankreich und den angelsächsischen Ländern die naturrechtliche Auffassung schon von jeher stärker verbreitet war und deshalb der Positivismus und Pragmatismus größere Domänen bildet.

Ein anderes Moment ist der innere Zusammenhang zwischen der Wirtschaft und der Wirtschaftstheorie. Beiden geht es um eine befriedigende Regelung des Verhältnisses zwischen dem Bedarf und der Versorgung des Einzelnen wie der größeren Gemeinschaften. Die praktische Lösung der entsprechenden Aufgaben erfolgt durch das Wirtschaften des Einzelnen oder der Gruppen und durch die Wirtschaftspolitik des Staates. Wo man von Wirtschaftspolitik sprechen kann, spielen auch wirtschaftstheoretische Gedankengänge mit hinein. Das ist mehr oder weniger ausgedrückt in allen Epochen der Fall, von Solon und Platon bis Lenin und Roosevelt. Und durch den Gang der wirtschaftlichen Entwicklung selbst sind wieder neue Theorien entstanden. So hat das Aufkommen der Geldwirtschaft zur Theorie des gerechten Preises geführt, die seit dem hohen Mittelalter tiefgreifende Wirkungen auf das Wirtschaftsleben ausgeübt hat. Nicolas de Oresme und Nikolaus Kopernikus stehen lange vor Gresham am Anfang der Konzeption der Quantitätstheorie, die dann im 16. Jh. durch das Einströmen von Edelmetallen aus Amerika und die gleichzeitig erfolgte Preissteigerung durch Gresham und Bodin ihre weitere Ausbildung erfahren hat.

Der Augsburger Konrad Peutinger hat im Zusammenhang mit dem Monopolstreit als einer der ersten auf den gesamt- und volkswirtschaftlichen Zusammenhang hingewiesen, in dem die einzelnen wirtschaftlichen Sektoren gesehen werden müssen. Seit Machiavelli bringen wir auch die „voluntaristische" Einstellung des absoluten Fürstenstaats zur Wirtschaftspolitik in Verbindung, und die Problematik der Handels- und Zahlungsbilanz gelangt, obwohl sie in England schon zuvor erörtert wurde, mit Thomas Mun und Gian Battista Serra in das Feld der breiten Diskussionen. Der Katalog der ökonomischen Dogmengeschichte hat dann nach den Merkantilisten mit dem Protektionspolitiker Colbert als Zentralfigur und ihrer mitteleuropäischen Sonderart der Kameralisten als nächsten Höhepunkt die naturwissenschaftlich bestimmte Theorie des französischen Physiokraten mit Quesnay, Turgot und Dupont de Nemours als Hauptrepräsentanten und Quesnays Tableau économique mit seinem Kreislaufschema als erstem geschlossenem ökonomischem System.

Aus dem Bestreben, dem agrarischen Sektor den ersten Rang vor dem von den Merkantilisten bevorzugten gewerblich-kommerziellen Sektor zu sichern, entstand das „laissez-faire", das dann der schottische Moralphilosoph Adam Smith in seiner „Inquiry into the nature and causes of the wealth of nations" (1776) zum Grundsatz seiner Theorie machte, mit der er der Begründer der klassischen liberalen Nationalökonomie wurde. Neben dieser klassischen Theorie, zu deren Hauptrepräsentanten David Ricardo, John Stewart Mill und der Franzose Jean Baptiste Say gehören, entstanden der auf die spätere Soziologie hinzielende Positivismus Auguste Comtes, der Sozialismus mit Karl Marx und die deutsche „historische Schule" mit ihren älteren und jüngeren Vertretern. Sie wiederum forderte den von der Wiener Grenznutzenschule unter Karl Menger geführten „Methodenstreit" heraus und gab einer jüngeren Gruppe mit Max Weber und Werner Sombart an der Spitze den Anlaß, das methodische Instrumentarium zu verfeinern, wobei sie allerdings aus den engeren Grenzen der ökonomischen Theorie ausbrachen. Andererseits wurde diese durch die mathematische Richtung der Lausanner Schule mit Léon Walras und die italienische Schule mit Vilfredo Pareto mit seinem das Irrationale betonenden Prinzip der Eliten, durch die neuklassische Richtung Alfred Marshalls und die schwedische Schule Knut Wicksells bereichert. Die Entwicklung nach dem Ersten Weltkrieg mit dessen verhängnisvollen Nachwirkungen führte John Maynard Keynes zu seiner „General Theory of Employment, Interest and Money" (1936), die im Sinne der „Makroökonomik" zur volkswirtschaftlichen Gesamtrechnung ausgebaut wurde, an der neben den Schweden besonders Tinbergen mitwirkte. Mit dem „deficit spending" wurde dem Staat ein Instrument an die Hand gegeben, mit dem dieser die künftige Politik der Vollbeschäftigung anstreben konnte.

Josef A. Schumpeter, der von Österreich kommend über Bonn nach Harvard ging, strebte mit seiner „Theorie der wirtschaftlichen Entwicklung" auf eine stark sozialwissenschaftlich betonte wirtschaftliche Gesamtanalyse hin, in der der „Unternehmer" und die „business cycles" Hauptelemente darstellen. Die Neoklassik mit ihrer Betonung des Automatismus der Marktmechanismen und die Keynessche Richtung des Economic Growth (Harrod und Domar) bestimmten dann das Bild, wobei in Amerika Samuelson und Kuznets, in Europa Frisch und Tinbergen der mathematischen Richtung ein besonderes Gewicht verliehen.

Gegenüber der volkswirtschaftlich ausgerichteten Makroökonomik hat die mikroökonomisch vorgehende einzelwirtschaftliche Vorgänge betrachtende Privathandelslehre zunächst geschwankt, ob sie nur eine Kunstlehre oder eine Wissenschaft sei, bis sie sich zur Betriebswirtschaftslehre als eigener Wissenschaft weiterentwickelte. Hier wie in der beonderen mikroökonomischen Richtung wurden (abgesehen von Gesamtsystemen [Nicklisch]) Teiltheorien entwickelt, die sich mit Fragen des Preises, der Kosten, des Marktes, der unternehmerischen Entscheidung und des Standorts befassen.

Auf marxistischer Seite bemühte sich Bucharin, die Widersprüche der Marx'schen Dialektik durch einen eigenen Mechanismus zu überbrücken. Seit Stalin begann man eine eigene sozialistische Theorie der Planwirtschaft zu entwickeln. Erst nach Stalin war es Männern wie Oskar Lange in Polen möglich, in das sozialistische Gesamtsystem marktwirtschaftliche Elemente einzubauen.

Die sozialwissenschaftliche Theorie hat, abgesehen von der Soziologie, vor allem zur Entwicklung einer eigenen kirchlichen Soziallehre, der Lehre von der Sozialpolitik und einer umfassenden Sozialphilosophie, geführt. Für die Entwicklung der katholischen Soziallehren wurden die päpstlichen Sozial-Enzykliken (1891 Rerum novarum) wichtig. Eine Lehre der Sozialpolitik hat sich im Lauf des 19. Jhs. aus dem Gedanken der Selbsthilfe, besonders auf genossenschaftlicher Basis, heraus entwickelt, wobei der weitere Gang in Deutschland durch den 1872 gegründeten „Verein für Socialpolitik" ihre besondere Note erhielt. In der Soziologie hat sich neben der geisteswissenschaftlich betonten reinen Soziologie, um die sich Max Weber und Leopold von Wiese bemühten, die positivistische Richtung entfaltet, die, sehr stark von E. Durkheim angeregt, in Frankreich am stärksten wirkte und bei uns u. a. von René König vertreten wird, während in USA neben der empiristischen Richtung Talcott Parsons und David Riesman sich besonders um die sozialen Verhaltensnormen bemühten und Franz Boas sowie Margret Mead in die Bereiche der Kulturanthropologie vorstießen. Neben der empiristischen Richtung hat sich neuerdings die neuhegelianisch-marxistische mit G. Lukacz, H. Marcuse, Th. Adorno und J. Habermas Geltung verschafft.

Es ist eine der Aufgaben des Wirtschaftshistorikers, klarzulegen, welcher Art im einzelnen die Beeinflussung des historischen Verlaufs durch diese verschiedenen Theorien war. Dabei ist zu beachten, daß zwischen der Konzeption einer bestimmten Lehrmeinung und ihrer Rezeption oft ein beträchtliches zeitliches Intervall liegt, wie z. B. der Einfluß des General Theory von Keynes zeigt. Sie fand zwar schon im New Deal Roosevelts Beachtung, ihre große Zeit kam aber erst nach dem Zweiten Weltkrieg. Darüber hinaus muß der Wirtschaftshistoriker bestrebt sein, das Wechselverhältnis, das zwischen der Wirtschaftsgeschichte und Theorie bestand, in seiner ganzen Weite und Tiefe zu erfassen und darzulegen. Oft haben neben der einen Theorie noch andere, ja ein ganzer Komplex von neuen und alten Lehrmeinungen zusammengewirkt. Dabei beurteilt der Wirtschaftshistoriker die Theorie natürlich anders als der Nationalökonom. Die Begründer und Verfechter bestimmter Theorien hatten begreiflicherweise stets ein Interesse daran, in der Wirtschaftsgeschichte Beweise für die Richtigkeit ihrer Theorien und Argumente zu finden, die es ihnen erleichterten, die Theorien ihrer Gegner zu kritisieren. So wandten sich die Merkantilisten der Geschichte zu, um zu zeigen, daß unzureichendes Eingreifen der Staatsmacht zu Fehlentwicklungen führte. Die Agrarprotektionisten in Frankreich vom Schlage eines Vauban und Boisguillebert wollten beweisen, daß ein ungeeignetes Finanzsystem das wirtschaftliche Leben eines Landes lähmte, bei Smith sollten die Beispiele aus der Geschichte die Theorie des „laissez-faire" unterstützen, bei Marx sollten sie die Dialektik des historischen Materialismus dartun.

Immer ging es darum, Gesetze zu finden, die, entsprechend der jeweiligen Theorie, den Wirtschaftsablauf bestimmen sollten. Hinter dieser Einstellung lauert allerdings die Gefahr, das Wirtschaftsleben zu abstrakt in verschiedenen Stufen zu sehen, die voneinander scharf geschieden werden, während das Wirtschaftsleben doch ein ständig sich Bewegendes ist. Da wo die Theorie solche scharfen Trennungslinien zieht und den Grad der Abstraktion in ihren Modellen zu weit führt, leistet sie dem Wirtschaftshistoriker einen zweifelhaften Dienst. Nach John Maynard Keynes sollte die ökonomische Theorie „a method rather than a doctrine" sein, „an apparatus of mind, a technique of thinking rather than a body of settled conclusions". Die Theorie soll Werkzeuge liefern, die es dem Historiker erleichtern, sich durch den Quellenstoff hindurchzufinden.

Das ist für den Wirtschaftshistoriker um so nützlicher, als beim wirtschaftlichen Prozeß die tieferen Zusammenhänge schwieriger zu erfassen sind, verborgener liegen, als etwa in der politischen Geschichte. So helfen ihm Begriffe wie „Wirtschaftsverfassung", „Boden", „Arbeit", „Kapital", „Erzeugung", „Verteilung", „Verbrauch", „Angebot", „Nachfrage", „Geld", „Kredit", „Zins", „Außenhandelstheorie", „terms of trade", „Verteilungs-Einkommenstheorie", „volkswirtschaftliche Gesamtrechnung" die Zusammenhänge klarer zu sehen und zu ordnen. Betont gegenwartsbezogen wissen die Wirtschafts- und Sozialwissenschaften besonders Quellen statistischer Art zu erschließen, auf die der Historiker nicht ohne weiteres aufmerksam wird. Ein gutes Beispiel für die Fruchtbarkeit und Notwendigkeit der Diskussion zwischen der Wirtschaftsgeschichte und der Wirtschaftstheorie liefert die Art, wie durch Schumpeters Arbeiten der Unternehmerbegriff im Sinne des Weberschen Idealtypus und des Spiethoffschen Realtypus dazu diente, unternehmerische Tätigkeit und Unternehmerpersönlichkeit in Bereichen zu entdecken, wo man sie bisher nicht geahnt hatte, z. B. beim Adel, bei der Geistlichkeit, bei der ländlich-bäuerlichen Bevölkerung.

Auf der ersten internationalen Wirtschaftshistorikerkonferenz in Stockholm 1960 stellte „Die Industrialisierung als Faktor wirtschaftlichen Wachstums nach 1700" einen Themenkomplex dar, bei dem es sich sehr stark darum handelte, festzustellen, wieweit die von den Nationalökonomen erarbeiteten Modelle bezüglich der wirtschaftlichen Entwicklung im Licht der historischen Tatsachen standhielten. Immer wieder zeigt es sich, daß eine eingehende Beschäftigung mit den verschiedenen Theorien der Konjunkturforschung dem Wirtschaftshistoriker nicht nur die Möglichkeit gibt, die Epoche der Industrialisierung weiter zu untergliedern, sondern auch die Struktur und den Entwicklungsrhythmus früherer Epochen besser, als bisher möglich war, aufzuhellen. Mit Hilfe der longue durée ist es möglich geworden, den Gang seit der Erholung nach dem Schwarzen Tod, insbesondere den Aufschwung im 16. Jh. und das Einsetzen von Krisen im 17. Jh., deutlicher zu sehen[48].

[48]) *Wirtschaftsgeschichte und Theorie:*

E. S a l i n , Zur Methode und Aufgabe der Wirtschaftsgeschichte, Schmollers Jahrbuch 45, 1921; A. D o p s c h , Zur Methodologie der Wirtschaftsgeschichte, in: Festschrift Walter Goetz, 1925; H. J e c h t , Wirtschaftsgeschichte und Wirtschaftstheorie, 1928; E. F. H e c k s c h e r , A Place for Theory in Economic History, in: Economic History I (Suppl. to Economic Journal 1924–1929), auch in: Enterprise and Secular Change, Readings in Economic History, ed. F.C. Lane u. J. Riemersma, Homewood/Ill. 1953; F. L ü t g e , Geschichte, Wirtschaft, Wirtschaftsgeschichte, in: Münchner Universitätsreden N.F.H. 25; M. M. P o s t a n , History and the social sciences, in: Postan, Fact and relevance, 15–21; d e r s., The historical method in social science, ebenda, 34; F. B r a u d e l , L'histoire et les autres sciences de l'homme, in: Écrits sur l'histoire, 39–153; W. A b e l , Neue Fragen an die Wirtschaftsgeschichte (Göttinger Universitätsreden 37), 1962; J. H i c k s , A Theory of Economic History, Oxford 1969.

Ch. G i d e – G. R i s t , Histoire des doctrines économiques, Paris [7]1947, dt. [3]1923; W. B r a e u e r , Handbuch zur Geschichte der Volkswirtschaftslehre 1952; O. Popescu, On the Historiography of Economic Theory: A Bibliographical Survey, Neuchâtel 1964; H. D e n i s , Geschichte der Wirtschaftstheorien von der Antike bis zur Gegenwart, 2 Bde, Paris 1967, [3]1971, dt. 1971; S. S t a v e n h a g e n , Ge-

schichte der Wirtschaftstheorie, ⁴1969; E. S c h n e i d e r , Einführung in die Wirtschaftstheorie IV (ausgewählte Kapitel aus der Geschichte der Wirtschaftstheorie) 1962/65; E. S a l i n , Politische Ökonomie, Geschichte der Wirtschaftspolitischen Ideen ⁵1967; H. C. R e c k t e n w a l d , Geschichte der politischen Ökonomie, 1971; M. B l a u g , Economic Theory in Retrospect, London ²1964; J. A. S c h u m p e t e r , History of Economic Analysis 1953, dt. 1965.
G. M y r d a l , Das politische Element in der nationalökonomischen Doktrinbildung 1929, engl. ²1953, dt. ²1963; W. S t a r k , The history of economics in its relation to social development, London 1954, dt. Dordrecht 1960; H. M. B l a l o c k , jr, Theory construction, from Verbal to Mathematical Construction, Chapel Hill, N.Y. 1964.

Zum Merkantilismus zuletzt: D. C. C o l e m a n (Hg.), Revisions in Mercantilism, London 1969. Zur Physiokratie: François Q u e s n a y et la Physiocratie, 2 Bde, Paris 1958. Zum Marxismus: I. F e t s c h e r , Der Marxismus, seine Geschichte in Dokumenten (1968); E. M a n d e l , Traité d'économie marxiste 1962, dt. 1968; Sozialpolitik, Sozialphilosophie: K. S c h i l l i n g , Geschichte der sozialen Ideen, 1957; W. H o f f m a n n und W. A b e n d r o t h , Ideengeschichte der sozialen Bewegung des 19. und 20. Jh., ⁴1971; G. G u r v i t c h , L'idée du droit social. Notion et système du droit social. Histoire doctrinale, Paris 1932.

Betriebswirtschaftslehre:

J. L ö f f e l h o l z , Geschichte der Betriebswirtschaft und der Betriebswirtschaftslehre, 1935; E. L e i t h e r e r , Geschichte der handels- und absatzwirtschaftlichen Literatur, 1961; R. S e y f f e r t , Über Begriff, Aufgaben und Entwicklung der Betriebswirtschaftslehre, ⁴1957.

Sozialpolitik:

M. E. P f e f f e r , Kleines Wörterbuch zur Arbeits- und Sozialpolitik (Herderbücherei 422), 1972, bes. Artikel Sozialpolitik, Sozialenzyklika.

Soziologie:

H. S c h o e c k , Die Soziologie und die Gesellschaften, Problematik und Problemlösungen vom Beginn bis zur Gegenwart ²1964; R. A r o n , Les étapes de la pensée sociologique, Montesquieu, Comte, Marx, Tocqueville, Durkheim, Pareto, Weber, 2 Bde, Paris 1967, dt. 1971.
P. A. S o r o k i n , Contemporary Sociological Theories, 1928; dt. 1931; T. P a r s o n s u. a. (Hg.), Foundations of Modern Sociological Theory, New York ³1965; R. K. M e r t o n , Theoretical Sociology, Five Essays, old and new, New York 1967.

b) Einzelne Aspekte des theoretischen Ansatzes

1. Theorie der Wirtschafts- u. Sozialwissenschaften

Haben wir im vorausgehenden Abschnitt den historischen Ort einzelner Theorien zu umkreisen versucht, so geht es hier darum, zu klären, inwieweit der augenblickliche Gesamtkomplex an theoretischem Instrumentarium der

5. Die wirtschafts- und sozialwissenschaftliche Fragestellung

Wirtschafts- und Sozialwissenschaften für den Wirtschaftshistoriker von besonderem Belang ist. Wir werden dabei jeweils zwei Aspekte im Auge behalten. Das eine ist das Lehrgebäude mit seinen verschieden gestuften, allgemeinen Theorien und auf Teilbeobachtungen begrenzten Hypothesen. Das andere sind die Methoden, mit denen gearbeitet wird. Empirie, Erfahrung und Theorie, das System wissenschaftlicher Aussagen sind die Pole, zwischen denen sich das Feld der Methode erstreckt. Deduktives und Induktives wirken dabei zusammen, indem sie sich unterstützen und korrigieren. Nach dem logisch-abstrakten deduktiven Verfahren werden bestimmte Annahmen (Prämissen) gesetzt, von denen man eine Aussage über bestimmte Zusammenhänge ableitet. Gern wird dabei die verbale Formulierung ersetzt durch die Sprache der Mathematik, d. h. durch Bestimmungs- und Funktionsgleichungen. J. H. von Thünen begann damit, A. Cournot mit seinen „Recherches" von 1838 lieferte wichtige weitere Anregungen. Um eine fruchtbare Verbindung von theoretischen Modellvorstellungen und empirischen Beobachtungen zu erreichen, bedurfte es aber noch eines Instrumentariums, das erst allmählich von der Statistik bereitgestellt wurde. Damit entstand die Ökonometrie, als deren Geburtsstunde allgemein das Jahr 1930 gilt, als unter dem Präsidenten Irving Fisher L. Amoroso, L. v. Bortkiewicz, R. Frisch, Ch. F. Rios, J. Schumpeter, K. Menger u. H. Schultz in Cleveland die „Econometric Society" (mit heutigem Sitz in Chicago) gründeten.

Bei den mathematischen Modellen hat sich allgemein die englische Sprache für die Symbole durchgesetzt, mit denen man die „Variablen", d. h. die veränderlichen Größen, versah (M = money, Geld, P = price, Preis, L = labour, Arbeit, C = Consumtion, Verbrauch, D = Demand, Nachfrage, Y = Volkseinkommen. Bei dynamischen Modellen kommt das Symbol T = Time, Zeit hinzu).

Die Schwierigkeit bei der Methode der Modellbildung, der „Variationsmethode" (Eucken), liegt darin, „daß in der Wirklichkeit Dutzende, meist wohl Hunderte von Faktoren da sind, deren Vorhandensein, deren Fehlen oder deren Änderung von Bedeutung für das erzielte Ergebnis ist" (Rittershausen). Bei der Beschreibung eines Modells werden meist nur einige besonders wichtige Faktoren aufgezählt, während bei den übrigen der Autor annimmt, daß sie der andere, der mit dem Modell arbeiten soll, genauso hinzudenkt, wie der Autor selbst. Es kommt also wesentlich darauf an, daß ein Modell sich auf eine bestimmte Theorie stützt und die Fakten an Hand dieser Theorie auslegt. In den letzten Jahren gewann die analytische Erkenntnis- und Wissenschaftstheorie für die Wirtschafts- und Sozialwissenschaften immer größere Bedeutung.

Die wirtschaftswissenschaftliche Arbeitsweise muß immer wieder ergänzt und korrigiert werden durch die empirische Forschung. Hier ist nun also für den Historiker die Hilfe von seiten des theoretischen Apparats, die Unterstützung durch Hypothesen und Theorien wichtig. Ihre Gültigkeit kann durch den Rückgriff auf die Wirklichkeit verifiziert, d. h. als haltbar oder falsifiziert, als nicht haltbar festgestellt werden. Populäre falsche Meinungen können dadurch ausgeschaltet, Hypothesen zu Theorien qualifiziert werden. Der Wirtschaftswissenschaftler unterscheidet dabei Klassifikationstheorien, d. h. solche, die die Gesetzmäßigkeit und Zusammenhänge erklären und ihre Reichweite feststellen, und Entscheidungstheorien, bei denen es darum geht, zwischen verschiedenen Handlungsweisen zu wählen und festzustellen, welche logische Folgen sich daraus ergeben. Über die Reichweite, d. h. den Grund der Gültigkeit von Theorien, ihre Relativität, ihren „Quasicharakter" (H. Albert) gehen die Standpunkte weit auseinander. Je allgemeiner, räumlich und zeitlich weitergreifend eine Theorie ist, desto weniger interessant ist sie für den Historiker, da sie es ihm erschwert, sie durch Einzeltatsachen zu falsifizieren. Am anregendsten sind die Theorien mittlerer Reichweite (R. K. Merton: middle range theories), die gültig sind, wenn ein bestimmter Rahmen von Voraussetzungen gegeben ist.

Bezüglich der Reichweite, Gültigkeit kann man eine Hierarchie feststellen, nach der sich einzelne Theorien in einen systematischen Gesamtbau einfügen. Der Preistheorie als Gesamttheorie ordnet sich so die auf mittlerer Ebene liegende Lohn- und Zinstheorie unter und unter dieser liegt z. B. wieder die Theorie der Diskontpolitik.

Auch die Gültigkeit von Theorien hat selbstverständlich ihre Geschichte. Die Dogmengeschichte schildert ihren Kampf um den Durchbruch und die Dauer ihrer Gültigkeit, vor allem auch muß sie auf die zeitgeschichtliche Bedingtheit ihres Entstehens und z. T. wieder Vergehens oder ihrer Abwandlungen achten. Von da her gesehen, müssen alle Versuche, eine „moderne" Wirtschaftsgeschichte gewissermaßen als Hilfswissenschaft der modernen Theorie aus dem gesamten historischen Rahmen herauszureißen, als verfehlt betrachtet werden[49].

[49]) E. v. Beckerath, N. Kloten, H. Kuhn, Wirtschaftswissenschaft, Methodenlehre, in: HDSW 12, 1965; Das Fischer Lexikon, H. Riddershausen, Wirtschaft, ^{6}1964, bes. die Artikel Methode und Theorie; R. Andreano, E. Farber, S. Reynolds, The Student Economist's Handbook, London 1967; American Economic Association (Hg.), A Survey of Contemporary Economics, 2 Bde, 1949–1952; Amer. Ec. Ass. u. Royal Ec. Society (Hg.), Surveys of Economic Theory, 3 Bde, 1965–1966; R. Jochimsen u. H. Knobel, Gegenstand und Methoden der Nationalökonomie, 1971; W. Ehrlicher, I. Esenwein-Rothe, H. Jürgensen u. K. Rose (Hg.), Kompendium der Volkswirtschaftslehre, 2 Bde, ^{3}1972; K. Hax u. Th. Wessels (Hg.), Handbuch der Wirtschaftswissenschaften, 2 Bde, ^{2}1966; E. Gutenberg (Hg.), Die Wirtschaftswissenschaften, 1958ff.

Diagnose und Prognose als wirtschaftswissenschaftliche Methodenprobleme, Verhandlungen auf der Arbeitstagung des Ver. f. Sozialpolitik; Gesellschaft für Wirtschafts- und Sozialwissenschaften 1961, 1962; Das Verhältnis der Wirtschaftswissenschaft zur Rechtswissenschaft, Soziologie und Statistik, Verhandlungen auf der Arbeitstagung des Vereins für Sozialpolitik usw. 1963, 1964; A. E. Ott, Der Zeitbegriff in der Wirtschaftstheorie, in: Wirtschaftskreislauf und Wirtschaftswachstum,

Festschrift C. Fohl, 1966; W. J. B a u m o l, S. M. G o l d f e l d, Precursors in Mathematical Economics, An Anthology, London 1968.

c) Der besondere sozialwissenschaftliche Aspekt

Wirtschaft ist ohne den Konnex mit der Gesellschaft nicht zu denken. Die Wirtschaftswissenschaftler fügen sich als Teil in den großen Rahmen der Sozialwissenschaften, deren besondere Methoden und theoretisches Gebäude hier ebenfalls zu beachten sind.

Namentlich unter dem Einfluß des amerikanischen Pragmatismus ist eine besondere Forschungsweise entwickelt worden, bei der es um die „Kodifizierung" von Techniken geht, die sich in der praktischen Forschung bewährt haben; dabei hat sich unter dem Einfluß der modernen Wirtschaftslehre das Bewußtsein für die Logik der Forschung mehr und mehr durchgesetzt. Dies gilt namentlich im Rahmen der nach dem Ersten Weltkrieg in Amerika institutionalisierten empirischen Sozialforschung, die in Deutschland im Frankfurter Institut für Sozialforschung aufgegriffen wurde.

Der sozialwissenschaftliche Forschungsprozeß gebrauht heute vorwiegend die „operationale Definition". Dabei wird eine Arbeitshypothese durch die Ergebnisse der konkreten Untersuchung überprüft, um Zuverlässigkeit und Gültigkeit bzw. Bedeutsamkeit zu erfassen.

Wichtige technische Elemente der Sozialwissenschaften sind dabei die Repräsentativbefragung und das Interview mit dem standardisierten Fragebogen, die Inhaltsanalyse, besonders bei Medien der Massenkommunikation, die Skalierung, d. h. die Auflösung in abgestufte Einzelelemente, um sie quantitativ zu messen. Labor- und Feldarbeit werden unterschieden und kombiniert. Dabei hat die Teamarbeit wachsende Bedeutung erlangt und hat die interdisziplinäre Forschung wichtige Fortschritte gemacht. Schließlich hat es die mathematische Statistik mit Hilfe der modernen Maschinenaggregate ermöglicht, bei der Theoriebildung mit einer „nahezu beliebig großen Zahl von Variablen" zu arbeiten.

Die Soziometrie ist in einem weiten Sinn die quantitative Messung sozialer Sachverhalte. Das Soziogramm verdeutlicht Wahl und Zurückweisung, Anziehung und Abstoßung zwischen Mitgliedern einer Gruppe. Einzelfallstudien (Samples) im Sinn einer Stichprobe kommen hinzu, wobei einzelne Verfahrensweisen in der angewandten Forschung kombiniert werden, so besonders in der Umfrageforschung. Der elektronische Rechner schließlich ermöglicht die Simulationsforschung, in der Sachverhalte nachgeahmt oder denkbar neue Zustände angenommen werden. Mit ihr wird gerne die mathematische Soziologie kombiniert, die „durch Vereinfachung und Kombination zahlreicher in der Sozialforschung ermittelter Gesetzmäßigkeiten zu einem Realtyp hohen Abstraktionsgrades gelangt" (R. König). Alternative oder auch Ergänzung dazu stellen die Verfahren der mathematischen Statistik dar mit Verwendung nicht-parametrischer Korrelationsmaße, Faktorenanalyse und auf Matrix-Algebra beruhender Meßzahlen[50].

[50]) Das Fischer Lexikon, R. K ö n i g , Soziologie, ²1967, bes. die Artikel Methode und Theorie; G. S a v e l s b e r g , Sozialwissenschaftliche Enzyklopädie, in: HDSW 3, 1961; W. B e r n s d o r f – F. B ü l o w , Wörterbuch der Soziologie, ²1969; J. B e r g e r , M. Z e l d i t c h , B. A n d e r s o n , Sociological Theories in Progress, Boston 1966; G. G u r v i t c h (Hg.), Traité de Sociologie, 2 Bde, Paris 1958/60; P. F. L a z a r s f e l d , W. H. S e w e l l , H. L. W i l e n s k y (Hg.), The Uses of Sociology, New York 1967; H. A l b e r t , Probleme der Theoriebildung, in: H. Albert (Hg.), Theorie und Realität, ausgewählte Aufsätze zur Wissenschaftslehre der Sozialwissenschaften 1964; R. M a y n t z , K. H o l m , P. H ü b n e r , Einführung in die Methoden der empirischen Soziologie, ²1971.

6. Statistik für Historiker

Wichtige methodische Hilfe leistet die Statistik namentlich bei der Auswertung serieller Quellen. Wo diese Quellen lückenhaft sind, lassen sich durch Umrechnung Zähleinheiten gewinnen. Der Reduktionsfaktor ermöglicht es z. B., aus Häusern auf Familienzahlen zu schließen, aus der Zahl von Arbeitsinstrumenten auf Beschäftigungszahlen und aus diesen auf Anlagevermögen. Aus den Angaben über die Ernährung zu einer bestimmten Zeit kann auf den Kaloriengehalt geschlossen werden, auf dieser Basis ergeben sich dann weitere Vergleichsmöglichkeiten.

Lückenhafte Datenreihen können ferner durch Interpolation und Extrapolation ergänzt und erweitert werden. Die Technik der Hochrechnungen gestattet es, aus wenigen Angaben bestimmter Stichjahre Kurven über längere Zeiten hin zu erarbeiten. Die Kaufkraft wird gerne im Güterkorb ermittelt, und von hier aus ergeben sich Möglichkeiten, auf Volksvermögen und Volkseinkommen zu schließen, wobei allerdings zu beachten ist, daß das Güterbündel durch die Zeiten hindurch gewechselt hat und daß zwischen Taxgruppen und Marktgruppen, Großhandels- und Einzelhandelspreisen bzw. zwischen Verkehrs- und Anschlußwerten zu unterscheiden ist.

Die Übersichtlichkeit wird erleichtert durch Tabellen, die sich aber selbst erklären müssen. Um qualitative und quantitative Eigenschaften zu messen, werden verschiedene Typen von Tabellen verwendet. Erfolgt die Darstellung in bildlicher Form, spricht man von Diagramm, wobei Kurven, Blöcke, Stufen oder Staffeln, Kreise und andere graphische Symbole verwendet werden. Daneben gibt es das Bilddiagramm. Eine bekannte Form des Staffeldiagramms ist die Bevölkerungspyramide. Um die Altersverteilung deutlicher zu machen, arbeitet man mit dem Frequenzpolygon.

Bei dem Kurvendiagramm kann man mit der arithmetischen, der semilogarithmischen und der logarithmischen Skala arbeiten. Bei der arithmetischen Darstellung sind die Abstände längs der Achsen gleichförmig, bei der logarithmischen längs einer oder beider Achsen ungleichförmig. Man erhält die logarithmische Tabelle, indem man die absoluten Zahlen in logarithmische überträgt, so daß die Kurve die relative Veränderung wiedergibt und zwei Kurven trotz verschiedener Größenordnung vergleichbar werden. Die

Lorenzkurve gestattet es, Strukturveränderungen und ihre Schwerpunkte im Diagamm zu zeigen.

Um mehrere für einen Ort zutreffende Daten deutlicher zu zeigen und die Überdeckung konzentrischer Kreise zu vermeiden, arbeitet man mit der geometrischen Vektordarstellung.

Einen wichtigen Platz in der Statistik nimmt die Frage der relativen Häufigkeit, Wahrscheinlichkeit und großen Zahl ein. Der Typenwert ist der variable Wert, der in einer Verteilung am häufigsten vorkommt. Den mittleren Beobachtungswert bezeichnet man als Mittelwert. Das arithmetische Mittel ist die Summe der Werte der Beobachtungen dividiert mit der Zahl der Beobachtungen. ($M = \frac{Ex}{n}$). Schließlich gibt es noch den gewogenen Mittelwert. Die Wahl des Werts hängt davon ab, wie man den gewonnenen Wert anwenden will. Es ist dabei zu beachten, daß das arithmetische Mittel stark durch Extreme beeinflußt wird, es eignet sich also besser bei symmetrischen als ungleichen Verteilungen, besser z. B. bei der Alters- als der Einkommensverteilung.

Oft genügt der Mittelwert nicht, zur Ergänzung nimmt man dann die Streuung hinzu. Um die Variationsweite, den Unterschied zwischen niedrigstem und höchstem Wert näher zu erfassen, gibt es die Quartal- und die Standardabweichung.

Um verschiedene Werte miteinander zu vergleichen, arbeitet man mit allgemeinen oder Dezimalbrüchen, mit Prozenten oder Indexziffern. Indexziffern sind wichtig, um komplexe statistische Erscheinungen wie den Umfang der Produktion, der Produktivität, des Handels, der Lebenshaltungskosten zu erfassen. Man nimmt dabei ein früher liegendes Jahr als Normaljahr zur Basis und setzt dafür 100. Damit Zufallsschwankungen zurücktreten, nimmt man gerne einen Fünfjahreszeitraum als Basis.

Eine Zeitreihe stellt die für eine große Periode festgestellten Werte bei einer Variablen dar, z. B. die Einwohnerzahl zu Beginn eines Jahres für 10 Jahre, ein halbes oder ganzes Jahrhundert. Je nach den Faktoren, die die Werte der Zeitreihe bestimmen, spricht man von säkularen, zyklischen (konjunkturbetonten), periodischen (saisonbedingten) und zufälligen Variationen, wie sie etwa durch Streik und Krieg hervorgerufen werden.

Der Trend als mittlerer Wert gleicht die Variationen aus. Dies kann in der Form des Freihandtrends oder des gleitenden Mittelwerts erfolgen. Mathematisch noch genauer ist die Methode des kleinsten Quadrats. Logistische Kurven, Filtertheorie und Spektralanalyse zeigen, wie weit hier die Annäherung an die Naturwissenschaften gediehen ist. Die Wirtschaftswissenschaften allein können dabei begreiflicherweise nur über Trenderscheinungen des 20. und allenfalls des 19. Jhs. Aussagen machen. Problematisch bleibt das Bemühen, weiter zurückzugehen, wenn etwa versucht wird, an Hand der Theorie von Jean Fourastié und Lohn- und Preisreihen eine graphische Darstellung der Produktivitätsindices für die Zeit ab 1500 zu erreichen.

Tabellen können eine wichtige Rolle bei Vergleichen spielen. Earl J. Hamilton verglich in seinem bekannten Werk von 1934 die spanischen Edelmetallimporte in Millionen Pesos mit den zusammengesetzten Indexziffern für Warenpreise, um damit den Gang der Preisrevolution zu studieren. Ingrid Hammarström, die noch andere Faktoren hinzunahm, lieferte dazu auf dem Stockholmer Kongreß 1960 eine wichtige Korrektur.

Form, Stärke und Bedeutung eines Sachzusammenhangs können mit Hilfe von Intervall- und Quotentabellen (durch Punkte oder Linien) sowie Korrelationskoeffizienten und Regressionslinien untersucht werden.

Hier kommt die Arbeit des Computers, die Programmiersprache zum Zuge. Die Wissenschaft der Informatik (seit 1948 auch Kybernetik) befaßt sich mit Theorie und Praxis der Datenverarbeitung. Man kann hier mit Registrierkarten arbeiten, wobei der Code aus Buchstaben, Ziffern, Farben, Symbolen oder Löchern bestehen kann. Des weiteren gibt es die Nadel-, die Peek-a-bro-Karte und schließlich die Lochkarte.

Bewegen sich die Massenzählungen mittels des Computers gerne gegenwartsnah z. B. im Bereich des Parlamentarismus, so greifen andere Forschungen, namentlich über Fragen der Vermögensentwicklung und sozialen Mobilität, der Genealogie und Bevölkerungsgeschichte, auch in frühere Jahrhunderte zurück.

Die Arbeit mit diesen statistischen Methoden hat inzwischen weite Verbreitung gefunden. In Bochum erfaßt W. Köllmann die Daten über die Stammfolgen bürgerlicher Familien an Hand des Deutschen Geschlechterbuchs. In Frankreich wurde am Modell der comptabilité nationale die „histoire quantitative" entwickelt, zu deren besonderen Vertretern Jan Marczewski und J. Tutain gehören, während Pierre Chaunu mittels der „histoire sérielle" in die prästatistische Ära zurückgeht.

An der Universität Princeton schuf E. Shorter ein „Historical Data Center". Simon Kuznets trug wesentlich zur Berechnung des Nationaleinkommens bei. Die in den Vereinigten Staaten Ende der fünfziger Jahre entstandene „New Economic History", auch ökonometrische Geschichte oder Kliometrik genannt, legt ebenfalls besonderen Wert auf die Anwendung der Wirtschaftstheorie, der Statistik und der angewandten Mathematik in der Wirtschaftsgeschichte. Das am meisten benutzte Werkzeug ist die Regressionsanalyse. Ein Beispiel für die Nützlichkeit einer weiteren mathematischen Methode bietet William Whitneys Anwendung der Input-Output-Analyse, um die Auswirkungen der Zolltarife auf das Wachstum der Industrie festzustellen.

Der beträchtliche Impuls der „neuen Wirtschaftsgeschichte" auf die Forschung in den Vereinigten Staaten beruht insbesondere auf der Neuartigkeit ihrer Ergebnisse. Eine der ersten Neuinterpretationen behandelt die Auswirkungen der Sklaverei auf die wirtschaftliche Entwicklung der Südstaaten vor dem Bürgerkrieg. Alfred H. Conrad und John R. Meyer zeigten, daß – entgegen der bisherigen Annahme – die Sklaverei ein lebensfähiges ökonomisches System war. Das Pro-Kopfeinkommen war im Vorkriegssüden so schnell wie in den übrigen Gebieten des Landes gestiegen.

Einen breiten Raum nehmen die Forschungen der „neuen Wirtschaftsgeschichte" über Technologie und Produktivität ein. Diese Arbeiten können in vier Hauptgruppen unterteilt werden. Erstens wird der Versuch unternommen, beobachtete Produktivitätserhöhungen den einzelnen Produktionsfaktoren zuzurechnen. Zur zweiten Gruppe gehören Arbeiten, die das Wachstum einzelner Industriezweige untersuchen und interpretieren. Der dritte Bereich ist die Analyse der Verbreitung technischer Neuerungen. Paul David zeigte, daß, obwohl Mähmaschinen schon um 1830 erfunden wurden, ihre Verbreitung bis 1850 nur sehr langsam vor sich ging. Als Mitte der fünfziger Jahre der Preis eines Mähers im Verhältnis zum Lohnsatz gefallen und die durchschnittliche Getreidefläche einer Farm von 25 auf 30 acres gestiegen war, war es für mehr Farmen rentabel geworden, Mäher zu verwenden; dies erklärt die rasche Verbreitung dieser Maschine Mitte der fünfziger Jahre.

Die vierte Gruppe der Forschungen umfaßt Arbeiten, welchen den sozialen Netto-Nutzen bestimmter Innovationen untersuchen. Zu dieser Gruppe gehört Robert W. Fogels Untersuchung über die Eisenbahn und amerikanisches Wirtschaftswachstum. Um den Netto-Nutzen der Eisenbahn zu schätzen, verglich Fogel die Höhe des tatsächlichen Sozialprodukts mit dem Sozialprodukt, das sich ohne die Eisenbahnen eingestellt hätte. Hierzu konstruierte er ein hypothetisch-deduktives Modell. Das begriffliche Fundament des Modells ist die „soziale Ersparnis". „Die soziale Ersparnis eines bestimmten Jahres ist definiert als die Differenz zwischen den tatsächlichen Gütertransportkosten eines Jahres und den alternativen Transportkosten für dieselbe Gütermenge und dieselben Entfernungen, aber ohne Benutzung der Eisenbahn". Die soziale Ersparnis des Transports landwirtschaftlicher Güter durch die Eisenbahn in den Vereinigten Staaten betrug nach Fogel 1890 3,1 v. H. des Bruttosozialprodukts. Methodisch geht Fogel so vor, daß er an die Stelle der möglichen Entwicklung ein Simulationsmodell setzt, eine irreale historische Welt (a counter-factual hypothesis), die mit den historischen Fakten verglichen wird[51].

[51]) E. W a g e m a n n, Narrenspiegel der Statistik, 1950; R. W a g e n f ü h r, Wirtschafts- und Sozialstatistik, 2 Bde, 1970/72; B. S c h i l l e r – B. O d é n, Statistik för historiker, Stockholm 1970; P. F l a s k ä m p e r, Indexzahlen in: HDSW 5, 1956; O. A n d e r s o n, Zeitreihenanalyse, ebenda 12, 1965; A. G e r s c h e n k r o n, Description of an Index of Italian Industrial Development 1881–1913, in: Economic Bankwardness in Historical Perspective, Cambridge, Mass. 1962; F. C r o u z e t, Essai sur la construction d'un indice annuel de la production industrielle française au XIXe siècle, Annales 25, 1970; H. K o c h, Zur Problematik des Teilwerts, in: Zs. f. handelswissenschaftl. Forschung NF. 12, 1960.
G. P h i l i p p i, Produktivität und Produktion, in: Zs. f. Konjunkturpolitik 10, 1964; K. B o r c h a r d t, Produktivitätsmessung für die vorindustrielle Zeit, in: JNST 184, 1970; G. B r y u. C. B o s c h a n, Cyclical Analysis of Time Series:

Selected Procedures and Computer Programs, N. York 1971; K. Ganzhorn u. W. Walter, Die geschichtliche Entwicklung der Datenverarbeitung, in: Jahrbuch d. elektr. Fernmeldewesens 1966; B. Galler – A. Perlis, A View of Programming Languages, 1970; J. Tinbergen, Einführung in die Ökonometrie, 1952.
P. Naster, Numismatique et méthodes de laboratoire (Congrès internat. de numism. Paris 1953 I), Paris 1953; H. van der Wee, Prix et salaires, Introduction méthodique, CHP 1, 1956; R. Mols, Emploi et valeur des statistiques en histoire religieuse NRT 86, 1964; Travaux publés par le laboratoire d'analyse statistique des langues anciennes (de la Fac. de Philos. et Lettres de l'univ. de Liège) La Haye 1962–68: 8 Bde; P. Lebrun, Structure et quantification, Reflexions sur la Science historique in: Lh. Perelman, Raisonnement et démarches de l'historien, Brüssel 1965; J. Craeybeckx, La notion d'importance à la lumière de l'histoire moderne, ebenda; J. Dhondt, Histoire et reconstitution en passé, ebenda; P. Lebrun, Développement et histoire quantitative, vers une historiometrie, RIS 40, 1967; W. A. Wallis u. H. V. Roberts, Statistics, A new Approach, London 1965; M. Gillet, Technique de l'histoire économique, Execution et commentaires de graphiques, Paris 1962; R. Henn, Ökonometrie in HDSW 8, 1964 (weiterführende Lit.); H. Giersch u. H. Sauermann (Hg.), Quantitative Aspects of Economic History, Quantitative Aspekte der Wirtschaftsgeschichte. Walther G. H. Hoffmann zum 65. Geburtstag, 1968; J. Meuvret, Les données démographiques et statistiques en histoire moderne et contemporaine, in: L'histoire et ses méthodes; J. Marczewski, Introduction à l'histoire quantitative, Genf 1965; H. Conrad u. J. R. Meyer, The Economics of Slavery, Chicago 1964; R. W. Fogel, Railroads and American Economic Growth: Essays in Econometric History, Baltimore 1964; P. David, The Mechanization of Reaping in the Ante-Bellum Midwest, in: Henry Rosovsky (Hg.), Industrialization in two Systems: Essays in Honor of Alexander Gerschenkron, New York 1966; I: R. W. Fogel, Its Findings and Methods. II: L. Davis, Professor Fogel and the New Economic History in: The Economic History Review, Sec, Ser. XIX, Nr. 3, Dec. 1966; P. A. David, Transport Innovation and Economic Growth: Professor Fogel on and off the Rails, in: The Economic History Review, Sec. Ser. XXII, Nr. 3, 1969; M. Lévy-Leboyer, Chemins de fer et croissance economique: l'exemple américain, in: Annales, 21, Nr. 3, 1966; ders., La „New Economic History", ebenda, 24, Nr. 5, 1969; R. W. Fogel, Die neue Wirtschaftsgeschichte. Forschungsergebnisse und Methoden, in: Kölner Vorträge zur Sozial- und Wirtschaftsgeschichte 8, 1970; J. Weibull, Kvantitativ metod i historik forskning, in: Historie, Jyske Samlinger, Ny Raekke VII, 1, 1966; B. Schiller u. B. Odén, Statistik för historiker, Stockholm 1970; Zorn, Einführung in die Wirtschafts- und Sozialgeschichte, 53ff.; E. Shorter, The Historian and the Computer, A practical Guide, Toronto 1970.

7. Die Darstellung

Ebenso wenig wie die übrigen Historiker braucht der Wirtschaftshistoriker jede Arbeit nur aus primären Quellen zu erstellen. Selbst bei monographischen Untersuchungen wird er sich, der jeweiligen Sachlage entsprechend, auf bereits gedruckt vorliegende Darstellungen stützen, allerdings nur soweit, als deren Aussage nicht im Widerspruch zum primären Quellenmaterial steht. Der Wirtschaftshistoriker hat verschiedene Möglichkeiten, seinen Stoff darzustellen. Handelt es sich um die Erschließung von Primärquellen, so kann er diese als solche („Edition") veröffentlichen, muß aber, um ihren Inhalt dem Benutzer möglichst verständlich zu machen, eine entsprechende Einleitung dazu schreiben. Eine „Untersuchung" ist bestrebt, eine Einzelfrage unter weitgehender Heranziehung einschlägiger Quellen und Literatur möglichst abschließend zu erklären. Dem Umfang nach kann es sich um einen Zeitschriften- oder Festschriftenaufsatz oder um eine voluminöse Studie handeln, die damit den Charakter der „Abhandlung" oder Monographie gewinnt. Die „Gesamtdarstellung" faßt zusammen, sie bemüht sich nicht, lediglich Primärliteratur heranzuziehen, sondern kann sich weitgehend auf gedruckte Quellen stützen. Ihre Lesbarkeit ist bedingt durch die sprachliche Form. In einer solchen Gesamtdarstellung wird der Leser nicht nur eine Aufzählung der äußeren Ereignisse suchen, sondern im Sinn einer echten Vertiefung in das Thema eine Synthese von Entwicklungslinien und Strukturen erwarten. Dabei sind die der betreffenden Zeit zugrundeliegenden wirtschaftlichen Doktrinen ebenso zu berücksichtigen wie die von der Natur und den Menschen gebotenen Voraussetzungen hinsichtlich der geographischen und klimatischen Verhältnisse und der Bevölkerungsbewegung.

Forschungsergebnisse können in Kolloquien, Sammelwerken, Gesamtdarstellungen, in Abhandlungen diskutiert werden; außerdem gibt es dafür die besondere Form der Anzeige in einer Zeitschrift, der „Besprechung" (Rezension), der „kritischen Erörterung" in einer Miszelle und des Forschungsberichts.

III. HAUPTASPEKTE DER WIRTSCHAFTSGESCHICHTE

Ist die Wirtschaft als Ganzes Gegenstand der Wirtschaftsgeschichte, so ist es doch notwendig, diesen Gesamtkomplex systematisch zu gliedern, nach seinen wichtigsten Kategorien zu betrachten oder von verschiedenen Gesichtspunkten her zu erhellen. Es liegt dabei nahe, von den Naturgegebenheiten auszugehen, um dann die Formen zu betrachten, die durch die Tätigkeit der Menschen im Laufe des historischen Prozesses hinzugekommen sind.

1. Natur und Wirtschaft

Die von der Natur gegebenen Bedingungen üben einen Zwang auf den Menschen aus, dem sich dieser nicht immer entziehen kann. Gerade an dieser Tatsache äußert sich die Dynamik der geschichtlichen Entwicklung augenfällig. Der Mensch kann die Produktion erweitern und intensivieren, er kann neue Stoffe entdecken und kombinieren. Er kann aber über die Güter nur soweit verfügen, als die Natur keine Grenzen setzt. Deshalb ist es wichtig, die Grenzen der Güterbeschaffung zu erkennen, wenn man eine bestimmte Wirtschaftslage verstehen will. Dem Historiker kommt es auf die Grundtatsache an, daß der Raum, in dem der Wirtschaftsprozeß sich vollzieht, sich eben dadurch stets verändert, daß also auch er eine dynamische Größe ist. Auf Grund dieser Veränderungen unterliegt auch der Einfluß des Raumes auf die Wirtschaft einem Wandel. Seine Beschaffenheit, die Verkehrsmöglichkeiten auf Grund der Lage etc. sind vorgegebene Komponenten: dazu kommen nun als historisches Element die Formen der Nutzung in den verschiedenen Epochen.

a) Veränderungen der Natur selbst

Von den Veränderungen der Natur haben sich die klimatischen Schwankungen nachhaltig auf die wirtschaftlichen Verhältnisse längerer Zeiträume ausgewirkt. Während der Mensch der älteren Steinzeit unter den erschwerenden Verhältnissen der Eiszeit lebte, war das Klima in der Bronzezeit milder. In der Eisenzeit verschlechterte es sich wieder. Auch in der mittleren und neueren Zeit haben solche Klimaschwankungen eine Rolle gespielt, und man hat mit ihnen die Eroberungen der Wikinger ebenso in Zusammenhang gebracht wie die landwirtschaftlichen Krisen des Spätmittelalters. Der mehr und mehr sich spezialisierende Zweig der Klimaforschung arbeitet mit der Pollenanalyse und den Jahresringen (Dendrochronologie), wobei eine systematische Verwertung chronistischer Aufzeichnungen über harte Winter und verregnete Sommer wertvoll ist. Derartige Nachrichten sind jedoch wegen ihres vielfach sehr subjektiven und tendenziösen Urteils (Motivierung von

1. Natur und Wirtschaft

Mißernten, notwendigen Unterstützungen u. dgl.) sehr kritisch zu prüfen. Daneben haben die periodisch wiederkehrenden Naturvorgänge die Wirtschaft stets beeinflußt: der Jahreszeitenwechsel, die Regenzeit in Trockengebieten, z. B. die Nilüberschwemmung, die Monsun- und Passat-Winde, der Golfstrom, die Fischzüge, Wanderungen von Viehherden usw.

In der nordeuropäischen Wirtschaftsgeschichte wird eine wichtige Phase durch das Auftreten des Schonenherings im 13. Jh. eingeleitet, und ebenso geht sie im Lauf des 16. Jh. mit dem Verschwinden des Herings im Bereich des Öresunds zu Ende. Ähnliche Phasen lassen sich für den Heringsfang an der Küste Blekinges und Westnorwegens feststellen. Andere Ereignisse haben zu mehr oder weniger lokal begrenzten Katastrophen geführt, so die Sturmfluten. Eine der schwersten war diejenige, die 1634 Nordstrand heimgesucht hat und damit ein Anlaß wurde, daß die Nordfriesen künftig im Walfang ihr Auskommen suchten. Bedeutete es einen Segen, daß der Nil regelmäßig über seine Ufer trat, so haben sich zahlreiche Überschwemmungen z. B. im Tal des Mississippi, der unteren Donau dagegen verheerend ausgewirkt. Die Tornados bilden für die Karibischen Inseln eine jährlich, namentlich im August und September wiederkehrende Gefahr. Die Bora machte die Adria in der frühen Zeit der Segelschiffahrt gefährlich, aus dem Wechsel der Monsune entwickelte sich die Schiffahrt im Indischen Ozean, die spanische Carrera de Indias wie die portugiesische Ostindienfahrt nützten ebenso die Passatwinde des Atlantik aus.

Erdbeben und Vulkanausbrüche verheerten immer wieder bestimmte Gegenden der Erde. Die stärkste Erdbebentätigkeit zeigen die Bruch- und Faltungszonen der Erdkruste, die Umrandung des Pazifischen Ozeans, die Faltengebirge in Südeuropa und Asien, die großen Bruchzonen Ostafrikas und die mittelatlantische Schwelle. Relativ frei blieben die alten Rumpf- und Tafelländer wie Sibirien, Kanada und Innerafrika.

Bedeutende Kulturzentren der Antike wurden durch Erdbeben zerstört, so Ephesus; Pompeji und Herculaneum gingen in einer Vulkankatastrophe unter. Ein bekanntes mittelalterliches Erdbeben war dasjenige vom 25. Januar 1348, das Villach heimsuchte und 5000 Tote verursacht haben soll. Lissabon litt im 16. Jh. unter mehreren Beben. Als bekanntestes Erdbeben des 18. Jh. gilt jenes, das am 1. November 1755 wiederum Lissabon heimsuchte und von einer über 12 Meter hohen Flutwelle begleitet war. Die Zahl der Menschenopfer betrug an die 32 000, aber noch verheerender wirkte sich am 5. Dezember 1783 ein Erdbeben in Kalabrien aus, das an die 400 Orte heimsuchte und 100 000 Menschen das Leben kostete. 1902 zerstörte der Mont Pelé Saint Pierre, den wichtigsten Hafen von Martinique; 1906 wurden San Francisco, 1908 Messina von Erdbeben heimgesucht. Das schwerste Erdbeben dieses Jahrhunderts verheerte am 1. September 1923 in Japan das Gebiet der Sagamibucht, forderte 100 000 Tote und zerstörte an die 500 000 Gebäude.

Seuchen, namentlich die Pest und der Hungertyphus, plagten die Menschheit jahrhundertelang. Nach dem „Schwarzen Tod" von 1347–1350 wurde die durch Ratten und Flöhe übertragene Pest zu einer endemischen Krankheit, die im 15. und 16. Jh. immer wieder die Städte heimsuchte. Die letzte große Pestwelle fiel ins zweite Jahrzehnt des 18. Jhs. Im 16. Jh. wüteten die von Amerika eingeschleppte Syphilis und der „englische Schweiß", eine in ihrem Wesen nicht aufgeklärte epidemische Krankheit. Noch im 19. Jh. wurde Europa von der Cholera heimgesucht.

Das Auftreten von Schädlingen hat immer wieder ganze Kulturen vernichtet. Frankreichs Weinbau litt schwerstens unter der Reblaus, aus Amerika kam der Kartoffelkäfer. Verheerend wirkte in Afrika die Tsetsefliege. Viehseuchen haben der Landwirtschaft in der ganzen Welt immer wieder großen Schaden zugefügt[1].

[1]) *Veränderungen der Natur selbst:*

R. Lütgens, Erde und Weltwirtschaft, 1, Die geographischen Grundlagen des Wirtschaftslebens, 1950; H. Schmitz, Klima, Vegetation und Besiedlung, in: Archaeologica Geographica 3, 1952; G. Grundke, Die Bedeutung des Klimas für den industriellen Standort, 1955; G. Utterström, Climatic fluctuations and populations problems in early modern history, in: The Scand. Econ. History Review, 1955; H. Arendt, Natur und Geschichte, in: Deutsche Universitätszeitung 12, Nr. 8 u. 9, 1957; E. Le Roy Ladurie, Histoire du climat depuis l'an mil, Paris 1967.

Golfstrom:

H. Kellenbenz, Die westeuropäische Konkurrenz in der Nordmeerfahrt bis ins 17. Jh. in: VSWG 47, 1960, 474–497; H. Stommel, The Gulf Stream, Berkeley (Cal.) 1965.
D. Schäfer, Das Buch des lübeckischen Vogts auf Schonen, ²1927; C. Weibull, Lübeck och Skånemarknaden, 1922.

Erdbeben:

K. Jung, Kleine Erdbebenkunde, ²1953; *Vulkanausbrüche:* K. Sapper, Vulkankunde, 1927.
W. Abel, Agrarkrisen und Agrarkonjunkturen, ²1966; E. Rodenwaldt, Pest in Venedig 1575–1577, Ein Beitrag zur Infektkette bei den Pestepidemien Westeuropas, Sitzungsberichte der Heidelberger Akademie der Wissenschaften, Mathem.-Naturwiss. R. 1952, 1953; E. Woehlkens, Pest und Ruhr im 16. Jh., Grundlagen einer statistisch-topographischen Beschreibung der großen Seuchen, insbesondere in der Stadt Uelzen, 1954.

Syphilis:

G. Sticker, in Handb. d. Haut- und Geschlechtskrankheiten, Hg. J. Jadassohn 16, 2, 1931.

Reblaus:

K. Börner, Europae centralis Aphides, 1952.

Kartoffelkäfer:
P. G r i s o n , Le Doryphore de la pomme de terre, in: A. S. Balachowsky, Entomologie appliquée à l'agriculture, 2 Tle, Paris 1963.
Tsetsefliege:
P. A. B u x t o n , The natural history of tsetse-flies, London 1955.

b) Beeinflussung durch den Menschen

Die Auswirkungen der naturgegebenen Verhältnisse auf die Wirtschaft waren in den primitiven Kulturepochen begreiflicherweise größer als jene, die von den Menschen ausgingen. Nur langsam gelang es diesen dank ihrer Erfindungsgabe auf die Natur Einfluß zu gewinnen. Die gegenseitigen Beziehungen zwischen Natur und Wirtschaft im einzelnen genauer nachzuweisen, ist allerdings für die frühere Zeit besonders schwierig, doch gehört es zu einer der wichtigsten Aufgaben der Wirtschaftsgeschichte, dieses Wechselverhältnis für die einzelnen Zeitabschnitte und Wirtschaftsräume so klar wie möglich herauszuarbeiten. Die Wirtschaftsgeographie, die historische Geographie und Siedlungskunde und – mit gewisser Vorsicht – auch die Geopolitik, können wertvolle Hilfe leisten, um zu jener Zusammenschau zu gelangen, die man in Frankreich als „géohistoire" bezeichnet hat. Oberflächenbildung, Beschaffenheit des Bodens, Bodenschätze, Verkehrsverhältnisse, Verteilung von Wald, bebaubarem Boden, Wüsten und Steppen und klimatische Bedingungen sind dabei besonders zu beachten. Die großen Ströme in den klimatisch begünstigten Zonen wurden wichtig für das Entstehen der frühen Hochkulturen. Alle großen Städte entstanden an Strömen, denen vielfältige Aufgaben, nicht nur des Transports, sondern auch in hygienischer Hinsicht (Abwässer), zukamen.

Eines der wichtigsten Phänomene ist die Entstehung der Kulturlandschaft, ein Vorgang, der in seinen ersten Zügen bereits im Neolithikum festzustellen ist. Die ersten Hochkulturen im Orient beruhten auf der Nutzung und Kanalisierung der Stromlandschaften um den Nil, den Euphrat und Tigris wie den Indus. Starke Impulse gingen von der mittelalterlichen Rodung und Kolonisation in Europa aus. Die Frontierbewegung erschloß den amerikanischen Kontinent. Große Monokulturen erstanden im Lauf der überseeischen Expansion, die Plantagenwirtschaft mit Zucker-, Kaffee-, Tabak- und Baumwollkulturen, wobei besonders die Erosion in den Kaffeegebieten zur heutigen Standortverlagerung gezwungen hat. Ein besonders eklatantes Beispiel ist der Aufstieg Londrinas und die Stagnation Marilias in Brasilien. Die Durchdringung und Umgestaltung der Landschaft nimmt seit der Industrialisierung und Technisierung immer größere Ausmaße an. Kanal- und Straßenbauten, Eisenbahnen, Flugplätze, Industrieanlagen, Großstadtballungen und Staudämme sind besondere Kennzeichen der modernen Kulturlandschaft. Auch der Braunkohlebergbau als typischer Tagebau hat sich landschaftsverändernd ausgewirkt (Erfttal). Schon früh mußten die Menschen die Erschließung der Naturlandschaft mit den negativen Folgen der Zivilisation bezahlen (z. B. Abholzung im mediterranen Gebiet führte zu Verkarstungen in Spanien, Italien, Nordafrika), die mit der Wirtschaftsentwicklung der neuesten Zeit unerwartete Ausmaße angenommen haben (Sinken des Grundwasserspiegels, Fischsterben in den durch die Industrie verseuchten Gewässern, Verunreinigung der Luft, Ausbreitung der Staubregion in den Bereichen der Prärie u. a.).

Herrschafts- und Staatsbildungen haben ganz entscheidend zur Gestaltung der Kulturlandschaft beigetragen. Mit am deutlichsten tritt dies in Erscheinung in den Reichen, die sich entlang der großen Stromlandschaften herausgebildet haben, etwa am Indus, Euphrat-Tigris und Nil. In der griechischen Antike wurde die Polis raumgestaltendes Element, im Perserreich, in der hellenistischen Zeit und im Römischen Reich bildeten sich große imperiale Herrschaften aus, die über weite Räume hinweggriffen und an die wirtschaftliche Organisation ganz neue Aufgaben stellten. Aufgaben, die nicht mehr bewältigt werden konnten, als die Barbaren über das Ganze herfielen.

Die feudalen Herrschaftssysteme des christlich gewordenen Abendlandes verfügten großzügiger über die ihnen zur Verfügung stehenden Ländereien, als dies später mit zunehmender Bevölkerung, mit der Herausbildung von Stadtstaaten, Territorial- und Nationalstaaten der Fall war. Anstelle der Grenzmark trat die Grenze, in deren Bereich Zölle erhoben wurden. Das Stapelrecht und die Bannmeile sicherten Monopolräume, Messestädte ließen sich mit einem bestimmten Einzugsgebiet privilegieren (Leipzig).

Ganz abgesehen von staatlichen wirtschaftspolitischen Einflüssen haben sich bestimmte Wirtschaftslandschaften und Wirtschaftsräume herausgebildet, wobei unter „Wirtschaftslandschaft" ein Gebiet verstanden wird, das sich durch seine charakteristische Wirtschaftsstruktur deutlich von der Nachbarschaft abhebt (Oberpfalz: Eisen), während der Wirtschaftsraum einen reiferen Entwicklungsstand darstellt, wobei das Ausgreifen des Handels und der Seeschiffahrt im Sinne der weltwirtschaftlichen Verflechtungen eine Voraussetzung bildet. Die verkehrsmäßige Erschließung durch das Schiff, die Eisenbahn, das Auto und das Flugzeug hat bislang weit entfernte Räume einander immer nähergerückt.

Einen wichtigen Komplex stellt die Standortfrage dar. Für Adam Smith („Wealth of Nations") waren die Bewohner des Landes adlige Besitzer von Gütern, Pächter und die sonstige bäuerliche Bevölkerung, während er die Städte als Zentren von Handel und Gewerbe bezeichnete. Diese Vorstellung eines scharfen Gegensatzes zwischen der Stadt und dem platten Land kehrte mehr oder weniger ausgeprägt in den nationalökonomischen Theorien der folgenden Generationen wieder und beeinflußte auch die Forschung auf dem Gebiet der Wirtschaftsgeschichte.

Besonders das Konzept Büchers von der Stadtwirtschaft trug dazu bei, die traditionelle Vorstellung eines ökonomischen Dualismus zwischen der Stadt und dem platten Land zu vertiefen. Inzwischen wurden aber neue Gesichtspunkte vorgetragen, die in der Lage waren, die bisherigen Vorstellungen zu korrigieren, so in der Standortlehre von Thünen, die 1826 für den landwirtschaftlichen Sektor entwickelt, später von Alfred Weber für die moderne Industrie weiter ausgebaut wurde. Besonders ergiebig waren die Beiträge, die von historischer Seite hinzukamen. Von Othmar Spann angeregt, trug Theodor Mayer 1924 seinen Begriff der Verkehrswirtschaft vor, wonach die Städte als Punkte im Verkehrsnetz einer Nationalökonomie definiert wurden, denen die Funktion des Sammelns und der Verteilung von Gütern zukam. Im Gegensatz dazu konnte sich die industrielle Produktion auf das Land in der Form der Hausindustrie verteilen. Sie konnte sich an einem Platz, der nur eine Fabrik, jedoch seine Stadt umfaßte, konzentrieren. Außerhalb der Städte entwickelte sich nach Meyer die Industrie „historisch" oder dank eines besonderen Vorkommens von Rohstoffen. Anregend war ferner der von Rudolf Häpke vorgetragene Begriff der „ökonomischen Landschaft", in der eine oder mehrere Städte eine Lebensgemeinschaft bilden. Die Wirtschaftsgeographen haben den Begriff des „zentralen Ortes" in die Diskussion gebracht (Christaller, Bobeck). Die Raumwirtschaftstheorie verbindet geographische und nationalökonomische Gesichtspunkte, bei der wirtschaftlichen Integrationstheorie wird auch das soziale und nationale Element einbezogen.

Dank dieser verschiedenen Konzepte ist es heute möglich, die Standorte der verschiedenen Industrien und ihre Bedingtheit klarer zu erkennen, als das früher der Fall war. Wir sehen auch deutlich, welch wachsendes Gewicht im Zusammenhang mit dem Ausbau des Verlagswesens das allmähliche Aufsteigen des ländlichen Gewerbes seit dem Spätmittelalter gewann. Kuske sprach hier von Raumverflechtungen und zeigte sie am Beispiel Rheinland-Westfalen-Niederlande auf. Die weitere Entwicklung führte dann zum Welthandelssystem. Im Lauf des 19. Jhs. erfolgte ein marktwirtschaftlicher Entwicklungsprozeß auf der Basis des Theorems der komparativen Kosten und mittels der Automatik des Goldwährungssystems. Freihandel herrschte vor, staatliche Initiative fiel dagegen weitgehend weg. Elemente dieser Dynamik waren die europäischen Industrieländer Großbritannien, Belgien, Nordfrankreich, Westdeutschland, Schweiz, Norditalien, dann Nordamerika und später Japan, dazu Monokulturländer als Lieferanten von Agrarerzeugnissen und billigen Rohstoffen. Eine Erhöhung des Lebensstandards und der Nachfrage erfolgte nur in diesen Industrieländern, die Rohstoffländer blieben zurück hinsichtlich des realen Sozialprodukts pro Kopf wie hinsichtlich der kaufkräftigen Nachfrage nach Konsum- und Kapitalgütern. In der Regel konnten daraus keine Impulse zum Entstehen eines sich selbst nährenden Industrialisierungsprozesses kommen, vielmehr ergab sich eine typische „Komplementärstruktur" zu den Industrie-Zentren im Sinn der Thünenschen Kreise. Die komparativen Kosten und die Ausbildung der Hochseeschiffahrt wie des modernen Nachrichtenwesens spielten dabei eine wichtige Rolle.

Die natürliche Ausstattung der Landschaften hat wesentlich zur Wahl wirtschaftlicher Standorte beigetragen; außerdem wirkten bei der beweglicheren gewerblichen Wirtschaft u. a. politische oder religiöse Faktoren, Veränderungen der Verkehrsverhältnisse und die Frage der Arbeiterbeschaffung zusammen. Eine wichtige klärende Aufgabe hat in diesem Zusammenhang die historische Kartographie[2].

[2]) *Beeinflussung durch den Menschen, Kulturlandschaft:*
H. H a s s i n g e r , Geographische Grundlagen der Geschichte, 1931, [2]1953; H. J ä g e r , Historische Geographie, 1969; A. R. H. B a k e r (Hg.), Progress in Historical Geography, Newton Abbot (Devon) 1972; R. H ä p k e , Die Entstehung der holländischen Wirtschaft, Ein Beitrag zur Lehre von der ökonomischen Landschaft, Studien zur Geschichte der Wirtschaft und Geisteskultur, Beiheft 1, 1928; d e r s., Die ökonomische Landschaft und die Gruppenstadt in der älteren Wirtschaftsgeschichte, in: Gedächtnisschrift für Georg v. Below, 1928; B. K u s k e , Entstehung und Gestaltung des Wirtschaftsraumes, 1930; Th. K r a u s , Der Wirtschaftsraum, Gedanken zu seiner Erforschung, 1933; d e r s., Häufung und Streuung als raumordnende Prinzipien, Kölner Universitätsreden 21, 1959; W. C h r i s t a l l e r , Die zentralen Orte in Süddeutschland, 1933; H. K r a m m , Landschaft und Raum als ökonomische Hilfsbegriffe, in VSWG 34, 1941, 1–14; E. O t r e m b a , Die großen Ströme der Erde als Leitlinien der Kultur- und Wirtschaftsentwicklung, in: Ströme und Meere in Geschichte u. Gegenwart, 1964, 23ff.; d e r s., Agrarische Wirtschaftsräume, Ihr Wesen und ihre Abgrenzung, in: Forschungs- und Sitzungsberichte der Akademie für Raumforschung und Landesplanung XX, Raum und Landwirtschaft 4, Die Landwirtschaft in der Europäischen Wirtschaftsgemeinschaft, 1962, 5–20; d e r s., Räumliche Ordnung und zeitliche Folge im industriell gestalteten Raum, in: Geographische Zeitschrift 51, 1963, 30–54; A. P r e d ö h l , Außenwirtschaft, 1949; G. M y r d a l , Internationale Wirtschaft, 1958; B. B a l a s s a , The Theory of the Economic Integration, London 1962; K. B o r c h a r d t , Integration in wirtschaftshistorischer Perspektive, in: Weltwirtschaftliche Probleme der Gegenwart, Verhandll. d. Ver. f. Socialpolitik 1964, 1965.
P. J o h a n s e n , Umrisse und Aufgabe der hansischen Siedlungsgeschichte und Kartographie, in: HGBll 73, 1955; H. M o r t e n s e n , Die mittelalterliche Kulturlandschaft und ihr Verhältnis zur Gegenwart, in: VSWG 45, 1958, 17–36; K. H. S c h r ö d e r u. G. S c h w a r z , Die ländlichen Siedlungsformen in Mitteleuropa, Grundzüge und Probleme ihrer Entwicklung, 1969; Kulturpflanzen, Wald, Monokulturen: J. K ö s t l e r , Wald und Forst in der deutschen Geschichtsforschung, in: HZ, 155, 1937, 461–474; H. N i e t z s c h , Wald und Siedlung im vorgeschichtlichen Mitteleuropa, 1939; H. F i r b a s , Spät- und nacheiszeitliche Waldgeschichte Mitteleuropas nördlich der Alpen, 2 Bde, 1952; K. B e r t s c h , Geschichte des deutschen Waldes, Jena [4]1933; H. R u b n e r , Forstgeschichte im Zeitalter der industriellen Revolution, 1967; Frontier: O. L a t t i m o r e , Studies in Frontier History, Collected Papers 1928–1958, Paris–La Haye 1962.

Rohstoffe:
O. J o h a n n s e n , Geschichte des Eisens, [3]1953; Die metallischen Rohstoffe, ihre

Lagerverhältnisse und wirtschaftliche Bedeutung, Hg. F. Friedensburg, Bd. 1–11, 1937–1958; H. Q u i r i n g , Geschichte des Goldes, 1948; W. E. P r a t t u. D. G o o d , World Geography of Petroleum, New York 1950; F. B a a d e , Brot für ganz Europa, 1952; H. G u t t m a n n n , Die Rohstoffe unserer Erde, 1952; W. J ü n g e r , Kautschuk, 1952; R. S c h r o e d e r , Die Holzwirtschaft der Welt, 1953.
E. J. R u s s e l , World population and World food supplies, London 1954; M. H. H e s s , Kupfer in der Weltwirtschaft, 1955; F. F r i e d e n s b u r g , Die Bergwirtschaft der Erde, 1956; K. N e r z , Kunststoffe, Ein Überblick über Eigenschaften und Einsatzmöglichkeiten, 1951.

Standortproblem:

R. J. W i l l e k e , Standort, in: Staatslexikon 7, 1962, 658–663; J. H. v. T h ü - n e n , Der isolierte Staat in Beziehung auf Landwirtschaft und Nationalökonomie, 2 Teile, 1826/1850; A. W e b e r , Über den Standort der Industrien, 2 Teile, 1909/1922; H. K e l l e n b e n z , Ländliches Gewerbe und bäuerliches Unternehmertum in Westeuropa vom Spätmittelalter bis ins 18. Jh., in: Deuxième Conférence Internationale d'Histoire Economique à Aix-en-Provence 1962, Paris-La Haye 1965, 377–427.

Weltwirtschaft:

A. P r e d ö h l , Weltwirtschaft, in: HdSW 11, 1961, 604–613.

Historische Kartographie:

G. F r a n z , Historische Kartographie, Forschung und Bibliographie, Bremen-Horn 1955.
Atlas zur Weltgeschichte, bearb. von K. Leonhardt, Offenburg 1951.
Westermanns Atlas zur Weltgeschichte, Teil I: Vorzeit, Altertum, Teil II: Mittelalter, Teil III: Neuzeit, Hg. H. Stier, E. Kirsten u. a., 1953–56; Großer Historischer Weltatlas, Hg. Bayerischer Schulbuch-Verlag, II, 1954, I, 1970; Neuer Geschichts- und Kulturatlas, Von der Urzeit bis zur Gegenwart, Hg. H. Zeissig, 1954; F. W. P u t z g e r , Historischer Schulatlas, 1954; Weltatlas, Die Staaten der Erde und ihre Wirtschaft I: Indien, Leipzig 1957; Oxford Economic Atlas of the World, Hg. Economist Intelligence Unit and the Cartographic Department of the Clarendon Press, Oxford 1954; Atlas of the World's resources, I: The mineral resources of the World, New York 1952, II: The agricultural resources of the World, New York 1954.
Saar-Atlas, Hg. H. Overbeck, G. W. Sante, 1934; Thüringen-Atlas, Hg. J. Müller, 1942; Bayern-Atlas, Landschaft, Anbau, Wirtschaft, Bevölkerungsbewegung, Hg. M. Kornrumpf, 1949; Agraratlas über das Gebiet der Deutschen Demokratischen Republik, Hg. Deutsche Akademie der Landwirtschaftswissenschaften, Berlin 1956.

2. Die Bevölkerung

Zwischen dem heutigen Stand einer Überbevölkerung in vielen Gebieten und den Anfängen der Menschheit in spärlich besiedelten Regionen liegt ein in den Einzelheiten schwer überschaubarer Prozeß des Wachstums und der Stagnation. Wirtschaftlich gesehen hat sich dieses Wachstum in der Zahl und Spezialisierung verfügbarer Arbeitskräfte und in der Ausweitung des Bedarfs geäußert. Eine völlig agrarische Wirtschaft beschäftigt die Menschen in anderen Zahlen- und Altersrelationen als eine hochindustrialisierte Wirtschaft. Die Industrie bietet ein anderes Betätigungsfeld als das Handwerk.

Mit steigender Menschenzahl wächst und gliedert sich auch der Bedarf, wobei die Möglichkeiten der Versorgung im Sinne einer Wechselwirkung auch wieder das Bevölkerungswachstum beeinflussen. Deshalb ist es für den Wirtschaftshistoriker wichtig, die Zusammenhänge zwischen der Bevölkerungsbewegung und der wirtschaftlichen Entwicklung zu untersuchen und die Faktoren zu kennen, die dabei begünstigend und hemmend mitgewirkt haben. Neubesiedlung und Rodung, Ausbau der Landwirtschaft, des Gewerbes und Handels, insbesondere der Prozeß der Industrialisierung, aber auch Kriege und Seuchen sowie der jeweilige Zivilisationsstand, namentlich der Fortschritt der Medizin, haben den Wachstumsprozeß entscheidend beeinflußt.

Schwere Verluste bis ins 18. Jh. brachten Pest und andere Seuchen, namentlich der „Schwarze Tod" um 1350. Millionen von Opfern haben die verschiedenen europäischen Krankheiten den Ureinwohnern Amerikas gebracht, die Variole, Pocken, Blattern, die ab 1507 auf den Antillen auftauchten; die Masern, Malaria, Gelbfieber, Dysenterie, Lepra, die Pest (mit den ersten Ratten um 1544/46), die venerischen Krankheiten, Tuberkulose, der Typhus, die Elephantiasis: diese Krankheiten alle wurden von Weißen oder Schwarzen nach Amerika gebracht und erreichten dort eine neue Virulenz. Mexicos Bevölkerung wurde von drei schweren Epidemien betroffen, von denen diejenige um 1576/77 an die 2 Mill. Tote gefordert hat. Man nimmt an, daß die spanische Influenza, die die Welt 1918/19 heimsuchte, mehr Opfer gekostet hat als der erste Weltkrieg selbst.

In neuerer Zeit hat sich die moderne Kriegstechnik am verheerendsten ausgewirkt. Auch die großen Wanderungen, namentlich nach Amerika und Australien und die Umsiedlungen der jüngsten Zeit sind in diesem Rahmen zu betrachten. All diesen Fragen widmet sich die Bevölkerungswissenschaft (Demographie). Fragen der Geburtlichkeit und Sterblichkeit, der Geburtenbeschränkung und des Altersaufbaus interessieren dabei den Historiker besonders. Dazu kommen wichtige Ergänzungen von seiten der Genealogie, die sich mit den Familien- und Sippenzusammenhängen befaßt, sowie der Prosopographie, die den Namen und Biographien einzelner historischer Persönlichkeiten nachgeht. Der ganze Komplex wird andererseits von der Siedlungskunde, der Ortsnamenforschung, Medizin- und Agrargeschichte unterstützt und bereichert[3].

[3]) *Bevölkerungslehre:*

E. Wagemann, Menschenzahl und Völkerschicksal, 1948; F. Burgdörfer, Bevölkerungsdynamik und Bevölkerungsbilanz, 1951; A. S a u v y , Théorie générale de la population , Paris 1951; G. M a c k e n r o t h , Bevölkerungslehre, 1953.

Bevölkerungsgeschichte:

G. K u r t h , Die Bevölkerungsgeschichte des Menschen, = Handbuch der Biologie 9, 1965 (vom Standpunkt des Biologen); T. H. H o l l i n g s w o r t h , Historical Demography, London 1969; E. K e y s e r , Bevölkerungsgeschichte Deutschlands, 1943; G. F r a n z , Der Dreißigjährige Krieg und das deutsche Volk, ³1943; W. B i c k e l , Bevölkerungsgeschichte und Bevölkerungspolitik der Schweiz seit dem Ausgang des Mittelalters, Zürich 1947; J. C. R u s s e l , British Medieval population, Albuquerque (Neu Mexiko) 1948; M. R. R e i n h a r d , Histoire de la population mondiale de 1700 à 1948, Paris 1949, ²1968 (Mit A. Armengaud u. Dupâquier); R. M o l s , Introduction à la démographie historique des villes d'Europe du XIVe au XVIIIe siècle, 3 Bde, Gembloux 1954–1956; C. Cipolla, The Economic History of World Population (Penguin Books ⁵1970); Raum und Bevölkerung in der Weltgeschichte, Hg. E. K i r s t e n , E. W. B u c h h o l z , W. K ö l l m a n n , 2 Bde, Würzburg 1955/56 (Bevölkerungs-Ploetz); K. F. H e l l e i n e r , The Population of Europe from the Black Death to the Eve of the Vital Revolution, in: Cambridge Economic History IV, Cambridge 1966, 1–95; D. V. G l a s s u. E. G r e b e n i k , World population, 1800–1950, in: The Cambridge Economic History VI, Cambridge 1965, 56–138; W. H. D e p r e z (Hg.), Population and Economics, Proceedings of Section V of the Fourth Congress of the International Economic History Association 1968, Univ. of Manitoba Press 1970.

Wanderungen:

A. und E. K u l i s c h e r , Kriegs- und Wanderzüge, 1932; W. B r e p o h l , Der Aufbau des Ruhrvolkes und Züge der Ost-West-Wanderung, 1948; E. M. K u l i s c h e r , Europe on the move, New York 1948; M. L. H a n s e n , Der Einwanderer in der Geschichte Amerikas, 1948; H. S c h u s t e r , Übervölkerung und Auswanderung, 1951; G. R h o d e , Völker auf dem Wege, 1952; W. P e t e r s e n , Migration, Social aspects, in: International Encyclopaedia of the Social Sciences 10, 1968, 286–292.

3. Wirtschaft und Technik

Der Weg des Menschen durch die Geschichte ist aufs engste verknüpft mit der Verbesserung der Werkzeuge, die ihm die Natur in die Hand gab. Das Werden des dabei verwendeten Instrumentariums vom Steinmesser bis zur Automatisierung in der Gegenwart wird von der Technikgeschichte untersucht und dargestellt. Für die Erkenntnisse der Wirtschaftsgeschichte wird diese am fruchtbarsten, wenn sie nicht nur einseitig naturwissenschaftlich oder material- und gerätekundlich, sondern auch von ihrem wirtschaftlichen Aspekt her im Sinne einer Geschichte der wirtschaftlichen Technik betrieben wird. Die Technik der neueren und neuesten Zeit bereitet indessen große

Schwierigkeiten, da die Technikgeschichte nur von Gelehrten voll beherrscht wird, die in den Naturwissenschaften ebenso zu Hause sind wie in der Geistes- und Kulturgeschichte der verschiedenen Epochen.

Jedes wirtschaftliche System, jede wirtschaftliche Epoche hat ihre Aufgaben mit der ihr eigenen Technik bewältigt. Die erste – in technischer Hinsicht – umwälzende Veränderung war der Übergang zum Ackerbau, der für die Menschheit eine noch größere Bedeutung hatte als die Verwendung von Maschinen. Spinnen, Weben, Schmieden, Bauen sind Urformen der Arbeit, die später mehr und mehr spezialisiert wurden. Auch die mittelalterliche Zivilisation ist mit bedeutenden technischen Verbesserungen verbunden. In ihr wurde zum erstenmal der Steigbügel, das Joch und der vierrädrige Wagen sowie die Mühle verwendet. Entscheidende Verbesserungen in der Nautik und im Schiffbau ermöglichten die Entdeckungen und die überseeische Expansion. Dazu kommen der Kanalbau, die Erfindung des Buchdruckes und des Pulvers. In diese Epoche fällt eine wichtige Phase der Rationalisierung des Rechnungswesens (Doppelte Buchhaltung). Die nächste große Umwälzung erfolgte durch die Erkenntnisse der Epoche Newtons und die daraus entwickelten technischen Neuerungen, die das moderne Industriezeitalter eingeleitet haben. Die Dampfmaschine und der Hochofen, die Elektrizität und der Motor haben nicht nur die Wirtschaft zutiefst beeinflußt, sondern auch die Gesellschaft in allen Schichten verändert.

Im Verlauf dieser Entwicklung haben sich sowohl die Werkzeuge gewandelt, als auch die Stoffe und Waren. Die Ausstattung der Menschen der Bronzezeit mit einer Anzahl von Getreidearten und anderen Nutzpflanzen, mit Vieh und Pferden, Leinen und Wolle, beleuchtet ihren zivilisatorischen Stand ebenso wie die Kenntnis von Kupfer und Zinn. Das Bild vom Handel des Mittelalters gewann neue Züge, als die Forschung erkannte, daß er nur in seiner Anfangszeit vornehmlich mit Luxusgütern umging, jedoch in seiner Blütezeit hauptsächlich Güter des breiten Bedarfs, besonders Rohstoffe und Lebensmittel, bewegte. Schließlich hat der Import der Baumwolle in großen Mengen seit dem Ende des 18. Jhs. die gesamte Textilwirtschaft revolutioniert. Ebenso gingen bedeutende Veränderungen vom Gebrauch der Steinkohle, des Stahles, Erdöls und der Kunststoffe aus.

In diesen Bereich gehören auch die Fragen der wirtschaftlichen Organisation, da sie sich der Technik ja vielfach bedient hat. Die ersten großen Leistungen auf diesem Gebiet erbrachten die antiken Stromkulturen des Vorderen Orients sowie die Inder und Chinesen mit der ersten Schriftlichkeit und einem Bankwesen; dann bildete sich um das Mittelmeer konzentriert die hellenistisch-griechische Zivilisation mit der Organisation einer kolonialen und imperialen Wirtschaft. Die Schriftlichkeit wurde eines ihrer Hauptwerkzeuge, während das Zunftwesen sich im städtischen Gewerbe herausbildete. Die Rationalisierung des Rechnungswesens, die rechenhafte Durchdringung der Wirtschaft, machte im Mittelalter – von Italien ausgehend – bedeutende Fortschritte mit der Einführung des Notariats, des Wechselbriefes, der

Doppelten Buchhaltung, des Gebrauchs der arabischen Ziffern und der ersten großen Handelsgesellschaften, so daß R. de Roover von einer „kommerziellen Revolution" spricht. Neue organisatorische Elemente tauchen mit der Wirtschaftspolitik des Merkantilismus auf, so die monopolistischen Überseegesellschaften in der Form von Kapitalgesellschaften als mächtigste Bindeglieder zwischen Europa und seiner kolonialen Welt. Die wichtigste Phase dieser Rationalisierung und organisatorischen Durchdringung begann mit der weiteren Ausbildung des Rechnungs- und Kreditwesens, der Banken und Börsen, des Nachrichtenverkehrs und der wirtschaftskundlichen Literatur.

In den technisch-naturwissenschaftlichen Bereich gehört außer dem Gebrauch von Geräten und Maschinen auch das ganze Gebiet der Meßbarkeit von Größen, der ganze Komplex von Maßen und Gewichten, wie ihn die Metrologie erforscht, und das Münzwesen, dem sich die Numismatik widmet. Einen wichtigen Schritt zur Meßbarkeit bildet der Übergang zur Schriftlichkeit.

Aus den wachsenden Anforderungen, die das Kammerwesen des fürstlichen Territorialstaates stellte, bildete sich die Kameralistik und später die Finanzwissenschaft und Nationalökonomie, während der Rationalisierungsprozeß der Einzelwirtschaft zur „Handlungswissenschaft", „Privatwirtschaftslehre" und „Betriebswirtschaftslehre" führte.

Entscheidende Fortschritte in der Möglichkeit, volkswirtschaftliche Größen wirklichkeitsnah zu erfassen, macht erst das Merkantilzeitalter in seiner Spätzeit. Damals, seit dem ausgehenden 17. Jh., erstand die Statistik, die mit der Industrialisierung und Technisierung zu immer größerer Bedeutung gelangte. Insbesondere im Rahmen der Demographie, der Lohn- und Preisgeschichte sind die von ihr ausgebildeten Methoden von Wichtigkeit[4].

[4]) *Technik:*

F. M. Feldhaus, Die Technik der Antike und des Mittelalters, 1931; A. Sartorius von Waltershausen, Wirtschaft und Technik als Entwicklung und in der Geschichte, 1936; C. Matschoss, Große Ingenieure, Berlin 1937, [4]1954; F. Schnabel, Deutsche Geschichte III, Erfahrungswissen und Technik, [2]1952; G. W. Waffenschmidt, Technik und Wirtschaft der Gegenwart, 1952; F. Friedmann, Der Mensch in der mechanisierten Produktion, 1952; A. P. Usher, A History of mechanical inventions, Cambridge/Mass. [2]1954; W. Treue, Kulturgeschichte der Schraube, 1955; P. Rousseau, Histoire des techniques, Paris 1956; L. Graf Schwerin von Krosigk, Die große Zeit des Feuers, 2 Bde, 1957/68; H. Butterfield, The Origins of Modern Science, London [2]1957; A. R. Hall, The Scientific Revolution, 1500–1800, London [2]1962; F. Klemm, Technik, Eine Geschichte ihrer Probleme, 1954; Ch. E. Singer, E. J. Holmyard, A. R. Hall und T. I. Williams, A History of Technology, 4 Bde, Oxford 1953–1962; M. Daumas (Hg.), Histoire générale des Techniques, 4 Bde, 1962ff.; A. Timm, Kleine Geschichte der Technologie, 1964; F. Braudel, Civilisation matérielle et capitalisme (XVe–XVIIIe siècles) I Paris

1967; L. White Jr., Die mittelalterliche Technik und der Wandel der Gesellschaft, 1968; K. R. Rider, History of Science and Technology, A select Bibliography, London ²1970.

Buchhaltung, Handlungswissenschaft:

Vgl. S. 17ff, sowie E. Weber, Literaturgeschichte der Handelsbetriebslehre, 1914; B. Penndorf, Die geschichtliche Entwicklung der Handelswissenschaften bis zum Ende des 19. Jhs., in Festgabe für Robert Stern, 1925; M. Humpert, Bedeutende Kameralisten und ihre Wegbereiter, 1934; J. Löffelholz, Geschichte der Betriebswirtschaft und der Betriebswirtschaftslehre, 1935; R. Seyffert, Über Begriff, Aufgabe und Entwicklung der Betriebswirtschaftslehre, ⁴1957; E. Leitherer, Geschichte der handels- und absatzwirtschaftlichen Literatur, 1961.

Statistik:

A. Hesse, Statistik, Teil 1: Die Geschichte und Theorie der Statistik, 1918; F. Felsing, Die Statistik als Methode der politischen Ökonomie im 17. und 18. Jh.; 1930; A. Günther, Geschichte der Statistik, in: Die Statistik in Deutschland nach ihrem heutigen Stand, Ehrengabe für F. Zahn, 1940; Ch. Lorenz, Statistik I, Geschichte, in: HdSW 10, 1959; B. Schiller u. B. Odén, Statistik för historiker, Stockholm 1970.

Verbreitung technischen Wissens:

O. Simon, Die Fachbildung des preussischen Gewerbe- und Handelsstandes im 18. und 19. Jh., 1902; F. Paulsen, Geschichte des gelehrten Unterrichts auf den deutschen Schulen und Universitäten vom Ausgang des Mittelalters bis zur Gegenwart, 2 Bde, ³1919/1921; A. Gaus, Das ökonomische Motiv in der preussischen Pädagogik des 18. Jhs., 1930; K. Abraham, Der Strukturwandel im Handwerk in der ersten Hälfte des 19. Jhs. und seine Bedeutung für die Berufserziehung, 1953; R. Stadelmann und W. Fischer, Die Bildungswelt des deutschen Handwerkers um 1800, Studien zur Soziologie des deutschen Kleinbürgers zur Goethezeit, 1955; F. Neukomm, Wirtschaft und Schule in Württemberg 1700–1830, 1956; F. Redlich, Academic Education for Business: its Development and the Contribution of Ignaz Jastrow (1856–1937), in: The Business History Review 31, 1957; ders., Ideas, Their migration in space and transmittal over time, A systematical treatment, in: Kyklos 6, 1953/54, 301–322; A. Timm, Kleine Geschichte der Technologie, 1961; C. Cipolla, Literacy and Development in the West, Penguin Books, 1969.

4. Geld, Preise und Löhne

Einen weiten Raum im Rahmen der Verkehrswirtschaft nimmt das Geld ein. Mittels völkerkundlicher, literatur-, religions- und kulturhistorischer Studien konnte man die Geschichte des Geldes bis in seine frühen, über die Zeit der beginnenden Münzprägung hinausgehenden Anfänge zurückverfolgen. Das Geld war in seinem Ursprung kein Tauschmittel des Warenverkehrs, sondern Symbol, Opferzeichen der Unterwerfung und somit sakralen Ursprungs. Die Epenwelt Homers kannte noch kein gemünztes Geld. Man verglich den Wert verschiedener Güter teils unmittelbar, maß den Wert einer Sklavin am Vieh oder auf dem Umweg über den Wert des Dreifußes, eines im Gebrauch am häuslichen Herd sakralen Gegenstandes.

In Lydien kamen die Münzen auf, die mit ihrer weiten Ausbreitung seit der Epoche der Renaissance Gegenstand der Sammler und schließlich einer besonderen Wissenschaft, der Numismatik, wurden. Während sich die Numismatik mit der Form und der Aussage der Münzen und Medaillen beschäftigt, greift die Geldgeschichte sachlich weiter. Sie berücksichtigt auch die verschiedenen wirtschaftsgeschichtlichen Aspekte, insbesondere die verschiedenartige Rolle des Geldes in der Naturalwirtschaft und in der betonten Geldwirtschaft. Hierher gehört etwa die Funktion des Steinbeiles oder des Bernsteines als frühgeschichtliches Zahlungsmittel, dann die Beziehungen des Frankenreiches mit seiner Silberwährung zum Sassanidenreich in Persien, woher das Silber zum großen Teil geliefert wurde. Dazu kommt die Untersuchung großer Funde arabischer und westeuropäischer Münzen an den Wohnstätten der Wikinger, die langdauernde Geltung des kölnischen Pfennigs, der Kölner Mark, die Verbreitung des Guldens und Talers, des englischen Pfundes und des Dollars; ferner die parallele Entwicklung des wirtschaftlichen Aufstiegs Deutschlands mit dem Ausbau seines Silberbergbaus, die Rolle des amerikanischen Silbers seit der Mitte des 16. Jhs., die Münzverschlechterungen, die Inflationen. Im hohen Mittelalter ließ die Notwendigkeit wegen der großen Gefahren den Transport baren Geldes einschränken, den Wechsel entstehen, wobei man in Nordeuropa weniger strenge Formen der schriftlichen Übertragung gebrauchte.

Neue Bereiche des Zahlungsverkehrs öffnen sich mit dem Aufkommen des Giral- oder Buchgeldes sowie mit den Banknoten und dem Papiergeld. Neben den Wechsler und den 'Merchant Banker' treten die öffentlichen städtischen und staatlichen Bankinstitute, angefangen bei der 'Taula de Cambis' von Barcelona und der 'Casa di San Giorgio' in Genua bis zu dem heutigen Bankensystem. Dies leitet über zu den modernen Formen des Geldverkehrs, zu Aktien- und Großbanken, zu den Fragen der Finanzierung der Wirtschaft und der Staaten, mit der Institution der Steuern, dem Schuldenwesen. Dazu kommt die Rivalität zwischen Silber- und Goldwährung, die Veränderungen der Gold-Silberrelation.

In enger Verbindung mit dem Geld stehen Preise und Löhne. Die Preise sind von so vielen, z. T. außerwirtschaftlichen Faktoren abhängig, daß ihre Erforschung eine der wichtigsten, aber auch schwierigsten Aufgaben der Wirtschaftsgeschichte darstellt. Zwar gehört die Überlieferung über die Preise zu den Daten, die am weitesten und geschlossensten in die Vergangenheit zurückverfolgt werden können. Für manche Orte und Waren sind Preisreihen bereits aus dem 14. Jh. erhalten. Schwierig ist es, diese Preisreihen, ihre Schwankungen und insbesondere die Relationen der Preise verschiedener Waren zu interpretieren. Alle Versuche, das Preisniveau früherer Jahrhunderte mit dem der Gegenwart zu vergleichen, haben nur behelfsmäßige Lösungen erbracht: ob man die Silberbasis, das Getreide oder die Löhne als 'tertium comparationis' benutzte, immer ergab das nur Teilergebnisse, da die Gesamtstruktur der Güterseite in den zu vergleichenden Zeiten zu verschieden war und so auch die Zusammensetzung des Warenkorbs variierte.

Dasselbe gilt für die Einkommensseite. Die Bedürfnisse und sozialen Verhältnisse haben sich so sehr gewandelt, daß oft nur allgemeine Feststellungen möglich sind. Mit dem Aufkommen der Statistik im 18. Jh., vor allem als sich die Statistik um die Mitte des 19. Jhs. allgemein in der öffentlichen Verwaltung durchsetzte, wurde es möglich, das Preisgefüge besser als früher zu analysieren.

Es war immer ein wichtiges Kennzeichen der Wirtschaftsgesinnung und Wirtschaftspolitik, wie zu einer bestimmten Zeit die maßgebenden Instanzen sich zu den Preisen verhielten. Das hohe Mittelalter fand die Lehre vom gerechten Preis, die, von der Kirche verbreitet, ein der sozialen Ordnung angepaßtes Preisgefüge im Sinn hatte. Der gerechte Preis sollte ein standesgemäßes Leben ermöglichen, die Kosten decken, eine Risikoprämie und einen angemessenen Gewinn enthalten und sich auf dem offenen Markt behaupten.

Monopole und Preisabreden waren verboten. In knappen Zeiten behielt sich die Obrigkeit insbesondere für Lebensmittel vor, die Preise festzusetzen und zu überwachen. Vielfach aus fiskalischen Gründen bekannte sich die merkantilistische Wirtschaftspolitik zu Monopolpreisen. Der wirtschaftliche Liberalismus vertraut dem „Laissez-faire", dem Marktpreismechanismus, während die modernen zentral gelenkten Wirtschaften einen manipulierten, dem Wirtschaftsplan angepaßten Preis bevorzugen. Weit stärker als das Mittelalter es vermochte, haben in jüngster Zeit die Staaten durch Zölle, Subventionen, Produktions- und Verteilungssysteme die Preise gebunden, während dies andererseits auch durch Unternehmerverbände und Verteilergruppen in Form von Kartellen, Monopolen und Abreden geschehen ist.

Einen wichtigen Teilaspekt dieses ganzen Komplexes stellen die Löhne und Gehälter dar. Auch hier gilt es, sich nicht auf die Zusammenstellung von Reihen zu beschränken, die Lohnbewegung nicht isoliert zu behandeln, sondern in ihrer Verflechtung mit dem ganzen Wirtschaftsablauf, in Verbindung mit den Lebensansprüchen und Ausgaben, d. h. mit dem allgemeinen Zivilisationsstand, und insgesamt als Ausdruck von Aufschwung und Krise zu sehen.

Es gibt eine ganze Reihe theoretischer Ansätze zu diesem Komplex. Bei der Preistheorie geht es um die Kombination, die sich in der freien oder Wettbewerbswirtschaft zwischen Angebot und Nachfrage einstellt. Adam Smith sprach vom natürlichen oder Marktpreis, der durch das Verhältnis der auf den Markt kommenden Quantität zur Nachfrage derer geregelt wird, die den im natürlichen Preis enthaltenen Wert von Rente, Arbeit und Profit zu zahlen bereit sind. Dieses ursprünglich statische Modell wurde dann durch ein dynamisches Modell verbessert und u. a. ergänzt durch die Marktformentheorie, in deren Mittelpunkt die Stadt mit ihren verschiedenen Möglichkeiten des Angebots und der Nachfrage steht, ob in geschlossener oder offener Wirtschaft in der Spanne zwischen vollständigem Wettbewerb und Monopol mit verschiedenen Mischungsverhältnissen.

Bei der Einkommens- und Kreislauftheorie geht es um die Produktion und die dabei anfallenden Kosten, die in der Form von Gewinn oder Verlust das Einkommen bestimmen. Nach J. B. Say verhielten sich Produktionserlös und Einkommen in einer Weise, daß keine Absatzkrise entstehen konnte. Tatsächlich blieben aber die Krisen nicht aus. Erst eine dynamische Theorie brachte auch hier Verfeinerungen. Bei der Produktionstheorie bildet das von Turgot formulierte Gesetz vom abnehmenden Bodenertragszuwachs einen Ausgangspunkt. Malthus wurde dadurch zu seiner Bevölkerungstheorie veranlaßt.

Bei der Geldtheorie wurde die ursprüngliche Quantitätstheorie, die das Sinken des Geldwertes mit dem Zufluß von Edelmetallen aus Amerika in Verbindung brachte, durch den Faktor der Umlaufgeschwindigkeit ergänzt, wobei das geschichtliche Phänomen der Inflationen Anschauungsmaterial lieferte[5].

[5] *Münz- und Geldgeschichte:*

Vgl. S. 25, Anm. 5, sowie: F. F r i e d e n s b u r g, Münzkunde und Geldgeschichte der Einzelstaaten des Mittelalters und der neueren Zeit, 1922; A. L u s c h i n v o n E b e n g r e u t h, Allgemeine Münzkunde und Geldgeschichte des Mittelalters und der neueren Zeit ²1926; F. Frhr. v o n S c h r ö t t e r, Wörterbuch der Münzkunde, 1932; B. L a u m, Heiliges Geld, 1924; A. D o p s c h, Naturalwirtschaft und Geldwirtschaft in der Weltgeschichte, 1930 (vgl. dazu E. F. H e c k s c h e r, Naturalwirtschaft und Geldwirtschaft, in: VSWG 23, 1930, 454–467); W. D r e i s s i g, Die Geld- und Kreditlehre des deutschen Merkantilismus, 1939; W. G e r l o f f, Die Entstehung des Geldes und die Anfänge des Geldwesens, 1940; R. d e R o o v e r, Gresham on foreign exchange, an essay on early English mercantilism, with the text of Sir Thomas Gresham's memorandum for the understanding of the exchange, Cambridge/Mass. 1949; R. G a e t t e n s, Inflationen, 1955; R. K e r s c h a g l, John Law. Die Erfindung der modernen Banknote, Wien 1956.

Kreditinstitutionen:

Vgl. S. 106f.

Finanzwesen:

A. W a g n e r, Steuergeschichte vom Altertum bis zur Gegenwart, ²1910; H. L a u r e n t, La loi de Gresham au moyen âge, Brüssel 1933; F. B o e s l e r, Stand und Aufgaben der Finanzgeschichtsforschung, in: Schmollers Jahrbuch 65, 1941, 137–165; G. S c h m ö l d e r s, Allgemeine Steuerlehre, 1951; Theodor

Mayer, Geschichte der Finanzwirtschaft vom Mittelalter bis zum Ende des 18. Jhs., in: Hb. d. Finanzwiss. I ²1952; R. Stucken, Deutsche Geld- und Kreditpolitik 1914–1953, ²1953; F. Altheim und R. Stiehl, Finanzgeschichte der Spätantike, 1957; Friedrich Lütge, Finanzgeschichte, in: HdSW Bd. 3, 580–604.

Preise, Deutschland:

E. Kelter, Geschichte der obrigkeitlichen Preisregelung I: Preisgestaltung in der mittelalterlichen Stadtwirtschaft, 1935; M. J. Elsas, Umriß einer Geschichte der Preise und Löhne in Deutschland vom ausgehenden Mittelalter bis zum Beginn des 19. Jhs., 2 Bde, Leiden 1936–1951.
A. Jacobs und H. Richter, Die Großhandelspreise in Deutschland 1792–1934, 1935; E. Waschinsky, Währung, Preisentwicklung und Kaufkraft des Geldes in Schleswig-Holstein von 1226 bis 1864, 1952; W. Koppe, Zur Preisrevolution des 16. Jhs. in Holstein, in: Zs. d. Gesellschaft f. Schleswig-Holsteinische Geschichte 79, 1955, 185–216; E. J. Hamilton, American Treasure and the Price Revolution in Spain, Cambridge/Mass. 1934; ders., Money, Prices and Wages in Valencia, Aragon und Navarra 1351–1500, ebenda 1936; ders., Prices as a factor in business growth, Prices and progress, in: Journ. of Ec. Hist. 12, 1952, 325–349; ders., The History of Prices before 1750, in: XIe Congrès International des Sciences Historiques Stockholm, 21–28 Aout 1960, Rapports I, 144–164.

England:

W. Beveridge, Prices and Wages in England XIIth–XIXth Centuries, London 1939.

Niederlande:

N. W. Posthumus, Inquiry into the History of Pries in Holland, Leiden 1946.

Frankreich:

C. E. Labrousse, Esquisse du Mouvement des Prix et des Revenues en France au XVIIIe siècle, 2 Bde, Paris 1933.

Österreich:

A. F. Pribram, Materialien zur Geschichte der Preise und Löhne in Österreich, Wien 1938.

Polen:

St. Hoszowski, Les prix à Lwow (XVIe–XVIIe siècles), Paris 1954.

Rußland:

A. G. Mankov, Le mouvement des Prix dans l'Etat russe du XVIe siècle, Paris 1957.

Dänemark:

A. Friis und K. Glamann, A History of Prices and Wages in Denmark 1660–1800 I, London 1958.

Portugal:

V. Magalhães Godinho, Prix et Monnaies au Portugal (1750–1850), Paris 1955.
F. Braudel und F. Spooner, Prices in Europe, in: Cambridge Economic History IV, Cambridge 1966, 378–486.
Löhne: Art. Löhne, in: HdSW Bd. 7, 1961; W. G. Hoffmann mit J. H. Müller, Das deutsche Volkseinkommen, 1959; A. V. Desai, Real Wages in Germany 1871–1913, Oxford 1968.

5. Das Gewinnstreben

Als treibende Kraft des wirtschaftlichen Prozesses erscheint uns Heutigen das Gewinnstreben des Einzelnen. So war es nicht immer. Es gab Kulturen und Epochen, in denen das Wirtschaften durch Faktoren bestimmt wurde, die das Gewinnstreben zum mindesten nicht in dem Maße zur Entfaltung und Geltung kommen ließen, wie es in der modernen Wirtschaft der Fall ist. In einer agrarischen Wirtschaft unterliegen die besitzmäßig Gleichgestellten ähnlichen Bedingungen des Bodens, des Klimas, der Raum- und Absatzgegebenheit. Ertrag und Gewinn fallen verschieden aus, je nachdem Fleiß, Kraft, Gesundheit und andere, durch Leben und Schicksal bedingte Faktoren zusammenwirken. In einem solchen, von traditionalistischer Gesinnung geprägten Milieu wird die Anlage zum Gewinnstreben, die im einzelnen vorhanden ist, in der Entfaltung gehemmt. Sittlich-geistige und religiöse Motive, wie sie durch die jeweils herrschenden gesellschaftlichen Umstände bedingt sind, kommen hinzu. Mehr als der Gewinn des Einzelnen gilt hier das Wohl des Mitmenschen als ein höheres, jenseits des Materiellen liegendes Lebensziel.

In der mittelalterlichen Welt der Städte, die sich zu freien Gemeinwesen entfaltet hatten, zunächst in Italien und dann in West- und Mitteleuropa, besaß der Kaufmann weitgehende wirtschaftliche Freiheit, doch wurde diese durch Religion und Sitte im Rahmen des herrschenden Ordoprinzips in Grenzen gehalten. Die Anerkennung des Gewinnstrebens als einer erlaubten und wirtschaftlich fruchtbaren Grundhaltung setzte sich am frühesten in den italienischen Stadtstaaten durch. Hier hatte sich die staatliche Machtorganisation auf dem Nährboden der Kaufmannsaristokratien entfaltet und war das gültige System der Werte durch den Handel und das Gewerbe mitgeprägt worden. Später machte sich diese Gesinnung auch in den großen Handels- und Gewerbezentren West- und Mitteleuropas, in der Republik der Vereinigten Niederlande und in England geltend. Der aufsteigende Fürstenstaat brauchte zwar den Bankier, den Kaufmann und den gewerblichen Unternehmer, stand aber zunächst dem Gewinnstreben des Einzelnen argwöhnisch gegenüber. Erst das 18. Jh. brachte nach langen Auseinandersetzungen und in den einzelnen Ländern zu verschiedener Zeit die Anerkennung dieses Verhaltens. Das bis dahin herrschende Wirtschaftssystem war eine durch die Tätigkeit des Kaufmanns und Verlegers bestimmte Erwerbswirtschaft, die nach Ausmaß und Wirtschaftsmitteln gegenüber den späteren Verhältnissen noch beschränkt war. Die im 18. Jh. in England einsetzenden technischen und industriellen Umwälzungen brachten im 19. Jh. mit der Industrie, ihrer Finanzierung, ihren neuen Absatz- und Gewinnverhältnissen das Zeitalter des Hochkapitalismus hervor. Jetzt wurde das Gewinnstreben des Einzelnen als Grundkraft des Wirtschaftsprozesses allgemein anerkannt, wobei es sich selbstverständlich den Geboten von Recht und Sitte zu fügen hatte. Entsprechend dem herrschenden Fortschrittsdenken diente der Wettbewerb im offenen Markt nicht nur dem Interesse des Einzelnen, sondern förderte im Enderfolg alle. Diese Entwicklung, die jedoch auch negative Begleiterscheinungen hervorrief, weckte nun die Gegenkräfte, vor allem in der Form des Sozialismus und des von Marx und Engels geprägten, klassenkämpferisch eingestellten Kommunismus. Die Notwendigkeit des Zusammenlebens der wachsenden Menschenmengen und die damit zunehmenden Aufgaben des Staates mit seiner Verwaltungsapparatur ließen dann im 20. Jh. neue Möglichkeiten des Ausgleiches aufkommen[6].

[6]) *Justum pretium:*
S. H a g e n a u e r , Das justum pretium bei Thomas von Aquino, Ein Beitrag zur Geschichte der objektiven Werttheorie, in: VSWG Beih. 24, 1931; A. M. K n o l l , Der Zins in der Scholastik, Innsbruck 1933; H. G. S c h a c h t s c h a b e l , Der gerechte Preis, Geschichte einer wirtschaftlichen Idee, 1939.
J. H ö f f n e r , Statik und Dynamik in der scholastischen Wirtschaftsethik. Arbeitsgemeinschaft für Forschung des Landes Nordrhein-Westfalen. Geisteswissenschaften H. 38, 1955.

6. Der einzelne Mensch und die Wirtschaft

Wo die Initiative des Einzelnen im Wirtschaftsprozeß spürbar ist, spricht man vom Unternehmertum. Der Unternehmer ist nach Schumpeters Definition das aktiv-schöpferische Element, das neue Kombinationen von Kapital, Boden und Arbeit durchsetzt und dadurch der wirtschaftlichen Entwicklung immer wieder starke Impulse gibt. Mit dieser weiten Definition läßt sich der Unternehmer nicht auf den Kaufmann und das kaufmännische Gewinnstreben begrenzen, vielmehr ist er in jeder Epoche vorhanden. Es gibt ihn auch innerhalb der verschiedensten Gesellschaftsschichten, im Bauern-Schiffer der nordischen Länder ebenso wie im Fernhändler der frühen abendländischen Wirtschaft, im Beamten, der im Auftrag seines Fürsten Geschäfte macht, wie im Erfinder der Epoche des industriellen Durchbruchs.

Hinter dem Modell zeigt die historische Wirklichkeit auch hier ihre ganze Vielfalt im routinemäßigen Unternehmertum. Im Mittelpunkt des Prozesses stehen aber doch bestimmte Sozialgruppen und Betätigungen, zunächst diejenigen, die mit dem Handel, dem Geldgeschäft und dem Verkehr zu tun haben, im besonderen der Kaufmann, der Merkator und Negotiator, wie er sich im Laufe des Mittelalters immer deutlicher vom Institor, dem Krämer, abhebt; dazu der auf den Seehandel sich konzentrierende Reeder und der gewerblich tätige Verleger. Mit der Entfaltung des Geldgeschäfts bildet sich der Beruf des Wechslers und Bankiers aus, der durch die großen Aufgaben der überseeischen Expansion und des Ausbaues des absoluten Fürstenstaates zum Kapitalgeber wird, wobei dieser vielfach als Rentner sich von der eigentlich unternehmerischen Tätigkeit zurückzieht. Sondererscheinungen auf diesem Gebiet sind die Finanzagenten des 16. Jhs., wie man sie aus Antwerpen, Lyon und Spanien kennt, die Hoflieferanten, Hoffaktoren und Heereslieferanten des 17. und 18. Jhs., die vielfach aschkenasischer oder sephardischer Herkunft sind, aber auch Reformierte oder Angehörige anderer Bekenntnisse sein können.

Mit dem Beginn der Industrialisierung rückt der unternehmerisch-kaufmännisch begabte Erfinder und Techniker in den Vordergrund, der häufig zum Fabrikanten emporsteigt, während der Geldgeber in der modernen Form des Bankiers eine immer größere Rolle zu spielen beginnt. Damit sind nur die wichtigsten Typen eines Unternehmertums genannt, dessen Initiative nicht allein auf dämonische Züge des Gewinn- und Machtstrebens festzulegen ist, sondern vielmehr die ganze Fülle von Möglichkeiten schöpferischer Menschen enthält bis hin zum Wohltäter der Armen und Mäzen der Künstler.

Diesen Fragen widmet sich die Unternehmergeschichte, die somit nicht dieselben Zwecke verfolgt wie die Firmengeschichte. Sie hat zu leicht vornehmlich Reklamezwecken zu dienen. Erst neuerdings sind stärkere Tendenzen festzustellen, eine Firmengeschichtsschreibung zu betreiben, die auch strengeren wissenschaftlichen Anforderungen gerecht wird. Sie vermittelt, aus häufig sehr schwer zugänglichen Privatquellen schöpfende Einblicke, die uns das nüchterne Tatsachenmaterial der offiziellen Statistiken versagt, und sie kann dieses Ziel um so besser erreichen, je mehr sie sich den durchaus verständlichen Wünschen einer Firmenwerbung gegenüber ihren wissenschaftlichen Aufgaben bewußt ist. Firmen- und Familiengeschichte, methodisch richtig angewandt, erschließen uns ganz wichtige Zugänge zu einer besseren Anschaulichkeit menschlichen Verhaltens und menschlicher Gruppierung in den vergangenen Epochen, wenn es leider auch nur in seltenen Fällen möglich sein wird, namentlich für die frühere Zeit, die Denkweise und die Entschlüsse der Einzelnen zu erfassen[7].

[7]) *Unternehmung und Unternehmer:*
G. S c h m o l l e r , Die geschichtliche Entwicklung der Unternehmung, in: Jahrb. f. Gesetzgebung, Verwaltung und Volkswirtschaft 14, 1890ff.; W. S o m b a r t , Der moderne Kapitalismus, 2 Bde, 1902, [4]1921; K. W i e d e n f e l d , Das Persönliche im modernen Unternehmertum, 1911; I. A. S c h u m p e t e r , Unternehmer; A. Taymans, S. J., L'homme agent du développement économique, Louvain 1957; A. H. C o l e ,

An Approach to the Study of Entrepreneurship, in: The Tasks of economic History, Sonderausgabe des Journal of Economic History VI, 1946; Change and the Entrepreneur, Postulates and Patterns for Entrepreneurial History, Prepared by the Research Center in Entrepreneurial History, Harvard Univ. Press 1949; F. R e d l i c h , Unternehmungs- und Unternehmergeschichte, in: HdSW 10, 1959; Der Unternehmer, Wirtschafts- und Sozialgeschichtliche Studien, 1964; W. Z o r n , Typen und Entwicklungskräfte deutschen Unternehmertums im 19. Jh., ebenda 57–77; W. T r e u e , Das Verhältnis von Fürst, Staat und Unternehmer in der Zeit des Merkantilismus, ebenda, 26–56; H. K e l l e n b e n z , Die unternehmerische Betätigung der verschiedenen Stände während des Übergangs zur Neuzeit, in: VSWG 44, 1957, 1–25; F. Z u n k e l , Der rheinisch-westfälische Unternehmer 1834–1879, 1962; M. S c h u m a c h e r , Auslandsreisen deutscher Unternehmer 1750–1851, 1968.

Firmengeschichtsforschung:

H. C o r s t e n , Hundert Jahre Deutsche Wirtschaft in Fest- und Denkschriften, 1937; Die Wirtschaft Westfalens und des Ruhrgebietes in Firmen- und Festschriften, Hg. Westfälisches Wirtschaftsarchiv, 1952. Henrietta Larson, Guide to Business History, Cambridge 1948; F. R e d l i c h , American Business History, in: VSWG 38, 1951, 247–259; W. T r e u e , Die Bedeutung der Firmengeschichte für die Wirtschaft und für die allgemeine Geschichte, in: VSWG 51, 1954, 42–65. Vgl. S. 30ff.

Unternehmerbiographien:

J. H a n s e n , Gustav von Mevissen, ein rheinisches Lebensbild, 2 Bde, 1906; J. H a s h a g e n , Geschichte der Familie Hoesch, 2 Bde, 1911–1912; M. S c h w a n n , Ludolf Camphausen, 3 Bde, 1915; W. B e r d r o w , Friedrich Krupp, 1929; F. H e l l w i g , Carl Ferdinand Freiherr v. Stumm-Hallberg, 1836–1901, 1936; G. Frhr. v o n P ö l n i t z , Jakob Fugger, 2 Bde, 1949/51; d e r s ., Anton Fugger, 4 Bde, 1958/1971; d e r s ., Die Fugger, Frankfurt 1960; W. D ä b r i t z , David Hansemann und Adolf von Hansemann, 1954; A. E r n s t b e r g e r , Hans de Witte, Finanzmann Wallensteins, Beiheft 38 der VSWG, 1954; L. S c h i c k , Un grand homme d'affaires au début du 16e siècle, Jacob Fugger, Paris 1957. Neuere Beispiele der Unternehmergeschichte des 19. und 20. Jhs.: R. H i d y , The Barings, Cambridge/Mass. 1949; E. H i e k e , Die Reederei M. Jebsen AG, Apenrade, 1953; Ch. W i l s o n , The History of Unilever: A Study in economic Growth an social Change I/II, London 1954; E. S o e d i n g , Die Harkorts, 2 Bde, 1957; E. S ö d e r l u n d , Skandinaviska Banken i det svenska bankväsendets historia 1864–1914, Stockholm 1964; W. F i s c h e r , Wasag, Die Geschichte eines Unternehmens, 1891–1966, 1966; W. T r e u e , Die Feuer verlöschen nie, August Thyssen Hütte, 1890–1926, 1969.

7. Die Wirtschaft und die Gesellschaft

Daß ein Einzelner völlig auf Selbstversorgung angewiesen ist, wäre nur als ausgesprochener Modellfall denkbar. Tatsächlich bestand zwischen dem Einzelnen und seinem Nachbarn seit frühester Zeit ein Verhältnis von Tauschbeziehungen. Schon der schweifende Jäger der Urzeit lebte in der Horde, im Familien- und Sippenverband. Mit der Zeit gliederte sich die Bevölkerung in Gruppen und Schichten verschiedenster Art, die insgesamt die Gesellschaft ausmachten.

Es ist ein wichtiges Charakteristikum der Wirtschaft, daß sie im Rahmen wirtschaftlicher Gruppen und Verbände sich vollzieht. Den Zusammenhängen und Beziehungen, die eine komplexe Gesellschaft ausmachen, widmet sich unter besonderer Betonung der Gegenwart die Soziologie. Als Sozialwissenschaft geht sie mit systematischer Methode und neuen Fragen an den Bereich gesellschaftlicher Bildungen heran, während sich mit der Entstehung, der Blüte und dem Niedergang gesellschaftlicher Gruppen die Sozialgeschichte befaßt, die sich neuerdings zu einer Disziplin entwickelt hat. Ihr Arbeitsfeld erstreckt sich von den Grundformen der Gesellschaft, der Familie und Sippe, über die höheren Organisationen der Stände und Klassen bis zu den Schichten der modernen pluralistischen Gesellschaft, wobei sekundäre Formen, wie Gilden, Bünde, Vereine, Organisationen und Korporationen, wie die Kirchen, Orden und Universitäten, mit einzubeziehen sind. Insbesondere dürfen der Aufstieg, das Altern und Vergehen von Gruppen und Schichten nicht übersehen werden. Die Frage der Elitebildung und das Generationsproblem sind in diesem Zusammenhang von Interesse.

Alle gesellschaftlichen Gebilde sind stärkstens mitbedingt durch wirtschaftliche Kräfte, und eine gegenseitige Beeinflussung ist in vielfältiger Weise gegeben. Die Wirtschaftsgeschichte ist deshalb aufs engste mit der Sozialgeschichte verflochten, weshalb man gern Wirtschafts- und Sozialgeschichte zu koppeln pflegt. Indessen muß beachtet werden, daß in den verschiedenen gesellschaftlichen Gruppierungen Kräfte eigener geistig-religiöser Art wirken, die mit dem Wirtschaftlichen nicht zu identifizieren sind. Einer der menschlichen Grundtriebe ist es, Macht auszuüben über andere, was sich in verschiedener Weise vom Schützen und Pflegen bis zur brutalen Herrschaft äußern kann. Von ebenso großer Bedeutung ist der Drang nach Geltung und Anerkennung im sozialen Verband. Auch der Trieb, die Familie zu schützen und zu fördern, gehört hierher. Wie alle Lebensäußerungen, so sind auch diese im Laufe der Zeit wandelbar. In ständiger Wechselwirkung mit den realen Verhältnissen entwickeln sich gesellschaftliche Wertungssysteme, die jene zu sinnvollen Gebilden machen. An der Spitze dieser Wertungssysteme stehen die Gebote der Sittlichkeit. All diese Bereiche führen hinsichtlich der Herkunft und Wirkung weit über das Gebiet der Wirtschaft hinaus.

Andere Züge ergeben sich aus der wirtschaftlichen Betätigung der Gesellschaft, so der Erwerb von Eigentum und das Ausmaß des Besitzes, die Verfügung über Grund und Boden, über die Produktionsmittel und ihre Nutzung, die Verteilung der Gewinne, die Anordnungen und Gesetze, nach denen sich die Wirtschaft zu richten hat. Dies alles wird im wesentlichen bestimmt durch die jeweils wirtschaftlich oder politisch Mächtigen.

Die vorherrschenden wirtschaftlichen Verhältnisse haben zu jeder Zeit entscheidend die gesellschaftliche Schichtung beeinflußt. Das Recht, Anteil am Boden zu besitzen, wurde früh, wohl schon weit vor dem Einsetzen schriftlicher Überlieferung, zu einem der wichtigsten Kennzeichen der verschiedenen Stände. Mit dem Aufkommen der Städte und der hier vorherrschenden wirtschaftlichen Betätigung bildeten sich neue Gruppen der Kaufleute und Handwerker, zunächst in den antiken Kulturen des Orients und der Mittelmeerwelt, später noch einmal im Bereich des feudalen Abendlandes. Gildenrecht, Marktrecht und Stadtrecht sonderten die jüngeren gesellschaftlichen Gebilde vom Herrschaftsgebiet der Grundherren ab.

Auch in den Städten gab es manche Veränderung. Mit dem Wechsel der Generationen, mit dem Wachstum und Rückgang der Städte lösten sich die führenden Gruppen in ihnen und die Städte in der Führung oft schnell ab. So war – wie schon einmal in der Antike – seit dem hohen Mittelalter die Stadt der eigentliche Sitz der Dynamik gesellschaftlicher Veränderung.

Mit der Ausbildung des fürstlichen Absolutismus entstanden neue, scharf gegliederte soziale Gruppierungen, die durch die zahlreichen Fürstenresidenzen entscheidend bestimmt wurden. Dem äußeren Anschein nach herrschten wohl die Fürsten und ihr Hofadel, daneben machten sich aber einflußreiche wirtschaftliche Gruppen geltend. Bankiers, verlegerisch tätige Unternehmer und Kaufleute, vielfach als Münzlieferanten und Hoffaktoren und aus diesem Kreise stammende Beamte des öffentlichen Dienstes. So stellt die allgemein als Merkantilismus bezeichnete Wirtschaftsform eine Symbiose von staatlich-absolutistischen und bürgerlich-unternehmerischen Kräften dar.

Mit der Industrialisierung wird die ständisch gegliederte Ordnung des Fürstenstaates durch neue Schichten zunächst durchdrungen, dann aber von der bürgerlichen Gesellschaft abgelöst. Ihre Schichtungen beruhen auf der Stellung, die die verschiedenen Gruppen in der Wirtschaft einnehmen.

Wirken in der Zeit des fürstlichen Absolutismus als außerwirtschaftliches Element der auf mittelalterlich-christliche Traditionen zurückgehende ständische Ordogedanke und das Adelsideal, so unterliegt die Gesellschaft des Industriezeitalters den ihr eigenen, neuen Beeinflussungen. Es sind dies die Gedankenwelt der Aufklärung und der Französischen Revolution sowie die Forderungen des Sozialismus und Kommunismus. Die Industrie mit ihren neuen Arbeitsformen hat zwar unter die Arbeiterschaft zunächst viel Elend gebracht, aber die Erscheinung des Pauperismus, die Verelendung abhängiger Menschen, namentlich auf dem Lande, ist älter, ja in vielen Ländern gerade dem Zeitalter des Ständestaates eigen und bedingt durch die Tatsache, daß die Steigerung des Sozialproduktes mit dem Bevölkerungswachstum nicht Schritt halten konnte.

Erst die Produktion der Maschinentechnik ermöglichte dies allmählich im 19. Jh. In der Übergangszeit ergaben sich allerdings große Härten, weil die soziale Sicherung, soweit sie in der ständischen Gesellschaft vorhanden gewesen war, verloren ging und erst wieder neu gewonnen werden mußte. Unter dem Einfluß der Lehren der Sozialisten und Kommunisten und der sich nun bildenden Verbände entstand das klassenbewußte Proletariat, das sein Bewußtsein in bestimmten politischen Bestrebungen äußerte. Gleichzeitig begannen sich die Hauptzweige der Wirtschaft, die Landwirtschaft, der Bergbau, das Handwerk und die Industrie zu organisieren. Dabei fiel dem Staat wieder eine wachsende Ordnungsfunktion zu. Zunehmende Bedeutung erlangte die Sozialpolitik; Frauen- und Kinderarbeit, Steuer- und Versicherungswesen, die verkürzte Arbeitszeit und die Freizeitgestaltung sind von ihr geregelt worden.

Unter den Elementen der Gesellschaft nimmt die Familie einen besonderen Platz ein. Sie hat durch den Einfluß des Wirtschaftsprozesses bezeichnende Veränderungen erfahren. In frühen Zeiten war die wirtschaftende Einheit mit der Großfamilie identisch. Auch im Mittelalter blieb die Familie für die landwirtschaftliche und gewerbliche Betätigung weithin bestimmend, wobei allerdings eine Einschränkung von der Sippe auf die Einzelfamilie erfolgte. Werk- und Wohnstätte waren im allgemeinen nicht voneinander getrennt. Ein großer Teil des Lebensbedarfes wurde durch die Hausfrau und das Gesinde geschaffen. In der städtischen Zivilisation ist der Zusammenhalt zwischen Familienverband und wirtschaftlicher Betätigung bis auf geringe Reste aufgegeben worden. Auch auf dem Lande trat eine starke Lockerung ein.

Die Familie übte durch die Erziehung und mittels der Familienbande immer einen starken Einfluß auf die wirtschaftliche Betätigung ihrer Mitglieder aus. Die italienischen und niederdeutschen, die oberdeutschen, die aschkenasischen wie die sephardischen Kaufleute betrieben ihre Geschäfte in vielfachen Sippenbeziehungen. Bis weit ins 19. Jh. hinein bildeten Familien und weitere verwandtschaftliche Beziehungen im Fern- und Außenhandel eine besondere Möglichkeit der Sicherung. Um der wirtschaftlichen Erfahrung und Geschäftsgeheimnisse willen wurde und wird auch heute noch oft eine entsprechende Heiratspolitik betrieben.

Auch im handwerklichen Bereich bildeten sich bestimmte Familientraditionen, z. B. von Webern, Schmieden, Bergleuten, Glasmachern und Buchdruckern, von Schiffern und Schiffbauern heraus. Beim Bauern ist der Fortbestand des Hofes in Familienbesitz geradezu eine Hauptforderung, die die Wirtschaftsgesinnung tief geprägt hat und den Vorrang vor rechenhaften Erwägungen besitzt. Auch bei den gewerblichen Unternehmungen mittleren und kleineren Ausmaßes hat die Kontinuität und der Zusammenhang mit der Familie als kraftvoll festgehaltener Grundgedanke sich behauptet. Die im Zusammenhang mit der Industrialisierung erfolgenden sozialen Veränderungen haben die Familienbindungen weitgehend gelöst, am stärksten in den besitzlosen Schichten, wo mit dem Wechsel von Wohnsitz und Arbeitsplatz auch Sitte und Gewohnheit verloren gingen, und erst wieder neue Möglichkeiten und Formen der Verwurzelung sich bilden mußten.

Soziologie und Sozialgeschichte finden wichtige Ergänzungen durch die Anthropologie, und wiederum vor allem da, wo sie es ermöglicht, historische Schichten zu erhellen. Zur historisch orientierten Völkerpsychologie Wilhelm

Wundts hat van den Berg Ansätze einer historischen Psychologie entwickelt, während man in Frankreich, von Maurice Halbwachs und Lucien Febvre angeregt, im Sinn einer histoire psychologique, Interesse an der Mentalität ganzer Epochen und im Zusammenhang damit an ihren geistigen Erkrankungen gefunden hat. Das führt hinüber zu einer historisch orientierten Psychoanalyse.

Die Ansätze von Völkerkunde, Ethnologie, Ethnographie haben neuerdings eine Sondereinrichtung der Ethnohistorie begünstigt, während das deutsche Konzept der Kulturgeschichte im Sinne Huizingas durch ein „morfologisch begrijpen der beschavingen" ersetzt oder überhaupt durch das amerikanische Konzept der „culture history" verdrängt worden ist. Auch Kunst- und Literaturgeschichte werden neuerdings stark sozialgeschichtlich betrieben[8].

[8]) A. Goodwin (Hg.), The European Nobility in the 18th Century, Studies of Nobilities of the Major European States in the Pre-Reform Era, London 1953; O. Brunner, Adeliges Landleben und europäischer Geist, 1949.
[9]) G. Weisser, Quantifizierbares und Nichtquantifizierbares in den Sozialwissenschaften, in: WWI-Mitteilungen XXI, 1968; O. Stammer, Elite und Elitebildung, in: W. Bernsdorff (Hg.), Wörterbuch der Soziologie, ²1969, 217–220; G. Heilfurth, Volkskunde jenseits der Ideologien, zum Problemstand des Faches im Blickfeld empirischer Forschung, 1961; R. Lowie, History of Ethnological Theory, New York 1937; Handbuch der Kulturgeschichte, neu hg. E. Thurnher, 2 Abt. Kulturen der Völker, seit 1961; D. W. H. Schwarz, Sachgüter und Lebensform, Einführung in die materielle Kulturgeschichte des Mittelalters und der Neuzeit, 1970; S. Dalten, Economic Theory and Primitive Society, American Anthropologies 63, 1961; A. Hauser, The social History of Art, 2 Bde, London 1951, dt. 1953; L. L. Schuckin, Soziologie der literarischen Geschmacksbildung, 1961; H. N. Fuegen, Die Hauptrichtungen der Literatursoziologie und ihre Methoden, ⁴1970; L. A. Coser (Hg.), Sociology through Literature, an Introductory Reader, Stonybrook, N.Y., 1963; S. W. Allport, The historical Background of social Psychology, Handbook of Social Psychology I, Reading/Mass. 1954; P. R. Hofstätter, Einführung in die Sozialpsychologie, ²1959; H. U. Wehler (Hg.), Geschichte und Psychoanalyse, 1971; J. H. van den Berg, Metabletica, Grundzüge einer historischen Psychologie, 1960; R. van Caeneghem, Psychologische geschiedenis, in: Tijdschr. v. Geschied. 79, 1965; Ph. Wolff, L'Etude des économies et des sociétés avant l'ère statistique in: l'Histoire et ses méthodes, 847–892; G. Duby, Histoire des mentalités, ebenda, 937–966; R. Mandrou, Introduction de la France moderne (1500–1640), Essai de psychologie historique, Paris 1961.

Die Familie:
R. König, Materialien der Soziologie der Familie, Bern 1946; H. Schelsky, Wandlungen der deutschen Familie in der Gegenwart, ³1955.

Gruppen, Minderheiten:
E. Troeltsch, Die Soziallehren der christlichen Kirchen und Gruppen, 1919;

7. Die Wirtschaft und die Gesellschaft

H. K e l l e n b e n z , Sephardim an der unteren Elbe, Ihre wirtschaftliche und politische Bedeutung vom Ausgang des 16. bis zum Beginn des 18. Jhs., 1958; W. B e r n s d o r f , Gruppe, in: Wörterbuch der Soziologie, 384–401; H. A n g e r I. Teil: Allgemeine Theorie und Probleme der Kleingruppenforschung, in: Kölner Zs. für Soziologie und Sozialpsychologie 18, 1966, Sonderh. 10, 15–43 und 273–280 (Bibl.).

Adel:

A. S c h u l t e , Der Adel und die deutsche Kirche im Mittelalter, 1910; Th. M a y e r , Adel und Bauern im deutschen Staat des Mittelalters, 1943. H. G o l l w i t z e r , Die Standesherren, 1957; H. R ö s s l e r (Hg.), Deutscher Adel 1430–1555, 1965; d e r s. (Hg.), Deutscher Adel 1555–1740, 1965.

Bürger:

F. S t e i n b a c h , Studien zur Geschichte des Bürgertums, in: Rheinische Vierteljahrsbll. 13 u. 14, 1948/1949; H. K e l l e n b e n z , Der italienische Großkaufmann und die Renaissance, in: VSWG 45, 1958; H. R ö s s l e r (Hg.), Deutsches Patriziat. 1430–1740, 1968; H. R ö s s l e r und G. F r a n z (Hg.), Universität und Gelehrtenstand 1400 bis 1800, 1966, 1970.

Bauern:

L. Revesz, Der osteuropäische Bauer, Seine Rechtslage im 17. und 18. Jh. unter besonderer Berücksichtigung Ungarns, Bern 1964.

Standesgesellschaft:

St. C a r l s s o n , Ståndsamhälle och ståndspersoner 1700–1865, 1949; d e r s., Svenskt Ståndscirkulation 1680–1950, Uppsala 1950; Tom S ö d e r b e r g , Den namnlösa medelklassen, Socialgrupp två, Det gamla svenska samhället intill 1770 – talet, Stockholm 1956.

Unterschichten:

E. M a s c h k e u. J. S y d o w (Hg.), Gesellschaftliche Unterschichten in den südwestdeutschen Städten, 1967.

Arbeiter in der vorindustriellen Zeit:

F. M a u r o , La prérévolution du travail (1500 à 1760), in: Histoire générale du travail, Paris o. J.; A. F a n f a n i , Storia del lavoro in Italia dalla fine del secolo XV agli inizi del XVIII, Mailand ²1959.

Arbeiter:

O. H u e , Die Bergarbeiter, 2 Bde, 1910–1913; H. S t e i n , Pauperismus und Assoziation, Soziale Tatsachen und Ideen auf dem westeuropäischen Kontinent vom Ende des 18. bis zur Mitte des 19. Jhs., nach besonderer Berücksichtigung des Rheingebietes, Leiden 1936; L. P r e l l e r , Vom Aufstieg der Arbeitenden, 1953; E. M i c h e l , Sozialgeschichte der industriellen Arbeitswelt, 1948, ³1953; J. K u c z c y n -

ski, Die Geschichte der Lage der Arbeiter in Deutschland, 2 Bde, 1954; W. Conze, Vom Pöpel zum Proletariat, in: VSWG 41, 1954.
H. Schieckel, Quellen zur Geschichte der sozialen Frage in Deutschland 1871 bis zur Gegenwart, 1957; ders., Deutsche Sozialpolitik, 1955; E. Schraepler, Quellen zur Geschichte der sozialen Frage in Deutschland 1800–1870, 1955; J. Höffner, Sozialpolitik im deutschen Bergbau, ²1956; B. Seidel, L. Heyde, L. von Wiese, W. Worringer, G. Savelsberg, Art. Sozialpolitik, in: HdSW, 1956; F. Syrup, Hundert Jahre staatliche Sozialpolitik 1839–1939, bearb. P. O. Neuloh, 1957; E. Born, Staat und Sozialpolitik seit Bismarcks Sturz, 1957; H. G. Kirchhoff, Die staatliche Sozialpolitik im Ruhrbergbau 1871–1914, 1958.

Sozialgeschichte:

A. Hauser, Sozialgeschichte der Kunst und der Literatur, 2 Bde, 1923; H. Proesler, Hauptprobleme der Sozialgeschichte, 1955; F. Steinbach, Der geschichtliche Weg des wirtschaftenden Menschen in die soziale Freiheit und die politische Verantwortung, Arbeitsgemeinschaft für Forschung des Landes Nordrhein-Westfalen 15, 1954; H. Croon, Methoden der Erforschung der gemeindlichen Sozialgeschichte des 19. und 20. Jhs., in: Westfälische Forschungen 8, 1955, 139–149; O. Brunner, Neue Wege der Sozialgeschichte, 1956, ²1968; H. Proesler, Sozialgeschichte, in: HdSW 9, 1956, 447–455; H. Kellenbenz, Probleme einer deutschen Sozialgeschichte der neueren Zeit, Nürnberg o. J.; W. Conze, Die Stellung der Sozialgeschichte in Forschung und Unterricht, in: Gesch. in Wissenschaft u. Unterricht, 1952; ders., Sozialgeschichte, in: Die Religion in Geschichte und Gegenwart 196, VI, 169–174; R. Engelsing, Der Standpunkt der Sozialgeschichte, in: Die Welt als Geschichte XXII, 1962, 124–141; Moderne Deutsche Sozialgeschichte, hg. H. U. Wehler, 1966; H. Maus, Empirische Sozialforschung (Geschichte), in: W. Bernsdorf (Hg.), Wörterbuch der Soziologie, ²1969, 220–224, W. Fischer, Sozialgeschichte, ebenda, 1026–1028.

8. Die Wirtschaft und der Staat

Zwischen dem wirtschaftlich-sozialen Unterbau und dem Staat bzw. seinen Vorstufen besteht ein bestimmtes Verhältnis. Da der Mensch nicht nur als Individuum wirtschaftet, sondern innerhalb engerer und weiterer Gemeinschaften lebt, wird die daraus sich ergebende Zusammenarbeit mit den Mitteln der Machtausübung bzw. Politik organisiert. Dies äußert sich in Formen, die sich im Ablauf der Zeit ständig verändert haben. Der einfachste Ursprung ist die Überlegenheit im Kampf, die gewöhnlich die Herrschaft des Stärkeren begründete und dabei auch die wirtschaftliche Ausnutzung der Schwächeren zur Folge hatte. Es bildete sich dabei die patriarchalische Herrschaft des Familien- und Sippenoberhauptes der primitiven Völkerschaften.

In den höher organisierten Gesellschaften liegt die Verfügungsgewalt über Boden und Arbeitskraft bei den politischen Kräften, die aus dem Kampf um die Führerstellung sich herausgebildet haben. Es entstanden die auf feudaler Grundstruktur erwachsenen antiken Staatenbildungen, von denen das

8. Die Wirtschaft und der Staat

„ägyptische Fronkönigtum" am stärksten die Beherrschung aller wirtschaftlichen Vorgänge zeigt. In Griechenland werden zum erstenmal staatliche Versuche einer Neuverteilung des Bodens vorgenommen, deren Endergebnis jedoch deutlich macht, daß ein Gleichgewichtszustand sich gegenüber der Dynamik des Kräftespiels nicht behaupten kann. Diese Dynamik zeigt auch der Wandel vom germanischen Freibauerntum zur mittelalterlichen Fronhofverfassung, aus der Grundherrschaft und Gutsherrschaft hervorgegangen sind.

Die Städte erlangten ihre wirtschaftlichen Rechte und Freiheiten erst, als es ihnen gelang, Mauern zu bauen und sie durch die unter dem Bürgereid vereinte Bürgerschaft zu verteidigen. Macht- und Besitzverteilung im abendländischen Mittelalter erhielten ihren tieferen Sinn durch die vom Christentum geprägte ständische Ordnung. Im mittelalterlichen Feudalstaat erfolgte die Machtausübung auf der Basis eines Gegenseitigkeitsverhältnisses von Herrschaft und Gefolge als lehnsrechtlicher Personalverband. Strengere Formen der Organisation bildete der absolute Fürstenstaat aus, der sich z. T. schon mit dem Nationalstaat identifizierte und auf Staatsraison und Gottesgnadentum aufbaute. Es folgten die hochorganisierten Staatswesen der kapitalistisch-industriellen Wirtschaft mit ihrem mehr und mehr ausgebauten Verwaltungsapparat. Sie brachten zunächst den Industrialismus der Nationalstaaten mit seinem kombinierten Streben nach politischer und wirtschaftlicher Vormacht, die dann zum neuen Beziehungssystem Industrie- und Agrarstaaten bzw. industriell überlegene und unterentwickelte Länder führte.

Art der Verfassung, Kriege und ihre Folgen, dann die räumliche Ausdehnung sind bestimmte Aspekte, die die Auswirkung des Staatlichen auf die wirtschaftlichen Zusammenhänge und Vorgänge aufzeigen. Dazu kommt der ganze Komplex der Einwirkungen der staatlichen Organisation auf die Wirtschaft, d. h. die Wirtschaftspolitik. Von Wirtschaftspolitik kann man allerdings erst dann reden, wenn das Verhältnis des Staates zur Wirtschaft planmäßig wahrgenommen und bestimmten Zielen unterworfen wird. Zum erstenmal war das – abgesehen von der Antike – in den Stadtrepubliken Italiens der Fall. Von hier an ist die Einwirkung des Staates auf die Wirtschaft immer mehr gewachsen, allerdings nicht in gleichmäßigem Fortschreiten. Es haben sich dabei Formen der Beeinflussung herausgebildet, die man für den absoluten Fürstenstaat und Flächenstaat unter dem Begriff „Merkantilismus" zusammengefaßt hat. Unter dem Einfluß von Rationalismus und Liberalismus gewann im 19. Jh. die Wirtschaft wieder größere Unabhängigkeit gegenüber dem Staat, aber bereits im selben Jahrhundert erfolgte auch vielfach eine Ausweitung der Möglichkeiten staatlichen Eingreifens, die sich im Laufe des 20. Jhs. noch verstärkte und sich in den verschiedenen Formen der Finanzpolitik, in der Gesetzgebung, der Sozial- und Wirtschaftspolitik äußerte, wobei die kommunistischen Systeme und die auf nationalistischer oder faschistischer Basis erstandenen Diktaturen besonders extreme Formen entwickelten. Ein weiteres Phänomen ergibt sich daraus, daß im Verlauf dieser Entwicklung mehr und mehr die Erkenntnismöglichkeiten der Wissenschaft, zunächst der Kameralwissenschaft und dann der Nationalökonomie, zu Hilfe genommen wurden. Dies galt sowohl für den wirtschaftlichen Liberalismus als auch für die verschiedenen wirtschaftspolitischen Richtungen des 20. Jhs. vom Neomerkantilismus und New Deal bis zum marxistisch-leninistisch fundierten Staatskapitalismus der kommunistisch regierten Staatenwelt.

Eine weitere Frage ist es, wieweit das Staatliche durch die wirtschaftlichen Verhältnisse bedingt wird. Marx hat dabei die Dinge zu einseitig gesehen, aber eine Beeinflussung kann nicht geleugnet werden. Tatsächlich haben mit der Ausbildung der Staatlichkeit Prinzipien an Kraft gewonnen, die nichtwirtschaftlicher Art und Herkunft sind. Das gilt für die staatlichen Grundgedanken der Ordnung und des Rechtes, der Kontinuität, der Sicherung des Staatsgebietes, in neuerer Zeit des Zusammenschlusses einer Nation im Staatsverband. Nach wie vor aber machen sich die wirtschaftlichen Interessen einflußreicher Gruppen geltend und wirken auf die Politik ein. Die Stadtstaaten des Mittelalters waren Kaufmannsrepubliken, und sie handelten dementsprechend. Im absolutistisch regierten Staate ist der grundbesitzende Adel die tragende Schicht. Die Zunahme der in Industrie und Banken gesammelten Kapitalien führte zwangsläufig zu einem größeren Einfluß auf die Handlungsweise staatlicher Organisationen.

Besonders ausgeprägte Formen der Beeinflussung des Staatlichen durch wirtschaftliche Verhältnisse ergaben sich im Verlauf der überseeischen Expansion der europäischen Völker im älteren Kolonialsystem und in noch schärferer Form mit der Ausbildung des Imperialismus, als die noch nicht in kräftigen Staatswesen zusammengefaßten Teile der Welt durch die kleine Gruppe der europäischen Großstaaten mit dem Ziel der wirtschaftlichen Ausbeutung besetzt wurden. Allerdings genügen die wirtschaftlichen Antriebe allein nicht zum Verstehen des Gesamtkomplexes. So wie am Anfang die Entdeckerfreude und der christliche Bekehrungseifer standen, so mischte sich in die Vorgänge des 19. Jhs. ein für den Nationalismus typisches Sendungsbewußtsein.

Das Problem der Machtausübung ergibt sich ferner aus dem Verhalten der Besitzenden gegenüber den Besitzlosen oder weniger Besitzenden. Sie kann sich in äußerer Gewalt zeigen, hat aber häufiger die Form der Autorität, den anerkannten oder aber umstrittenen Führungsanspruch, das patriarchalische Verhältnis, das in manchem Falle den Zustand der Sklaverei erträglich machte. Mit der Konzentration wirtschaftlicher Kräfte wächst auch die Versuchung, die dahinter sich bergende Macht wirken zu lassen. Allerdings ruft dies auch wieder entsprechende Gegenkräfte wach, die ihrerseits mit den Mitteln der Macht antworten. Am sichtbarsten äußerte sich dies zuletzt im Gegensatz zwischen den großen Unternehmer- und Wirtschaftsverbänden einerseits und den Arbeitnehmerverbänden andererseits[9].

⁹) *Die Wirtschaft und der Staat:*

O. Hintze, Wirtschaft und Politik im Zeitalter des modernen Kapitalismus, in: Zs. d. ges. Staatswiss. 87, 1929; K. Diehl, Die rechtlichen Grundlagen des Kapitalismus, 1929; E. Salin, Wirtschaft und Staat, 1932; O. von Zwiedineck-Südenhorst, Rechtsbildung, Staatsgewalt und Wirtschaft, in: Jahrb. f. Nat. u. Stat. 1943, 1936, 1–44; O. Gönnenwein, Stapel- und Niederlagsrecht, Quellen und Darstellungen zur hansischen Geschichte, 1939; A. Hamann, Rechtsstaat und Wirtschaftslenkung, 1953; H. Conrad, Individuum und Gemeinschaft in der Privatrechtsordnung des 18. und beginnenden 19. Jh., 1956; F. Meinecke, Die Idee der Staatsraison, in: Ges. Werke I, München 1957.

Imperialismus:

J. A. Hobson, Imperialismus, A Study, London 1905; G. v. Schulze-Gaevernitz, Britischer Imperialismus und englischer Freihandel zu Beginn des 20. Jhs., 1906; R. Luxemburg, Die Akkumulation des Kapitals, 1913; Heinrich Friedjung, Das Zeitalter des Imperialismus, 1884–1914, 3 Bde, 1919–1922; W. Lenin, Der Imperialismus als jüngste Etappe des Kapitalismus, 1921; F. Sternberg, Der Imperialismus, 1926; Ch. Eckert, Alter und neuer Imperialismus, 1932; E. M. Winslow, The Pattern of imperialism, New York 1948; W. Hallgarten, Imperialismus vor 1914, Soziologische Darstellung der deutschen Außenpolitik bis zum ersten Weltkriege, 2 Bde, 1951; J. A. Schumpeter, Zur Soziologie des Imperialismus, in: Aufsätze zur Soziologie, 72–147, 1953; A. P. Thornton, Doctrines of Imperialism, New York 1965; R. F. Behrendt, Soziale Strategie für Entwicklungsländer, Entwurf einer Entwicklungssoziologie, 1965; H. U. Wehler (Hg.), Imperialismus 1970.

9. Die Wirtschaft und das Recht

Wie der Staat, so bildet das Recht einen Komplex von Werten, Organisationsformen und Tätigkeiten, der in verschiedener Weise mit der Wirtschaft verflochten ist. Seit Menschengedenken gibt es Rechtsüberlieferungen, die dazu dienen, regulierend in das Wirtschaftsleben einzugreifen. Der Wirtschaftshistoriker muß deshalb auch über den Bereich der Rechtsgeschichte Bescheid wissen. Die Rechtsgebräuche der frühesten Zeiten wie auch der Naturvölker waren und sind wohl ungeschrieben, aber sie blieben in der Überlieferung von Generation zu Generation, meistens in bestimmten Formeln, lebendig. Wie in der römischen schriftlichen Rechtsüberlieferung nehmen auch in den germanischen Stammesrechten Eigentums- und Besitzverhältnisse einen entsprechenden Platz ein. Für die weitere Rechtsentwicklung und ihren Einfluß auf die Wirtschaft sind dann wichtig die Kapitularien, der Sachsenspiegel des Eike von Repgow sowie die mittelalterlichen Stadtrechte, dann die Herausbildung eines Seerechtes aus Traditionen, die auf Rhodos zurückgehen, und die einerseits in den mediterranen Häfen, anderseits an der atlantischen Küste und im Nord- und Ostseebereich in Hamburg, in

Wisby und Lübeck weiterentwickelt wurden. Daneben entfaltet sich bereits im Mittelalter eine reiche Fülle von Bestimmungen für das wirtschaftliche Leben im Handelsrecht, im Erb- und Bodenrecht, im Bergrecht und in den bäuerlichen Weistümern. Die Rezeption des römischen Rechtes hat diese Überlieferung dann weiter geklärt und ausgeformt. In der neueren Entwicklung gingen bedeutende Anregungen vom Code civil, gen. „Code Napoléon" (1804) aus, und wie in Deutschland das BGB seine Ergänzung im HGB fand, so wurden auch in den anderen Staaten ähnliche Gesetzesbücher aufgestellt. Besondere Schwierigkeiten ergaben sich, als abendländische Rechtsanschauungen im kolonialen Bereich Anwendung fanden, vor allem bei den Indianern, die das Nutzungsrecht am Boden nicht kannten. Konflikte folgenschwerster Art hinsichtlich der Besitzerverhältnisse waren da unvermeidlich, wo der Kommunismus zur Macht kam, der mehr oder weniger radikal vom Grundsatz des Privateigentums abwich[10].

[10]) *Wirtschaft und das Recht:*

Germanische Volksrechte:

F. B e y e r l e , Die Gesetze der Langobarden, 1947; A. P l a n i t z u. Th. B u y k e n , Bibliographie zur Deutschen Rechtsgeschichte, 2 Bde, 1952; K. v. A m i r a u. K. A. E c k h a r d t , Germ. Recht I, 1960; H. C o n r a d , Deutsche Rechtsgeschichte I, ²1962; R. B u c h n e r , Die Rechtsquellen, in: W. Wattenbach u. W. Levison, Deutschlands Geschichtsquellen im Mittelalter, Beiheft, Ndr. 1960; F. W i e a c k e r , Privatrechtsgeschichte der Neuzeit, ²1967; H. C o i n g (Hg.), Handbuch der Quellen und Literatur der neuen europäischen Privatrechtsgeschichte, 3 Bde, 1972f.; W. S e a g l e , A World History of Law, ³1967, dt. 1969.

Handelsrecht:

L. G o l d s c h m i d t , Universalgeschichte des Handelsrechts, ²1891;

Seerecht:

J. v. G i e r k e , Handelsrecht und Schiffahrtsrecht, ⁸1958; H. K e l l e n b e n z , Handelsrecht in: Handwörterbuch zur deutschen Rechtsgeschichte II, 1942–1953 (mit Lit.).

Erbrecht:

H. L a n g e , Lehrbuch des Erbrechts, 1962; H. B a r t h o l o m e y c i k , Erbrecht, ⁷1965. Weitere rechtsgeschichtlich Fragen: W. S t a m m l e r , A. E r l e r , E. K a u f m a n n (Hg.), Handwörterbuch zur deutschen Rechtsgeschichte, 1964ff.

10. Geistig-religiöse Grundkräfte und Leitbilder

Entsprechend der vielfältigen Verflechtung des Wirtschaftsprozesses mit den verschiedenen gesellschaftlichen und staatlichen Formen bestehen auch wichtige Zusammenhänge mit den geistigen Grundkräften, von denen Staat und Gesellschaft getragen werden. Je nach den Leitbildern, die für die einzelnen Kultursysteme galten, waren der Wirtschaft verschiedene Aufgaben zugewiesen. Bei der Analyse dieser Zusammenhänge können die Kulturgeschichte und die Kulturmorphologie wertvolle Anregungen geben. Die erstere schildert den Ablauf der kulturellen Betätigung und Schöpfungen der Menschheit, die letztere vergleicht die kulturgeschichtlichen Erkenntnisse und systematisiert sie. Für sie ist die Wirtschaft wiederum nur ein Teil, der unterste, aber auch breiteste und zum Leben notwendigste Sachbereich, während der Oberbau in Staat und Gesellschaft, in der künstlerischen, religiösen und wissenschaftlichen Betätigung gipfelt.

Die Rechtsordnungen und sonstigen gesellschaftlichen und staatlichen Formen, in denen sich das Wirtschaftsleben abspielt, kommen aus tieferen geistigen und religiösen Anschauungen, aus dem Bereich von Religion und Philosophie, Staats- und Gesellschaftsdenken. Die Wirtschaft als das immer Vorhandene, Selbstverständliche, ist in früheren Epochen weit mehr als dienend empfunden worden, als dies gemeinhin in der neueren Zeit der Fall war. Die Religionen mit ihren Lehren, Riten, Geboten und Verboten und ihrer geistlichen Hierarchie lieferten dabei zunächst die wichtigsten Einflüsse.

Die verschiedenen Verhaltensweisen werden deutlich beim Vergleich der führenden Religionen des Hinduismus, Buddhismus und Islam mit dem Christentum. Den Anhängern der ersteren ist die Arbeit eine Last, keine Verpflichtung. Die rationale Verwendung von Geld oder Kapital war auch im Christentum zunächst nicht üblich; es ließ wohl in seinen Anfängen eine asketische, dem Irdischen abgewandte Richtung offen, kannte aber auch im Mittelalter schon das „ora et labora" der Mönche. Die Haltung des Christen in der abendländisch-mittelalterlichen Welt ist entscheidend beeinflußt worden durch den ständischen Ordogedanken, den Thomas von Aquino am klarsten formuliert hat. Ihm ist Luther in seiner Auffassung von der Stellung des Menschen in der Welt weithin gefolgt, wobei allerdings die Frömmigkeit der guten Werke eine bedeutungsvolle Neuinterpretation fand.

Brachte schon der Berufsgedanke, wie ihn Melanchthon in das lutherische Glaubenssystem eingefügt hat, neue Möglichkeiten der positiven Einstellung zur Betätigung im Bereich der Wirtschaft, so wurde diese Einstellung in der von Calvin begründeten reformierten Richtung noch mehr betont. Aber gemeinsam blieb den religiösen Lehren, daß der Ort des Menschen vom Glauben her, unter Betonung seiner Stellung gegenüber Gott und Christus bestimmt wurde, wobei der Wirtschaft ein mehr oder weniger dienender Platz zugewiesen wurde. Dieser von den großen Meistern der Lehre und ihren Schulen am klarsten vorgetragene Gedanke wurde freilich inzwischen in der alltäglichen Praxis immer wieder vereinfacht und verflachte dementsprechend.

Inzwischen verschaffte sich ein grundsätzlich anderes Leitbild vom Menschen in der Welt Geltung, wobei antike Traditionen und immanente Kräfte des abendländischen Menschen sich verschmolzen. Seine erste deutliche Ausprägung fand es in der geistigen Bewegung der Renaissance, die zur „Entdeckung des Menschen" als einer nach individueller Ausformung verlangenden und für sie bestimmten Persönlichkeit führte. Diese Bewegung, die sich am stärksten im Bereich der „humanistischen" Bildung, der Kunst und der überlegenen Lebensführung äußerte, konnte sich nur in kleinen Kreisen aristokratischer oder großbürgerlicher Prägung entfalten. Aber der mit der Renaissance eingeleitete Prozeß der Säkularisierung des abendländischen Menschen ging weiter und mündete ein in die große Bewegung des Rationalismus, des fortschrittsgläubigen Vernunftglaubens, dessen Idealbild das aus eigener Kraft und Vernunft zur Vollendung fähige Individuum war. Ursprünglich die Lehre weniger philosophischer Geister, wurde er – in entsprechender Vereinfachung – geistiges Eigentum der Gebildeten, dann des Bürgertums und stellte, mit seiner liberalen Grundtendenz immer breitere Schichten erfassend, die wichtigste Voraussetzung für die neue rationale Einstellung zur Wirtschaft dar. Im Mittelpunkt standen nun Forderungen nach zielstrebiger und auf Gewinn bedachter Arbeit des Einzelnen unter Verwendung der technischen Möglichkeiten, die die Entfaltung der Wissenschaften, namentlich seit Newton, zur Voraussetzung hatten.

Es gab dabei scharfe gesellschaftliche und politische Auseinandersetzungen. Als Antwort auf die Extreme der industriellen Umwälzung wie der Französischen Revolution folgte einerseits die konservativ-traditionalistische Einstellung der Romantik und der Restauration, anderseits entwarfen Sozialisten und Kommunisten ihre Leitbilder des sozialen Ausgleiches bzw. des Klassenkampfes. Im Verlauf dieser Entwicklung kam es zu einer steigenden Säkularisierung des menschlichen Denkens. Das Bildungswissen begann das Glaubenswissen zurückzudrängen, ohne es freilich völlig ausschalten zu können. Mit der Zeit bekam dann das technische Wissen und Können größere Bedeutung. Immer mehr geriet dabei die Gesellschaft unter den Einfluß der neuen Kommunikationsmittel, neben das Schulwissen trat die Wissensvermittlung der Vereine, Verbände und Parteien, des Nachrichtenapparates der Zeitung, des Rundfunks und Fernsehens. Dabei wurde das Dilemma deutlicher, daß die Wirtschaft in ihrer Produktion, ihrem Wachstum nicht mit dem Zeitmaß der Kommunikation Schritt halten konnte. So kam es zu Spannungen zwischen den Forderungen, die sich aus dem Leitbild des modernen Menschen ableiten ließen und den in der Natur gegebenen Möglichkeiten, sie zu erfüllen.

Es gehört zu den interessantesten und am tiefsten schürfenden Aufgaben der Wirtschaftsgeschichte, die Spannungen herauszuarbeiten, die in den verschiedenen Epochen und Kulturen zwischen den Gegebenheiten und Möglichkeiten der Wirtschaft und den sich wandelnden Leitbildern der Menschen bestanden[11].

---

[11]) *Geistige Grundkräfte und Leitbilder:*
Lexikon für Theologie und Kirche, 10 Bde, ²1957–1965 (kath); Die Religion in

Geschichte und Gegenwart, 6 Bde, ²1957–1962 (ev); The Encyclopaedia of Islam, 5 Bde, Leiden ²1954; Encyclopaedia Judaica, 16 Bde, Jerusalem 1971.

Islam:

H. A. R. G i b l e , Studies on the civilization of Islam, London 1962; S. D. G o i t e i n , Studies in Islamic history and institution, Leiden 1966; L. G a r d e t , La cité musulmane, Paris 1954; I. M. L a p i c h s , Muslim cities in the later Middle Ages, Cambridge Mass., 1967; S. Y. L a b i b , Handelsgeschichte Ägyptens im Spätmittelalter, 1965.

Mittelalter, Renaissance:

A. D e m p f , Die Ethik des Mittelalters, 1967; J. H ö f f n e r , Statik und Dynamik in der scholastischen Wirtschaftsethik (Arbeitsgemeinschaft f. Forschung des Landes Nordrhein-Westfalen, Geisteswissenschaften H. 38), 1955; M. W e b e r , Die protestantische Ethik und der Geist des Kapitalismus, in: Gesammelte Aufsätze zur Religionssoziologie I, ²1947; E. T r o e l t s c h , Die Soziallehren der christlichen Kirche und Gruppen, in: Gesammelte Schriften I, 1912; R. H. T a w n e y , Religion and the Rise od Capitalism, New York 1926 (dt. Religion und Frühkapitalismus. Eine Historische Studie, Bern 1946).
G. A u b i n , Der Einfluß der Reformation in der Geschichte der deutschen Wirtschaft, 1929; G. G r o e t h u y s e n . Die Entstehung der bürgerlichen Welt- und Lebensauffassung in Frankreich, 2 Bde, 1927, 1931; E. T r o e l t s c h , Die Bedeutung des Protestantismus für die Entstehung der modernen Welt, ⁵1928; H. B e c h t e l , Wirtschaftsstil des deutschen Spätmittelalters, 1930; A. F a n f a n i , Le origini dello spirito capitalistico in Italia, 1933; d e r s., Cattolicismo e protestantismo nella formazione storica del capitalismo, 1934; A. M ü l l e r - A r m a c k , Zur Genealogie der Wirtschaftsstile, ³1944; A. v o n M a r t i n , Geist und Gesellschaft, 1948; d e r s., Soziologie der Renaissance ²1949; Sh. B. C l o u g h , Kultur und Wirtschaft, Der Anteil des ökonomischen Faktors am Steigen und Sinken der Kultur, 1954; J. U. N e f , Cultural foundations of industrial civilization, Cambridge Univ. Press, 1956; K. S a m u e l s s o n , Religion and Economic Action, Stockholm 1961.

Zur Ideologiefrage:

Karl Marx und Friedrich Engels, Die deutsche Ideologie, 1932; Hans B a r t h , Wahrheit und Ideologie, Zürich 1951; Karl M a n n h e i m , Ideologie und Utopie, ³1953; Th. G e i g e r , Ideologie und Wahrheit, 1954; d e r s., Demokratie ohne Dogma. Die Gesellschaft zwischen Pathos und Nüchternheit, 1964; E. S p r a n g e r , Wesen und Wert politischer Ideologien, in: Vierteljahrhefte für Zeitgeschichte 2, 1954; K. R. P o p p e r , Die offene Gesellschaft und ihre Feinde. 1. Bd.: Der Zauber Platons, 2. Bd.: Falsche Propheten. Hegel, Marx und die Folgen, Bern 1957/58.

11. Organisationsformen der Wirtschaft

Der ganze Wirtschaftskomplex ist in seiner historischen Entwicklung so umfassend, daß es ratsam erscheint, sich über einzelne Sachgebiete Klarheit zu verschaffen entsprechend ihrer Funktion im Wirtschaftsprozeß. Die Natur liefert die Güter mit wenigen Ausnahmen nicht schon im gebrauchsfertigen Zustand. Sie müssen erbeutet, angebaut, gesammelt und abgebaut werden. Diese Aufgaben können nicht von einem Einzelnen bewältigt werden; so sehen wir schon in der Frühzeit sich Gemeinschaften bilden, um die Wirtschaft zu organisieren. Gerade in der frühen Zeit spielten Gemeinschaftsformen eine besonders wichtige Rolle, so auf der Jagd, beim Fischen, beim Bestellen der Felder. Auch in der Landnahme der Germanen wurde weithin das genossenschaftliche Prinzip gehandhabt, insbesondere bei der Nutzung von Wald und Weide und beim Flurzwang, während in der slawisch-russischen Welt die Gemeinschaftsform im „Mir" eine Sonderprägung erfahren hat. Wohl schon in die Steinzeit zurückgehend, kommt die Grundherrschaft als weiteres organisatorisches Element hinzu, das mit der genossenschaftlichen Form zu zahlreichen, lokal variierenden Mischungen zusammenwuchs und später in den ostelbischen Kolonisationsgebieten zur Gutsherrschaft und damit verbundenen Gutswirtschaft ausgebaut wurde.

Genossenschaftliche Formen der Naturalwirtschaft wurden in die städtische Geldwirtschaft übernommen, die auf den genossenschaftlichen Zusammenschlüssen der Kaufmannsgilden sowie der Ämter und Zünfte der Handwerker aufgebaut war. Die Organisation des Bergbaues entwickelte ganz eigene Formen, die in den alten Bergrechten ihren Niederschlag fanden. Mit dem Ausbau des kommerziellen Kapitalismus kam es auch zu nicht genossenschaftlichen Zusammenschlüssen; vor allem die Handelsgesellschaften mit ihren wichtigen Ausprägungen der Commenda, der Societá, der Familien- und offenen Handelsgesellschaft, des Depositums und der Kommanditgesellschaft, wie auch der Partenreederei sind diese neuen Organisationsformen.

Bergbau und Hüttenwesen ließen Gewerkschaften und Handelsgesellschaften entstehen. Die überseeische Expansion brachte die privilegierte Aktiengesellschaft, während der Versicherungsgedanke in der Form der See- und Feuerversicherung zum Ausdruck kam. Schon in der Antike und in neuen Formen im Laufe des Mittelalters trat neben den Warenverkehr der Geldverkehr mit dem Wechsel und den privaten und öffentlichen Bankbetrieben. Mit der zunehmenden Technisierung gewann auch die Organisation des Verkehrs- und Nachrichtenwesens eine erhöhte Bedeutung. Interessenverbände bildeten sich, als die Wirtschaft immer differenzierter und weniger überschaubar wurde. Kannte schon das Spätmittelalter die Einrichtung der Börse und der Konsuln, so bildeten sich im 16. und 17. Jh. die den Kaufmannsstand vertretenden Ausschüsse, aus denen im Lauf des 19. Jhs. die Handelskammern wurden. Zur selben Zeit schlossen sich die Handwerker und Bauern zu Innungen und Genossenschaften zusammen. Schließlich brachten Klassenkampf und Arbeiterfrage die Genossenschaftsbewegung der Gewerkschaften, während die Unternehmer, besonders der Großindustrie, Kartelle und Verbände bildeten. Im Zusammenhang mit dieser Neuorganisation im Laufe der Industrialisierung erfolgte auch eine immer stärkere Kon-

11. Organisationsformen der Wirtschaft

zentration der Industriebetriebe und des dahinter stehenden Kapitals zu Trusts und Konzernen im Sinne einer vertikalen und horizontalen Konzentration. Dieser Entwicklung entsprechend, erweiterte die Industrie ihren betriebswirtschaftlichen Apparat mit Generaldirektoren und Aufsichtsratvorsitzenden an der Spitze und Betriebsleitern als Exponenten des neuen Typs des Managertums[12].

[12]) *Genossenschaften:*
B. Kuske, Die kulturhistorische Bedeutung des Genossenschaftsgedankens, in: Die Genossenschaft 1, 1928; W. Wygodzinski, Das Genossenschaftswesen in Deutschland, [2]1929; Th. Heuß, Schulze-Delitzsch, Leistung und Vermächtnis, 1948; H. Faust, Schulze-Delitzsch und sein genossenschaftliches Werk, 1949; K. Schmidt, Die Genossenschaft, Ihre Geschichte, ihr Wesen und Recht und ihre Entwicklung in Deutschland, 1949; R. Henzler, Genossenschaftswesen, 1952; G. D. H. Cole, Ein Jahrhundert englische Genossenschaftsbewegung, 1954; W. Krebs, Friedrich Wilhelm Raiffeisen, [3]1955.

Zünfte:
G. v. Below und E. Baasch, Zünfte, in: Wörterbuch der Volkswirtschaft [4]1933; G. Mickwitz, Die Kartellfunktion der Zünfte und ihre Bedeutung bei der Entstehung des Zunftwesens, = Societas Scient. Fennica, Commentationes Human. Litt. VIII, 3, 1936; G. Aubin und A. Kuntze, Leinenerzeugung und Leinenabsatz im östlichen Mitteldeutschland zur Zeit der Zunftkäufe, 1940; E. Coornaert, Les ghildes médiévales, Définition-évolution, in Revue Historique Bd. 199, 1948; C. Wyffels, De oorsprong der ambachten in Vlaanderen en Brabant, Brüssel 1951.

Verlagswesen:
Fr. Furger, Zum Verlagssystem als Unternehmungsform des Frühkapitalismus im Textilgewerbe, 1927; H. Kellenbenz, Ländliches Gewerbe und bäuerliches Unternehmertum in Westeuropa vom Spätmittelalter bis ins 18. Jh., in: Deuxième Conférence Internationale d'Histoire Economique Aix-en-Provence, 1962, Bd. 2, Paris-La Haye 1965, 377–428.

Unternehmungsformen:
J. Strieder, Studien zur Geschichte kapitalistischer Organisationsformen, Monopole, Kartelle und Aktiengesellschaften im Mittelalter und zu Beginn der Neuzeit, [2]1925; R. Liefmann, Kartelle, Konzerne, Trusts, [8]1930; C. Bauer, Unternehmungen und Unternehmungsformen im Spätmittelalter und in der beginnenden Neuzeit, 1936; J. Höffner, Wirtschaftsethik und Monopole im 15. und 16. Jh., 1941; W. R. Scott, The Constitution and Finance of English, Scottish and Irish Joint-Stock Companies to 1720, 3 Bde, New York [2]1951; H. Kellenbenz, Zur Geschichte der portugiesischen Handelskompagnien, in: Wirtschaft, Geschichte und Wirtschaftsgeschichte, Festschrift F. Lütge, 1966, 99–118; E. Maschke, Deutsche Kartelle im späten Mittelalter und im 19. Jh., vor 1870, in: Wirtschaftliche und soziale Probleme der gewerblichen Entwicklung im 15.–16. und 19. Jh., 1968, 102–114.

Arbeiterorganisationen:

R. P e i d e l , Die Gewerkschaftsbewegung in Deutschland, 1952; H. W a r n c k e , Überblick über die Geschichte der Gewerkschaftsbewegung, ³1954; F. J. F u r t w ä n g l e r , Die Gewerkschaften, Ihre Geschichte und internationale Auswirkung, Rowohlts deutsche Enzyklopädie 34, 1956; H. V a r e i n , Freie Gewerkschaften, Sozialdemokratie und Staat, 1956.

Hanse:

K. P a g e l , Die Hanse, 1942, ²1952; Städtewesen und Bürgertum als geschichtliche Kräfte, Gedächtnisschrift für Fritz Rörig, 1953; Ph. D o l l i n g e r , La Hanse (XIIe–XVIIe siècles), Paris 1964.

12. Hauptzweige der Wirtschaft

Im Laufe dieser jahrtausendelangen Entwicklung hat sich der Vorgang des Wirtschaftens aus primitiven Anfangsformen in eine Vielzahl von Haupt- und Nebenzweigen aufgegliedert. Zunächst gab es die Tätigkeit des Sammlers und Jägers, dann kam der Viehzüchter und Landwirt hinzu. Bereits in dieser Zeit haben wir den Stein- und Bergbau. Hinsichtlich der frühen Stufen dieser wirtschaftlichen Betätigung können Nachbarwissenschaften, vor allem die Geologie, Botanik und Geographie helfen, unser Wissen zu bereichern.

Die Landwirtschaft und der Bergbau bleiben dann für die weitere Entwicklung die wichtigsten Zweige der Beschaffung von Rohstoffen, wobei die Ausweitung in die Guts- und Plantagenwirtschaft und die Erdölgewinnung die charakteristischsten Neuerungen waren.

Aus der Verarbeitung der Grund- und Rohstoffe ergibt sich das weite Feld des Gewerbes, das sich mit der Industrialisierung und Technisierung in die Hauptzweige der Montan-, Elektro-, Maschinenbau-, Chemie-, Textil- und Lebensmittelindustrie aufgespalten und dem Handwerk nur noch eine schmale Existenzbasis gelassen hat.

In den agrarisch betonten Wirtschaftssystemen spielte der Vertrieb der Fertigwaren auf dem Markt, im Handel eine untergeordnete Rolle. Erst im Aufblühen des Gewerbes und der Ausbildung des Verkehrswesens gewann der Handel eine immer größere Bedeutung und weitete sich schließlich zum Welthandel aus. Neben die Handelsgeschichte tritt in diesem Zusammenhang die Verkehrsgeschichte mit ihren besonderen Sachgebieten des Schiffsbaus, der Schiffahrt, der Erfindungen und Entdeckungsreisen, des Landstraßenverkehrs, Kanal- und Eisenbahnbaus, Kraftwagen- und Luftverkehrs, mit einem bestimmten Verkehrs- oder Speditionsgewerbe, dem Maklerwesen und den Vermittlerinstitutionen der Messen und Börsen sowie dem Nachrichtenwesen mit der Post, dem Telefon, Telegrafen, der Zeitung, der Fachpresse und dem Funk.

Hier weitet sich der tertiäre Sektor zum Geld- und Kreditwesen. Dieses ist durch Jahrhunderte hindurch aufs engste mit dem Handel verbunden, doch tritt schon im Mittelalter eine gewisse Spezialisierung ein. Zum Wechsler treten die öffentlichen Banken, bis sich im Lauf des 19. Jhs. ein differenziertes Bankgewerbe herausbildete, zu dem sich das Versicherungsgewerbe gesellte.

Einen weiteren Bereich des Wirtschaftsprozesses stellt der Bedarf und Verbrauch dar. Er ist entsprechend der jeweiligen Landschaften und Klimazonen recht verschiedenartig und gliedert sich auch entsprechend der gesellschaftlichen Schichtung und dem Zivilisationsstand von den einfachen Bedarfsgütern bis zu den kostbaren Luxusartikeln. Im Rahmen des Bedarfs und Konsums der Verkehrswirtschaft spielt die Kaufkraft ihre Rolle, die wiederum bedingt ist durch die Löhne. Neben dem privaten Bedarf ist der öffentliche Haushalt der Kirchen, Städte, Fürsten- und großen Nationalstaaten zu einem Bedarfsträger von wachsender Bedeutung geworden. Heere, Flotten, das Befestigungswesen haben die Wirtschaft in immer stärkerem Maße beansprucht. In der neuesten, durch wachsenden Lebensstandard gekennzeichneten Zeit hat sich mit der Werbung und dem Modewesen eine bestimmte Technik der Beeinflussung der „Konsumgesellschaft" herausgebildet[13].

[13]) *Hauptzweige der Wirtschaft:*

Landwirtschaft:

W. A b e l , Agrarkrisen und Agrarkonjunktur, 1935, ²1966; F. L ü t g e , Die bayrische Grundherrschaft, 1949; A. T i m m , Studien zur Siedlungs- und Agrargeschichte Mitteldeutschlands, 1951; H. und G. M o r t e n s e n , Über die Entstehung des ostdeutschen Grundbesitzes, 1955; F. L ü t g e , Die mitteldeutsche Grundherrschaft und ihre Auflösung ²1957; d e r s., Geschichte der deutschen Agrarverfassung, 1963; W. A b e l , Deutsche Agrargeschichte, 1962; B. H. S l i c h e r v a n B a t h , De agrarische geschiedenis van West-Europa (500–1850), Utrecht 1962; H. H a u s h o f e r , Die deutsche Landwirtschaft im technischen Zeitalter, 1963; Villages désertés et histoire économique, XIe–XVIIe siècle, Paris 1965.

Forstwirtschaft:

H. R u b n e r , Forstgeschichte im Zeitalter der industriellen Revolution, 1967.

Fischerei:

K. J a g o w , Kulturgeschichte des Herings, 1920; W. R a d c l i f f e , Fishing from the earliest Times, London ²1926.

Bergbau, Handwerk und Industrie:

B. G i l l e , Les origines de la grande industrie métallurgique en France, Paris o. J. (1947); A. M. P r y m , Staatswirtschaft und Privatunternehmung in der Geschichte des Ruhrkohlenbergbaus, 1950; F. D o h m e n , Das Gedingewesen im Bergbau, 1953; F. F r i e d e n s b u r g , Die Bedeutung des Bergbaus in der Weltwirtschaft und in der Weltpolitik, 1953; J. K ö h l e r , Die Keime des Kapitalismus im sächsischen Silberbergbau, 1955; G. Gebhardt, Ruhrbergbau, Geschichte, Aufbau und Verflechtung seiner Gesellschaften und Organisationen, 1957; H. R. Schubert, History of the British Iron and Steel Industry to 1775, 1957; J. Vlachović, Slovenská med v 16. a 17. storoci, Bratislava 1964; W. Bogsch, Der Marienberger Bergbau seit der zweiten Hälfte des 16. Jhs., 1966; F. Schunder, Geschichte des Aachener Steinkohlenbergbaues, 1968; R. Sprandel, Das Eisengewerbe im Mittelalter, 1968.

Handwerk und Industrie:

O. D. Potthof, Kulturgeschichte des deutschen Handwerks mit besonderer Berücksichtigung seiner Blütezeit, 1938; H. Mitgau, Berufsvererbung und Berufswechsel im Handwerk, 1952; K. Abraham, Der Strukturwandel des Handwerks in der ersten Hälfte des 19. Jhs., 1955; M. Rumpf, Deutsches Handwerkerleben und der Aufstieg der Stadt, 1955; W. Fischer, Handwerks-Recht und Handwerks-Wirtschaft um 1800, 1955; ders., Quellen zur Geschichte des Deutschen Handwerks, 1957; W. Wernet, Kurzgefaßte Geschichte des Handwerks in Deutschland, [5]1969; David Landes, The unbound Prometheus, Technological change and industrial development in Western Europe from 1750 to the Present, Cambridge University Press 1969. Vgl. auch Zünfte, Technikgeschichte.

Verkehr:

Deutsche Verkehrsgeschichte, Hrsg. Reichsverkehrsministerium, 1939; H. Kellenbenz, Landverkehr, Fluß- und Seeschiffahrt im europäischen Handel (Spätmittelalter Anfang des 19. Jhs., in: Les grandes voies maritimes dans le Monde, XVe–XIXe siècles, Rapport présentés au XIIe Congrès International des Sciences Historiques, Paris 1965, 65–174; Fritz Voigt, Verkehr, 2. Bd. 1. u. 2. Hälfte: Die Entwicklung des Verkehrssystems, 1965.

Handel:

W. Langenbeck, Geschichte des Welthandels der Neuzeit, 1926; J. Lacour-Gayet (Hg.), Histoire du Commerce, 5 Bde, Paris 1950–1953; C. Day, A History of Commerce, New York, 1951; A. Sapori, Le marchand italien au moyen âge, Paris 1952; F. Melis, Aspetti della vita economica medievale I, Florenz und Siena 1962; H. Kellenbenz, Handelsgeschichte, in HdSW Bd. 4, 1965, 794–812 (dort weitere Lit.).

Bankwesen vor dem 19. Jh.:

E. H. Vogel, Zur Geschichte des Giralverkehrs im Altertum, in: VSWG 29, 1936, 337–359; J. G. van Dillen (Hg.), History of the principal public banks, Den Haag 1934; A. P. Usher, The Early History of Deposit Banking in Mediterranean Europe, Cambridge/Mass. 1943; J. Clapham, The Bank of England, 1: 1694–1797, 2: 1797–1914, Cambridge 1944; R. de Roover, The Medici Bank, New York 1948; R. Fuchs, Der Banc(h)o Publico zu Nürnberg, 1955; Joseph de la Vega, Confusion de Confusiones, 1688, übers. v. O. Pringsheim, Die Verwirrung der Verwirrungen, Vier Dialoge über die Börse in Amsterdam, 1919. Amerik. Ausgabe, übersetzt und eingeleitet von H. Kellenbenz, A. Cole (Hg.), Boston/Mass. 1957; G. Frhr. von Pölnitz, Jakob Fugger, 2 Bde, 1949 u. 1951; ders., Anton Fugger, 4 Bde, 1958–1971; R. de Roover, The Rise and Decline of the Medici Bank 1397–1494, Cambridge/Mass. 1963; L. Poliakov, Les banchieri et le Saint-Siège du XIIIe au XVIIe siècle, Paris 1965; H. Lüthy, La banque protestante en France de la Révocation de l'Edit de Nantes à la Révolution, 2 Bde, Paris 1959 u. 1961; F. Ruiz Martin, La Banca en España hasta 1782, o.O., o. J.; W. v. Stromer, Oberdeutsche Hochfinanz 1350–1450, 3 Tle, 1970.

Bankwesen des 19. und 20. Jhs.:

R. Cameron, France and the Economic Development of Europe, 1800–1914, Princeton 1961; R. Tilly, Financial Institutions and Industrialization in the German Rhineland 1815–1870, Madison/Wisc. 1966; M. Lévy-Leboyer, Les banques europeénnes et l'industrialisation internationale dans la première moitié du XIXe siècle, Paris 1964; R. Cameron, O. Crisp, H. T. Patrick, R. Tilly, Banking in the early Stages of Industrialization, A Study in Comparative Economic History, Oxford Univ. Press 1967 (dort weitere Lit.).

Konsum und Lebensstandard:

J. Fourastié, La Productivité, Paris 1952; P. Combe, Niveau de vie et progrès technique en France (1860–1939), Paris 1956; R. König, Die Mode in der menschlichen Gesellschaft, in: R. König und Peter W. Schoggisser (Hg.), Die Mode in der menschlichen Gesellschaft, Zürich 1957, 1–71; Braudel, Civilisation modérielle et Capitalisme, 78ff., 134ff., 199ff. Zu Geld, Preise, Löhne vgl. Anm. 5.

Finanzen:

F. Boesler, Stand und Aufgaben der Finanzgeschichtsforschung, in: Schmollers Jahrbuch 65, 137–165, 1941; G. Schmölders, Allgemeine Steuerlehre, 1951; Th. Mayer, Geschichte der Finanzwirtschaft vom Mittelalter bis zum Ende des 18. Jhs., Hb. d. Finanzwiss. ²I, 1952; R. Stucken, Deutsche Geld- und Kreditpolitik 1914–1953, ²1953; R. Kerschagl, John Law. Die Erfindung der modernen Banknote, Wien 1956; F. Altheim u. R. Stiehl, Finanzgeschichte der Spätantike, 1957; F. Lütge, Finanzgeschichte, in: HdSW III, 1961, 508–604 (mit Lit.).

13. Struktur und Dynamik – Krisen und Konjunkturen

Der Wirtschaftsprozeß ist kein Vorgang, der von sich aus abläuft. Aus der Anonymität der Massenhaftigkeit des gesamten Geschehens heben sich große treibende Kräfte ab, als deren Werkzeuge Einzelne, Gruppen, Völker und Staaten erscheinen. Sie bilden das dynamische Element gegenüber all dem, was den Zustand des Verharrens begünstigt, zur Verdichtung des Strukturellen beiträgt. Auf die Erhellung dieser strukturellen Elemente ist die Strukturgeschichte gerichtet im Gegensatz zur Geschichte, die nur auf „événements", d. h. Ereignissen aufbaut.

Eine Grundeigenschaft der Wirtschaft ist die Vorsorge. Das Streben nach Sicherung der Existenz ist einer der wichtigsten Charakterzüge des wirtschaftenden Menschen. Dieses Streben führt den Einzelnen dazu, Eigentum zu erwerben und zu bewahren sowie Methoden des Arbeitens und Wirtschaftens zu entwickeln. Es ist gleichzeitig eine der Grundquellen des Rechts als eines Systems der gesellschaftlichen Sicherung, die in den sozialen Zusammenschlüssen die Festlegung von Eigentums- und Nutzungsregeln bewirkt. Im Streben nach der Sicherheit entwickeln die sozialen Gruppen Maßnahmen, die sie gegen andere abheben. Dabei entstehen im Laufe der Zeit Systeme der Wertung und Ideologien.

Angesichts drohender Gefahren wird die Sicherung der Existenz als ein entscheidender Wert erfaßt, dem viele andere untergeordnet werden. Das hinter diesem Streben sich verbergende traditionalistische Verhalten ist eine Grundeigenschaft des Lebens. Ein von solchem traditionalistischen Verhalten bestimmtes Wirtschaften kann sein Übergewicht gegenüber den auf einen Wandel hinzielenden Kräften oft über Generationen hin behaupten. Namentlich in Kulturen, die wenig Kontakt nach außen pflegten, war das der Fall. In der neueren Zeit äußerte sich solches Verhalten mit am interessantesten in der Maschinenstürmerei der Ludditen; aber sie hatten ebensowenig dauernden Erfolg wie die anfänglich so zahlreichen Gegner der Eisenbahn.

So ist die Auseinandersetzung zwischen den auf Sicherung bedachten und den Neues wagenden Kräften ein wichtiger Aspekt des wirtschaftlichen Prozesses. Immer wieder treten Einzelne oder Gruppen auf, die über den Rahmen der Existenzsicherung hinaus nach mehr Besitz streben. Größerer Wohlstand bedeutet zugleich die größere Möglichkeit, die Lebensgestaltung über das Niveau der Existenzsicherung hinauszuheben und höhere Lebensziele anzustreben. Dieses Streben zeigt sich schon in einfachen Zivilisationen, bei viehzüchtenden Nomaden in der Vergrößerung der Herde, bei Ackerbauvölkern in der Rodung und Erschließung neuer Böden. Von hier aus ergibt sich ein wichtiger Antrieb zu Tausch und Handel. Oft kommen zu den wirtschaftlichen Mitteln der Ausweitung des Siedlungsraumes und der Steigerung der Produktion solche nicht wirtschaftlicher Art, Eroberung, Raub und Freibeute.

Mehr als die von der Natur gegebenen Verhältnisse, als Viehzucht und Ackerbau, gewähren Handel und Gewerbe die Möglichkeit, den Wohlstand durch Gewinn rascher und in stärkerem Maße zu vergrößern. So ist der im wirtschaftlichen Sinne unternehmende Mensch gerade mit der Tätigkeit im Bereich von Handel und Gewerbe verbunden. Auch der Wikinger, der Entdecker und der in den Westen Amerikas ziehende Pionier waren unternehmende Menschen, doch war ihr Hauptstreben nicht eindeutig auf Gewinn aus wirtschaftlicher Tätigkeit gerichtet. In der abendländischen Entwicklung, die ein hohes Maß an Dynamik bewies, sind entscheidende Antriebe für die Wirtschaft von den Unternehmern ausgegangen, Menschen, die es verstanden, jene Gewinnmöglichkeiten zu erkennen und zu nutzen, die ihnen ihre Zeit, namentlich aber die Neuerungen erfinderischer Zeitgenossen boten.

Unternehmerische Tätigkeiten können aber auch von überindividuellen

Kräften ausgehen. Die wichtigsten unter ihnen waren diejenigen der Herrschaftsgruppen und Staaten, deren Verhältnis zur Wirtschaft allerdings verschiedene Formen annehmen konnte. Es konnte sich beschränken auf eine nur den Rahmen bestimmende Gesetzgebung und auf die Bestrafung derjenigen, die bestimmte Wirtschaftsordnungen verletzten, oder aber eine zentrale Führung aller Wirtschaftstätigkeit anstreben. Schon früh zeigten die Stromkulturen am Nil und Mesopotamien eine sehr starke Beeinflussung durch die zentralen Instanzen des Königs oder der Priesterschaft. Das späte Rom versuchte, durch solchen Zentralismus seinen Verfall aufzuhalten. Die abendländische Wirtschaft ist gekennzeichnet durch die großen Handelsrepubliken und den allmählichen Ausbau der Herrschaftsbildungen zu organisierten Staaten, die sich schließlich in der Epoche des Merkantilismus zum erstenmal ihren Behördenapparat für den wirtschaftlichen Sektor schufen. Im Rahmen dieser Entwicklung bekommt auch der Komplex der Wirtschaftspolitik zunehmendes Gewicht.

Die Frage nach dem Aufstieg und Niedergang der Völker beschäftigt die Geschichtsschreiber schon seit der griechischen Antike. Die Vorstellung von den Weltzeitaltern und der Kreislaufgedanke waren frühe Antworten darauf. Die jüdische, die christliche, die islamische Geschichtsauffassung, die Geschichtsschreibung der Renaissance und der Aufklärung haben diesem Thema neue Aspekte abgewonnen. Innerhalb der großen Schemata des Geschichtsablaufes gab der Niedergang einzelner Wirtschaftskörper den Anlaß, sich mit diesem Problem gesondert zu beschäftigen. Das war in Spanien während des 16. und 17., in Venedig während des 18. Jhs. der Fall. An der Beobachtung krisenhafter Zustände im Wirtschaftsablauf schärfte sich der Blick für das, was man später „Wechsellagen" nannte. Man begann zu unterscheiden zwischen Krisenzuständen, die bedingt wurden durch Naturereignisse, Mißernten, Seuchen und Klimaverschlechterungen (Sonnenflecken, Gletscherbewegung) oder durch Krieg und Eroberung. Dabei fand man, daß mit dem Aufkommen der gewerblich-kaufmännischen Wirtschaft aus der wirtschaftlichen Tätigkeit selbst krisenhafte Zustände erwachsen konnten, zunächst in der Form von Handels- und Spekulationskrisen (Tulpenkrise, Krise von 1763), bis sich mit dem Übergang zum industriellen Kapitalismus ein Ablauf der Wirtschaft in Konjunkturzyklen mit einem bestimmten Schema des Auf- und Abschwunges zeigte, dessen historischer Verlauf das Aufgabengebiet der Konjunkturgeschichte darstellt[15].

An den Anfängen der Konjunkturtheorie stehen Männer wie Malthus und Simonde de Sismondi. Der erstere sah im Rahmen seiner bevölkerungswissenschaftlichen Untersuchungen, daß das zu starke Sparen der Reichen zu Überproduktion und Absatzschwierigkeiten führen konnte. Simonde de Sismondi suchte die Erklärung in zu geringem Verbrauch der Arbeiter. Karl Marx nahm für die kapitalistische Wirtschaft eine dauernde Abfolge von Expansion und Krise aus dem Gegensatz zwischen dem Wachstum der Produktion und der begrenzten Aufnahmefähigkeit des Marktes an.

Die regelmäßig seit den zwanziger Jahren des 19. Jhs. wiederkehrenden immer weltweiter sich auswirkenden Krisen, besonders diejenigen von 1857 und 1873 haben dann die Aufmerksamkeit auf die Problematik solcher Krisen geschärft. Ein wichtiger Anstoß für eine empirisch-statistisch-historische Untersuchung der wirtschaftlichen Konjunkturperioden ging vom Franzosen Clément Juglar (1860) aus, der einen Konjunkturzyklus von 8–10 Jahren (kurzer oder Lagerzyklus) gegeben sah. Nach ihm bemühten sich vor allem der Holländer S. de Wolff, der Deutsche Arthur Spiethoff und der Russe N. D. Kondratieff mit dem Problem wiederkehrender, scheinbar rhythmischer Aufschwungs- und Abschwungsphasen des Wirtschaftslebens von langfristiger Dauer. Über Arten, Gründe und Auswirkungen dieser Bewegungen besteht jedoch bis heute keine einheitliche Meinung, manche Wissenschaftler lehnen diese Einteilungs- und Erklärungsversuche gar als statistische Kunstgriffe ab. Besonders für England und Amerika hat die Erforschung der Wirtschaftskonjunkturgeschichte aber so eindeutige Ergebnisse erzielt, daß die Existenz langer Schwingungen nicht mehr bezweifelt werden kann. Kondratieff entdeckte bei seinen historisch-statistischen Untersuchungen, daß unter den 8–10jährigen Juglar-Wellen eine lange Welle von etwa 40–60 Jahren mitschwingt und dem Agrarsektor innerhalb der wirtschaftlichen Entwicklung eine teilweise Sonderstellung zukommt. Der Schwede K. Wiksell wies auf Vorgänge auf dem Geldmarkt hin. In diesem Sinn zeigte M. Friedman am Beispiel der Entwicklung in den USA, daß jedem Abschwung ein Rückgang des Geldumlaufs und jedem Aufschwung eine Geldausweitung vorausging. Kitchin hat auf eine 40-Monatswelle hingewiesen, in der offenbar so etwas wie ein Lagerzyklus zum Ausdruck kommt. Einen interessanten neuen Aspekt brachte schon 1912 J. Schumpeter in seinem Buch „Theorie der wirtschaftlichen Entwicklung", als er ebenso wie später Kondratieff eine Verbindung zwischen Zyklus und Wirtschaftsentwicklung herstellte. Er sah in den zyklischen Bewegungsabläufen der Wirtschaft einen immanenten Wesensbestandteil der kapitalistischen Wirtschaft. Hatte bis dahin in den Beschreibungen eine statische Betrachtungsweise dominiert, in deren Zentrum ein natürlicher Gleichgewichtszustand herrschte, der von irregulären und zeitlich begrenzten Störungen beeinflußt wurde, so wurde mit dem Übergang von einer statischen zu einer dynamischen Betrachtungsweise der Mechanismus der Entwicklung zum Kernproblem. Bei Schumpeter ist die zentrale Figur der Unternehmer, der mit Hilfe von Krediten eine Neukombination der Produktionsmittel durchsetzt und durch diese „innovations" den Konjunkturzyklus hervorruft. Im Zuge der Intensivierung der weltwirtschaftlichen Verflechtung und den großen Erschütterungen des Wirtschaftsgefüges durch die beiden Weltkriege, die Kitchin- und Kondratieffzyklen verzerrten, und die Weltwirtschaftskrise ergaben sich auch bei der Erforschung der Konjunkturgeschichte neue Fragestellungen und Akzentverschiebungen. Neue Antriebe erhielt diese Richtung der dynamischen Zyklenmodelle durch J. M. Keynes. Jetzt wurden die sogenannten Multiplikatoren und Akzeleratoren entwickelt, wobei das Zeitelement der Auswirkung berücksichtigt und sozialpsychologische Einflüsse beachtet wurden. A. Lösch und R. Easterlin wiesen auf den besonderen Zusammenhang mit der Bevölkerungsbewegung hin. Die Erschließung immer neuen Datenmaterials durch die quantitative Methode verfeinert das Instrumentarium der Konjunkturtheorie immer mehr. Doch bleibt die große, durch mangelndes Quellenmaterial bedingte Schwierigkeit, über die Schwelle des ausgehenden 18. Jhs. weiter zurückzugelangen.

Hier hat die französische Forschung wertvolle Beiträge geliefert. E. Labrousse hat in Anlehnung an Juglar auf das Wetter als exogenen Faktor und die dadurch bewirkten Mangelkrisen wegen schlechter Ernteausfälle hingewiesen. Mittels der Braudelschen longue durée sucht man heute bis zum Pesteinbruch der Mitte des 14. Jhs. zurückzugelangen und läßt eine lange Welle des Aufschwungs mit dem ausgehenden 15. Jh. einsetzen und bis ins 17. Jh. gehen, wobei über die Grenzen diskutiert wird. Pierre Chaunu hat an Hand des statistischen Materials, das ihm seit dem 16. Jh. zur Verfügung stand, ein Entwicklungsschema der Weltkonjunktur erarbeitet, einschließlich des fernen Ostens. Für den Ackerbau betont er nach der langen Preissteigerungstendenz bis zu Beginn des 17. Jhs. eine lange Horizontale durch das 17. und den Anfang des 18. Jhs. Für die anderen Sektoren stellte er Abweichungen dar, wobei er die rasche Fluktuation des Kolonialhandels betonte. Frédéric Mauro teilt den langen Rückgang des 17. Jahrhunderts in sieben „Demi-Kondratieffs" ein. Allerdings muß betont werden, daß monetäre Studien und Preisreihen bislang die Hauptquellengrundlage dieser Gliederung war. Hier müßten noch ergänzende Arbeiten aus anderen Sektoren, vor allem des Handels und der Industrie hinzukommen.

Heute steht die Frage des Wachstums im Mittelpunkt der Betrachtung, wobei neben empirisch-historischen Untersuchungen über Gründe, Verlauf sowie quantitative und qualitative Wesenszüge vergleichende Modelle über ein gleichgewichtiges Wachstum erstellt werden und unterschieden wird zwischen entwickelten und unterentwickelten Ländern. Zu nennen sind hier vor allem Arthur Lewis, W. W. Rostow, Evsey D. Domar, Simon Kuznets und Alexander Gerschenkron.

Der Wachstumstheorie geht es vor allem um den Trend, den langfristigen Durchschnitt, die Konjunkturschwankungen bemüht sie sich zu eliminieren. J. R. Hicks sucht sie allerdings in der Weise mit der Konjunkturtheorie zu kombinieren, daß er zyklische Wellen um einen „Wachstumspfad" oszillieren läßt. Sie arbeitet mit einer wachsenden Zahl von Koeffizienten, Multiplikatoren und Akzeleratoren. Man zerlegt die Gesamtentwicklung einer Volkswirtschaft in Sektormodelle für die Konsumgüter-, die Kapitalgüterindustrie, aus denen man multisektorale Modelle zusammensetzt. Dazu kommen Regionalmodelle. R. Harrod will auch die sozialen, politischen und ethischen Rahmenbedingungen einbezogen sehen. Namentlich in der Auseinandersetzung mit der Problematik der „stationären Wirtschaft der Entwicklungsländer" hat die Entwicklungstheorie ihr Übungsfeld gefunden und die Frage des Gleichgewichtes im Wachstumsprozeß in der Weise einbezogen, daß keine unausgelasteten Produktionsmittel vorhanden sind, kein Geld gehortet wird und der Geldwert stabil bleibt. Die Wachstumsrate, d. h. den Einkommenszuwachs sieht man dabei vor allem abhängig von der Höhe des Kapitalkoeffizienten und von der Größe der Sparneigung.

Von hier ergibt sich die Überleitung zur Theorie der Industrialisierung als dem wichtigsten Wachstumsaspekt der wirtschaftlichen Entwicklung. Vor allem diente dabei das europäisch-nordamerikanische Datenmaterial als Ausgangsbasis. Von der Stufentheorie angeregt hat W. G. Hoffmann seine Stadien und Typen der Industrialisierung erarbeitet und ist W. W. Rostow zu seiner Theorie des „Take-off into the selfsustained growth" gekommen.

Entwicklungstheorie und Konjunkturtheorie erhalten in der Marxschen Mehrwerttheorie einen besonderen Akzent. Die liberale Arbeitswerttheorie Ricardos wurde hier mit der Betonung des Unterschieds zwischen Erzeugungswert und Unterhaltungskosten der Arbeitskraft zur Theorie der Ausbeutung uminterpretiert, einer „Interessentheorie", die durch den historischen Vergleich ebenso in Frage gestellt wurde wie die Marx gegenüber verschärfte Verelendungstheorie des deutschen Revisionismus und des russischen Leninismus, d. h. die Annahme eines langfristigen Fallens der Reallöhne mit einer „absoluten" Verelendung der Arbeiter. Ausgehend von Marx' Katastrophentheorie, in der zuerst das Prinzip des gesamtgesellschaftlichen Wandels „als revolutionäre Umgestaltung" der ganzen Gesellschaft erscheint und der Konflikt als Klassenkampf wie die Revolution als „Naturgesetz" der gesellschaftlichen Bewegungen interpretiert werden, wurde an Hand der englischen, der französischen und der russischen Revolution von soziologischer Seite eine Revolutionstheorie entwickelt. Die Imperialismustheorie schließlich hat seit John A. Hobsons Buch von 1902 namentlich durch R. Hilferding (1910), A. Parvus-Helphand, Rosa Luxemburg (1913) und Lenin (1916/17) Formulierungen gefunden, die ihrerseits zu vertieften Forschungen auf dem Feld der Wirtschafts- und Sozialgeschichte des 19. und 20. Jhs. herausgefordert haben. Das gleiche gilt für die Behandlung des Themas der Unterentwicklung besonders Lateinamerikas durch Paul Baran, Paul Sweezy und Andre Gunder Frank. Nach Franks These fand die „neo-imperialistische" Durchdringung Lateinamerikas, wie zuvor die koloniale und die imperialistische, alte lateinamerikanische Interessengruppen vor und schuf sich neue, die den metropolitanen Interessen und ihrer Politik dienen. Ansätze liefern in diesem Zusammenhang ferner die französischen Nationalökonomen François Perroux mit seiner Theorie der „dominanten Wirtschaft" und Richard F. Behrendt mit seiner „sozialen Strategie für Entwicklungsländer", in der er die „Länder des Westens" als Kernländer von den Randländern abhebt und daraus das Schisma zwischen „haves" und „have-nots" ableitet[14].

¹⁴) *Krisen, Konjunkturen:*

E. W a g e m a n n, Konjunkturlehre, 1928; F. H e i c h e l h e i m, Wirtschaftsschwankungen der Zeit von Alexander bis Augustinus, 1930; H. R o s e n b e r g, Die Weltwirtschaftskrise von 1857 bis 1859, VSWG, Beiheft 30, 1934; W. A b e l, Agrarkrisen und Agrarkonjunktur vom 13. bis zum 19. Jh., 1935, ²1966; J. M. K e y n e s, The General Theory of Employment, Interest and Money, London u. New York 1936; G. B r a n d a u, Ernteschwankungen und wirtschaftliche Wechsellagen von 1874 bis 1913, 1936; F. P i n n e r, Die großen Weltkrisen im Lichte des Strukturwandels der kapitalistischen Wirtschaft, 1937; St. S k a l w e i t, Die Berliner Wirtschaftskrise von 1763 und ihre Hintergründe, VSWG, Beiheft 34, 1937; J. S c h u m p e t e r, Business Cycles. A Theoretical, Historical, and Statistical Analysis of the Capitalistic Process, 2 Bde, New York u. London 1939; d e r s., Theorie der wirtschaftlichen Entwicklung, ⁵1952; d e r s., Konjunkturzyklen, 2 Bde, 1961; A. F. B u r n s u. W. C. M i t c h e l l, Measuring Business Cycles, New York 1947; J. R. H i c k s, A construction to the Theory of the Trade Cycle, Oxford 1950; W. A. J ö h r, Die Konjunkturschwankungen, 1952; d e r s., Konjunktur I, in HdSW 6, 1959; G. H a b e r l e r, Prosperität und Depression, 1955; J. S. D u e s e n b e r r y, Business Cycles and Economic Growth, New York 1958; Wilhelm G r o t k o p, Die große Krise, 1954; A. S p i e t h o f f (E. Salin, Hg.), Die wirtschaftlichen Wechsellagen, 2 Teile, 1955; G. S c h m ö l d e r s, Konjunkturen und Krisen, 1955; J. Ä k e r m a n, Structures et cycles économiques, Paris 1955; G. C l a u s i n g, Konjunkturen, in HdSW 6, 1959, 133–141 (mit Bibliogr.); H. R o s e n b e r g, Große Depression und Bismarckzeit, Wirtschaftsablauf, Gesellschaft und Politik in Mitteleuropa, 1967; G. I m b e r t, Des mouvements de longue durée Kondratieff, Aix/P. 1959; U. W e i n s t o c k, Das Problem der Kondratieff-Zyklen, Ein Beitrag zur Entwicklung einer Theorie der langen Wellen, 1964; P. Chaunu, Le XVIIᵉ siècle, Problèmes de conjoncture, in: Mélanges Antony Babel, Genf 1963.

Wachstumstheorie:

W. B o m b a c h, Wirtschaftswachstum, in: HdSW 12, 1965, A. König (Hg.), Theorie des wirtschaftlichen Wachstums, 1968; W. A. L e w i s, The Theory of Economic Growth, Homewood/Ill. – London, 1955, dt. 1956; W. R o s t o w (Hg.). The Economics of Take-Off into sustained Growth, London 1963; B. E. S u p p l e (Hg.), The Experience of Economic Growth, New York 1963; S. K l a t t, Zur Theorie der Industrialisierung, 1959; W. G. H o f f m a n n, Stadien und Typen der Industrialisierung, 1931; d e r s., Industrialisierung in HdSW; K. B o r c h a r d t, Europas Wirtschaftsgeschichte – ein Modell für Entwicklungsländer?, 1967; H. M a i e r – G. S c h i l l i n g, K. S t e i n i t z (Hg.), Zu den Grundfragen der sozialistischen Wachstumstheorie 1968.

I. F e t s c h e r, Der Marxismus in Dokumenten, 1968; W. T u c h s c h e e r e r, Bevor „Das Kapital" entstand. Die Herausbildung und Entwicklung der ökonomischen Theorien von K. Marx in der Zeit von 1843–1858, 1968; C. B r i n k m a n n, Soziologische Theorie der Revolution, 1948; R. N ü r n b e r g e r, Lenins Revolutionstheorie, in: Marxismusstudien 1, 1954; H. A r e n d t, Die Revolution, 1963 (dt. 1965); C. B r i n t o n, The Revolution and their laws, 1953 (dt. 1959); P. C a l v e r t, Revolution, London 1970.

R. K o e b n e r u. H. D. S c h m i d t, Imperialism, The Story and Significance of

a Political World 1840–1960, Cambridge 1964; L. H. S n y d e r , The Imperialismus Reader, Princeton 1965; E. P r e i s e r , Die Imperialismusdebatte, in: Wirtschaft, Geschichte, Wirtschaftsgeschichte, Festschrift F. L ü t g e , 1966; H. U. W e h l e r (Hg.), Imperialismus, 1969; P. J a l é e , Das neueste Stadium des Imperialismus, 1971.
P. A. B a r a n , P. M. S w e e z y , Monopoly Capital, New York 1966; P. A. B a r a n , The political economy of Growth, New York 1957; A. G. F r a n k , Capitalism and Underdevelopment in Latin America, Historical Studies of Chile and Brazil, New York und London 1969; R. F. B e h r e n d t , Soziale Strategie für Entwicklungsländer, Entwurf einer Entwicklungssoziologie, 1965.

IV. GLIEDERUNG DER WIRTSCHAFTSGESCHICHTE

1. Sachliche Gliederung

Schon ein gedrängter Überblick über den Entwicklungsgang der Wirtschaftsgeschichte vermittelt einen Eindruck davon, wie weit und wie reich an Problemen ihr Feld ist. Um sich über ihren Sachverhalt genügende Klarheit zu verschaffen, ist es erforderlich, den Stoff zu ordnen: dabei bietet sich die Möglichkeit der sachlichen, räumlichen und der zeitlichen Einteilung. Die Gliederung nach einzelnen Sachgebieten ergab sich im Laufe der Entfaltung der Wissenschaft und der besonderen, z. T. zeitbedingten Interessen derjenigen, die sich mit wirtschaftsgeschichtlichen Fragen beschäftigten. Aus der Diskussionslage des 18. Jhs., das Merkantilisten, Physiokraten und die Lehren eines Adam Smith erlebte, erwuchs eine erste intensive Beschäftigung mit der Geschichte des Handels und der Landwirtschaft. Handels- und Agrargeschichte haben sich neben der Wirtschaftsgeschichte, der im Weberschen Sinne universalen Disziplin, als spezialisierte Wissenschaften behauptet. An die Handelsgeschichte ist leicht die Verkehrsgeschichte anzugliedern, und diese kann wieder mit der Seefahrtsgeschichte gekoppelt werden. Andererseits haben sich von der Handelsgeschichte die Bank- und Versicherungsgeschichte wie die Geschichte der Finanzwirtschaft losgelöst; einen weiteren Bereich umfaßt die Gewerbegeschichte, innerhalb welcher die Gliederungen in Handwerks-, Industrie- und Bergbaugeschichte möglich sind. Mit dem weiteren Fortschreiten der wirtschaftsgeschichtlichen Forschung und der damit auftretenden Spezialisierung lassen sich solche Gliederungen beliebig erweitern, ist es möglich, eine Preisgeschichte, eine Lohngeschichte, eine Geschichte des Sparkassenwesens oder eine Wirtschaftsgeschichte der Juden (Georg Caro) zu schreiben[1].

[1]) E. B a a s c h, Wirtschaftsgeschichte, in: Wörterbuch der Volkswirtschaft 3, 1933, 1028; G. C a r o, Sozial- und Wirtschaftsgeschichte der Juden im Mittelalter und der NeuzeitI ²1924; A. K a h a n, A Note on Methods of Research on the Economic History of the Jews, in: For Max Weinreich, The Hague 1964, 173–182.

2. Räumliche Gliederung

So wie man in der allgemeinen Geschichte den Stoff nach dem räumlichen Prinzip gliedern kann, besteht auch in der Wirtschaftsgeschichte die Möglichkeit, monographisch die Geschichte einer Mühle oder einer Fabrik, eines Dorfes, einer Stadt oder einer Landschaft zu behandeln. Der wissenschaftliche Wert einer solchen Arbeit hängt davon ab, wieweit sie Erkenntnisse von allgemeinerem Interesse zu erschließen vermag. Besonders fruchtbar war in dieser Hinsicht die stadtgeschichtliche Forschung; an Stelle des Bücherschen Schemas der mittelalterlichen Stadtwirtschaft, das nur für gewisse, aus einem kleinen Umkreis sich versorgende und diesen mit ihren gewerblichen Erzeugnissen beliefernde Klein- und Mittelstädte zutrifft, hat sie darauf aufmerksam gemacht, daß dieses Schema für die großen Handelsstädte im Binnenland, die Hafenstädte und die Bergbaustädte nicht zutrifft. Neue Stadttypen entstanden mit dem Aufkommen des fürstlichen Absolutismus, so die fürstliche Residenzstadt und die der Grenzsicherung und Landesverteidigung dienende Garnisons- und Festungsstadt. Mit der Industrialisierung kam die Industriestadt dazu, die an das Vorkommen bestimmter Rohstoffe oder das Aufblühen eines bestimmten Produktionszweiges gebunden ist. Führende Städte haben sich mit ihrem Handel und ihrem Exportgewerbe große Wirtschaftslandschaften und -räume geschaffen, so daß ihre Wirtschaftsgeschichte über die lokalen und nationalen Grenzen hinausgreift. Deutlich zeigt dies die Wirtschaftsgeschichte von Venedig, Lübeck, Antwerpen, Amsterdam und London.

Von der Ortschaft, dem Markt und der Stadt kann die wirtschaftsgeschichtliche Betrachtung ausgreifen und Landschaften wie den Schwarzwald, Verkehrsgemeinschaften wie die Hanse oder, im Rahmen des Heiligen Römischen Reiches Deutscher Nation, einzelne Territorien erfassen. Verhältnismäßig früh bildete sich bei den Nationen in Nord- und Westeuropa die Einheit der Volkswirtschaft heraus, während im zersplitterten Deutschland und in Italien eine solche erst im 19. Jh. entstand; damit war eine wichtige Voraussetzung für eine deutsche bzw. eine italienische Wirtschaftsgeschichte geschaffen.

Je mehr die Erforschung der Wirtschaftsgeschichte der einzelnen Länder fortschreitet, desto stärker wird das Bedürfnis, auch die Wirtschaftsgeschichte der einzelnen Kontinente zu schreiben. Je mehr eine solche kontinentale Betrachtungsweise auf der Basis der vergleichenden Methode erfolgt, desto eher wird es möglich sein, Verzeichnungen, die sich in die Geschichte der nationalen Volkswirtschaft eingeschlichen haben, zu revidieren.

Der Begriff „Weltwirtschaft" erhält um so größere Bedeutung, je mehr sich die wirtschaftliche Entwicklung unserer Gegenwart nähert. Schon in der Antike gab es in gewissem Sinne eine Weltwirtschaft, d. h. den Austausch von Wirtschaftsgütern in der damals bekannten Welt, die Amerika und Australien noch ausschloß. Dasselbe gilt für das Mittelalter; es bestanden weltweite Handelsbeziehungen zwischen den asiatischen und den mediterranen Hochkulturen, in die sich der germanisch-romanisch betonte abendländische Bereich einfügte, während Afrika eine mehr oder weniger periphere Rolle spielte. Mit den Entdeckungen, dem Aufblühen der internationalen Schiffahrt, der Entfaltung des Kapitalismus und dem Ausbau der Kolonialwirtschaft traten die Alte Welt und die neuen Kontinente, Amerika und Australien, in immer regeren Handelsaustausch miteinander und wurden auch die Beziehungen zwischen den Kontinenten lebhafter.

Die Erforschung der Ausweitung und zunehmenden Verflechtung der internationalen Wirtschaftsbeziehungen über alle Kontinente hinweg mit ihren Begleiterscheinungen von krisenhaften Störungen und Erschütterungen und den im Laufe des 19. Jhs. sich herausbildenden Wechsellagen ist die Aufgabe der Weltwirtschaftsgeschichte[2].

[2]) H. Kellenbenz, Wirtschaftsstufen, in: HdSW Bd. 12, 1965, 260–269; Th. Mayer, Wirtschaftsstufen und Wirtschaftsentwicklung, in: Zs. f. Volkswirtschaft u. Sozialpolitik NF, 1922.

3. Zeitliche Gliederung

Größere Schwierigkeiten ergeben sich hinsichtlich der zeitlichen Einteilung des wirtschaftsgeschichtlichen Stoffes. Je mehr sich das historische Verständnis vertiefte, desto schwieriger wurde es, für längere Zeiträume gemeinsame Merkmale zu finden, durch die sie als historische Individualitäten zusammengefaßt und gegen andere abgehoben werden konnten. Die Schemata der Antike und der Bibel von den Weltaltern liegen in zu weiter historischer Ferne, als daß sie uns heute noch etwas bedeuten könnten. Die von den Humanisten propagierte Einteilung in Altertum – Mittelalter – Neuzeit hat ihre Geltung wohl weithin bewahrt, weist aber große Mängel auf. Sie läßt die für die Anfänge der Menschheit wichtige Vorgeschichte außer Betracht, bezieht sich betont auf das mittelmeerisch-abendländische Gebiet und machte es erforderlich, von der Neuzeit noch die neueste Zeit abzuheben und dabei mit den Begriffen „Zeitgeschichte" (histoire contemporaine, contemporary history) zu arbeiten. Obendrein ist diese Einteilung so allgemein, daß sie nach weiteren Unterteilungen drängt, die den tiefergehenden Zusammenhängen, strukturellen Bezügen gerecht werden. Dabei ist es natürlich, daß jeder Zweig der Geschichtswissenschaft Kriterien anzuwenden bemüht ist, die ihm gemäß sind, die Literaturgeschichte andere als die politische Geschichte, und so fordert auch die Wirtschaftsgeschichte ihr eigenes Gliederungsschema. Sie muß zunächst der vor- und der frühgeschichtlichen Epoche der Menschheit, in denen gerade für das tägliche Leben so wichtige Errungenschaften gemacht wurden, gerecht werden. Da diese Frühstufen der Wirtschaft ohne Hilfe der Schriftlichkeit, allein auf Grund archäologischer Funde erschlossen werden müssen, ist es für den Wirtschaftshistoriker allerdings schwierig, sich ein fachgerechtes Urteil zu bilden. Dies gilt insbesondere für die nicht in den mediterranen Kulturkreis einbezogenen europäischen Gebiete mit ihrer Entwicklung aus der Steinzeit über die Bronze- und die Eisenzeit.

Kann es nicht die Aufgabe der Wirtschaftsgeschichte sein, sich in die Details der wissenschaftlichen Diskussion über Fragen der Archäologie und Pollenanalyse zu verlieren, so ist es doch für den Wirtschaftshistoriker, der eine universale Weite seines Horizontes anstrebt, notwendig, sich über die wichtigsten Fakten der Entwicklung von der Urgeschichte an in die „Vorgeschichte" und von da in die frühe Geschichte Klarheit zu verschaffen, zumal sich hier so wichtige Vorgänge wie der erste Gebrauch von Steinwerkzeugen, die Zähmung von Haustieren und die Erfindung des Pfluges, schließlich der Übergang von Steinwerkzeugen zu solchen aus Bronze und Eisen vollziehen.

Dann bietet sich als zeitlich geschlossener Komplex die orientalisch mediterrane Antike dar; in ihren assyrisch-babylonischen, ägyptischen und griechisch-römischen Teilen wirft sie eine Reihe wirtschaftsgeschichtlicher Probleme auf, die z. T. unserer heutigen Wirtschaft völlig fremdartig, andererseits aber auch sehr analog sind, und dank der schriftlichen Überlieferung verhältnismäßig gut erschlossen werden können.

Das Problem der Periodisierung bietet sich in anderer Weise mit dem Übergang von der Antike zum Mittelalter. Dem Spezialisten der politischen Geschichte ist es leichter möglich, Grenzen zu setzen, etwa mit dem Fall Roms, während für den Wirtschaftshistoriker andere Fragen im Vordergrund stehen. Der Untergang des weströmischen Reiches, der gemeinhin als Zeitgrenze zwischen Altertum und Mittelalter gilt, bedeutete keinen grundzusätzlichen Wandel in der Wirtschaftsverfassung; im Römischen Reich hatte sich ein tiefgreifender Umschwung bereits früher vollzogen, und die germanischen Völkerschaften behielten ihre Wirtschaftsformen nicht lange bei. So drängt sich das Problem der Kontinuität in den Vordergrund, wobei der ganze Zeitraum, in dem die Ablösung bzw. Umformung antiker Wirtschaftsformen in der vornehmlich durch die Germanen beherrschten abendländischen Welt erfolgte, sein durch den Einfluß des Christentums mitgeprägtes eigenes Gewicht erhält.

Ähnlich wird sich der Wirtschaftshistoriker zu der von der politischen Geschichte gebrauchten Abgrenzung zwischen Mittelalter und Neuzeit verhalten. Der Wechsel wirtschaftlicher Strukturen wird auch hier durch zu viele Faktoren bedingt und vollzieht sich in zu langen Zeitabschnitten, als daß man diese mit einem bestimmten Ereignis, etwa der Eroberung Ceutas (1415), dem Fall Konstantinopels (1453), der Entdeckung Amerikas (1492) oder dem Thesenanschlag Luthers (1517) einsetzen lassen könnte. Die Vorgänge des Humanismus, der Renaissance und der Reformation, die Herausbildung des europäischen Staatensystems wie auch die Entdeckungen haben sich zunächst nur auf Teilgebiete der Wirtschaft ausgewirkt. Andererseits setzt mit der Pestwelle um die Mitte des 14. Jhs. ein tiefgreifender Umschwung ein, der sich auf Generationen hin namentlich im agrarischen Sektor und in der Bevölkerungsbewegung geltend gemacht hat, und neue technische Hilfsmittel ermöglichten seit dem letzten Viertel des 15. Jhs. einen folgenschweren Aufschwung im Bergbau und Hüttenwesen, der die wirtschaftliche Blüte des 16. Jhs. wesentlich mitbestimmte. Erst mit dem absoluten Fürstenstaat, dem Rationalismus und zunehmenden Liberalismus in Verbindung mit religiösen Antrieben, die am stärksten vom Calvinismus ausgingen, wurde dann eine neue Epoche der Wirtschaft eingeleitet.

Ähnliches gilt für den Übergang zur neuesten Zeit. Auch hier sieht der Wirtschaftshistoriker sich veranlaßt, den Umbruch nicht mit der Französischen Revolution, sondern mit dem seit dem Übergang von der Antike zum

Mittelalter bedeutsamen Strukturwandel herauszuarbeiten, wobei sich ihm ja zunächst besonders eindringlich der Prozeß der Industrialisierung darbietet, den er, Erkenntnisse neuerer, sozialgeschichtlich orientierter Forschung verwertend, mit der Auflösung der auf antike Traditionen zurückgehenden Hauswirtschaft und Ständeordnung und dem Beginn der Vermassung in einen ursächlichen Zusammenhang bringen wird.

Ganz allgemein kann man sagen, daß die Wirtschaft, weil sie eben den untersten Sachbereich der menschlichen Kultur ausmacht, einen schwerfälligen Gang hat und den vorausstürmenden Ideen langsamer folgt, als dies im Bereich der Politik, der Religion oder der Kunst der Fall ist. Um so mehr kommt es bezüglich der Frage der Gliederung auf eine ausgewogene Berücksichtigung der statischen wie der dynamischen Elemente des wirtschaftlichen Prozesses an. Es genügt deshalb nicht, wenn man lediglich die Ablösung eines bisherigen Zustandes durch einen neuen hervorhebt. Vielfach hat Altes neben Neuem weiterbestanden, war das Prinzip der Kontinuität stärker als die Stoßkraft eines plötzlichen Umbruches. Dieses Alte, Beharrende muß in der Gesamtwürdigung ebenfalls seinem Gewicht ensprechend zum Ausdruck kommen.

Um diesen Zusammenhängen gerecht zu werden, sind von den Wirtschaftshistorikern verschiedene Gliederungsentwürfe gemacht worden. Friedrich List von der älteren historischen Schule der deutschen Nationalökonomen legte seine Stufenfolge vor, die von der bloßen Aneignung über Viehzucht, Ackerbau, Agrikultur – Manufaktur zur Stufe „Agrikultur – Manufaktur – Handel" führte, wobei er besonders die vom Staat ausgehenden Kräfte ins Auge faßte.

Auch Hildebrand und Schönberg und die jüngeren Schmoller und Bücher arbeiteten mit dem Schema der Wirtschaftsstufen. Hildebrand kam auf die Abfolge Naturalwirtschaft, Naturalaustauschwirtschaft, Geldwirtschaft, Kreditwirtschaft, wobei er als Unterscheidungsmerkmale die Formen und Mittel des Tausches annahm. Schmoller und Bücher bemühten sich um die Herausarbeitung der Folge Hauswirtschaft (Dorfwirtschaft) – Stadtwirtschaft – Volkswirtschaft. Sie betrachteten vor allem die Räume, in denen Erzeugung und Tausch vor sich gingen. Mitscherlich schließlich suchte als 4. Stufe die Weltwirtschaft anzuschließen. Die Arbeit an diesen Gliederungssystemen erbrachte wichtige neue Erkenntnisse. Es gelang mit ihnen, der Wirtschaftsgeschichte Übersichtlichkeit zu geben und ihre Dynamik von gewissen Teilaspekten aus zu deuten. Aber die Einseitigkeit der herausgegriffenen Unterscheidungsmerkmale führte doch zu Verzeichnungen, und so erwiesen sich die Stufen auf die Dauer als unhaltbar. Wohl konnten sie als Idealtypen dienen, die Hauptmerkmale bestimmter Tatsachengruppen hervorheben, diese aber nicht mit Individualgebilden identifizieren. Deshalb kann man mit Wirtschaftsstufen verschiedenen Typs nebeneinander arbeiten, sie als Hilfsmittel verwenden, um die Systematik der Wirtschaftsgeschichte zu vertiefen.

Inzwischen vertrat Bernhard Harms die Ansicht, daß die Volkswirtschaft das Endergebnis einer verkehrsgesellschaftlichen Entwicklung darzustellen hätte, und brachte mit seiner Weltwirtschaftslehre eine ganz neue Betrachtungsweise, die von der Stufentheorie Abschied nahm. Des weiteren führte das Bedürfnis, tiefer zu dringen, dazu, statt eines einzelnen Merkmales, des Staates, der Mittel und Räume des Tausches, das ganze Wirtschaftssystem des jeweiligen Zeitalters zu erfassen. Werner Sombart benützte mit den Begriffen „Wirtschaftssystem" und „Wirtschaftsgeist" neue Hilfsmittel, um den wirtschaftlichen Ablauf, den er als Entfaltung des kapitalistischen Geistes deutete, in Früh- und Hochkapitalismus zu gliedern. Es schadete allerdings der großen Konzeption Sombarts, daß er im Bestreben, seinem Werk einen geschlossenen Zug zu verleihen, den geschichtlichen Tatsachen oft Gewalt antat; namentlich wurde er der Bedeutung des Mittelalters nicht gerecht. Die weitere Forschung (Heinrich Bechtel) kam auf den Begriff des „Wirtschaftsstils", dem die Vorstellung von einem organischen Ganzen zugrunde liegt. Mit ihm soll die einheitlich prägende Kraft der jeweiligen Epochen nachgewiesen und gezeigt werden, daß den Äußerungen des geistigen und kulturellen Lebens einer Epoche auch eine entsprechende Wirtschaftsweise entspricht. Allerdings bedeutet die Konzeption des Wirtschaftsstils nicht unbedingt die zeitliche Aufeinanderfolge. Verschiedene Wirtschaftsstile können, wie verschiedene Leitbilder vom Menschen, nebeneinander bestehen. Allerdings haben sich bestimmte Stile in bestimmten „Stilzonen" beherrschend ausgebreitet und damit ihren geschichtlichen, die Epoche markierenden Charakter bekommen. So hat Alfred Müller-Armack von den frühen Wirtschaftsstilen und vom abendländischen Wirtschaftsstil gesprochen und hier wieder den Wirtschaftsstil des Mittelalters von dem der Neuzeit abgehoben, wobei dem Katholizismus, dem Luthertum und dem Calvinismus eine besondere stilbildende Kraft zugewiesen wurden. Allerdings ist es auch dem Stilbegriff nicht möglich, die ganze Fülle der historischen Erscheinungen zu begreifen.

Eine neuerdings immer stärker betonte Möglichkeit, die Wirtschaft in ihrem zeitlichen Verlauf zu erfassen, bietet sich durch die Konjunkturforschung. Schumpeters Konjunkturzyklen für die Industrieländer Westeuropas und Nordamerika setzen mit einer Welle der industriellen Revolution ein, die sich von 1787 bis 1842 spannt. Bis 1897 läßt er dann eine Welle folgen, in der Eisen und Stahl die Entwicklung bestimmten. Die dritte bis 1913 reichende Welle, die man auch als „imperialistischen Kondratieffaufschwung" bezeichnet hat, wurde nach Schumpeter durch Elektrizität, Chemie und den Motor bestimmt. Die Bemühungen vom ausgehenden 18. Jh. aus, mit Hilfe der Konjunkturtheorie weiter zurückzugelangen, haben noch nicht zu voll befriedigenden Ergebnissen geführt.

Den Abschwung von der ersten Hälfte des 14. Jhs. an erkennt man wohl allgemein an, aber über das Einsetzen des langen Aufschwungs im 15. Jh. und sein Ende im beginnenden 17. Jh. wird viel diskutiert, ebenso über den neuen Aufschwung nach der Kriegsperiode um die Wende zum 18. Jh. Regionale Unterschiede in Europa wie in den frühen Kolonialwirtschaften hatten ihr besonderes Gewicht, das quantitativ noch nicht genügend gesichert ist. Einen viel diskutierten Gliederungsbeitrag lieferte W. W. Rostow mit seinem Schema: Traditionelle Gesellschaft, Anlaufsperiode, wirtschaftlicher Aufstieg (Take-off), Entwicklung zum industriellen Reifestadium und Zeitalter des Massenkonsums. Die englische Forschung hat allerdings gezeigt, daß die industrielle Nettoinvestition des von Rostow für 1783 bis 1802 angesetzten Take-off in England unter den als Maßstab gesetzten 10% des Volkseinkommens lag. Ähnlich wurden auch andere Länderbeispiele in Frage gestellt. Rostow wollte eine Alternative für das marxistisch-leninistische Periodisierungsschema liefern, das mit seiner Abfolge Urkommunismus und Sklavenhaltergesellschaft, Feudalsystem und Kapitalismus den Anspruch erhebt, ein revolutionäres System der Wirtschaftstheorie zu sein. Dabei wurde zuletzt u. a. über den Übergang vom Feudalsystem zum Kapitalismus durch die Einschaltung einer Manufakturperiode zwischen dem Verleger und dem Fabriksystem diskutiert. Andererseits blieb der politische Einfluß doch so stark, daß man das Jahr der bolschewistischen Revolution 1917 weiterhin als epochalen Einschnitt betrachtet. So wie Rostow die Stufentheorie wieder aufgriff, versuchen auch andere Nationalökonomen und Soziologen an ältere Gliederungsentwürfe anzuknüpfen, so etwa D. Riesman, der, den Sozialcharakter zugrundelegend, mit dem Zeitalter des traditionsgeleiteten, innenorientierten und außenorientierten Menschen arbeitet. J. R. Hicks läßt auf die Gewohnheits- und Kommandowirtschaft seine weltweite Handels- oder Marktwirtschaft folgen. Die Soziologen heben von der kapitalistischen Wirtschaft gerne die nachkapitalistische pluralistische Gesellschaft ab, während eine Alternative dazu wiederum die Konvergenztheorie eine letzte Entwicklungsstufe der Annäherung von Kapitalismus und Sozialismus sieht[3].

---

[3]) H. Spangenberg, Die Perioden der Weltgeschichte, in: Hist. Zs. 127, 1923; G. v. Below, Über historische Periodisierungen, 1925; H. Proesler, Die Epochen der deutschen Wirtschaftsentwicklung, 1927; K. F. Strohecker, Um die Grenze zwischen antikem und abendländischem Mittelalter, in: Saeculum I, 1950; H. Aubin, Die Frage nach der Scheide zwischen Altertum und Mittelalter, in: Deutsche Vierteljahrschrift für Literaturwissenschaft und Geistesgeschichte 26, 1952; P. E. Hübinger, Spätantike und frühes Mittelalter, Ein Problem historischer Periodenbildung, in: Zur Frage der Periodengrenze zwischen Altertum und Mittelalter, Hg. P. E. Hübinger, 1969, 1–48; H. Bechtel, Wirtschaftsstil des Spätmittelalters, 1930; A. Spiethoff, Die allgemeine Volkswirtschaftslehre als geschichtliche Theorie, Die Wirtschaftsstile, in: Schmollers Jahrb. 56, 1932; G. Weippert, Zum Begriff des Wirtschaftsstils, ebenda 67, 1943, 417–478; A. Müller-Armack, Zur Metaphysik der Kulturstile, in: Zs. f. d. ges. Staatswissenschaften 105, 1949; ders., Zur Genealogie der Wirtschaftsstile, 1941, [4]1944; J. H. van der Pot, De Periodisering der Geschiedenis, Een overzicht der theorien, 1951; W. W. Rostow, The Stages of Economic Growth, A

Non Communist Manifesto, Cambridge 1960 (dt. 1961); Z. Y. Hershlag, Theory of Stages of Economic Growth, in: Kyklos 22, 1969; H. G. Schachtschabel (Hg.), Wirtschaftsstufen und Wirtschaftsordnungen, 1971; H. J. Habakkuk, Population Growth and Economic Development since 1750, Leicester 1971; W. Weber, Konvergenz der Wirtschaftsordnungen von Ost und West, ²1971.

V. HISTORIOGRAPHIE DER WIRTSCHAFTSGESCHICHTE

A. Von der Frühzeit bis ins 19. Jahrhundert

1. Frühes wirtschaftliches Denken
Griechische Antike

Gedanken über die Probleme des Wirtschaftens machten sich die Menschen schon immer, aber in den primitiven Kulturen der Frühzeit dürften diese Gedanken vorwiegend technischer Art gewesen sein, sich unmittelbar auf die Dinge konzentriert haben, die für den Lebensbedarf wichtig waren, auf die Früchte des Bodens, auf die Tiere, die der Mensch jagen und fischen konnte, auf die Werkzeuge, die es ihm ermöglichten, sich zu ernähren, sich einen Unterschlupf zu schaffen und sich zu kleiden.

Erst als sich die gesellschaftlichen Formen differenzierten, als sich die Arbeitsteilung deutlicher ausprägte, begannen die Menschen, sich über die Rolle der Wirtschaft im Rahmen der Gesellschaft zu besinnen. Schon von den Menschen der frühen orientalischen Hochkulturen muß man annehmen, daß sie sich auch über das Werden der Wirtschaft Gedanken machten, zumal es ja bereits Ansätze zu einer eigenen Literatur gab. Aber man hat aus der Eigenart dieser Kulturen geschlossen, daß einige wichtige Voraussetzungen fehlten, damit sich diese Gedanken fruchtbar entfalten konnten. Diese Kulturen waren in sich zu gleichartig und zu geschlossen, auch beruhten sie zu sehr auf dem Prinzip der Autarkie, um die Dynamik wirtschaftlichen Geschehens und die dahinter verborgenen Probleme zu erfassen. Zudem war ihr Denken mehr auf das Abstrakte ausgerichtet, die konkreten Vorgänge des Wirtschaftsprozesses waren davon ausgeschlossen, auch wenn sie, wie im Zweistromland, sich schon stark differenzierten.

Etwas anderes ist es beim jüdischen Volk, bei dem wir ja mit die frühesten Ansätze eines Geschichtsbewußtseins haben. Die Bibel ist wohl die früheste Quelle, die über Veränderungen der Gesellschaftsstruktur berichtet, wie sie im Laufe des jüdischen Königtums eingetreten sind. Die Klagen der Propheten beweisen, daß diese Männer sich über die Folgen des Verlustes der patriarchalischen Verhältnisse Gedanken machten. Damals genoß das Stammeseigentum die Priorität gegenüber den Rechten des Einzelnen, während nun mit der Entwicklung des Privateigentums und Handels sich immer schärfere Gegensätze zwischen arm und reich ausbildeten und Gerechtigkeit und Gnade nicht mehr die Grundsätze des gesellschaftlichen Verhaltens waren. Die Propheten hofften, freilich vergeblich, auf eine Rückkehr zum früheren Zustand. Der Messias, an den sie glaubten, kam nicht, bzw. nicht in der Weise, wie sie es sich vorstellten, denn das Christentum, auf das die Weissagungen der Propheten hinführten, brachte nach kommunistischen Ansätzen eine soziale Wirtschaftsordnung ganz anderer Art.

Inzwischen begann sich die griechische Kultur zu entfalten, die Kultur eines seefahrenden Volkes, das in verschiedene, miteinander rivalisierende Stadtstaaten aufgeteilt war. Hier gab es eine schon weitgehende Arbeitsteilung, wobei der Handel, vorwiegend der Seehandel, stark hervortrat und der Gebrauch des Geldes schon etwas durchaus Übliches war. Die Gesellschaft war in verschiedene Klassen eingeteilt, an deren Spitze die landbesitzende Aristokratie stand. Die zunehmende Abhängigkeit der Landwirtschaft vom Markt und von der Händlerschicht sowie die wachsende Macht des Geldes führte zur Benachteiligung der freien Bauern, die man, wenn sie verschuldeten, zu Sklaven machte. Die Reformen Solons im 6. Jh. beleuchten zum erstenmal solche sozialen Spannungen. Solon verbot die persönliche Versklavung des Schuldners und nahm entsprechend dem Stand des Vermögens eine Einteilung der freien Bürger in 4 Klassen vor. Diese hatten zwar alle das Stimmrecht in der Volksversammlung, die Ämter blieben aber denjenigen vorbehalten, die Vermögen besaßen. Solons Reformen hatten keinen Bestand. Der Kampf zwischen der herrschenden Klasse und der aufstrebenden kommerziellen Schicht um einen Anteil an der Macht ging weiter und spielte auch in die Auseinandersetzung zwischen den griechischen Staaten hinein. Die Tendenz zur Demokratisierung hatte namentlich in Athen Erfolg, das freilich in seinem Expansionsbestreben von seiten der griechischen Rivalen eine schwere Niederlage einstecken mußte. Es konnte seine frühere Position nicht mehr erlangen und erlag, wie die anderen Staaten, im Jahre 338 der mazedonischen Eroberung.

In der geistigen Kultur der Griechen hatte nicht nur das spekulative Element seinen Platz, sondern auch das induktive. Die Griechen waren ebenso scharfe Denker wie gute Beobachter, und so fanden wirtschaftliche Zusammenhänge bei den Philosophen wie bei den Geschichtsschreibern Berücksichtigung. Man hat die Ansätze zu einer Wirtschaftstheorie schon bei Homer gesucht, aus dessen Werk wir ein erstes Bild der frühen griechischen Wirtschaftswelt herauslesen können, das Bild der selbstgenügsamen Hauswirtschaft „oikonomia" sei es in der Form von Bauernwirtschaften oder Edelhöfen. Aber die dahinterstehenden Vorstellungen sind vom wirtschaftswissenschaftlichen Standpunkt aus beurteilt doch zu vage, als daß man daraus eine Theorie machen könnte. Dasselbe gilt für die Weltaltervorstellung Hesiods.

Der weitgereiste Herodot berichtet wohl mancherlei über wirtschaftliche Zustände, zumal er reichlich Gelegenheit hatte, die Unterschiede in der Lebensweise der Hellenen und der sog. „Barbaren" zu beobachten, aber das ist alles recht naiv zusammengestellt und entbehrt noch der wissenschaftlichen Reflexion.

Es bedurfte der Phase der Aufklärung, des Rationalismus, die die griechische Kultur im 5. Jh. durchlief, um da ein wesentliches Stück weiterzukommen. Nur wenige Jahrzehnte liegen zwischen Herodot und Thukydides, und doch welcher Unterschied in der Auffassung historischer Vorgänge und Zusammenhänge. Thukydides ging hervor aus der Schule der Naturphilosophen, die um eine natürliche Erklärung der Dinge bemüht waren, und der Sophisten, die die Welt kritisch zu beurteilen verstanden. Im Gegensatz zum älteren Herodot, der noch munter fabuliert hatte, ging Thukydides (etwa 455 bis 396) zum erstenmal daran, wissenschaftliche Geschichte zu schreiben, nach den Grundsätzen des nun herrschenden Rationalismus. Er war darauf bedacht, die notwendige Verkettung der Dinge herauszustellen, die Geschichte als Ergebnis sittlicher und politischer Faktoren darzustellen.

Thukydides erlebte das perikleische Zeitalter in der Blüte seiner Jahre. Als Politiker und Offizier griff er gestaltend mit ein, um schließlich in die Verbannung zu gehen. Dort schrieb er über den Peloponnesischen Krieg. Das Werk blieb ein Torso. Was er als Augenzeuge erlebt hatte, schilderte er streng an Hand der Chronologie und der Tatsachen. Die politische Geschichte war sein ausschließliches Feld. Indessen, im ersten Buch seiner „Historiai", in dem er eine Einleitung bringt, liefert er uns die erste Skizze einer Wirtschaftsstufentheorie an Hand der griechischen Entwicklung. Zwei Hauptbeschäftigungen sieht er am Anfang. Die einen Völker, die an der Küste wohnen, sind Seeräuber, die anderen, die im Landesinneren leben, betätigen sich vorwiegend als Hirten, und auch ihre Wirtschaft ist mit gekennzeichnet durch das Faktum des Raubes, in der Form des Viehraubes. Eine 2. Stufe beginnt mit dem Seßhaftwerden und der Pflege des Ackerbaues. Die bald eintretende Landnot zwingt zur Auswanderung, Koloniengründung. Damit ist ein wichtiges Faktum für den Übergang zur 3. Stufe angedeutet, in der sich der Handel in den Städten entfaltet. Auch bei der Beurteilung des politischen Gegensatzes zwischen Athenern und Lakedaimoniern oder Peloponnesiern zieht Thukydides die wirtschaftlichen Merkmale heran. Die Lakedaimonier leben von der Handarbeit, d. h. sie sind Ackerbauern, ihre Stärke ist die Landmacht, das Bürgerheer. Die Athener als Handelsvolk besitzen Geld und können den Krieg mit einem Söldnerheer führen. Die Wirtschaft charakterisiert Thukydides als Hegemonialwirtschaft. Athen erhält Tribut von den vom Mutterland aus geführten Städten und Kolonien. Der Krieg liefert Sklaven, die für die Wirtschaft wichtig sind. Allerdings verkennt Thukydides auch nicht die Mängel dieses Wirtschaftssystems, das sich vornehmlich in der Unstabilität der Verhältnisse und im Klassenhaß äußert.

In der Zeit des Niederganges Athens traten diese Schwächen um so deutlicher hervor. Das eingeführte Getreide machte den einheimischen Bauern den Wettbewerb immer schwieriger. Nur diejenigen Betriebe, die Sklaven beschäftigten, konnten sich halten. Die in der gewerblichen Wirtschaft tätigen Sklaven bedrohten auch die Existenzbasis vieler freier Handwerker. Ihnen gegenüber stand nun der Reichtum der alten Aristokraten und der durch die kommerzielle Wirtschaft Emporgekommenen, dazu die Auswüchse der Demokratie. Aus dieser Situation heraus muß man sich die Utopie eines

Idealstaates erklären, mit der sich die besten Geister der Zeit beschäftigten.

Der erste, bei dem wirtschaftliches Denken einen wichtigen Platz einnahm, war Platon; Bürger Athens, ein Aristokrat, der mit der Demokratie seiner Stadt unzufrieden war, und so auch mit der seinerzeit herrschenden, durch den Handel reich gewordenen Schicht. In seinem Dialog über den Staat und in seinem Buch über die Gesetze beschäftigt er sich mit der Teilung der Arbeit und dem Ursprung der Stadt, d. h. des Stadtstaates. Arbeitsteilung, Spezialisierung ist das Ergebnis der natürlichen Ungleichheit der menschlichen Geschicklichkeit und der Vielfalt der menschlichen Bedürfnisse. Wenn die Menschen anfangen, sich zu spezialisieren, dann können sie sich auch nicht mehr selbst versorgen und die vermittelnde Leistung des Handels wird erforderlich. Die Arbeitsteilung ist aber auch die Voraussetzung für das Klassensystem, auf dem der ideale, aristokratische Staat Platons beruht. In ihm gibt es 2 Klassen, die Herrscher und die Beherrschten, die, scharf voneinander gesondert, so beschaffen sein sollen, daß Korruption und soziale Gegensätze, wie sie im athenischen Staat an der Tagesordnung waren, unmöglich werden. Die Klasse der Beherrschten soll sich ausschließlich der Gütererzeugung und dem Warenaustausch widmen. Die herrschende Klasse soll ganz frei von wirtschaftlichen Interessen bleiben. Sie soll Weiber- und Kindergemeinschaft haben, so daß sie sich ausschließlich ihrer herrscherlichen Aufgabe widmen kann. Die einen sollen Wächter sein, die anderen Philosophenkönige; die ersteren, die ihre Prüfung nicht bestanden, sollen die Gehilfen der letzteren in der Verwaltung sein.

Platons Staat war zu ideal gedacht, zu utopisch, als daß er sich in die Wirklichkeit hätte übertragen lassen können, weder in der entarteten Demokratie Athens, noch in den aristokratischen Staaten vom Typ Spartas, die ähnliche Verfallserscheinungen aufwiesen, sobald Handel und Kolonisation an Einfluß gewannen. Am ehesten wäre ein solcher Staatsaufbau noch möglich gewesen in Oligarchien, wie Syrakus sie darstellte.

Im Buch der Gesetze fragt Platon nach der Verfassung der Staaten und ihrem ersten Gesetzgeber. Von Demokrit angeregt, sieht er dabei die wirtschaftlichen Verhältnisse als Vorbedingung und Begleiterscheinung der politischen Entwicklung. Dabei schließt sich Platon weitgehend der volkstümlichen Überlieferung an. Ein erstes glückliches Zeitalter, in dem alle Künste bekannt waren, endete demnach mit einer Überschwemmung. Nach dieser Überschwemmung lebten die Menschen auf den Bergen. Sie kannten keine Städte, keine Gewerbe, kein Erz, nur die Töpferei und die Weberei. Dann lernten sie das Feld zu bebauen, sie besiedelten die Hänge der Gebirge und zogen schließlich, auf einer weiteren Stufe angelangt, in die Ebene und ans Meer. Es entstanden Städte, in denen Bauern und Hirten, Schiffer und Handwerker lebten.

Etwas älter als Platon ist Xenophon (430—355), ein Sokrates-Schüler, der von Athen nach Sparta übertrat und als Soldat das große Reich des persischen Königs kennen und schätzen lernte. Xenophon ist vor allem bekannt

1. Frühes wirtschaftliches Denken – Griechische Antike

geworden durch seine Anábasis, in der er den Zug der spartanischen Hilfstruppen des aufständischen Jüngeren Kyros gegen seinen Bruder Artaxerxes durch die kilikischen Pässe geschildert hat (um 400). Unter seinen anderen Werken ist von Interesse seine Kyropaideia, in der er den Geist Lakedaimons und die militärisch-politische Organisation des Perserreiches von Kyros zu einem Idealstaat verarbeitet, der sich vom mythischen Bild des platonischen Staates unterscheiden und die Wirklichkeit, wie er als Militär sie sah, darstellen sollte. In diesem Staat sollte unter einem starken Königtum der Adel Grundbesitzer sein. Ackerbau war das Fundament dieses Staates, der Gutsbetrieb wurde halb patriarchalisch, halb militärisch geleitet. Auf den Gutshöfen waren Sklaven beschäftigt, und auch die Kleinbauern der Umgebung unterstanden den Gutsherren. Für Handel und Gewerbe hatte Xenophon nicht viel übrig, sie verweichlichten und untergruben nur die kriegerische Tüchtigkeit.

Warum bemühte Xenophon sich nicht, der Tatsache näher nachzugehen, daß in Staatswesen wie Athen Handel und Gewerbe einen so wichtigen Platz einnahmen? Er ging nicht auf die Tatsache ein, daß im persischen Großreich auf die militärisch-politische Organisation durchaus auch eine wirtschaftliche Zentralisation folgte mit Handelsbeziehungen zu Land und zu Wasser über das ganze Reich hin. Xenophon übersah diese Zusammenhänge bewußt und verwertete sie nur polemisch.

Der bedeutendste Schüler Platons, Aristoteles, hat ebenfalls die Verfassung eines Idealstaates erörtert. Die Gütergemeinschaft im Sinne Platons lehnt er ab unter der Begründung, mit gemeinsamem Besitz werde nicht so sorgsam umgegangen wie mit privatem Eigentum. Außerdem entstehen Streitigkeiten, wenn Menschen, deren Geschicklichkeit von Natur aus verschieden ist, nicht auch die Möglichkeit haben, sich auf ihre eigene Weise von der Arbeit zu erholen. Das Privateigentum soll nicht abgeschafft werden; nur die Art, es zu verwenden, soll verbessert werden.

Auch der Staat des Aristoteles kennt Herrscher und Beherrschte. Die ersteren bilden die Klasse der Krieger und der Staatsmänner, der Beamten und der Priester. Die Aufgaben wechseln entsprechend dem Alter und der Erfahrung: Wenn die Menschen jung und stark sind dienen sie als Soldaten, in der Blüte der Jahre wirken sie als Staatsmänner und schließlich, im Alter, üben sie das Amt des Priesters aus. Die Klasse der Beherrschten wird gebildet aus Bauern, Handwerkern und Arbeitern. Den Handel betrachtet Aristoteles noch als unnatürliche Beschäftigung, doch ist er geneigt, ihn in einem begrenzten Maße zuzulassen. Die wichtigste wirtschaftliche Grundlage ist aber nach wie vor die Sklaverei. Aristoteles findet sie gerechtfertigt mit dem Hinweis auf die Tatsache, daß manche von Natur aus Sklaven waren, doch sollten nur Sklaven nicht hellenischen Ursprungs gehalten werden.

Über den Idealstaat hinaus hat uns Aristoteles noch interessante Gedankengänge über die Wirtschaft geliefert. So wie er bei der Begründung seiner Staaten-Lehre zahlreiche Verfassungen miteinander vergleicht, so arbeitet er auch bei der Darstellung der Wirtschaftszustände mit dem Vergleich und empfiehlt dabei, die Dinge in ihrem Entwicklungsprozeß zu betrachten. Allerdings ist dieser Prozeß von vornherein festgelegt durch die Überlieferung der Sage und den philosophischen Standpunkt, den Aristoteles einnimmt. Entsprechend der Sage gibt es einen ersten Aufschwung der Menschen und dann immer wieder einen Rückfall in den Zustand der Rohheit. Das Ziel der Entwicklung ist die Polis, der Stadtstaat. Dabei führt der Weg von der Hausgenossenschaft über die Dorfgemeinde und den Gau.

Wichtig erscheinen Aristoteles zur Beurteilung des Aufstiegs zwei Dinge: Der vorherrschende Mannesberuf und das wirtschaftliche Verkehrsmittel. Für die Herausgestaltung der Berufe findet Aristoteles in der Ernährungsweise eine wichtige Voraussetzung, wobei er auf das Beispiel der Tierwelt hinweist, die Fleisch-, Pflanzen- oder Allesfresser kennt. Analog, nicht eine Entwicklungstendenz betonend, sondern als Nebeneinander gesehen, gibt es natürliche und künstliche Formen der Tätigkeit. Die natürliche ist die Beschaffung von Naturerzeugnissen. Künstliche Betätigung sind Handel und Geldleihe, sie schaffen keine neuen Werte, sie bringen nur ungerechtfertigten Gewinn. Im Rahmen der natürlichen Tätigkeit unterscheidet Aristoteles den Jäger, den Fischer, den Hirten und den Ackerbauer. Manche Völker leben auch vom Raub. Mit Hilfe der Verkehrsmittel kennzeichnet Aristoteles die Entwicklung in 3 Stufen. In der 1. Stufe, der Hausgenossenschaft, bedurfte es keines Tausches, die Hausgenossen hatten alles miteinander gemein. Erst die 2. Stufe kennt den Tausch, Ware gegen Ware. Die Dorfgenossen haben manche Dinge in Eigenbesitz, für die entsprechend dem Bedürfnis auf dem Tauschweg, dem „Nachbartausch" ein Ausgleich geschaffen wurde.

Die Ausdehnung des Tausches auf entferntere Gegenden und die vermehrten Verkehrsbeziehungen ließen den Geldgebrauch aufkommen, da nicht alle von Natur notwendigen Gegenstände leicht in die Ferne befördert werden konnten. So bildete sich die 3. Stufe mit dem Händlergewerbe heraus. Sehr kommt es Aristoteles darauf an, den Unterschied zwischen dem natürlichen Reichtum, wie er in der Hauswirtschaft schon gegeben war, und dem durch Geldverwertung (ohne Kapital), durch das Handelsgeschäft mit seinem Gewinnstreben geschaffenen Reichtum hervorzuheben. Das Streben nach einem möglichst großen Gewinn ist Aristoteles unsympathisch. Es bleibt bei ihm, vom Politischen her, eine Voreingenommenheit gegenüber dieser Stufenfolge bestehen, die neuen Produktionsarten fördern den gesellschaftlichen und ethischen Aufstieg nicht, sondern beeinträchtigen ihn.

Eine Weiterbildung dieser Stufentheorie unternahm ein Schüler von Aristoteles, der gelehrte Dikaiarchos von Messene (bis etwa 289 v. Chr.). Die östliche Mittelmeerwelt hatte zu seiner Zeit beträchtliche Veränderungen erfahren, im Reich Alexanders des Großen waren griechische und asiatische Kultur in noch engere Beziehungen zueinander geraten als zuvor, die Vergleichsmöglichkeiten gegenüber dem Stadtstaat waren noch größer geworden. In seinem Hauptwerk „Bios Hellados", das leider nur in Bruchstücken erhalten geblieben ist, schilderte er die Geschichte der Griechen und verglich diese mit der der anderen Völker. Unter den Fragmenten dieses Werkes, die erhalten geblieben sind, befindet sich seine Lehre von den verschiedenen Wirtschaftszuständen, wobei er ebenfalls die vorherrschenden Mannesberufe hervorhebt. Im ursprünglichen Zustand, einem glücklichen Zeitalter, waren die Bedürfnisse des Mannes noch gering, er ernährte sich von den wildwachsenden Früchten. Das Verlangen nach Besitz führte zum nächsten Zustand, dem Hirtenleben. Es entstand der Eigentumsbegriff, der Raub und Krieg zur Folge hatte. Schließlich gingen die Menschen zum Ackerbau über.

Weiter ist das griechische Denken hinsichtlich der wirtschaftlichen Vorgänge nicht gelangt; zu einer konsequenten Ausreifung des der Stufenvorstellung zugrundeliegenden Entwicklungsgedankens ist es nicht gekommen. Vielmehr blieb die griechische Geschichtsphilosophie im wesentlichen geprägt durch einen aus der Naturrechtslehre sich ergebenden Kanon von Normen, der insbesondere besagte, daß die menschliche Natur zu allen Zeiten die gleiche sei und die geschichtlichen Vorgänge sich wiederholten. Besonders markant wurde diese Kreislauftheorie von Polybios dargestellt, der als bedeutendste Gestalt in der Nachfolge des Thukydides bereits dem 2. Jh. v. Chr. angehörte. Der aus Megalopolis in Arkadien stammende führende Politiker war mit den Verhältnissen Griechenlands wohl vertraut. Als Geisel kam er nach Rom und wurde hier Freund und Begleiter des jüngeren Scipio. In ihm vollzog sich eine bedeutsame Verschmelzung hellenistischen Geistes mit den politischen Gedankengängen des damaligen Mittelpunktes der Ökumene. Seine „Historiai", vornehmlich geschrieben zur Belehrung seines eigenen griechischen Volkes, bewegten sich im Rahmen einer weltgeschichtlichen Betrachtung, denn der Aufstieg des Stadtstaates Rom zum Imperium Romanum war Weltgeschichte.

Diesen Vorgang verwertete Polybios auch theoretisch. Ausgehend von der aristotelischen Folge der Regierungsformen Monarchie – Aristokratie – Demokratie entwickelte Polybios seine Geschichtsphilosophie des Kreislaufgedankens nach dem Vorbild der Natur und aus der Psychologie der Menschen. Für Polybios war dabei wesentlich, daß die Menschen das richtige Maß immer wieder überschreiten[1].

[1] F. Wagner, Geschichtswissenschaft, 1951; C. Howald, Vom Geist antiker Geschichtsschreibung, 1944; J. Plenge, Die Stammformen der vergleichenden Wirtschaftstheorie, 1919, 1ff.; H. Matich, Die Entwicklung der vergleichenden Wirtschaftstheorie, 1911, 21f.; P. Kirn, Das Bild des Menschen in der Geschichtsschreibung von Polybios bis Ranke, 1955.

2. Römische Welt und frühes Christentum

Das aufsteigende Rom war eine Welt der bäuerlichen Kultur und des Soldatentums. Bis in die Zeit der entscheidenden Auseinandersetzung mit Karthago mußten die Römer ihre ganze Kraft daran geben, um sich mit den

Waffen durchzusetzen, dann erst fanden sie Zeit und Muße, sich die geistigen Werte des kulturell überlegenen Griechentums anzueignen. Aber es waren nicht mehr die Lehren von Platon und Aristoteles in ihrer reinen Form, die sie übernahmen, sondern in der Überfeinerung und Entartung, wie sie nur eine Spätzeit bieten konnte, als Epikureismus, als Skepsis namentlich in der Form der Stoa, oder als Eklektizismus.

Zu den Römern, die bewußt griechisches Bildungsgut übernahmen, gehört neben Cicero dessen Freund Varro (115–25), der nach dem Vorbild von Dikaiarchos eine Geschichte des römischen Volkes schrieb, die aber nicht erhalten geblieben ist. Von Varro stammen auch die „Bücher über die Landwirtschaft", in denen er die Stufenvorstellung Dikaiarchos' übernimmt, allerdings sie so anwendet, wie sie ihm, dem Aristokraten und Landwirt, gemäß ist, d. h. er betrachtet den Ackerbau und die möglichst autarke Wirtschaft als das beste Fundament jeden und daher auch des römischen Staates, in dem er lebt. So nimmt er den Ausgang vom Naturzustand, in dem die Menschen von den Dingen lebten, die die Natur im unbebauten Zustand liefert. Auf der zweiten Stufe, die gekennzeichnet ist durch das Hirtendasein, lebte man zudem von wilden und gezähmten Tieren. Schließlich gingen die Menschen, unter Beibehaltung mancher früherer Errungenschaften, zum Ackerbau über. Aber von da ab währte es noch lange, bis man die Kulturhöhe erreichte, in der Varro lebte, „dum ad nos perveniret".

Eine interessante Ergänzung zu dieser Auffassung bietet sich auf der Seite der Epikuräer in der Darstellung des Titus Lucretius Carus (um 110–55) in seinem Gedicht „De rerum natura", das sich gegen den Aberglauben eines goldenen Zeitalters wendet und im Sinne Heraklits Streit und Mühe als Begleiter des Menschengeschlechtes von Anfang an sieht. Auf der frühesten Stufe leben die Menschen in Höhlen und Wäldern, sie ernähren sich von Beeren und Eicheln und ihr einziges Recht ist die Gewalt. Poetisch verklärt und verschleiert schildert Lukrez das allmähliche Fortschreiten zu einer höheren Kultur von der Stufe der Sammler zu den Hirten und Ackerbauern und kommt dabei auf die erste Verwendung des Feuers, den Hüttenbau, die Metallverarbeitung zu sprechen. Seine eigene Zeit, die gekennzeichnet ist durch Luxus und Geldgier, ist für ihn bereits eine Altersperiode.

Das Auge für den Unterschied verschiedener Wirtschaftsstufen hat auch der Geograph Strabo, der rohe Hirtenvölker und räuberische Berghirten schildert, Fischervölker, Ackerbauern und schließlich Völker, die das Handwerk kennen und in bürgerlicher Verfassung gesittet leben wie die Inder und Ägypter. Aber das ist noch alles ohne historische Perspektive, und auch bei Tacitus ist diese, so in seiner „Germania", nur angedeutet, wenn er Geldverkehr bei den Völkerschaften feststellt, die den Römern am nächsten wohnen, während diejenigen im Innern sich „einfacher und altertümlich" des Tausches der Waren bedienen. Daneben gebraucht er die Unterscheidung von Jägervölkern und Ackerbauern.

Ergaben sich Vergleichsmöglichkeiten aus dem Kennenlernen fremder

2. Römische Welt und frühes Christentum

Völker, so bot das späte Rom mit seinen starken sozialen Gegensätzen Gelegenheit, aus sozialreformerischem Interesse sich Gedanken darüber zu machen, daß gegenüber der alten herrschenden Klasse der Aristokraten Plebejer und befreite Sklaven emporstiegen, und daß sich die Sklavenarbeit nicht mehr so lohnte wie anfangs, als aus den eroberten Gebieten immer neue Zufuhr an Sklaven kam.

Wenn trotz der mannigfachen Wandlungen, die die Wirtschaft im Verlauf der Generationen durchmachte, keine originale wirtschaftsdenkerische Leistung hervorkam, so wurde es doch für die spätere Entwicklung von großer Bedeutung, daß der Handelsverkehr, der zwischen den Völkerschaften bestand, die römischen Juristen veranlaßte, die dem internationalen Verkehr zugrundeliegenden Gemeinsamkeiten als jus gentium zusammenzufassen und Doktrinen zu entwickeln, die dazu dienten, das Recht auf privaten Besitz und die Vertragsfreiheit zu garantieren. Darin drückte sich ein ganz anderes realistischeres und individualistisches Wirtschaftsdenken aus als etwa bei Aristoteles mit seiner starken ethischen Betonung. Aristoteles wurde der Philosoph des Mittelalters und eine der Autoritäten für die Ausbildung des Kanonischen Rechts. Das Römische Recht sollte später die Doktrinen inspirieren, die dem Kapitalismus zugrunde lagen.

Ein ausgesprochen revolutionäres Element brachte die christliche Lehre in die römische Welt. Jesus sah seine große Mission in der Hilfe für die Armen und Bedrückten, sein Evangelium der Liebe sollte für die Gesellschaft neue Grundlagen schaffen. Es war nicht mehr in dem Maße rückwärtsgewendet, wie es bei den Propheten der Fall war. Auch das wirtschaftliche Denken der griechischen Philosophen richtete sich nach vergangenen Werten, abgeneigt dem Kommerzialismus und der damit verbundenen Tendenz zur Demokratie, zurückgewandt zu den besseren Zeiten eines früheren aristokratischen Systems. Am entschiedensten kommt das revolutionäre Element der christlichen Lehre in der Ablehnung der Sklaverei zum Ausdruck. Die griechischen Philosophen betonten scharf die unterschiedliche Würdigkeit der verschiedenen Arbeitsarten. Das aristokratische System beruhte auf der Landwirtschaft. Deshalb wurde die Betätigung auf diesem Gebiet als voll anerkannt, im Gegensatz zum Handel und Handwerk und allen niedrigen Arten der Arbeit, die den Sklaven vorbehalten waren. Das Christentum brachte ein neues Arbeitsethos und ließ auch der Handarbeit ihre Würde. Aber das frühe Christentum hatte gleichzeitig einen stark utopischen Charakter, der es ihm unmöglich machte, die bestehenden Verhältnisse durch direkte Eingriffe zu ändern. Sklaven und Proletarier, die Christen wurden, mußten sich aus den Auseinandersetzungen zwischen den Klassen, die zum Niedergang des Römischen Reiches beitrugen, heraushalten. Aber eben in diesem niedergehenden Reich faßte die christliche Kirche als Institution Wurzeln. Zu ihren künftigen Grundlagen gehörten, als sie sich in den feudalen Formen der werdenden mittelalterlichen Welt einzurichten begann, nicht nur die christliche Ethik, sondern ebenso auch Grundsätze des Römischen Rechtes, wie sie im Corpus

Juris Canonici ihren Ausdruck fanden, schließlich auch Lehrsätze der griechischen Philosophie, namentlich des Aristoteles.

Wenn man absieht von den Rudimenten der antiken Welt, die herübergerettet wurden, so gingen wohl die wichtigsten Anstöße zur Herausbildung der mittelalterlichen Welt von den germanischen Stämmen der Völkerwanderungszeit aus, deren Herrscher das eroberte Land aufteilten und damit ihre Leute belehnten, soweit sie es nicht selbst behielten. Dabei bildete sich als Einheit die Grundherrschaft heraus, in deren Bewirtschaftung sich Grundelemente der neuen Gesellschaftsstruktur insofern äußerten, als dem Grundherrn die Grundholden zugerechnet wurden. Ansätze gesellschaftlicher Ordnung, wie sie in der Stammesstruktur gegeben waren, wurden unter dem Einfluß antiker Traditionen und der formenden Gewalt der Kirche in ein ziemlich starres System gefügt, in dem die Ungleichheit von vornherein herrschte und anerkannt wurde.

Es kennzeichnet die Sonderstellung der Kirche, daß sie einerseits sich ganz in die wirtschaftliche Struktur dieser mittelalterlichen Welt einfügte und zum größten der Feudalherren wurde, andererseits aber am ehesten in der Lage war, die geistigen Traditionen zu wahren, wobei ein Leitmotiv das Bemühen darstellt, das antike Bildungsgut mit der christlichen Ethik in Einklang zu bringen. Dies erfolgte in zwei interessanten Phasen. Die eine ist diejenige der Kirchenväter, bei denen der Anschluß an die klassische Literatur noch unmittelbar gegeben war. Der Heilige Hieronymus wußte über Varro von der Stufenvorstellung des Dikaiarchos, doch konnte er damit nicht viel anfangen. Und von Hieronymus stammt das Wort „dives aut iniquus aut iniqui haeres!", womit seine Einstellung zu den wirtschaftlichen Dingen gekennzeichnet war. Tertullian stellte die Grundlage für den Handel in Frage, als er sich bemühte, die zu beseitigenden Gründe für die Begehrlichkeit aufzudecken. Einen dieser Gründe sah er im Gewinn bei Handelsgeschäften, also mußten Handelsgeschäfte unterbleiben. Nach Augustinus führte der Handel die Menschen von der Gottessuche weg. Diese Haltung blieb bis in die Zeit der Scholastik hinein mitbestimmend. Auch der Dominikanergeneral Raymond de Pennafort verurteilt noch den Handel.

Etwas Bedeutsames war es, als die Scholastiker über die Vermittlung von Aristoteles sich einen neuen Zugang zu den Klassikern erschlossen. Albertus Magnus, Sylvester Maurus und Thomas von Aquin gaben Kommentare zur Politik des Aristoteles und gingen dabei auch auf dessen Stufenvorstellung ein. Dabei wurde bei der dritten Stufe der Ausdruck für Handel statt mit Handels- und Gewerbetätigkeit mit „camsoria" (= Wechslertätigkeit), also verengend wiedergegeben. Bei Thomas von Aquin finden wir das Streben, das kirchliche Dogma mit den tatsächlichen Verhältnissen des wirtschaftlichen Lebens in Übereinklang zu bringen, besonders deutlich. Er kam so auch zu einem Kompromiß hinsichtlich des Handels. Händlertätigkeit war wohl unnatürlich im Sinne von Aristoteles, aber sie stellte ein unvermeidbares Übel in einer unvollkommenen Welt dar und war nur gerechtfertigt, insofern es darum ging, daß der Kaufmann damit seinen Haushalt bestritt und seinem Lande nutzte. Der Gewinn, der dabei herauskam, war dann nur der Lohn für die dabei aufgewandte Arbeit. Aber es mußte dabei die Grenze des „justum pretium" eingehalten werden, ein Begriff, der zum erstenmal bei den Kirchenvätern auftaucht, schon damals nicht genau festgelegt war und auch später schwer zu definieren ist. Bei Thomas von Aquin bedeutet der gerechte Preis wohl, daß er die Produktionskosten des Erzeugers decken müsse. Im allgemeinen wurde unter dem gerechten Preis der konventionelle, übliche Preis verstanden, der verhüten sollte, daß sich jemand mittels des Handels bereicherte. Aber mit der weiteren Entfaltung der mittelalterlichen Wirtschaft hat sich die Auffassung des Begriffes „justum pretium" weiter gewandelt, um den Erfordernissen der Marktschwankungen entgegenzukommen, etwa bei Antonin im 15. Jh.

Ähnlich milderte sich allmählich die ursprünglich so starre Auffassung hinsichtlich des Wuchers. Die Kirchenväter verurteilten den Wucher, und dasselbe tat Thomas von Aquin, aber verschiedene Scholastiker, wie Duns Scotus, wichen davon ab. Es war freilich ein weiter Weg, bis Calvin in seinem berühmten Brief von 1574 erklärte, Zinsen nehmen sei nicht sündhaft, und die aristotelische Doktrin, Geld sei unfruchtbar, zurückwies.

Eine der wenigen wirtschaftlichen Schriften der Scholastik stammt von Nicolas de Oresme. In seiner Arbeit 'De mutationibus monetarum', die um 1360 entstand, bringt er in der Einleitung eine Geschichte des Geldes, wobei er weitgehend auf der aristotelischen Stufenfolge nach dem wirtschaftlichen Verkehrsmittel aufbaut, Gedankengänge Buridans weiterführt und sich vor allem gegen die Münzpolitik der Fürsten wendet und für die spricht, welche darunter leiden, nämlich diejenigen, die Handel treiben[2].

[2]) O'Brien, An essay of medieval economic thinking, 1920, 149; E. Borchert, Die Lehre von der Bewegung bei Nikolaus Oresme, 1934; G. W. Coopland, Nikolaus Oresme and the astrologers, Liverpool 1952; S. Dubnow, Weltgeschichte des jüdischen Volkes von seinen Anfängen bis zur Gegenwart I, 1925, 240ff., 255; K. Löwith, Weltgeschichte und Heilsgeschehen, Die theologischen Voraussetzungen der Geschichtsphilosophie, 1953.

3. Islam

Wie das Christentum, so ist auch der Islam eine Religion mit Jenseitsvorstellung und hat als solche ein betont asketisches Element. Doch verfügt er auch über einige Züge einer sehr charakteristischen Weltzugewandtheit. Dazu gehört, daß der Mohammedaner zur Frage des Eigentums und der kaufmännischen Betätigung positiv steht. Allerdings folgt er dabei einer vom Koran streng vorgeschriebenen Ethik.

Eigenbesitz ohne Rücksicht auf den Umfang ist nach dem Koran gestattet. Schulden dürfen gemacht werden. Wucher allerdings ist verboten. Das im Koran verwendete Wort 'riba' bedeutet den Zusatz zur geliehenen Summe, so daß zwischen Wucher (übermäßiger Zins) und Zins kein Unterschied gemacht werden kann.

In ihrer frühen und großen Zeit der Expansion über weite Gebiete hielten sich die Moslems streng an das Gebot des Korans. In den aufblühenden Wirtschaftszentren übernahmen Christen und Juden die Rolle der Bankiers, so namentlich in Bagdad. Über die Einhaltung der Anordnungen des Korans wachten die Exegeten der 'sharia', des islamischen Rechtes, und auch von den Schriftstellern, von denen uns die Historiker besonders interessieren, wird den wirtschaftlichen Problemen keine größere Aufmerksamkeit gewidmet. Bekanntlich war die Geschichtsschreibung eine der Disziplinen, die die Araber nach dem Aufkommen des Islams am frühesten pflegten, was vor allem mit den Bemühungen zusammenhing, die religiöse Tradition auszubauen und die Eroberungen der Araber zu verherrlichen. Angeregt durch persische Vorbilder erlangte die arabische Geschichtsschreibung hinsichtlich der formalen Komposition ihre erste Reife mit at-Tabari (839–923), dessen Annalen man als die erste arabische Universalgeschichte betrachtet. At-Tabari ordnete die Ereignisse chronikalisch nach Jahren. Dieses System herrschte solange vor, bis al-Masudi (etwa 956) in seinem enzyklopädischen Werk Muruj darauf kam, die Ereignisse nach Königen, Dynastien und Gegenständen zu ordnen.

Alle diese Chronisten interessierten sich in erster Linie für die politischen Ereignisse, wirtschaftliche und soziale Dinge berührten sie nur gelegentlich, und ein ursächlicher Zusammenhang wurde nur insofern gesehen, als er das Eingreifen Allahs im Sinne der Vorsehung veranschaulichen konnte.

Ibn-Chaldun (1332–1406) war der erste, der eine Art Philosophie der Moslemgeschichte entwarf und gewisse wissenschaftliche Grundsätze aufstellte, nach denen Geschichte geschrieben werden sollte. Geschichte betrachtete er dabei als Aufzeichnung über die gesellschaftliche Entwicklung des Menschen, die bedingt wurde durch die Natur und durch den Menschen selbst, sei es als Individuum oder als Gruppe. In den Prolegomena zu seiner Geschichte entwirft Ibn-Chaldun eine Stufenfolge der Geschichte der islamischen Völker. Ausgehend von den Einflüssen des Klimas, den Höhenverhältnissen und anderen Naturgegebenheiten auf den Charakter und das Verhalten der Menschen unterscheidet er zwischen Nomaden und Stadtbewohnern. Die ersteren durchstreifen die Wüste in Gruppen, die durch das Sippenbewußtsein, ásabiya, zusammengehalten werden, wobei der Einzelne seine eigenen Interessen denen des Clan unterordnet. Sie zeichnen sich durch besondere Eigenschaften, namentlich durch Mut, aus, neigen aber andererseits dazu, zu rauben und zu plündern.

Wenn diese Nomadengruppen hinreichend zahlreich geworden sind, wandern sie in fruchtbare Gebiete und werden Stadtbewohner oder sie unterwerfen solche und übernehmen ihre Zivilisation. Damit beginnen sie aber zu verweichlichen und verlieren die Fähigkeit, sich selbst zu verteidigen. Die Herrscher stellen wachsende Ansprüche und müssen, um diese zu befriedigen, ständig die Steuer erhöhen. Den Wünschen ihrer Clangenossen, gleichgestellt zu werden, treten sie entgegen, wobei sie sich auf die Hilfe Fremder stützen, die sie um so mehr brauchen, als die soldatischen Fähigkeiten der Clangenossen nachlassen. Auf diese Weise beginnt der Staat niederzugehen und wird eine Beute neuer Gruppen und Nomaden, die wiederum dasselbe Schicksal erfahren. Im allgemeinen ist einem Staatswesen ein Leben von 120 Jahren beschieden, d. h. drei Generationen von je 40 Jahren. Die Staatswesen folgen so wie die Einzelindividuen einem bestimmten Wachstumsgesetz und erleben Aufstieg, Reife und Verfall.

Ibn-Chaldun machte sich auch Gedanken über wirtschaftliche Zusammenhänge. Er sah, daß der Preis bestimmt wurde durch die Produktionskosten, die Besteuerung einbezogen. Er erkannte den Einfluß von Angebot und Nachfrage auf den Preis. Er beschäftigte sich mit den Gefahren, die entstanden, wenn eine Regierung sich an Handelsgeschäften beteiligte und wies darauf hin, daß das Wachstum an Bevölkerung auch ein Wachstum des Wohlstandes zur Folge hat, wobei die Teilung der Arbeit mit hereinspielt, während andererseits die Zunahme des Wohlstandes auch wieder ein Wachstum an Bevölkerung bewirkt.

Ibn-Chaldun hat sich an diese Grundsätze freilich wenig gehalten, auch war sein Einfluß nicht so groß, wie man hätte erwarten können. Die islamische Geschichtsschreibung blieb jedenfalls weiterhin sehr konventionell[3].

[3]) J. Schacht, Islam, in: Encycl. of the Social Sciences, Vol. VIII, New York 1950, 333–343; M. Muhammad Ali, The Religion of Islam, a comprehensive Discussion of the Sources, Principles and Practices of the Islam, Lahore 1950, 690ff., 716ff., 721ff.; J. Schacht, Islamic Law, in: Encycl. of the Social Sciences, Vol. VIII, New York 1950, 344–349; Ph. H. Hitti, History and Historiography, Islam, in: Encycl. of the Social Sciences, Vol. VII, New York 1950, 381–383; M. Kamil Ayad, Die Geschichts- und Gesellschaftslehre Ibn-Chalduns, in: Forschungen zur Geschichte und Gesellschaftslehre II, 1930; N. Schmidt, Ibn-Chaldun Historian, Sociologist and Philosopher, New York 1930; G. Bouthail, Ibn-Chaldun, sa philosophie sociale, Paris 1930; S. Margoliouth, Ibn-Chaldun, in: Encycl. of the Social Sciences VII, New York 1950.

4. Spätmittelalter und Humanismus

Abgesehen von Ansätzen wie bei Oresme hatte eine wirtschaftsgeschichtliche Betrachtungsweise im mittelalterlichen Geschichtsdenken noch keinen Platz. Neue Erkenntnisse brachten erst der Humanismus und die Ausweitung des abendländischen Weltbildes durch die Entdeckungen und die überseeische Expansion. In den Münzgutachten des Nikolaus Kopernikus ist eine knappe Geschichte des preußischen Münzwesens enthalten. Als erster erörterte er wirtschaftliche Probleme ohne scholastisches Beiwerk. Freilich standen die vielfach idealisierenden Tendenzen und die Rhetorik der Humanisten einer realistischen Erfassung der Vergangenheit weitgehend im Wege. Eine gewisse

Ausnahme macht Giovanni Villani, der auch auf finanzielle Transaktionen einging; so hob er hervor, daß die Sienesen für den Sold der Truppen 20 000 Goldgulden bei der Gesellschaft der Salimbeni aufnehmen mußten und daß König Manfred mit dem Geld der Sienesen seine Leute nach der Toskana schickte. Leonardo Bruni, mit dem die humanistische Geschichtsschreibung in Italien eigentlich beginnt, stützt sich in seiner Florentinischen Geschichte zum Teil auf Villani. Aber er bevorzugt erhabene Motive und übergeht die Rolle der Geldgeschäfte.

In Machiavelli und Francesco Guicciardini sehen wir dann die Hauptrepräsentanten einer neuen politischen Geschichtsschreibung, die sich von der rhetorischen Tradition der Humanisten schon stark gelöst hat. In Machiavellis Geschichte von Florenz liegt das Gewicht bei der Behandlung der innenpolitischen Gegensätze und der Außenpolitik. Handel, Gewerbe, Kunst und sonstige kulturelle Leistungen werden nur nebensächlich behandelt. Auch in der Florentinischen Geschichte Guicciardinis steht die politisch-militärische Betrachtungsweise ganz im Vordergrund. Ähnlich ist es in seiner universalgeschichtlich angelegten Geschichte Italiens.

Es sollte noch lange brauchen, bis die Strömung der humanistischen Tradition eine nüchterne, gesellschaftliche und wirtschaftliche Zustände gleichmäßig berücksichtigende Betrachtungsweise aufkommen ließ. Filippo di Nerli, um ein Florentiner Beispiel zu wählen, geht in seinen Commentari nicht auf wirtschaftliche Dinge ein, allerdings betont er stärker als Machiavelli die Parteiungen des alten Florenz nach den Ständen.

Ein Zug, der an der Geschichtsschreibung des 16. und namentlich des 17. Jhs. hervorgehoben zu werden verdient, ist der methodisch-kritische und enzyklopädische. Aus dem reichen Schatz humanistischen Wissens ergaben sich mancherlei Vergleichsmöglichkeiten und Anregungen methodischer Art. Man suchte Lehrsätze aufzustellen für die richtige Kunst der Geschichtsschreibung. So entstanden von der Mitte des 16. Jhs. ab zahlreiche 'Methodi' oder 'Institutiones' in verschiedenen Ländern Europas. Die bekannteste solcher Anweisungen schrieb Jean Bodin, der französische Generalstaatsanwalt und Ratgeber König Heinrichs III., der Führer der auf eine Versöhnung der Parteien hinarbeitenden Politiker. Es war sein 1566 erschienener 'Methodus ad facilem historiarum cognitionem'.

Im Gegensatz zu der geläufigen Auffassung seiner Zeitgenossen, die in der Geschichte vornehmlich eine politische Wissenschaft suchten und zu großes Gewicht auf die kunstvolle Form legten, betont Bodin den vielfältigen, über den politischen Bereich hinausgehenden Nutzen des historischen Wissens. Wir werden, so meint er, von der Geschichte gebildet 'nicht nur hinsichtlich der notwendigen Fertigkeiten, unser Leben zu führen, sondern auch hinsichtlich der Dinge, die überhaupt erstrebenswert sind oder die man meiden sollte, hinsichtlich dessen, was ehrenhaft, welches die besten Gesetze, welches die beste Staatsform, was ein glückliches Leben …' So enthält sein Werk neben politischen Lehren auch umfassende moralische Anweisungen. Hinsichtlich der Erkenntnisquellen ist ihm freilich die 'unsichere und verwirrte menschliche Geschichte' die unterste, sie erklärt die Handlungen der Menschen. Als zweites kommt die sichere Naturgeschichte, die die Gegenstände in der Natur umschreibt und ihre Entwicklung von einem letzten Prinzip ableitet, ferner die mathematische Geschichte, die von der Gegenständlichkeit der Materie frei, noch gewisser ist und schließlich die göttliche Geschichte auf der Basis der biblischen Offenbarung 'als die gewisseste und ihrer Natur nach gänzlich unveränderliche.'

Vom Historiker fordert Bodin, daß er einen möglichst universalen Standpunkt gewinnen soll durch vergleichende Betrachtung der Völker und Kulturen. Hier ist ein Ansatz, der später namentlich für die französische Geschichtsschreibung von Bedeutung werden sollte. Bodin selbst ist von der Anweisung über die Methode zur eigentlichen Geschichtsschreibung auf einer breiten vergleichenden Basis noch nicht gekommen, und er hat auch die Gedankengänge, die er als Wirtschaftsdenker gemacht hat, nicht in einen größeren historischen Zusammenhang eingebaut. Allerdings hat er es verstanden, für die Begründung seiner Darlegungen in der Auseinandersetzung mit Malestroit über die Preissteigerung seines Jahrhunderts sich der Hilfe der Vergangenheit zu bedienen, wenn er etwa darauf hinweist, daß der Überfluß an Gold und Silber, den es zu seiner Zeit in Frankreich gab, größer war als in den vorausgehenden vier Jahrhunderten.

Bodin, der mit seiner Feststellung des Zusammenhanges zwischen der Teuerung seiner Zeit und dem Überfluß an Gold und Silber zu einem der Begründer der Quantitätstheorie wurde, hat seine nationalökonomischen Erkenntnisse, mit denen er zu den Bahnbrechern des Merkantilismus wurde, in einem eigenen Kapitel „Des Finances" in sein großes Werk über den Staat eingebaut, ohne allerdings besonderen Wert auf historische Vergleichsmöglichkeiten zu legen.

Ein weiteres Beispiel dafür, wie wenig die Vertreter des späten Humanismus wirtschaftsgeschichtlichen Zusammenhängen nachzugehen geneigt waren, ist der Engländer Francis Bacon. Bacon blieb in seiner Geschichte Heinrichs VII. ebenso ausschließlich politischer Historiker wie etwa Guicciardini. Allerdings widmete er der staatlichen Gesetzgebung seine besondere Aufmerksamkeit, denn die Gesetze waren seiner Ansicht nach 'the principal acts of peace'. In diesem Zusammenhang berührte er gelegentlich auch wirtschaftliche Fragen, aber wirtschaftliche Verhältnisse und Veränderungen interessierten ihn nur vom Standpunkt des Staatsmannes und Gesetzgebers aus, insofern, als sie auf die Verwaltung des Staates einen besonderen Einfluß ausüben konnten. Es lag nahe, daß gerade diejenigen, die sich mit Fragen der Wirtschaftspolitik beschäftigten, aus der Geschichte ihr Beweismaterial holten. Die besten Beispiele dafür sind John Wheeler's Traktat über den Handel von 1601 und die 1606 verfaßte Geschichte des Handels in Frankreich von Isaac, dem Sohn von Barthélemy de Laffemas. Allerdings haben sich die Wortführer des künftigen Merkantilismus weniger um die Geschichte gekümmert, als man vermuten möchte. Das zeigt sich ebenso bei Serra wie bei Mun und Child[4].

[4] E. L i p i n s k i , Studia nad historią polskiej mysli ekonomicznej, Warschau 1956; d e r s., De Copernic à Stanislas Leszczynski, La pensée économique et démographique en Pologne, Paris 1961; H. D u n a j e w s k i , Mikolaj Kopernik, Studia nad mysląspoleczno-ekonomiczną i dzialnoscia gospodarcza, Warschau 1957.
E. F u e t e r , Geschichte der neueren Historiographie, 1911, 16ff., 85ff., 219f.; F. G i l b e r t , Machiavelli and Guicciardini, Princeton 1963; O. O t e t e a , Francesco Guicciardini, Paris 1926; L. M a l a g o l i , Guicciardini, Della politica alla storia, Bari 1950; J. L. B r o w n , The Methodus ad facilem historiarum cognitionem of J. Bodin, Washington 1939.
E. S a l i n , Politische Ökonomie, Geschichte der wirtschaftspolitischen Ideen von Platon bis zur Gegenwart, [5]1967, 48f.; F. B a c o n , The History of the Reign of King Henry the Seventh, 1622; John W h e e l e r , A Treatise of Commerce, 1601; Isaac de L a f f e m a s , L'histoire de commerce de France, enrichie des plus notables antiquitez du traffic des pais etrangers, 1601.

5. Der Einfluß der überseeischen Expansion

Ansätze zu einer wirtschafts- und gesellschaftsgeschichtlichen Betrachtung erfolgten anläßlich der Berührung mit der Natur und den Kulturen der neuentdeckten überseeischen Gebiete. Hier war eine Welt, die den Autoritäten des Altertums nicht bekannt war, für die es nicht bei jeder Gelegenheit ein Zitat aus einem klassischen Schriftsteller gab. Hier drängten sich die Eindrücke in Fülle und es ging zunächst begreiflicherweise um die Niederschrift des Beobachteten. Am interessantesten ist dabei jene Generation, die die Eroberung selbst miterlebt hatte. Der erste, der die neuere ethnographische Richtung begründete, der Mailänder Petrus Martyr, war freilich mehr Feuilletonist als Historiker. In seinen Decades de orbe novo (ab 1511), die als ganzes Werk 1530 im Druck vorlagen, beschreibt er in lockerer Briefform Fauna und Flora, die politischen Verhältnisse, die religiösen Gebräuche und Überlieferungen, die Sitten, das handwerkliche Können der Eingeborenen der Westindischen Inseln. Zum ersten Mal wird hier in einem historischen Werk das Leben eines Volkes außerhalb der staatlichen Organisation dargestellt.

Der erste eigentliche Historiker der neuen Welt war Gonzalo Fernández de Oviedo, der 1513 als Inspektor der königlichen Goldschmelzereien nach Santo Domingo gesandt wurde, mehrfach an Feldzügen gegen die Eingeborenen teilnahm und von 1535 bis 1545 Gouverneur der Festung Hispaniola war. Schließlich verfaßte er als „Chronista de las Indias" eine „Historia general y nacional de las Indias", die in einer summarischen Form schon 1526 im Druck erschienen war. Zu Lebzeiten Oviedos erschien auch nur dieser erste Teil. Wesentlich daran ist, daß Oviedo die Indianer als ein 'interessantes naturgeschichtliches Sammelobjekt' schildert. Das Werk enthält

5. Der Einfluß der überseeischen Expansion

zahlreiche historische Notizen, ohne daß es die Höhe eigentlicher historischer Darstellung erreicht.

Oviedo war Autodidakt. Über die volle humanistische Bildung seiner Zeit verfügte Francisco López de Gómara, der in seiner „Hispania victrix" die Eroberungen und Entdeckungen in Amerika schilderte, sich aber nicht der antikisierenden Geschichtsschreibung anschloß, sondern nach seinen eigenen künstlerischen Gesichtspunkten vorging. Er beschrieb die Eroberung jedes Landes für sich und ließ dazu eine eingehende ethnographische Studie des unterworfenen Volkes folgen. Allerdings veranlaßte ihn seine abhängige Stellung als Kaplan im Hause Cortés zu einer einseitigen Glorifizierung von Cortés, so daß sich der Capitän Bernal Diaz del Castillo veranlaßt sah, mit seinen Memoiren die Leistung der Truppe hervorzuheben.

Den großen neuen Stoff faßte dann Antonio de Herrera zusammen, um ihn in seinen Decadas ganz dem Schema der humanistischen Historiographie entsprechend darzustellen. Um des Stils willen entfernte er sich von seinen Vorlagen so weit, daß er da, wo die Quellen eine bestimmte Geldsumme nennen, nur von einer „cuantitad necesaria" schreibt. Für die Kultur der Eingeborenen besaß er kein Interesse, und so wurden die ethnographischen Schilderungen stark gekürzt.

Pedro Cieza de León, der an der Conquista teilnahm, schloß in Lima eine Chronik Perus ab, die 1553 in Sevilla erschien. Er schildert darin einmal Land und Leute, wie er sie in Peru erlebte und bringt dazu auch eine Topographie und Ethnographie des alten Peru. Ethnographische Beschreibungen enthalten auch die Comentarios reales des von den Incas abstammenden Garcilaso de la Vega, der aber im übrigen als Stilist und in der Form ganz unter den Einfluß der humanistischen Tradition geriet.

Stand für die Spanier das Amerikaerlebnis im Mittelpunkt, so beschäftigte die Portugiesen um so mehr die ostindische Welt. Fünf Historiker haben die überseeische Expansion der Portugiesen geschildert, João de Barros, Fernão Lopes de Castanheda, Gaspar Correia, Diogo do Couto und Bras de Albuquerque. João de Barros, 1496 in Viseu geboren, war Gouverneur der Festung Mina, dann Schatzmeister und Faktor der Casa da India und schließlich noch Donatar einer brasilianischen Kapitanie. Auf Veranlassung von König Johann III. schrieb er seine vier Decadas des Werkes Asia, von denen die ersten drei 1552, 1553 und 1563 erschienen. Asia sollte nur einen Teil eines umfassenden Werkes darstellen, in dem er außerdem die Geschichte und Expansion Portugals in Europa, Afrika und „Santa Cruz" darstellen wollte. Dabei räumte Barros bewußt neben der conquista auch der navegação und dem comercio ihren Platz ein. Den Plan konnte Barros allerdings nie verwirklichen. Außerdem hat Barros Asien nie gesehen.

Der um 1500 in Santarem geborene Castanheda dagegen lebte 10 Jahre in Goa und schrieb sein Werk als Pedel der Artistenfakultät in Coimbra. Von dem aus zehn Büchern bestehenden Werk erschienen von 1551 ab acht im Druck. Allerdings bleiben die politischen Ereignisse ganz beherrschend.

Anders bei Gaspar Correia, der seine „Lendas da India" als Sekretär von Albuquerque schrieb und 1561 ums Leben kam. Sein Werk enthält bemerkenswertes Lokalkolorit, allerdings wurde es erst im vergangenen Jahrhundert veröffentlicht.

Diogo do Couto hielt sich zweimal für längere Zeit in Indien auf und ist dort 1616 gestorben. Er setzte die Asia von Barros fort und kritisierte in seinem „Soldado Prático", der allerdings erst 1790 gedruckt erschien, scharf das Verhalten der portugiesischen Abenteurer in einer Phase der Dekadenz.

Ethnographischen Charakter und damit Ansätze zu einer kulturgeschichtlichen Betrachtungsweise haben die Reisebücher, unter ihnen der „Tratado das Coisas da China e de Ormuz" des Fr. Gaspar da Cruz von 1570, der das erste Buch über China darstellt. Gerade die Reisebücher sollten künftig immer wieder Material enthalten, das die ethnographische und kulturgeschichtliche Betrachtungsweise vertiefen konnte, und es lag nahe, daß früher oder später auch die Wirtschaftsgeschichte davon profitieren mußte[5].

[5]) Gonzalo Fernandez d e O v i e d o , Historia general y natural de las Indias, 1535 bis 1552, Gesamtausgabe von J. Amador de los Rios, 4 Bde, Madrid 1851–55, und 14 Bde, Asunción (Parag.) 1944/45.

J. Verissimo S e r r ā o , Histografia portuguesa, Lissabon 1962; A. José S a r a i v a , Historia da literatura portuguesa, Lissabon 1949, [4]1957; Ch. B o x e r , Einige Aspekte der westlichen Geschichtsschreibung über den fernen Osten 1500–1800, in Saeculum VIII, 1957.

6. Rechtshistorie und Polyhistorie

Von der Kirchengeschichte, den Magdeburger Centurionen wie den Benediktinern von St. Maur kamen wichtige Anregungen der Quellenkritik. Bedeutende Ansätze zu einer individuellen Würdigung des historischen Stoffes wurden von den Juristen und Rechtshistorikern gemacht, namentlich wo sie sich, in Opposition zum Römischen Recht, dem nationalen, etwa altdeutschen Recht und damit im Zusammenhang der althochdeutschen Literatur und althochdeutschen Sprache zuwandten.

Diesem Kreis gehört Johannes Angelus Werdenhagen an, der, aus Helmstedt stammend, die Universitätslaufbahn mit dem Dienst bei der Stadt Magdeburg und verschiedenen Fürsten vertauschte und dazwischen einige Jahre in den Niederlanden weilte, um sich seinen gelehrten Interessen zu widmen. Er war ein betonter Lutheraner und Gegner der Humanisten, obwohl er selbst durchaus ihrer Bildungswelt angehörte. In den Niederlanden entstand seine Abhandlung „De rebus publicis Hanseaticis earumque nobili confoederatione", dort wurde sie auch in erster Auflage 1630 (in Leiden) veröffentlicht.

Die Abfassung dieser Arbeit hat eine bezeichnende Vorgeschichte. Schon 1591 erteilten die Hansestädte dem damaligen Syndikus Dr. Sudermann den Auftrag, eine Geschichte der Hanse zu schreiben. Es wurde nichts daraus, und 1607 ging der Auftrag an den Magdeburger Rat Johannes Dauthius. Schließlich betraute man den Syndikus Domann damit, aber auch er wurde nicht fertig. Werdenhagen schließlich sollte ans Ziel gelangen. Allerdings zeichnet sich sein Traktat weder durch Glanz noch durch Tiefe aus. Es war ein später und wenig geeigneter, deshalb auch erfolgloser Versuch für die Reorganisation der Hanse zu werben.

Gehört zu Werdenhagen ein gegen die „caeca ratio", gegen die „blinde Vernunft" gerichteter religiös schwärmerischer Zug, so huldigten andere um so mehr der rational-pragmatischen Seite der Geschichtswissenschaft. Das zeigte sich insbesondere bei jenen echt barocken Persönlichkeiten, die wir zu den Vertretern der Polyhistorie zählen. Sie wurde für die Epoche nach dem 30jährigen Krieg so charakteristisch, daß man geradezu von einem polyhistorischen Zeitalter gesprochen hat.

Der Polyhistor sah sich vor der Aufgabe, den reichen Wissensstoff, den seine Zeit infolge der Entdeckungen und Erfindungen vor ihm ausgebreitet hat, zu erfassen und zu verarbeiten. So barock die Gestalt des Polyhistors nach außen hin anmutet, seinem Streben, seiner Arbeitsweise liegt schon ein stark rationalistischer Zug zugrunde, namentlich in der Bewertung der wissenschaftlichen Leistungen nach ihrem praktischen Nutzen für das Leben. Der Polyhistor unterscheidet sich vom humanistischen Gelehrten auch in seiner ganzen Lebenshaltung, die dem neuen Bildungsideal des „vollkommenen Hofmannes" entspricht, den der absolutistische Fürstenstaat geprägt hat. Der Fürstenstaat braucht nicht so sehr gelehrte als kluge und weltgewandte Diener. Entsprechend gestalteten sich die Anforderungen, die an die Universität und den Universitätsprofessor gestellt wurden. Vielfach wurde die Universität als kameralistisches Institut angesehen, das in erster Linie Staatsdiener auszubilden hatte. Der wahre Polyhistor, wie ihn Leibniz am eindrucksvollsten verkörperte, war so Gelehrter und Hofmann zugleich.

Das Streben des Polyhistors ging nach Totalität und nach Ausweitung seines Wissens auf alle Gebiete. Ihn beherrschte der fruchtbare, in der Romantik wiederkehrende Gedanke einer Verwandschaft und Verflochtenheit der Wissenschaften. Neue Disziplinen wurden ausgebildet wie die Kameralistik und Statistik. Einen zentralen Platz nehmen Rechts- und Staatswissenschaft ein. Die Naturwissenschaften traten dagegen weitgehend zurück. Die polyhistorische Geschichtsschreibung beobachtet in erster Linie politische und juristische Momente. Man widmet sich staatsrechtlichen Fragen, namentlich dem Verhältnis zwischen Kaiser und Territorialherrschaft, auch aktuelle Ereignisse, etwa Bündnis- oder Friedensverträge werden in ihrer rechtlichen Seite gewürdigt. Charakteristisch ist die neue Gattung der Reichshistorie, eine Vorläuferin der heutigen Rechts- und Verfassungsgeschichte.

Die starken Anregungen vom Politischen her äußern sich in der neuen Gattung der Statistik, die zunächst mit der heutigen Statistik nichts zu tun hat. Vielmehr handelt es sich um eine Disziplin, die aus Geographie, Geschichte und Politik gemischt ist. Einer ihrer Begründer ist Hermann Conring. Conring las 1660 zum erstenmal ein Kolleg in Helmstedt über das Thema „examen rerum publicarum potiorum totius orbis". Im Vorwort weist Conring auf den Nutzen dieser neuen Disziplin für die Ausbildung künftiger Staatsmänner und Verwaltungsbeamten hin. Die Statistik bildet nach Conrings Definition die theoretische Grundlage des Politikers, sie vermittelt ihm die Kenntnis der staatlichen Zustände und ermöglicht durch einen Vergleich mit anderen Ländern das Verständnis für die Besonderheit jedes einzelnen Staatswesens. Dazu liefert die Vertrautheit mit der Geschichte eines Landes dem Politiker stets eine Reihe von Beispielen, aus denen er lernen und entsprechend handeln kann. Damit ist ein Leitgedanke der polyhistorischen Geschichtsauffassung herausgegriffen: ihr pragmatischer Zug. Die Geschichte wird als Sammlung von Beispielen betrachtet, die man mit Nutzen auf die politischen Verhältnisse der eigenen Zeit anwenden kann.

Freilich, die große Schwäche der Polyhistorie war und blieb der Stoffreichtum, den sie zu bewältigen hatte; die so reich fließenden geschichtlichen Quellen machten es schwer, zu einer Deutung des historischen Geschehens vorzudringen. So bietet die Geschichtsschreibung dieser Zeit wohl Materialsammlungen, Lehrbücher, Einzeluntersuchungen, aber keine umfassende Darstellung, die Wesen und Geist eines Zeitalters und seiner großen Männer hätte schildern können. Nicht die Geschichte, nur die Philosophie war in der Lage, dem polyhistorischen Ideal der Totalität zu entsprechen und im philosophischen System ein lebendiges Weltbild zu geben. Bei Leibniz und Morhof, den stärksten Begabungen der Polyhistorie, heben sich die Möglichkeiten und Grenzen am schärfsten ab.

Der 1639 in Wismar geborene Kieler Professor Daniel Georg Morhof hinterließ, als er 1691 starb, ein Werk, das an Universalität sich nur mit dem allerdings wesentlich genialeren Leibnizens vergleichen ließ. Morhof wollte sich nicht mit dem Sammeln von Wissen zufrieden geben, er ging weiter, indem er eine Einführung in die Grundsätze bzw. Wurzeln der Einzelwissenschaften erarbeitete, die es anderen ermöglichen sollte, selbständig zu erkennen und zu urteilen und damit selbst den Weg zur Ganzheit des Wissens, zu der von Morhof betonten Universalbildung zu finden. Die Summe dieser Arbeit wurde nach Morhofs Tod aus seinen Manuskripten zusammengestellt und 1708 unter dem Titel „Polyhistor" vollständig veröffentlicht. Damit hatte die Welt ein Handbuch der Universalwissenschaft, auf das noch Goethe in Dichtung und Wahrheit anerkennend hinweist, eine enzyklopädische Zusammenfassung aller zeitgenössischen Wissenschaften. Das Unterrichts-, Universitäts- und Bibliothekswesen ist darin erfaßt, die Geschichte der philosophischen Grundbegriffe und Systeme, der Botanik, Astronomie, Mineralogie, Physik und Chemie, der Mathematik, Ethik, Politik und Wirtschaftslehre, der Jurisprudenz, Theologie und Medizin[6].

[6]) P. Zimmermann, Werdenhagen, Johann Angelius (v.), ADB 41; K. H. Schwebel, Zur Historiographie der Hanse im Zeitalter der Aufklärung, in:

HGbll 82, 1964; E. W o l f , Große Rechtsdenker der deutschen Geistesgeschichte, ²1944; G. F r i c k e , Daniel Georg Morhof, in: Festschrift zum 275jährigen Bestehen der Christian-Albrechts-Universität Kiel, 1940.

7. Merkantilisten, Enzyklopädisten

Wo statistische und kameralistische Aufgaben vorlagen, konnte die Forschung auch in die wirtschaftlichen Bereiche der Geschichte hineinführen. Das sollte man in erster Linie von den Merkantilisten erwarten. Sie waren aber meist so praktisch eingestellt, daß es ihnen nur auf die Heranziehung nützlicher Beispiele ankam. Von ihnen darf man im allgemeinen keine wesentliche Bereicherung der Geschichtsschreibung erwarten. Ausnahmen machten Männer wie William Petty, John Evelyn und Daniel Defoe. Petty verglich London mit Rom, Evelyn ging den Ursprüngen und Fortschritten von Schiffahrt und Handel nach, Defoe schrieb eine allgemeine Handelsgeschichte. Das Phänomen der Seeschiffahrt der Alten wie der Holländer interessierte den Franzosen Pierre Daniel Huet.

In der Richtung des Enzyklopädischen gehen mindestens teilweise die Bemühungen jener Verfasser, die sich um einen Ausbau des Gebiets bemühten, das man dann als Handlungswissenschaft bezeichnen sollte. Viel historisches Material bringt schon der „Parfait Négociant" von Savary. Paul Jakob Marperger war wohl ein Vielschreiber und verfaßte an die 70 Werke, u. a. über den russischen Handel und die Märkte und Messen. Der Leipziger Ludovici fügte seinem Kaufmannssystem eine Geschichte des Handels ein, der Hamburger Johann Georg Büsch trieb diese Bestrebungen weiter und schrieb in diesem Zusammenhang eine Geschichte der hamburgischen Handlung[7].

[7]) J. E v e l y n , Navigation and Commerce, Their Original and Progress, London 1674; W. P e t t y , Observations upon the Cities of London and Rome, 1687; D. D e f o e , A General History of the Trade, London 1713; P. H u e t , Histoire du commerce et de la navigation des Anciens, Paris 1716; d e r s., Memoires sur le commerce des Hollandais dans les états et empires du monde, Amsterdam 1717; J. S m i t h , Chronicon Rusticum – Commerciale; Or Memoirs of Wool, 2 vol., London 1747; J. S a v a r y , Le parfait négociant, Der vollkommene Kauf- und Handelsmann, 2 Bde, Genf 1676; M a r p e r g e r : H. K e l l e n b e n z , Le Marchand russe, in: Cahiers du Monde russe et soviétique, XI, 1970 u. XII, 1971.
R. S e y f f e r t , Carl Günther Ludovici und sein Hauptwerk, Die Akademie der Kaufleute, in: Grundriß eines vollständigen Kaufmannssystems von Carl Günther Ludovici, 1932; J. B i e n e f e l d t , Johann Georg Büsch, Ein Beitrag zur Geschichte der National-Ökonomie, 1910; W. S t i e d a , Zur Geschichte der Hamburg. Handlungsakademie von Joh. Georg Büsch, in: Z. d. Ver. f. Hamb. Gesch. 15, 1919.

8. Bemühungen um neue Methoden

a) Die Aufklärer

Die vordergründige Betrachtungsweise, die die Geschichte letzten Endes als eine pädagogisch nützliche Beispielsammlung ansah, als eine vordergründige kausal zusammenhängende Kette von Ereignissen, wobei man die Ursachen lediglich in persönlich egoistischen bzw. in äußerlich sachlichen Beweggründen sah, diese pragmatische Betrachtungsweise beherrscht im wesentlichen noch die ganze Geschichtsschreibung der Aufklärungszeit. Aber wichtig war dabei doch, daß man in der Auswahl des Stoffes neue Wege ging. Das wird am deutlichsten bei Voltaire ersichtlich, in dem man den Begründer der Geschichtsschreibung der Aufklärungszeit sieht, vor allem aber den Begründer der Kulturgeschichte. Im „Siècle de Louis XIV" (Berlin 1751), im „Essai sur les moers et l' esprit des nations et sur les principaux faits de l'histoire depuis Charlemagne jusqu'à Loius XIII" (vollständig 1754) sind seine wichtigsten Gedankengänge über die Geschichtsschreibung niedergelegt. Voltaire wandte sich einmal gegen die Auffassung Bossuets, der überall das unmittelbare Eingreifen Gottes in das Geschehen, den Plan Gottes nachweisen zu können glaubte; er wollte dafür die Geschichte aus den Absichten und Taten der Menschen mit ihren Schwächen erklären. Außerdem war er gegen die Vorzugstellung, die die bisherige Geschichtsschreibung der jüdischen und christlichen Tradition eingeräumt hatte und betonte dafür zum Teil überstark die Rolle der Mohammedaner und Chinesen. Dazu kam seine Abneigung gegen die politische Geschichte, die Geschichte der Herrscher, der Schlachten und Staatsverträge. Dafür wollte er die Geschichte der „civilisation" schreiben. Nach seiner Ansicht sollte der Historiker vor allem „die Gebräuche und Sitten, die Gesetze, den Verkehr, die Finanzen, den Ackerbau, die Bevölkerungsbewegung" schildern.

Der Jurist Montesquieu ist nicht unter die Historiker einzureihen, sondern unter die Theoretiker der Politik. Doch hat er sich auch Gedanken über historische Zusammenhänge gemacht, so in seinen „Considérations sur la Grandeur et la Décadence des Romains" von 1734 und seinem „Esprit des Lois". Vor allem hat Montesquieu in Anlehnung an die Antike und im Gegensatz zu Voltaire den Zusammenhang zwischen dem Klima und den Staatsverfassungen betont, des weiteren an die Wirksamkeit von Gesetzen und Verfassungen geglaubt. Wenn er einerseits der Ansicht war, daß Gesetze mit dem Klima, den Sitten, den Handelsbräuchen übereinstimmen müßten, so glaubte er andererseits, daß ein Gesetzgeber in der Lage war, durch geschickt ausgedachte Gesetze die Entwicklung eines Volkes zu bestimmen.

Montesquieus Schwäche war es, daß er an seine Quellen mit zu wenig Kritik heranging, daß er zu rasch Generalisierungen machte. Trotz dieser Schwächen sind von Montesquieu verschiedene bemerkenswerte Anregungen in Richtung auf die Wirtschaftsgeschichte ausgegangen.

Zu den wichtigsten Anhängern dieser Franzosen in Deutschland gehörten Adelung und Schlözer. Johann Christoph Adelung entwarf einen „Kurzen Begriff menschlicher Fertigkeiten" und gab als erster in seiner „Geschichte der Cultur des menschlichen Geschlechts" (1782) eine Begriffsbestimmung der Kulturgeschichte. Er war der Ansicht, daß die Kreuzzüge und die Reformation auf wirtschaftlich-soziale Vorgänge zurückgingen.

8. Bemühungen um neue Methoden

Der 1735 im Hohenlohischen geborene August Ludwig von Schlözer, von 1769 bis 1809 Professor für Geschichte in Göttingen, veröffentlichte 1772 die „Vorstellung einer Universalhistorie", der im nächsten Jahr ein zweiter Teil folgte. Eine Weltgeschichte (1785–89) gedieh nur bis zum Jahr 500 n. Chr. Hinzu kamen noch Arbeiten zur russischen Geschichte und über die Geschichte des Nordens; schließlich schrieb Schlözer noch eine „Summarische Geschichte von Nordafrika" und beschäftigte sich in „Kritisch-historischen Nebenstunden" mit der Geschichte der Osmanen und Mongolen. Diese Weite der historischen Thematik zeigt deutlich die starke Abhängigkeit von der geistigen Welt Voltaires. Zum Teil hat Schlözer die Auffassungen des Franzosen auch überspitzt. Wie Voltaire sah er im materiellen Wohlergehen und in dichter Bevölkerung Hauptkennzeichen für ein gutes Staatswesen. Wenn Voltaire den starken Despotenstaat den unruhigen kleinen Republiken gegenüberstellte, so ging Schlözer noch weiter und bemühte sich, in den weiträumigen asiatischen Sultanaten und Mongolenreichen das Idealbild des Staates aufzuweisen. Seine Einseitigkeit zeigt sich ferner darin, daß er dem Staat nur politische Aufgaben zumißt, insbesondere soll er ein Volk zur Ordnung erziehen, während ihm die künstlerische Kultur vollkommen verschlossen ist. Aber es bleibt die Tatsache, daß die großen Staatsereignisse und Schlachten, die „Mordgeschichten", wie Schlözer sagt, vor dem Kulturgeschichtlichen zurücktreten.

Viel mehr als bei Schlözer oder gar als bei Gatterer, Schlözers Göttinger Kollegen, finden wir Kulturgeschichtliches bei dem aus Arnstein im Würzburgischen stammenden Michael Ignaz Schmidt (1736–1794), der zunächst Universitätsbibliothekar und dann Professor der deutschen Reichsgeschichte in Würzburg war, schließlich Direktor des Kaiserlichen Hausarchivs in Wien wurde. Er verfaßte eine mehrbändige Geschichte der Deutschen, deren älterer Teil bis zum Ausbruch des Schmalkaldischen Krieges 1778 und danach veröffentlicht wurde, die neuere Geschichte (bis 1660) folgte 1785 und danach. Schmidt bemühte sich, die Dinge nüchtern und sachlich zu schildern und sich dabei möglichst an die Originalquellen zu halten. Die politische Geschichte bestimmt den Inhalt seiner Bände, aber Schmidt war doch daran gelegen, in eigenen Kapiteln der Kulturgeschichte gerecht zu werden, und in diesem Zusammenhang schrieb er auch über Fragen der Wirtschaft. Ein eigenes Kapitel des dritten Teiles, der die Zeit von Friedrich II. bis Wenzel umfaßt, galt der „deutschen Handlung". In einem weiteren Kapitel behandelt Schmidt das Kriegswesen, die Belagerungskunst, die Waffen, das Aufkommen des Söldnerwesens und im Zusammenhang damit den Ausbau der „Auflagen", der Steuern, die Ausbildung der Stände, den Adel und die Städte, Bauern und Leibeigene. Schmidt bringt einiges über den Nationalwohlstand, er zitiert die Polizeiordnungen von 1530 und 1548 mit ihren Verboten gegen den Luxus, der vom Fürsten bis herunter zum Bauern getrieben wurde. Im neunten Teil, der die Zeit von Matthias bis Ferdinand II. behandelt, ist das 10. Kapitel dem deutschen Handel und Nationalreichtum sowie dem

Verfall beider und des Münzwesens gewidmet, wobei Schmidt aber mehr die Situation des 16. Jhs. im Auge hat. Das elfte Kapitel trägt die Überschrift „Pracht, Aufwand und Aufschwung der Tafeln und Kleidung. Übler Zustand der Finanzen an den Höfen. Vorschläge, sie zu bessern. Alchymie".

Schmidt hat überall hier auf Quellen der Zeit zurückgegriffen, und wenn er Verschiedenes nur oberflächlich, unscharf oder gar falsch sieht, so sind doch manche Feststellungen überraschend treffend, weil sie sich auf die Frische von Primärquellen stützen.

Derjenige, der Montesquieus Anregungen am stärksten aufgenommen hat, war der aus der Bremer Gegend stammende Arnold Hermann Ludwig Heeren (1760–1842), der sich 1784 an der Göttinger Universität habilitierte, bis 1794 als Professor der Philosophie und seit 1801 als Professor der Geschichte lehrte. Von 1793 ab erschienen seine „Ideen über die Politik, den Verkehr und den Handel der vornehmsten Völker der alten Welt". Ferner ist sein Handbuch der Geschichte der Staaten des Altertums mit besonderer Rücksicht auf ihre Verfassungen, ihren Handel und ihre Kolonien (1799), und sein Handbuch der Geschichte des europäischen Staatensystems und seiner Kolonien (1809) zu nennen.

Von seinen kleineren Schriften sind noch zu erwähnen der „Versuch einer historischen Entwicklung der Entstehung und des Wachstums des britischen Kolonialinteresses" und ein „Versuch einer Entwicklung der Folgen der Kreuzzüge für Europa".

Für das Verständnis Heerens ist wichtig, daß inzwischen Adam Smiths Buch über den Wohlstand der Nationen erschienen war, Heeren ließ sich auch von ihm anregen und sah dadurch volkswirtschaftliche Zusammenhänge klarer, als dies bei Montesquieu der Fall war. Wie Smith beschäftigte sich Heeren in besonderem Maße mit dem Exporthandel. In die politische Seite der Dinge hatte Heeren weniger Einsicht. Ihm ging es in erster Linie darum, festzustellen, wie sich die Menschen ihre Lebensmittel, ihre Kleidung, Farbstoffe und Werkzeug beschafften. So suchte er die Handelswege des Altertums zu rekonstruieren und überhaupt die materiellen Grundlagen der antiken Staaten herauszufinden. Als erster kam er darauf, daß gewisse Völker ihre geschichtliche Stellung dem Monopol der Erzeugung oder des Exports notwendiger Urprodukte oder Stoffe verdankten.

Eine Schwäche von Heeren war es, daß er kein Gefühl für organische Zusammenhänge besaß, daß er zu einseitig die geschichtlichen Vorgänge und Veränderungen des Handels und der Technik zu erklären suchte und geistige Motive und Kräfte unterschätzte.

England regte die Aufklärung zur Erforschung gesellschaftlicher Probleme an. Hier schrieb Adam Ferguson seinen „Essay on the History of Civil Society". Kameralistisch-statistisches Interesse kam stimulierend hinzu. Timothy Cunningham und Sir John Sinclair befaßten sich mit den öffentlichen Finanzen.

Adam Anderson schrieb eine Handelsgeschichte, die in deutscher Überset-

8. Bemühungen um neue Methoden

zung in Riga erschien und von MacPherson fortgesetzt wurde. In Frankreich schrieb Forbonnais über den Handel und die Finanzen seines Landes von 1595 bis 1721 und der Abbé Raynal benutzte seine Feder zur Kritik an den überseeischen Unternehmungen der Europäer. Der Hallenser Staatsrechtler F. Ch. J. Fischer verfaßte, noch recht kompilatorisch, eine „Geschichte des deutschen Handels", Linder eine solche des holländischen Handels. Dem Nürnberger Pfarrer Johann Ferdinand Roth verdanken wir eine Geschichte des Nürnbergischen Handels, dem Hamburger Johann Georg Büsch, wie erwähnt, eine solche der Hamburger Handlung. Aber auch andere Wirtschaftszweige beschäftigten die Gelehrten. Der Schlesier Karl Gottlob von Anton verfaßte eine erste Geschichte der deutschen Landwirtschaft, J. F. Klotzsch, J. F. Gmelin und Reitmeyer widmeten sich der Geschichte des Bergbaus. Auf Tiroler Seite wären die „Tyrolische Bergwerksgeschichte" von J. von Sperges und J. von Hormayrs Arbeiten über das Salinenwesen zu nennen. Der Pinzgauer J. E. von Koch-Sternfeld arbeitete ebenfalls über das Salzwesen, hatte dabei aber den europäischen Rahmen im Auge.
Durchaus noch kulturgeschichtlich interessierte Aufklärer waren der Regensburger J. Zirngibl mit seiner Geschichte des „baierischen Handels" und der Oberösterreicher Franz Kurz in seiner Arbeit von 1822 über „Österreichs Handel in älteren Zeiten"[8].

[8]) W. D i l t h e y , Das 18. Jh. und die geschichtliche Welt, in: Deutsche Rundschau 108; E. S c h a u m k e l l , Geschichte der deutschen Kulturgeschichtsschreibung von der Mitte des 18. Jhs. bis zur Romantik, 1905, vgl. dazu G. v. Below, in: Göttinger Gelehrte Anz. 169, 1907; F u e t e r , Geschichte der neueren Historiographie, 349ff., 372ff.; H. H a s s i n g e r , Die Anfänge der Wirtschaftsgeschichte in den österreichischen Ländern, in: Tiroler Heimat, XXIX/XXX, 1965/66; J. W e s t f a l l T h o m p s o n , A History of Historical Writing, New York 1942, 413, Anm. 12; P. S a k m a n n , Die Probleme der historischen Methode und der Geschichtsphilosophie bei Voltaire, HZ 97, 1906; G. v. B e l o w , Die deutsche Geschichtsschreibung von den Befreiungskriegen bis zu unseren Tagen, 1924, 1ff.; F. M e i n e c k e , Die Entstehung des Historismus, 2 Bde, 1936; P. V a l é r y , Voltaire, Paris 1945; A. M a n r v i s , Voltaire, Paris 1945.
J. C. A d e l u n g : Kurzer Begriff menschlicher Fertigkeiten, 1778–81; d e r s., Versuch einer Geschichte der Cultur des menschlichen Geschlechts, 1782; K. E. S i c k e l , J. Ch. Adelung, 1933; A. L. v. S c h l ö z e r , Versuch einer allgem. Geschichte der Handlung und Seefahrt in den ältesten Zeiten, schwed. 1758, dt. 1760, A. Berney, in: HZ 132, 1925; F. F ü r s t , A. L. v. Schlözer, ein deutscher Aufklärer, 1928; M. S c h m i d t , Geschichte der Teutschen, 3. Theil 1785, 11. Kap., 94ff., 109ff.; 6. Theil, 342ff., 9. Theil 1789, 108ff.; A. B e r n e y , in: Hist. Jahrb. 49, 1924; I. K a h n , Der Historiker Heeren, Basel 1959; A. F e r g u s o n , An Essay on the History of Civil Society, 1767; B u r n , History of the Poor Laws, 1784; T. C u n n i n g h a m , The History of Our Customs, Aids, Subsides, National Debts and Taxes from William the Conqueror to the present Year 1761, 4 vol., London 1761; Sir J. S i n c l a i r , History of the Public Revenue of the British Empire, 3 parts, London 1784; A. A n d e r s o n , An Historical and Chronological Deduction of the Origin of Commerce, London 1764, 2 vol.; F. V. D u v e r g e r de Forbon-

nais, Recherches et considérations sur le commerce et les finances de la France, 1595–1721, 1758; G. R a y n a l , Histoire philosophique et politique des établissements et du commerce des Européens dans les deux Indes, 1773; E. Ch. J. F i s c h e r , Geschichte des teutschen Handels, 1785–1792; L ü d e r , Geschichte des holländischen Handels, 1788; K. G. v. A n t o n , Geschichte der teutschen Landwirtschaft von den ältesten Zeiten bis zum Ende des 15. Jhs., 1799–1802.
Zu K l o t s c h , G m e l i n , R e i t m a y r , v. S p e r g e s , v. H o r m a y r , v. K o c h - S t e r n f e l d , Z i r n g i b l , K u r z , vgl. H. Hassinger, Die Anfänge der Wirtschaftsgeschichte in den österreichischen Ländern, in: Tiroler Heimat 29/30, 1965/66, 111–129.

b) Der Historismus

Bedeuteten die Idee der Menschheitsgeschichte und der Gedanke des Fortschritts in der Geschichtsschreibung der Aufklärer wichtige neue Errungenschaften, so zeigte doch gerade ihr Fortschrittsgedanke und ihr Pragmatismus andererseits, daß ihnen eigentliches historisches Verstehen im Sinn des kommenden Historismus versagt blieb, d. h. die Verbindung einer Vorstellung vom ständigen Fluß der Geschichte mit dem Sinn für das Einmalige, Individuelle aller historischen Erscheinungen.

Die Wurzeln dieser Auffassung greifen zum Teil weit zurück. Ansätze findet man schon bei Heraklits Philosophie vom ewigen Fluß der Dinge, eine Auffassung, die sich aber gegenüber dem Kreislaufgedanken der griechischen Antike nicht durchsetzen konnte. Von den Humanisten bis in die Aufklärungszeit hat die dem Kreislaufgedanken zugrunde liegende naturrechtliche Auffassung immer wieder den Durchbruch zum Historismus erschwert. Im Gegensatz zum französischen Rationalismus hat sich die stärkere Gemeinschaft zwischen Engländern, Italienern und Deutschen gerade am geistesgeschichtlichen Prozeß, der den Historismus entstehen ließ, gezeigt. Leibniz, Shaftesbury und Vico haben wichtige Beiträge zur Überwindung der Aufklärungsbewegung beigesteuert, jeder aus dem Wesen seiner Nation, von einem unabhängigen, individuellen Standpunkt aus.

In Deutschland bildet das Werk des Osnabrücker Justus Möser einen Markstein auf dem weiteren Weg zu Herder und Goethe, Ranke und Nietzsche. Mösers Tätigkeit als Sekretär der Osnabrücker Landstände, als Syndikus der Ritterschaft, seine reiche praktische Erfahrung übten einen großen Einfluß auf seinen Geschichtssinn aus. Der antiquarische Trieb, die Liebe zur Heimat wirkten mit. Aus den Bemühungen um die Geschichte des Osnabrücker Landes entstand die „Osnabrückische Geschichte" und folgten die vielen historischen Exkurse der „Patriotischen Phantasien", die er in den osnabrückischen Intelligenzblättern veröffentlichte. Aus der Liebe zum Bodenständigen, zum Traditionalismus wurde bei Möser in der Auseinandersetzung mit den aufklärerischen Geistern der Zeit eine bewußte vergleichende und d. h. kritische historische Geschichtsbetrachtung. Verschiedene seiner Artikel behandelten die Hanse, einer betitelte sich „Von den wahren Ursachen des

8. Bemühungen um neue Methoden

Steigens und Fallens der hanseatischen Handlung". Aus praktisch-sozialen Bedürfnissen interessierte Möser vor allem die Entstehung der Leibeigenschaft, deren Aufhebung ja die Aufklärer forderten. Darüber hinaus suchte er in der Mannigfaltigkeit der Osnabrücker Verhältnisse nach Analogien bzw. Verschiedenheiten. Überall sah er innerhalb der Analogien neben dem Typischen wieder das Differenzierte, wobei ihn freilich stärker das Besondere sozialer Gebilde interessierte als das Individuum als solches. Möser liefert uns eine ganze Reihe neuer historischer Erkenntnisse: seine neue Methode der empirisch fundierten Intuition, des Erfassens größerer Zusammenhänge im Sinne von „Totaleindrücken", die Betonung der „Lokalvernunft" der Dinge, die Einsicht in die umwandelnde Dynamik der sachlichen Notwendigkeiten, der Sinn für das Typische und das Individuelle in der Geschichte neben- und ineinander, das Epopöenprinzip in der Abgrenzung historischer Perioden.

Blieb Möser in seiner Grundhaltung Aufklärer, so sollte ein weiterer Schritt zur Erkenntnis wirtschaftsgeschichtlicher Zusammenhänge mit der Romantik erfolgen. Entscheidende Antriebe erhielt die Romantik aus der Tatsache, daß die neuen Staaten, die von der napoleonischen Expansion geschaffen worden waren, sich nicht behaupten konnten. Von diesen bewußten politischen Bildungen, die nicht Bestand hatten, lenkten die Romantiker die Aufmerksamkeit auf jene Einrichtungen, die sich im Laufe der Zeit unbewußt gebildet hatten. Man glaubte, in der Geschichte liege eine höhere Weisheit verborgen, gegen die sich der Einzelne, wie es die Aufklärung propagiert hatte, nicht wenden dürfe. Die Geschichte wurde erneut zur Lehrmeisterin, insbesondere die nationale Geschichte und davon wiederum in erster Linie die mittelalterliche. Sie betrachtete man im besonderen als eine Zeit der selbständigen nationalen Entwicklung. Das Eingreifen der Franzosen in die Angelegenheiten Deutschlands und Spaniens war gescheitert, Beständiges konnte man nur aus der Pflege der nationalen Traditionen erwarten.

Die Sprachgemeinschaft, die Nation wurde zu einer Größe erhoben, von der man annahm, daß ihr Geist, als etwas von jeher Existierendes, von sich aus Verfassung und Recht, Kunst und Literatur entstehen ließ. Hier reifte etwas aus, das insbesondere von Herder angelegt worden war, was nun allerdings ebenso einseitig vorgetragen wurde, wie die Aufklärer einseitig gewesen waren.

Die Romantiker vertraten ein Dogma, das sich mit der historischen Wirklichkeit schlecht vertrug. Bezeichnenderweise war einer der wichtigsten Begründer der romantischen Geschichtsschreibung mehr politischer Schriftsteller als Historiker, nämlich der Engländer Edmund Burke. Auf dem Festland waren in erster Linie Staatsmänner und Philosophen an dieser Lehre interessiert.

Trotzdem sind einige bedeutende Leistungen zu nennen, die auch das Anliegen der Wirtschafts- und Sozialgeschichte gefördert haben. Das gilt für diejenigen, die die bislang noch nicht existierende Rechtsgeschichte geschaffen haben. Schon Gustav Hugo in Göttingen hatte Daten und Literatur zur römischen Rechtsgeschichte zusammengestellt. Sein Schüler Karl Friedrich Eichhorn, der über Frankfurt/O. und Berlin nach Göttingen zurückkehrte, begründete mit seiner Deutschen Staats- und Rechtsgeschichte 1808–1823 erst eigentlich die neue Disziplin. Ihm ging es darum, das deutsche Recht als ein einheitliches, im Volk gewordenes Ganzes nachzuweisen.

Stilistisch war er unbedeutend im Gegensatz zu dem Frankfurter Friedrich Karl v. Savigny, der von 1810 ab in Berlin wirkte. In seinem Hauptwerk der Geschichte des römischen Rechts im Mittelalter (1815–1831) trat Savigny entschieden der von der Aufklärung vertretenen Schöpferkraft des Despotismus entgegen, hielt sich aber im übrigen sehr konkret an die Tatsachen.

Savigny hat Barthold Georg Niebuhr (1776–1831) hoch geschätzt. In ihm sehen wir heute einen der Begründer der philologisch-kritischen Methode, der es darum ging, die Quellen auf ihre Glaubwürdigkeit hin zu prüfen. Der in Kopenhagen geborene Niebuhr hat zuletzt in Bonn gelebt und als bedeutendstes Werk eine von 1811 ab erschienene Römische Geschichte geschrieben. Abgesehen von der starken Kritik an der Tradition über die ersten Jahrhunderte der römischen Geschichte und seiner romantischen Idee, der römischen historischen Tradition müßten Volkslieder zugrunde gelegen haben, hatte er einen klaren Sinn für die Eigentümlichkeiten der römischen Geschichte. Im Gegensatz zu Livius, für den das Bauernleben eine Idylle war, erkannte Niebuhr im frühen Rom Züge eines Bauernstaates, wie er ihn von Dithmarschen her kannte. Die arbeitsamen, auf ihrem eigenen Grund und Boden sitzenden Bauern hatten im alten Rom das ideale Staatswesen verkörpert. Ihnen stellte er „die Patrizier" als rücksichtslose Gutsherren gegenüber und kritisierte die von ihnen ausgehende Eroberungssucht, die dann zum sittlichen Verfall führte. Das beste schrieb Niebuhr da, wo er die frühen Agrarverhältnisse, den Zusammenhang der Verfassung und die Verteilung des Grundeigentums mit der Wehrpflicht behandelte. Dabei gab er auf die schlaue Berechnung Einzelner nichts, vielmehr war ihm der Konflikt wirtschaftlicher Gegensätze die treibende Kraft. Handel und kaufmännische Spekulation betrachtete er dabei als sittlich verwerflich und der typische Fall Roms war eben der Übergang vom Bauern- zum Handelsstaat. Ein anderer Vertreter dieser Richtung war August Böckh, der seine „Staatshaushaltung der Athener" von 1817 Niebuhr widmete.

Innerhalb der romantischen Bewegung steht auch Heinrich Leo, der spätere Konservative, der mit der politischen Geschichte die Verfassungs- und Wirtschaftsgeschichte wie überhaupt die Kulturgeschichte im weiten Voltaireschen Sinn verband, wobei ihm insbesondere die Sprache als Quelle diente. Allerdings fehlte ihm noch die quellenkritische Methode. Weder mit seinem Lehrbuch der Geschichte des Mittelalters noch mit seiner Universalgeschichte hat er die schulbildende Wirkung des ihm gleichaltrigen Ranke erzielt, der für das Studium von Mittelalter und Neuzeit in quellenkritischer Hinsicht das bedeutete, was Niebuhr für die Antike vermocht hatte[9].

8. Bemühungen um neue Methoden

⁹) Die wichtigsten Untersuchungen über den Historismus lieferten W. D i l -
t h e y , Einleitung in die Geisteswissenschaften I, 1883; Der Aufbau der Geschichtlichen Welt in den Geisteswissenschaften, 1910; A. S t e i n , Der Begriff des Verstehens bei Dilthey, ²1926; D. B i s c h o f f , W. Diltheys geschichtliche Lebensphiloso-
phie, 1935; E. T r o e l t s c h , Die Probleme des Historismus, Gesammelte Schriften
Bd. 3, 1924; F. M e i n e c k e , Die Entstehung des Historismus, 1936, ²1949; F u e -
t e r , Historiographie, 415ff. G. v. Below, in: Archiv für Kulturgeschichte 9, 1911,
199ff.; d e r s., Die deutsche Geschichtsschreibung, 17ff.

c) Der Weg zum französischen Positivismus

Hatte der Entwicklungsgedanke im deutschen Sprachbereich in der Romantik einen ersten Höhepunkt erreicht, so führte er in Westeuropa ebenfalls zu bemerkenswerten Feststellungen, weniger in England als vielmehr in Frankreich. Der Schotte Adam Smith wurde stark von Ferguson angeregt, er selbst verfügte über ein reiches historisches Rüstzeug, aber er benützte es nicht, um uns eine vertiefte Vorstellung vom Werden der Wirtschaft und der Gesellschaft zu vermitteln. Vielmehr ging es ihm darum, Modelle herauszuarbeiten, die dann die Grundlage für die künftige klassische Theorie bilden sollten. Seine „Inquiry into the nature and the causes of the wealth of nations" von 1776 erstrebte in erster Linie der Lehre von der Wirtschaft den Platz einer autonomen Wissenschaft zu verschaffen, doch hat Smith an zahlreichen Stellen historische Exkurse eingeschaltet. Im 3. sowie 5. Buch seines Werkes entwickelte er eine Lehre von den „Perioden der Kultur" bzw. „Perioden der menschlichen Gesellschaft". Roscher hat Smith zu den Vätern der „historischen Methode" der Nationalökonomie gerechnet.

In Frankreich ist zum erstenmal in neuerer Zeit der Stufengedanke vorgetragen worden und zwar von A. R. J. Turgot in seinem „Discours sur les progrès succesifs de l'esprit humain" von 1750. Turgot war der Ansicht, daß der Schatz menschlichen Denkens sich im Lauf der Entwicklung anhäufe und zwar in der Abfolge von drei Stufen: animiste, spéculatif und scientifique.

Damit war das Naturrecht auf der französischen Seite durchbrochen und in dieser Richtung sollten dann Condorcet und Saint-Simon weitergehen. Von Caritat de Condorcet erschien 1795 eine Arbeit „Esquisse d'un tableau des progrès de l'esprit humain". Mit ihr verschaffte er sich das Ansehen, ein Pionier der wissenschaftlichen Methode in der Geschichte zu sein. In seiner „Skizze" nahm sich Condorcet vor, in die sciences morales die Methode der sciences naturelles einzuführen und eine Wissenschaft zu schaffen, die gestatten sollte, „de prédire les progrès de l'espèce humaine, de les diriger et de les accélérer". Von ihm stammte der Gesichtspunkt, daß die historische Entwicklung von Gesetzen bestimmt werde, er wurde auch einer der Begründer der kollektivistischen Geschichtsauffassung. So betont er, daß die Geschichte, „doit cesser d'être une histoire des individus et doit devenir une histoire des masses".

1808 wurde in Leipzig das Werk des Phantasten Charles Fourier „Quatre Mouvements" gedruckt. Danach sind alle Erscheinungen Bewegungen, die sich mathematisch vollziehen, soziale, animalische, organische und materielle. Ihm geht es um das große soziale Bewegungsgesetz. Die menschlichen Triebe sind auf bestimmte Ziele, destinées sociales, gerichtet. Wenn die Triebe das richtige Milieu erhalten, darf man ihnen ruhig folgen, denn in ihren Auswirkungen, der attraction passionée, findet der Mensch seine Bestimmung und die volle Befriedigung seiner Wünsche. Fouriers Lehre zufolge hat die Menschheit verschiedene Stufen durchgemacht, zunächst den paradiesischen Naturzustand, dann, infolge Vermehrung des Menschengeschlechts und des Mangels an bewußt vernünftigen Vereinigungen, die Wildheit, danach das Patriarchat, in dem sich die Starken und Brutalen zu Herren aufwarfen, die Frauen erniedrigten, das ausschließliche Eigentum einführten. Als vierter Zustand sei die Barbarei des Mittelalters mit dem Feudalismus gefolgt, unter dem die Keime der Zivilisation des Handels und Gewerbes entstanden. Den fünften Zustand nennt Fourier die „Zivilisation": Vollständige Zusammenhanglosigkeit der Menschen, die sich als Feinde betrachten, Mangel an Organisation und Vorherrschen des Handelsgeistes, der alle höheren Empfindungen vernichtet. Die sechste Phase als Garantismus mit sozialpolitischer Aktivität führt zur siebten Phase des Sozialismus mit voller Harmonie und Glückseligkeit.

Fouriers Lehre fand die beste Darstellung im Buch von Victor Considérant, Destinée sociale, das 1837, im Todesjahr Fouriers, erschien. Solche Gedankengänge, namentlich diejenigen Condorcets, beeinflußten Claude-Henri de Rouvroy, Grafen von Saint-Simon (1760–1825), der wie Fourier für den französischen Sozialismus von Bedeutung werden sollte, ein Mann mit einem abenteuerlichen Leben, den die Schicksalsschläge, die ihm die Revolution brachte, nicht entmutigen konnten. Augustin Thierry, der seit 1812 sein Sekretär war, half ihm bei der Abfassung seiner wichtigsten historischen Arbeit „De la réorganisation de la Société européenne". Auch bei Saint-Simon steht die Stufenvorstellung im Mittelpunkt seiner Geschichtsauffassung.

Saint-Simon geriet nach einigen Jahren in Streit mit seinem Sekretär Thierry und verstand es dann, den jungen Auguste Comte (1798–1857) als dessen Nachfolger zu gewinnen. Comte blieb bis 1824 Mitarbeiter Saint-Simons.

Daß Zusammenhänge zwischen der Welt der beiden bestanden, ist offensichtlich. Comte lehrte später an der Ecole Polytechnique und gab an der Mairie des 3. Pariser Arrondissements einen populären Astronomiekurs. Die philosophische Einleitung dazu veröffentlichte er 1844 unter dem Titel „Discours sur l'esprit positif". Dieser Discours erschien im selben Jahr als einleitender Teil eines Traité Philosophique d'Astronomie populaire.

Comtes Werk ist in gewissem Sinne eine kritische Auseinandersetzung mit dem Begründer der klassischen Ökonomie Adam Smiths und seinem französischen Interpreten Jean Baptiste Say. Comte ging es aber um mehr. Die historische Perspektive nahm dabei einen wichtigen Platz ein. Der Mensch als lebendes Wesen ist nach Comte einer bestimmten Entwicklung unterworfen, und zwar hat diese Entwicklung zwei Seiten, eine biologische und eine intellektuelle. Auf diesem Wege hat er einen Zustand erreicht, in dem seine geistigen Fähigkeiten durch verschiedene Faktoren, durch Sprache, Kunst u. a. zum Ausdruck kommen. Um die Entwicklung des Menschen zu kennen, muß man wissen, wie sich diese Eigenschaften herausgebildet haben. Es geht somit um die geistige Entwicklung der Menschheit. Will man diese erfassen, braucht man eine Methode, die durch historisches Denken bestimmt wird. Sie muß dabei vom Gesamten zu den Einzelheiten fortschreiten. Das Ergebnis ist dann eine neue Wissenschaft, die Soziologie. Diese Wissenschaft soll indessen die Geschichte nicht ersetzen, sie soll vielmehr das Ziel der Erkenntnis sein, der Anfang und das Ende aller Philosophie, die sich auf „positive" Grundlagen stützt. Auf dieser „positiven" Erkenntnisbasis will Comte den Beweis erbringen, daß sich die Entwicklung des Menschengeschlechtes nach Gesetzen richtet, die so konkret sind, wie der Fall eines Steines. Das große Gesetz ist das Gesetz der 3 Stadien (trois états), des theologischen, methaphysischen und positiven oder normalen Stadiums. Im dritten, dem positiven oder normalen Stadium wird die uns verschlossen bleibende Bestimmung der „causes" ersetzt durch die Suche nach den Gesetzen, d. h. den konstanten Beziehungen, die zwischen den beobachteten Phänomenen bestehen.

Jeder „moment social" ist das notwendige Resultat des vorausgehenden und der notwendige Motor des folgenden. Deshalb ist wichtig, die Gesetze, von denen die Phänomene in ihrer Bewegung bestimmt wurden, wie auch das Gleichgewicht der Kräfte zu entdecken. Das Wort „positif" bedeutet bei Comte das „Reale" im Gegensatz zum Chimärischen, die Gewißheit im Gegensatz zur Ungewißheit, die Fähigkeit zum Organisieren im Gegensatz zum Zerstörerischen, das Relative im Gegensatz zum Absoluten. Schließlich ging es Comte darum, die soziale Bedeutung der „études positives" zu betonen. Damit gab er für die Sozialgeschichte wichtige Anregungen. Der Einfluß des Comteschen Positivismus war auf alle Wissenschaften und so auch auf die Geschichtsschreibung stark, namentlich in Frankreich und im Bereich eben der Sozial- und Wirtschaftsgeschichte.

In England gelangte zur selben Zeit wie Comte, aber offenbar unabhängig von diesem, Herbert Spencer zu seiner „Development Hypothesis" im Sinne einer organischen „Evolution" von der Homogenität zur Heterogenität. Charles R. Darwin kam ihm 1859 mit seinem „Origin of Species" entgegen. Spencer schlug in seiner dreibändigen Synthetic Philosophy wohl eine Stufenfolge der politischen Entwicklung vor, aber wichtiger war ihm doch der lineare Gang des Fortschritts. Für die „conventional historians", die nur Steine und Ziegel zusammentrugen, wo er das feste Gebäude der „Soziologie" errichtete, hatte er kein Verständnis. Eine der wichtigsten Feststellungen Spencers war der Zusammenhang, den er zwischen gesellschaftlicher Funktion und gesellschaftlicher Struktur sah. Dies und wie Spencer vergleichende Soziologie trieb, eine Typologie der menschlichen Gesellschaft erarbeitete und Zusammenhänge zwischen Arbeitsteilung und gesellschaftlicher Struktur darlegte, regte wiederum Emile Durkheim an.

[10]) M. B e e r , Allgemeine Geschichte des Sozialismus und der sozialen Kämpfe, 1924; A. T a y m a n s , S. J., L'homme agent du développement économique, Louvain 1957; A. C o m t e , Discours sur l'esprit positif, Présentation et notes par Paul Arbousse Bastide, Paris 1963, 7ff.; J. L. C a s s a n i u. A. J. Perez A m u c h a s t e g u i , Del epos a la historia cientifica, Una vision de la historiografia a través del método, Buenos Aires, o. J.; J. S c h u m p e t e r , Ten great Economists, London 1951; H. E. B a r n e s , A History of historical Writing, 1938; Nicolas Caritat de Condorcet 1741-1794, ed. O. H. P r i o r , 1933; G. J. G i g n o u x , Turgot, Paris 1945; W. W e d d i g e n , A. R. J. Turgot, 1950; L. v. W i e s e , Herbert Spencer, in HdSW 9, 1956; R. L. C a r n e i r o , Herbert Spencer, in: Intern. Enc. of the Social Sciences 15, 1968.

d) Das Erbe Hegels

G. W. F. Hegels Grundgedanke der Dialektik, der Aufhebung aller Gegensätze in einer höheren Einheit, wurde ein entscheidender Ansatz der deutschen Abkehr von der Aufklärung. Die Lehre vom „objektiven Geist", der sich dialektisch von der Familie zur bürgerlichen Gesellschaft und dann zum Staat entwickelt, konnte insofern auch Anregungen für eine künftige Wirtschaftsgeschichte geben, als Hegel, von Adam Smith beeinflußt, die fortschreitende Arbeitsteilung, die Abstraktion des Produzierens, die Anhäufung von Reichtum auf der einen Seite, die „Erzeugung von Pöbel" auf der anderen und andere Elemente der bürgerlichen Gesellschaft sah, wenn er auch ihre volle Dynamik noch nicht erkannte.

Der 1815 geborene Lorenz von Stein ging, nachdem er 1840 in Kiel den juristischen Doktor gemacht hatte, als Hegelianer nach Paris und veröffentlichte nach zwei Jahren sein Jugendwerk „Der Sozialismus und Kommunismus des heutigen Frankreich", das er als Beitrag zur „Zeitgeschichte" bezeichnete. Nach einer zweiten Auflage 1848 wurde daraus eine dreibändige „Geschichte der sozialen Bewegung in Frankreich von 1789 bis auf unsere Tage", die 1850 erschien. v. Stein entwickelte im Rahmen des Konzepts der Gesellschaftsordnung als Klassenstruktur eine Theorie der Epochenbildung, wonach jede geschichtliche Epoche in antithetischer Entfaltung der Ideen des Staats und der Gesellschaft die nachfolgende vorantreibt. Auf eine freibäuerliche Geschlechterordnung ließ er eine grundherrliche Periode mit besitzbedingter Klassenbildung und Herrschaft der Gruppeninteressen über den Staat folgen. Gegen die soziale Unfreiheit wehrt sich die Idee der freien selbstbestimmten Persönlichkeit und schafft sich in der Berufsidee eine neue, vom Grundbesitz unabhängige wirtschaftliche Basis im Ständestaat. Gegen ihn setzt der monarchische Absolutismus die Souveränität des Staates durch,

8. Bemühungen um neue Methoden

allerdings auf Kosten der abhängigen Gesellschaftsschichten. Erst mit der französischen Revolution setzten sich die Ideen des Individualismus, Liberalismus und Konstitutionalismus durch. In dieser neuen durch den Staat gesicherten Ordnung streben die Interessen einem optimalen Ausgleich zu, sofern sich die herrschenden Schichten zu einer sozialen Reform bereit finden, die jeder Arbeitskraft die Möglichkeit zur Bildung von Kapitalbesitz geben sollte.

1843 begab sich der 1817 in Trier geborene Junghegelianer Karl Marx nach Paris. Er kannte v. Steins Ansichten. Auch er wollte mit dem Werkzeug der Hegelschen Dialektik sich Klarheit über die verschiedenen Richtungen des französischen Sozialismus verschaffen und ihn wie die Problematik der modernen Technik und des aufkommenden Industrialismus in ein neues System bringen: dieses System wurde der Marxismus. Von den Vertretern des historischen Materialismus übernahm Marx die Feststellung, daß nicht das Geistige das Ursprüngliche und Bewegende sei, sondern das Materielle. Die Entfaltung der ihm innewohnenden Kräfte sah er im Sinne der Hegelschen Dialektik bewirkt durch gegensätzliche Auseinandersetzungen.

Nach Marx waren die Grundlagen der Menschheitsgeschichte nicht die Ideen, sondern die materiellen Lebensverhältnisse, die Art, wie die Menschen als gesellschaftliche Wesen mit Hilfe ihrer körperlichen und geistigen Fähigkeiten und mit Hilfe der Natur ihr materielles Leben gestalten. Von sämtlichen Kategorien des materiellen Lebens ist die Produktion die wichtigste. Die Produktion erfolgt durch die Produktivkräfte, von denen es sachliche und persönliche gibt. Die sachlichen sind Grund und Boden, Wasser, Klima, Rohstoffe, Werkzeuge, Maschinen, die persönlichen Produktivkräfte sind die Arbeiter, die naturwissenschaftlichen Forscher, die Techniker. Die *wichtigsten* Produktionskräfte sind jedoch die Arbeiter.

Nehmen die Produktivkräfte zu, etwa durch größere Geschicklichkeit des Arbeiters, durch Entdeckung neuer Rohstoffe, durch Erfindungen und bessere Organisation des Handels und Verkehrs, dann hören die alten Produktionsverhältnisse auf, den Interessen der Produktion zu dienen. Der daraus entstehende Gegensatz zwischen wirtschaftlichem „Unterbau" und geistig-gesellschaftlichem „Überbau" beginnt auf das Denken der Menschen zu wirken. Die Menschen beginnen zu fühlen, daß sie einer neuen äußeren Welt gegenüberstehen. Ein sozialer Wandel bahnt sich an, der sich zuerst im sozialen Unterbau bemerkbar macht, während sich die alten religiösen, rechtlichen, philosophischen und politischen Systeme an ihre überlieferten Stellungen klammern und weiterbestehen wollen, obwohl sie veraltet sind.

Das menschliche Denken ist konservativ, es folgt nur langsam den äußeren Geschehnissen. Es entstehen aber nach und nach große Denker, die die neue Lage erklären und entsprechende neue Begriffe prägen. Dies neue Denken beginnt unter den Menschen zu wirken, es kommt zu Disputationen, zu Klassenkämpfen und zu Revolutionen. Der Klassenbegriff erhält durch Marx seine kämpferische Formulierung. Eine bestimmte gesellschaftliche

Gruppe, die gemeinsame wirtschaftliche Merkmale aufweist, ist eine Klasse. Diejenige Menschengruppe, deren hauptsächliche Lebensquelle der Arbeitslohn ist, bildet die Arbeiterklasse. Wer vornehmlich vom „Profit", den Zinsen und der Grundrente lebt, gehört zur kapitalistischen Klasse. Zwischen diesen beiden Klassen bestehen tiefe, unüberbrückbare Gegensätze wirtschaftlicher Natur, und mit der Zeit und der Zunahme der Intelligenz des Proletariats entsteht ein heftiges Ringen zwischen den beiden Klassen um die Wirtschaftsordnung: Die kapitalistische Klasse will die bestehende Ordnung erhalten, das Proletariat strebt nach einer Umwälzung der Dinge. Aus den sozialen Auseinandersetzungen werden politische Kämpfe um die Staatsmacht. Früher oder später muß bei diesen Kämpfen die Arbeiterklasse siegen. In der Übergangszeit vom Privateigentum zur sozialistischen Ordnung hat eine diktatorische Regierung das Heft in der Hand, um die Gesellschaft stufenweise zu ändern.

Das Hauptwerk, in dem sich Marx mit der kapitalistischen Wirtschaft und dem Anwachsen ihres Reichtums beschäftigt hat, ist das „Kapital", dessen erster Band 1867 erschien. Marx stellte dabei als charakteristisch für die kapitalistische Wirtschaft fest, daß es ihr nicht darauf ankommt, Güter für den Gebrauch zu erzeugen, sondern Profite zu erzielen. Dazu verwendet sie die menschliche Arbeitskraft, die zu möglichst billigem Preis gekauft wird. Dadurch, daß das Geld auf dem Umweg über die menschliche Arbeit Mehrwert erzeugt, wird es zum Kapital. Den Mehrwert sucht der Kapitalist dadurch zu steigern, daß er entweder den Arbeitstag verlängert oder daß er den Arbeitsprozeß durch Technisierung intensiviert. Während der Arbeiter, der den Reichtum schafft, sich mit einem Lohn zufrieden geben muß, der ihm gerade die Existenzbasis sichert, wird der Mehrwert und damit der Reichtum vom Eigentümer der Produktionsmittel abgeschöpft. Das aber ist Ausbeutung der arbeitenden Klasse.

Ein solches Verfahren ist nach Marx nur möglich, wenn der Kapitalist über die Anwendung seines Kapitals frei verfügen kann, wenn er dabei vom Staat nicht behindert wird, wenn er die erforderliche Arbeitskraft jederzeit kaufen kann, wenn es genug Menschen gibt, die auf seinen Lohn angewiesen sind. Der Staat hat lediglich die Aufgabe, das Privateigentum an den Produktionsmitteln zu schützen. Dieser Zustand ist aber nicht unbedingt notwendig, er ist nur historisch geworden und kann durch eine neue Gesellschaftsordnung abgelöst werden. Hier verwertet nun Marx das Geschichtsbild, das er aus der Beschäftigung mit dem historischen Materialismus gewonnen hat. Er folgt den Stufenvorstellungen der französischen Sozialisten. Die Entwicklung im Sinne des Marxschen Determinismus erfolgt in revolutionären Sprüngen vom Urkommunismus über die Sklavenhaltergesellschaft, das Feudalsystem und die Bourgeoisiegesellschaft (später kapitalistische Gesellschaft) zum Sozialismus. Das marxistische Stufenschema, das im Kommunistischen Manifest von 1848 zum erstenmal vorgetragen wurde, ist später noch insofern ergänzt worden, als zwischen das mittelalterliche Feudalsystem und den Industriekapitalismus als Übergangsphase eine „Manufakturperiode" eingefügt wurde. Lenin räumte später, um dem russischen und chinesischen Beispiel Rechnung zu tragen, einen unmittelbaren Übergang vom Feudalsystem zum Sozialismus ein.

Klassengegensätze bestanden in der kommunistischen Urgemeinschaft noch nicht. Die Ausbeutung begann, als die Sklaverei aufkam; in der feudalen und dann in der bürgerlichen Gesellschaft wurde diese Ausbeutung fortgeführt. Der letzte große Klassenkampf war der Sieg des Bürgertums als Klasse der Kapitalisten über die feudale Ordnung. Seine große Leistung war es, die feudalen Fesseln zu sprengen, die Schranken der Produktion niederzureißen und einen Weltmarkt zu schaffen.

Marx hatte seit den vierziger Jahren Friedrich Engels an der Seite, einen (1820 geborenen) Fabrikantensohn aus Barmen, der in England, wo er in der Fabrik seines Vaters tätig war, entscheidende Eindrücke sammelte.

1845 veröffentlichte Engels ein kritisches Werk über die „Lage der arbeitenden Klasse in England", das auf die künftige marxistische Geschichtsschreibung einen großen Einfluß ausüben sollte. In der Folgezeit arbeiteten die beiden eng zusammen, zunächst am Kommunistischen Manifest. 1850 veröffentlichte Engels ein Werk über den deutschen Bauernkrieg. Nach dem Tod von Marx (1883) gab er den zweiten und dritten Band des Kapitals heraus (1885 und 1894).

Unter dem Einfluß des von den Naturwissenschaften bestimmten Entwicklungsgedankens verallgemeinerte und vergröberte Engels die Marxsche Geschichtstheorie und machte daraus den „dialektischen Materialismus" als Weltanschauung. Von hier aus führt die Linie weiter zur „ökonomischen Geschichtsauffassung" Karl Kautskys und Franz Mehrings und zum Geschichtsverständnis des Marxismus-Leninismus[11].

Ohne Anhänger von Marx zu sein, vertraten Karl Wilhelm Nitzsch und Georg Wilhelm von Raumer verwandte Gedanken. Nitzsch, der von Kiel ausging, trug seine Vorstellungen zum erstenmal in einer Arbeit über die Gracchen und ihre Vorläufer von 1847 vor und bezog dann, in Königsberg und Berlin, auch die mittelalterliche Geschichte ein. Neben den ökonomisch-sozialen Zusammenhängen kam es ihm allerdings auch auf die Bedeutung der Persönlichkeit in der Geschichte an. Von Raumer, Leiter der preußischen Archivverwaltung, sprach von den „Klassen der Gesellschaft", gebrauchte Prägungen wie „Bedingungen der Produktion" und betonte in einer Arbeit von 1851 über „Die Insel Wollin und das Seebad Misdroy" die Notwendigkeit „landwirtschaftlicher Lokal- und Dorfgeschichten". Man werde den Wert solcher Arbeiten mehr würdigen, „wenn erst mehr und mehr anerkannt werden wird, daß alle politischen Veränderungen nur Folgen der veränderten Erwerbs- und Lebensweise der Menschen und der durch umgestaltete Verkehrsverhältnisse anders gewordenen Stellung der verschiedenen Klassen sind".

¹¹) F. E n g e l s , Marx (I, Biographie), in: HdSW 7, 1961 (Bibl.); E. v. B e c k e r a t h u. N. K l o t e n, Lorenz v. Stein, in: HdSW 10, 1959 (Lit.); I. F e t s c h e r , Marx (II, Historischer Materialismus), in: HdSW 7, 1961 (Bibl.); G. S t a v e n h a g e n , Karl Marx, in: Staatslex. 5, ⁶1960 (Bibl.); d e r s., Marxismus, ebenda, 586–600 (Bibl.); F. E n g e l s, Die Lage der arbeitenden Klassen in England, 1845, Ndr 1947, ²1952; Der deutsche Bauernkrieg, 1850, Ndr 1946, ²1955; A. C o r n u , K. Marx et F. Engels, leur vie et leur oeuvre, 2 Bde, Paris 1955–58.
¹¹ᵃ) I. F e t s c h e r , Karl Marx und der Marxismus, 1967; K. H a r t m a n n, Die Marxsche Theorie, 1970; G. A. W e t t e r , Dialektischer und historischer Materialismus, 1962; I. F e t s c h e r , Von Marx zur Sowjetideologie, 1963; W. B l u m e n b e r g, Karl Kautsky, Den Haag 1960; W. K u m p m a n n, Franz Mehring als Vertreter des historischen Materialismus, 1966; I. J a s t r o w , K. W. Nitzsch und die deutsche Wirtschaftsgeschichte, in: Schmollers Jahrbuch VIII, 1884, 873–97; J. W e s t f a l l T h o m p s o n, A History of Historical Writing, 420ff.; von B e l o w , Die deutsche Geschichtsschreibung, 161ff.

e) Die kulturgeschichtliche Betrachtungsweise

Die Kulturgeschichtsschreibung erhielt von der Aufklärung her entscheidende Anstöße und muß als Reaktionserscheinung auf die einseitig politisch orientierte Geschichtsschreibung des demokratischen Liberalismus gesehen werden. Zum Teil kamen wohl auch Anregungen von der staatsgegnerischen Einstellung der Positivisten her. Im großen ganzen wirkten allerdings Comte und seine Nachahmer Buckle und Spencer wenig auf die Deutschen (unter den Ausnahmen befindet sich Scherer mit seiner Literaturgeschichte).

Den Beginn macht der seit 1831 an der königlichen Bibliothek in Dresden tätige Gustav Klemm, der archäologische und ethnologische Quellen in den kulturhistorischen Bereich einbezog und 1843–52 eine „Allgemeine Kulturgeschichte der Menschheit" in 10 Bänden veröffentlichte, aber damit auf eine „Allgemeine Kulturwissenschaft" (1854/57, 3 Bde) zustrebte.

Dem Rheinländer Wilhelm Heinrich Riehl, der seit 1854 Professor in München und später Direktor des bayrischen Nationalmuseums war, ging es insbesondere um die Auswirkungen des Volkstums auf den verschiedenen Gebieten des Kulturlebens. Er bewegte sich bewußt auf den Spuren des konservativ eingestellten Justus Möser und der Romantiker, insbesondere der historischen Rechtsschule. Wichtiger als „das wandelbare Staatsleben der Völker" war ihm die Nation und ihr Ausdruck im Volksleben, wobei ihn vornehmlich die Schicht der kleinen Bauern und der Kleinbürger interessierte. Als sozialpolitisches Ideal standen dahinter die deutschen Kleinstaaten des 18. Jhs., die die politischen und wirtschaftlichen Kräfte ihrer Untertanen nicht allzusehr beanspruchten. Eine solche Auffassung der „Kleinmalerei" hatte natürlich ihre Mängel. Für die Kräfte, die diese Kleinstaaten entstehen und im Sturm der Napoleonischen Kriege zum Teil verschwinden ließen, um der Industriewelt des 19. Jhs. Platz zu machen, hatte Riehl kein Verständnis.

8. Bemühungen um neue Methoden

Im Werk des Schlesiers Gustav Freytag spiegelte sich das national-liberale Bürgertum. Freytags Auffassungen wurden stark durch die Jugendeindrücke im deutsch-slawischen Grenzbereich geprägt. Das deutsche Bürgertum stellte er als Ordnungskraft der polnischen Unordnung gegenüber. Die Bauern, die Unterschichten interessierten ihn wenig, den Adel und das Militär hielt er für entbehrlich.

Freytag kam von der Germanistik zur Kulturgeschichte und übertrug die Vorstellung einer selbständigen nationalen Entwicklung, wie ihn die Sprachgeschichte geprägt hatte, auf die Geschichte des deutschen Volkes. Daß, um das Bild richtig zu treffen, eine Kenntnis der Kulturgeschichte der anderen europäischen Völker und somit auch der slawischen Völker notwendig war, das hat Freytag nicht erkannt. Es fehlte also die eigentlich vergleichende Methode.

Johannes Janssen versah mit seiner „Geschichte des deutschen Volkes" den nationalpolitisch gewendeten Lehrsatz der katholischen Polemik mit einem kulturgeschichtlichen Unterbau (Fueter) und führte in die Geschichte das Volk, die kleinen Leute ein. Die Schwäche seines Werkes waren die einseitige Tendenz und die „kritiklose Verwendung der kompilierenden kulturhistorischen Methode". Den politischen und wirtschaftlichen Rückgang Deutschlands im 16. und 17. Jh. sah er allein als Folge der Reformation, der gegen Bauern und Kleinbürger gerichteten Politik der Fürsten und der Einführung des römischen Rechts. Die Auswirkungen der Entdeckungen und der überseeischen Expansion mit der Verlagerung der Handelsrouten sowie die Festigung der Nationalstaaten außerhalb Deutschlands ließ er unberücksichtigt.

Braucht Janssen nur am Rande erwähnt zu werden, so nimmt Jakob Burckhardt einen um so wichtigeren Platz ein. In seiner „Kultur der Renaissance" wie auch in seiner griechischen Kulturgeschichte ließ sich der gebürtige Basler vom Gedanken leiten, den Geist des Volkes zu erfassen. Hinzu kam die Hegelsche Idee vom Geist, der sich zum Bewußtsein seiner Freiheit entwickelt. Das erfolgte nach Burckhardt im Zeitalter der Renaissance in einer Weise wie nie zuvor und wie nie nachher. Bemerkenswert war die systematische Form der Darstellung, die allerdings die Gefahr in sich barg, zu sehr Querschnitte, einzelne Bilder zu liefern, als die Entstehung und weitere Entfaltung der Erscheinungen zu erfassen. Vornehmlich interessierte Burckhardt das Typische, sich Wiederholende. Er ließ sich insbesondere von der Kunstgeschichte fesseln, dazu kamen politische und literaturgeschichtliche Interessen. Wirtschaftsgeschichtlichen Zusammenhängen ging er aber nicht weiter nach. Eigene Forscherleistungen erbrachte Burckhardt auch nur auf dem Gebiet der italienischen Kulturgeschichte.

Karl Lamprecht (1856–1915) schuf mit seinem in Bonn veröffentlichten dreibändigen Werk „Deutsches Wirtschaftsleben im Mittelalter", in dessen Mittelpunkt Forschungsergebnisse über das Moselgebiet und den mittleren Rhein stehen, ein großartiges Gesamtbild mittelalterlicher Wirtschaft und Gesellschaft. Von 1871 ab erschien Lamprechts „Deutsche Geschichte", in der er ein Schema der sozialpsychologischen Stufen mit Zeitaltern des symbolischen, typischen, konventionellen, individuellen, subjektiven und impressionistischen Seelenlebens aufstellte. Er entfesselte einen Sturm der Diskussion.

1888 veröffentlichte Dietrich Schäfer seine Schrift „Das eigentliche Arbeitsgebiet der Geschichte", in der er betonte, daß der Historiker sich vornehmlich mit politischer Geschichte zu befassen habe. Fragen der Psychologie, des Rechts, der Wirtschaft hatten nach ihm nur den Rang von Hilfswissenschaften.

Schäfer bekam seine Antwort von einem der jungen Historiker, Eberhard Gothein. In einer 1889 erschienenen Arbeit über die Aufgaben der Kulturgeschichte betonte er, die politische Geschichte sei nur ein Aspekt der Kulturgeschichte, daneben gebe es noch andere, über die der Historiker auch schreiben müsse, um das Bild eines organischen Ganzen zu bekommen. Das blieb bei ihm nicht nur Programm, wie seine ausgezeichnete Wirtschaftsgeschichte des Schwarzwaldes (1891–92) zeigt.

Auch Karl Lamprecht stellte sich auf die Seite der Kulturgeschichte. Dem ersten Band seiner „Deutschen Geschichte" folgten bis 1912 13 weitere. In ihnen stellte er den Verlauf bis 1870 dar. In zwei Ergänzungsbänden behandelte er noch die Entwicklung nach 1870. Lamprechts Streben ging dahin, die Geschichte der Wirtschaft in das Gesamtwerden der Völker einzuordnen. Das Ganze betrachtete er als einen seelischen Prozeß, wobei er das Rüstzeug zum Teil von der Völkerpsychologie bezog. Dabei ging er allerdings so weit schematisierend vor, daß er, obwohl er über ein riesiges Tatsachenmaterial verfügte, insbesondere von den Vertretern der politischen Geschichte abgelehnt wurde[12].

[12]) F u e t e r , Historiographie, 566ff.; v. B e l o w , Die deutsche Geschichtsschreibung, 63ff.; F. J o d l , Die Kulturgeschichtsschreibung, ihre Entwicklung und ihr Problem, 1878; W. H. R i e h l , Die bürgerliche Gesellschaft, 1851; d e r s., Land und Leute, 1852; d e r s., Die Familie, 1855; d e r s., Kulturstudien aus drei Jahrhunderten, 1859; d e r s., Kulturgeschichtliche Charakterköpfe, 1891; H. S i m o n s f e l d , W. H. Riehl als Kulturhistoriker, 1898; O. L o r e n z , Geschichtswissenschaft in Hauptrichtungen und Aufgaben I, 1866, 173ff.; E. G o t h e i n , W. H. Riehl, in: Preußische Jahrbücher 92, 1898; C. J a n t k e , Riehls Soziologie des vierten Standes, in: Soziale Welt 2, 3, 1951; E. E g n e r , Wilhelm Heinrich Riehl, in: HdSW 9, 1956; G. F r e y t a g , Bilder aus der deutschen Vergangenheit 1859–1862 (über das Mittelalter 1867); Erinnerungen aus meinem Leben, 1887; F u e t e r , Geschichte der neueren Historiographie, 570f.; J. J a n s s e n , Geschichte des deutschen Volkes vom 15. Jh. bis zum Beginn des Dreißigjährigen Krieges, 1876–88, später von Pastor fortgeführt; J. B u r c k h a r d t , Die Zeit Konstantins des Großen, 1853; d e r s., Die Kultur der Renaissance in Italien, 1860. Aus dem Nachlaß: Griechische Kulturgeschichte (1898–1902); Weltgeschichtliche Betrachtungen, 1905; Geschichte der Renaissance in Italien, 1868; Beiträge zur Kunstgeschichte von Italien, 1898.

K. L a m p r e c h t , Das Wirtschaftsleben im Mittelalter, 3 Bde, 1886; Deutsche

Geschichte, 12 und 2 Bde, 1891, ⁵1912; Dietrich Schäfer und sein Werk, hg. v. K. Jagow, 1925; F. S e i f e r t, Der Streit um Karl Lamprechts Geschichtsphilosophie, 1925; H. S c h ö n b a u m, Heinrich v. Treitschke und Karl Lamprecht, 1960; M. L. G o t h e i n, Eberhard Gothein, 1931; E. S a l i n, Eberhard Gothein, in: Lynkäus; J. W e s t f a l l T h o m p s o n, A History of Historical Writing, 422ff.; J. H u i z i n g a, Wege der Kulturgeschichte, 1930.

f) Die historische Schule der Nationalökonomie

Die wichtigsten Anregungen für die Ausbildung der wirtschaftsgeschichtlichen Methode gingen von der „Historischen Schule der Nationalökonomie" aus. Ihr Hauptbemühen richtete sich auf die Herausarbeitung von Wirtschaftsstufentheorien, wobei der jeweiligen Theorie die Vorstellung der Stufe als wichtigstes Entwicklungselement im Sinn des historischen Typs zugrunde gelegt wurde. Die historische Schule der Nationalökonomie verwertete Anregungen der Idealphilosophie des 18. Jhs., der Aufklärung und des Positivismus, erhielt aber ihre entscheidenden Impulse aus der auf ein vertieftes historisches Verständnis gerichteten romantischen Bewegung und festigte ihre Eigenständigkeit durch eine scharfe Kritik der klassischen Schule. Gleichzeitig wollte sie eine Alternative zum marxistischen Entwicklungsbegriff liefern. Daß zunächst wichtige Anregungen vom Westen kamen, zeigen die ersten deutschen Verfasser, von denen der Gedanke einer Wirtschaftsstufenfolge vorgetragen wurde. Der in Petersburg lebende Heinrich Storch verweist im Vorwort seines „Cours d'économie politique" von 1815 auf verschiedene Franzosen und Engländer, u. a. Say, Sismondi, Turgot, Steuart, Hume und Smith. Während er zwischen Hirten-, Ackerbau- und Gewerbs- bzw. Handelsvölkern unterschied, betonte der Heidelberger Karl Heinrich Rau (in seiner Arbeit über „Das Zunftwesen und die Folgen seiner Aufhebung", 1815) die Hauptarten der Ernährung und sah zunächst Jäger und Fischer, dann nomadisierende Ackerbauern, Gewerbe- und Handeltreibende.

In ein entscheidendes Stadium geriet die Diskussion aber erst mit Friedrich List, der in seinem „Nationalen System der politischen Ökonomie" von 1841 zwar noch von aufklärerischen Elementen beeinflußt war, aber doch zum ersten Mal innerhalb der Nationalökonomie einen historischen Standpunkt vertrat. Für List, der stark politisch interessiert war, hatte die Wirtschaftspolitik die Aufgabe, die einzelnen Nationen von einer Stufe zur nächst höheren zu entwickeln. Um die Tatsache und Notwendigkeit einer solchen Entwicklung aller Nationen zum Idealzustand gebührend zu betonen, stellte er seine Wirtschaftsstufentheorie auf. Die Stufe, die England in seiner Zeit erreicht hatte, betrachtete er als Idealzustand. Danach waren für die einzelnen Nationen die wichtigsten „Entwicklungsgrade": der wilde Zustand, der Hirtenstand, der Agrikulturstand, der Agrikultur-Manufakturstand sowie der Agrikultur-Manufaktur-Handelsstand.

Hauptvergleichsmerkmal der Stufen waren für List die Gütererzeugung und die neu hinzukommenden Betätigungsarten. Allerdings enthielt die Listsche Stufenfolge Irrtümer, denn auf England ließ sie sich, wie Hildebrand schon zeigt, nur bedingt anwenden, doch half sie ihrem Urheber weiter in seinen Bemühungen um eine Berichtigung der reinen Theorie des Freihandels durch historische Argumente und um die Begründung einer geschichtlichen Theorie des auswärtigen Handels. Ließ List, wie Karl Knies betonte, die Aufeinanderfolge nach einem von „vornherein adoptierten Schema" verlaufen, so sah er diese Entwicklung doch als organisch sich vollziehend an. Er trennte eine anorganische von einer organischen Geschichtsperiode mit offensichtlichen Anklängen an Saint-Simon. In der ersteren gliederte er noch den „isolierten Menschen ohne und mit Gütervorrat", in der letzteren, die er als eine Periode der Gemeinwirtschaft charakterisierte, folgten nach dem Grad der politischen Entwicklung eine Familien- und Stammesperiode und eine Staatenperiode aufeinander; letztere ließ List beginnen mit der heidnisch-antiken Staatenordnung und enden mit dem Repräsentativstaat bzw. einer (4.) „Periode der Zukunft".

List kann noch nicht zur eigentlichen historischen Schule gerechnet werden, deren Hauptvertreter Wilhelm Roscher, Karl Knies und Bruno Hildebrand waren, während die sogenannte jüngere historische Schule in Gustav Schmoller und Karl Bücher ihre wichtigsten Repräsentanten fand. Wenn man die Wirtschaftsstufentheorien der älteren und jüngeren historischen Schule überblickt, so erkennt man als gemeinsamen Zug die „organische" Auffassung, daß der nächste Zustand die Fortsetzung des vorhergehenden ist, aus diesem allein hervorgeht, und der ganze Entwicklungsgang auf ein Ziel hinstrebt, das für die Evolution mitbestimmend ist.

In diesem Sinne führte schon Joh. Chr. Rinne die Entwicklung (1848) von der Familien-, Geschlechts- und Stammeswirtschaft zur Volkswirtschaft, Völkergemeinschaftswirtschaft und Weltwirtschaft. Mit dem Begriff Weltwirtschaft brachte er einen Gesichtspunkt in die Diskussion, der freilich erst später im Zusammenhang mit dem Werk von Bernhard Harms fruchtbar werden sollte. Nach Wilhelm Roscher (1849) folgte die Menschheit als ein „großes Ganzes" einem umfassenden Plan, während die einzelnen Völker und mit ihnen ihre Volkswirtschaften entsprechend der organischen Entwicklung des einzelnen Menschen eine auf- und absteigende Entwicklung von der Jugend über die Reifezeit zur Verfallzeit durchmachten. Analog „den drei Faktoren", welche zu jeder Produktion vereinigt werden müssen, nämlich Boden, Arbeit und Kapital, fand Roscher in der Frühzeit ein Vorherrschen des Faktors „Natur", im Mittelalter ein Vorherrschen des Faktors „Arbeit" und schließlich in der Neuzeit ein Vorherrschen des Faktors „Kapital". Wie Roscher, so hat auch Karl Knies keine vollständig ausgearbeitete Stufentheorie hinterlassen. Im Gegensatz zu Roscher sah aber Knies eine gesetzliche, andauernd in einer Richtung fortschreitende Entwicklung einzelner Völker und Volkswirtschaften. Auf die Frage der Stufen ging er nur soweit ein, als er nach Maßgabe der Verkehrsausweitung eine isolierte und geschlossene Wirtschaft von der Verkehrswirtschaft und Gemeinwirtschaft unterschied.

Einen wichtigen Schritt kam die Diskussion weiter, als Bruno Hildebrand 1864 im zweiten Band der Jahrbücher für Nationalökonomie und Statistik seinen Aufsatz „Naturalwirtschaft, Geldwirtschaft und Kreditwirtschaft" veröffentlichte und damit die einzige ausgearbeitete Wirtschaftsstufentheorie der älteren historischen Schule vorlegte. An der Listschen Stufenfolge Kritik übend, lehnte Hildebrand das Vergleichsmerkmal der Gütererzeugung und Konsumtion ab, weil auf diesem Gebiet keine Gleichheit der Völkerentwicklung festzustellen sei. Die Frage, ob „allgemeine ökonomische Entwicklungsnormen der Völker" aufzufinden und in welcher Sphäre des ökonomischen Lebens sie zu suchen seien, wies Hildebrand auf den Faktor „Verteilung" hin. Er war „vom Boden und Klima unabhängig und über die räumlichen Natureinflüsse erhaben". In ihm und in der Umsatzform sah er das wirklich unterscheidende Merkmal der drei Wirtschaftsstufen Naturalwirtschaft, Geldwirtschaft und Kreditwirtschaft; den Zustand der Tauschlosigkeit außer acht lassend, fand er das Wesen der Naturalwirtschaft im Naturaltausch. Die Kreditwirtschaft war für Hildebrand die Wirtschaft der Zukunft, deren Aufgabe er darin sah, die sozialen Schäden, welche die Geldwirtschaft verursachte, zu heilen. Hier zeigte sich deutlich die politische Motivation, die Hildebrand veranlaßte, seine Stufentheorie aufzustellen.

Was List und Hildebrand herausgearbeitet hatten, hielt Gustav Schönberg im wesentlichen fest. In seiner frühen Schrift von 1867 über „die wirtschaftliche Bedeutung des deutschen Zunftwesens im Mittelalter" kennzeichnet Schönberg die drei „Wirtschaftszustände" der Hauswirtschaft, Stadtwirtschaft und Volkswirtschaft und untersucht, die Methode des vergleichenden Theoretikers anwendend, aber nicht so stark abstrahierend, die Wandlung verschiedener wirtschaftlicher Kategorien (Stellung des Produzenten, Preisbildung, Lage der Arbeiter) im Verlauf der Herausbildung dieser drei Wirtschaftszustände, die er als typische Grundformen bezeichnet, neben denen die „individuell verschiedene wirtschaftliche Entwicklung der Völker" noch viele unter sich verschiedene Übergangs- und Mischformen herausgebildet hat. Mit dieser Weite seiner Theorie konnte Schönberg auch der Forderung nach der Kontinuität der Entwicklung innerhalb und zwischen den einzelnen Entwicklungsstufen besser Rechnung tragen. Nach Johann Plenge lag hier bereits die Theorie vor, um deren Priorität sich später Schmoller und Bücher stritten. Dies hing damit zusammen, daß Schönberg, durch seine frühe Habilitation in andere Arbeitsbereiche hineingeführt, später seine „Jugendtheorie" vergaß. In seinem Handbuch der politischen Ökonomie von 1882 kam er auf sechs Wirtschaftsstufen nach dem Zustande der volkswirtschaftlichen „Produktion" in den sie jeweils verkörpernden Völkern, wobei er die von List als wilden Zustand bezeichnete Stufe in das Jäger- und Fischervolk aufgliederte und dann das Hirten- und Nomadenvolk, das seßhafte reine

Ackerbauvolk, das Gewerbe- und Handelsvolk und das Industrievolk hintereinandersetzte. In dieses Schema bemühte sich Schönberg auch die Hildebrandsche Stufengliederung nach dem „Zustande des Tauschverkehrs" zu verarbeiten, indem er darlegte, daß die Naturalwirtschaft im wesentlichen die Wirtschaftsstufe der Naturvölker (Jäger-, Hirten-, Fischer-, reine Ackerbauvölker), die Geldwirtschaft die der Gewerbe- und Handelsvölker, die Kreditwirtschaft aber die werdende der Industrievölker sei.

Den nächsten bemerkenswerten Beitrag zur Diskussion der Frage lieferte Gustav Schmoller in seiner Untersuchung über „das Merkantilsystem in seiner historischen Bedeutung" (1884). Gedankengänge, die sich schon bei Hildebrand und Schönberg finden, kehren bei ihm wieder, nur unter anderen Namen. Schmoller war stark sozialpolitisch interessiert und glaubte trotz mancher Rückschritte, die durch den Faktor der menschlichen, psychologisch-geistigen Motivationen bedingt wurden, an ein allgemeines Gesetz des Fortschritts. Die bisherigen Vergleichsmerkmale erschienen ihm als ungenügend, er betonte daher die politischen Organisationsformen als das Bedeutungsvollste, den „Zusammenhang des wirtschaftlichen Lebens mit den wesentlichen und leitenden Organen des sozialen und politischen Lebens.., die Anlehnung der jeweiligen wesentlichen wirtschaftlich-sozialen Einrichtungen an die wichtigsten oder an einzelne wichtige Körper".

Seiner Ansicht nach fiel in allen Phasen der volkswirtschaftlichen Entwicklung dem einen oder anderen politischen Organ des Stammes- oder Volkslebens eine führende und beherrschende Rolle auf dem Wirtschaftsgebiet zu. „Bald ist es der Geschlechtsverband und Stamm, bald das Dorf und die Mark, bald die Landschaft, bald der Staat oder gar der Staatenbund". So entwickelten sich nacheinander bestimmte soziale Wirtschaftskörper in immer umfassenderer Art, wobei Schmoller vier Grundstufen feststellte: 1) Die Dorfwirtschaft, 2) die Stadtwirtschaft, 3) die Territorialwirtschaft und 4) die Volkswirtschaft. Bei der Beschreibung der einzelnen Stufen ging es Schmoller vor allem darum, die „Organisationsformen der Volkswirtschaft" zu erfassen, und er betrachtete es als eine größere, in diesem Rahmen nicht zu lösende Aufgabe, für eine erschöpfende Erklärung eine ausgebildete „Theorie von dem volkswirtschaftlichen Entwicklungsgange der Völker" noch andere „Vorstellungen" heranzuziehen.

Aufsehen erregte Karl Bücher mit der Stufenfolge, die er 1893 in seiner „Entstehung der Volkswirtschaft" aufstellte, wobei er sich mit der klassischen Theorie wie der historischen Schule auseinandersetzte. An der ersteren kritisierte er, daß sie die liberale Marktwirtschaft als zeitlos ansah und die daraus abgeleiteten Gesetze zu Naturgesetzen machte. Der historischen Schule räumte er ein, sie habe wohl die Zeitgebundenheit der Markttheorie erkannt, aber die Verkehrslosigkeit früherer Zustände außer acht gelassen. In einem noch stärkeren Maße als den Repräsentanten der älteren historischen Schule kam es ihm auf das Prinzip der organischen Entwicklung und gleichzeitig auf die „logische Natur" seiner Stufen an. Ihm lag viel daran, den Gegensatz zwischen Verkehrslosigkeit und Markt herauszuarbeiten, und so unterschied er die Stufen der Tauschlosigkeit, des unmittelbaren Austausches und des Güterumlaufes. Des weiteren kam es ihm auf die Länge des Weges an, „welchen die Güter vom Produzenten bis zum Konsumenten zurücklegen". Dabei unterschied er, beim Altertum auf Rodbertus, beim Mittelalter auf Hildebrand, Gierke, Schönberg, Lamprecht und von Inama sich stützend, 1) die Periode der geschlossenen Hauswirtschaft, die das gesamte Altertum und das Mittelalter bis zum 12. Jh. umfaßte, 2) die Periode der Stadtwirtschaft, die Bücher bis zum 18. Jahrhundert gehen ließ, 3) schließlich, seit dem 18. Jh., die Periode der Volkswirtschaft.

Wie seine Vorgänger beschrieb Bücher die einzelnen Stufen eingehend, aber wenn er betonte, die Wirtschaftsstufen seien ihm ein „unentbehrliches methodisches Hilfsmittel", um die Gesetze der Entwicklung zu finden, so kam er doch zu keiner wesentlichen Bereicherung der überkommenen Theorie, auch nicht in seinem Grundriß der Sozialökonomie von 1914, als er den Gegenstand noch einmal darzustellen hatte. Seinen Stoff, den er inzwischen durch völkerkundliche Studien bereichert hatte, gliederte er nun in „eine Stufe der individuellen Nahrungssuche" und in die „Wirtschaft" der Naturvölker. Darauf ließ er die „drei Entwicklungsstufen der europäischen Kulturvölker" folgen, wobei er die Volkswirtschaft in zwei Perioden zerlegte, und zwar in „diejenige der geschlossenen Staatswirtschaft (Zeitalter des politischen Absolutismus und des Merkantilismus) und diejenige der mehr oder minder offen kapitalistischen Wirtschaft"[13].

[13]) G. Eisermann, Die Grundlagen des Historismus in der deutschen Nationalökonomie, 1956; F. C. Lane, Some Heirs of Gustav von Schmoller, in: Architects and Craftsmen in History, Festschrift für Abbott Payson Usher, 1956, 9–39; H. Kellenbenz, Wirtschaftsstufen, in: HdSW 12, 1965, 260–269 (dort weitere Literatur); A. Müssiggang, Die soziale Frage in der historischen Schule der Nationalökonomie, 1966; D. Lindenlaub, Richtungskämpfe im Verein für Socialpolitik im Kaiserreich, 2 Bde, 1967.

g) Jüngere Stufenbildungen

Während Sombart, Max Weber, später Arthur Spiethoff und andere in eine neue Richtung vorstießen, hörten die Bemühungen um die Wirtschaftsstufen nicht auf. Eugen von Philippovich suchte (1906) die Theorien von Schmoller und Bücher zusammenzufassen, indem er von der Hauswirtschaft die Verkehrswirtschaft unterschied, die er in drei Perioden gliederte, in eine Periode des lokal gebundenen, eine Periode des staatlich gebundenen und eine Periode des freien Verkehrs.

Die bisher besprochenen Stufentheorien faßten ausschließlich die Entstehung der Volkswirtschaft ins Auge, ohne konsequent die Entwicklung zur Weltwirtschaft zu untersuchen. Einen solchen Versuch unternahm A. Schäffle. Dem Stand der staatlichen Gesamtverfassung entsprechend unterschied er

„fünf Weltgeschichts- und Völkergeschichts-Hauptstufen": ein Völkerschaftszeitalter, auf welches das feudale ständestaatliche oder ämterstaatliche Zeitalter, das zivilistische, bürgerschafts- oder stadtstaatliche, das länderstaatliche oder territorialistische Zeitalter und schließlich die Stufe der „modernen" volklich-großstaatlichen Verfassungsbildungen folgen. Einen weiteren Versuch, Entwicklungsstufen der internationalen Wirtschaftspolitik aufzustellen, machte Rudolf Kobatsch, wobei er nicht von bestimmten Zeitabschnitten, sondern von markanten Ereignissen ausging, „die eine Entwicklungsstufe zuerst vorbereitet und ihr zum Durchbruch verholfen haben". Danach kam es zu 8 Systemen: Prähistorismus, Monetarismus, Merkantilismus, Imperialismus, Liberalismus, Nationalismus, Kontinentalismus, Internationalismus. Jedes dieser Systeme war nach Kobatsch durch einen bestimmten Charakter des internationalen Verkehrs und besondere weltpolitische Ereignisse gekennzeichnet. Obwohl der Begriff Weltwirtschaft in diesem Rahmen nahe gelegen hätte, lehnte ihn Kobatsch ab, weil er ihn „für zu weit gefaßt" hielt. Weltwirtschaft war ihm identisch mit Weltstaat, der seiner Ansicht nach aber nicht gegeben, sondern nur anzustreben war.

Bernhard Harms, der in seinem Buch von 1912 den Versuch zur Begründung einer Weltwirtschaftslehre machte, wandte sich in diesem Zusammenhang gegen die Wirtschaftsstufen. Von einer Evolution der Volkswirtschaft zur Weltwirtschaft in dem Sinne, wie aus der Stadtwirtschaft nach mancherlei Übergangsstadien die Volkswirtschaft geworden sei, könne keine Rede sein. „Man muß sich vielmehr mit der Tatsache abfinden, daß die Volkswirtschaft gewissermaßen das Endergebnis einer verkehrsgesellschaftlichen Entwicklung ist und demgemäß einen Beharrungszustand darstellt. Die Völkerwirtschaft ist an den Staat gebunden, der für ihre Lebensäußerungen von entscheidender Bedeutung ist." Eine Fortentwicklung der Volkswirtschaft zur Weltwirtschaft würde zur Voraussetzung haben, daß entweder der Staat (d. h. alle Staaten) auf jede Beeinflussung der Einzelwirtschaften durch wirtschafts-, verkehrs- und sozialpolitische Maßnahmen verzichtete, oder aber aus der Vielheit der Staaten ein Weltstaat würde, der dann freilich nichts anderes als eine Volkswirtschaft umschlösse, da es dann ja auch nur ein Volk (in dem oben erwähnten Sinn) gäbe.

Waldemar Mitscherlich hat der Harms'schen Argumentation widersprochen, indem er darauf hinwies, daß jede neu entstehende Wirtschaftsstufe keineswegs eine Evolution aus der vorhergehenden bedeute, wie Harms sie den Stufentheoretikern unterstellte, sondern man es zu einem weit größeren Teil mit dem Entstehen eines wirklich „Neuen" zu tun habe, das eine nicht geringe Überwindung des alten voraussetzte. Das Werden der neuen Stufe sieht Mitscherlich im Sinne einer allmählichen Auflösung der Volkswirtschaft. Mit der weiteren Entwicklung der Weltwirtschaft werde die Volkswirtschaft immer mehr von dieser abhängig, wobei aber die Volkswirtschaft keineswegs ganz verdrängt zu werden brauche, so wie die Hauswirtschaft nicht ganz durch die Stadtwirtschaft, die Stadtwirtschaft nicht ganz durch die Volkswirtschaft verdrängt worden sei. Mitscherlich erklärte sich den Übergang von der einen zur anderen Stufe mittels der von ihm vertretenen Pluralitätstheorie. Die Entwicklungstheorie der Historiker im Sinn eines organischen Werdens hielt Mitscherlich für eine Konstruktion, die vor der Realität nicht standzuhalten vermöge, sie stelle „eine unzulässige Vereinheitlichung der höchst komplizierten Vorgänge des ökonomischen Werdens" dar. Die neuen Wirtschaftsformen und Zustände waren nach Mitscherlichs Theorie als „etwas Eigenes, Neues, aus eigenen Wurzeln Entstandenes und aus diesen selbst sich Nährendes aufzufassen".

Den Wirtschaftsstufen, die Mitscherlich selbst ausgearbeitet hat, liegen als leitende Gesichtspunkte die Prinzipien des Universalismus und des Individualismus zugrunde, die, beide im Menschen angelegt, den Gemeinschaftsgedanken bzw. die Absonderung von Einzelnen und Gruppen bewirken. Danach ergaben sich für die wirtschaftliche Vergangenheit 4 Stufen: zunächst eine Stufe der Vorherrschaft des wirtschaftlichen Universalismus, dann (2) das Vordringen des wirtschaftlichen Individualismus bis zum ungefähren Gleichgewicht von Universalismus und Individualismus, die Stufe der korporativ gebundenen Wirtschaft auf gemeinwirtschaftlicher Grundlage, weiter (3) die Vorherrschaft des wirtschaftlichen Individualismus, die Stufe der freien Einzelwirtschaft oder der Individualwirtschaft und schließlich (4) das Vordringen des Universalismus, die Stufe der korporativ gebundenen Wirtschaft auf einzelwirtschaftlicher Grundlage.

Vom Bereich der öffentlichen, der Finanzwirtschaft ausgehend, stellte W. Gerloff eine Stufentheorie auf (1922), der das Einteilungsprinzip „Wer produziert für Wen" zugrunde lag. Gerloff gliederte in Hauswirtschaft, Kundenwirtschaft, Marktwirtschaft und Gesellschaftswirtschaft. In der Hauswirtschaft produziert das Haus für die Mitarbeiter des Hauses, in der Kundenwirtschaft produzieren die Handwerker für ihre Kunden, in der Marktwirtschaft die Unternehmer für einen unbestimmten Markt, in der Gesellschaftswirtschaft die Gesellschaft mit gesellschaftlichen Mitteln für die Gesellschaft. Äußerlich war Gerloffs Schema der Bücherschen Theorie ähnlich, neu jedoch die vierte Stufe.

Stolz darauf, die Schönbergsche Stufentheorie wiederentdeckt zu haben, war Plenge bestrebt, die drei Grundtheorien „von der Mannesnahrung, von der Art des Geldgebrauchs und von dem äußeren Umfang und der inneren Gliederung des Wirtschaftskreises" untereinander zur Deckung zu bringen. Unter Berücksichtigung der Welt- und Völkergeschichte, d. h. unter Ausschaltung der Naturvölker und Beschränkung auf die Entwicklung der Kulturvölker und den Gang der Weltkriege, sah Plenge das Mittel zu diesem Ziel in seiner Organisationstheorie. Jede der Stufen hat ihr Organisationsmittel, und die Grundstruktur jedes wirtschaftlichen Organisationszustandes kann bestimmt werden aus der Art, wie in ihr das Organisationsmittel des gesellschaftlichen Tauschverkehrs, die Organisationsmacht der Einzelwirtschaft und der Organisationswille des Staates zusammenwirken. So kam

Plenge zur Unterscheidung von geldloser Bodenorganisation mit staatlicher Zusammenfassung (altorientalische Königsspeicherwirtschaft), geldloser Bodenorganisation ohne staatliche Zusammenfassung (feudalistische Herrenwirtschaft), einfacher Geldwirtschaft mit und ohne Durchorganisierung (Stadt- und Staatswirtschaft vom Mittelalter bis ins 18. Jh.) und Kapitalismus mit und ohne Durchorganisierung. In der letzten Form, dem durchorganisierten Kapitalismus oder Sozialismus, sah er „die möglicherweise kommende" Stufe. Plenge und seine Schüler (B. Odenbreit, H. Matich, A. Schneider) haben Zusammenstellungen von Wirtschaftsstufen seit Aristoteles bis zur Gegenwart geliefert[14].

[14]) H. Kellenbenz: Wirtschaftsstufen, in: HdSW 12, 1965, 264ff.; W. Mitscherlich, Die Weltwirtschaft als Wirtschaftsstufe, in: Zeitschrift für die gesamte Staatswissenschaft, 70, 1914; H. Kellenbenz, In memoriam Waldemar Mitscherlich, in: Kölner Zeitschrift für Soziologie und Sozialpsychologie, 14, 1962, 211–214.

h) Die Kritik an der Wirtschaftsstufentheorie und die Erweiterung der wirtschaftsgeschichtlichen Methode

Den Wirtschaftsstufentheorien der älteren und jüngeren historischen Schule lag der organische oder evolutionäre Entwicklungsgedanke zugrunde, wobei Vorstellungen von Gesetzen ganz allgemeiner universaler Art (vor allem das teleologische Gesetz des Fortschritts), die für Kultur und Menschheit überhaupt gelten sollen, neben mehr konkreten Entwicklungsgesetzen gesehen werden, die in Stufenfolgen erfaßt oder mit einer Wirtschaftsstufentheorie identifiziert werden. Die Kritik hat darauf hingewiesen, daß man eine Gesetzlichkeit im Sinne einer organischen Entwicklung des Gesamtgeschehens wohl zugeben könne, daß aber die universalen Gesetze der Historiker zu allgemein gehalten seien, um über die Art, wie die organische Entwicklung sich vollzog, etwas Konkretes auszusagen. Soweit die Stufenbildner als das Resultat historischer Forschung Gesetze feststellten, handelt es sich um keine wahren Kausalgesetze im Sinne der Naturwissenschaften, sondern um „empirische Regelmäßigkeiten", „die höchstens Wahrscheinlichkeiten, Tendenzen, aber keine Notwendigkeiten aufzeigen" (Kalveram). Deshalb wurde auch bestritten, daß Wirtschaftsstufentheorien konkrete Entwicklungsgesetze erfassen oder gar selbst Entwicklungsgesetze sein könnten. Man hat auch bestritten, daß die Stufentheorien organische Evolutionen darlegen konnten, da es den Stufenbildnern in erster Linie um die Herausarbeitung typischer Zustände oder Grundformen bzw. die äußeren Wandlungen einzelner Elemente ging und nicht um die neuen treibenden Kräfte, die man am ehesten bei den Übergängen hätte erfassen können.

Einige Kritiker seien noch näher betrachtet. Während Eduard Meyer und Alfons Dopsch die historische Haltlosigkeit des Bildes der geschlossenen

8. Bemühungen um neue Methoden

Hauswirtschaft nachwiesen, betonte Georg von Below, als Historiker ebenfalls mit Tatsachenmaterial aufwartend, vor allem, daß die Stufe der Stadtwirtschaft keinen so geschlossenen Charakter hatte, wie es namentlich Bücher bekräftigte. In diesem Sinne trennte er eine Periode der Stadtwirtschaft unter städtischer Leitung von einer Periode der Stadtwirtschaft unter landesherrlicher Leitung. In seiner Gesamtwürdigung der Theorie war von Below der Ansicht, daß die Wirtschaftsstufen nur als „Idealtypen" zu verwenden seien. Damit bekannte er sich, bereits von Max Weber beeinflußt, zu der neuen Auffassung des „ganzheitlich historischen Verstehens".

Unter den Kritikern Büchers sei vor allem Werner Sombart hervorgehoben, der sich dazu schon 1899 und später in seinem Werk über den „modernen Kapitalismus" äußerte. Er wandte sich gegen den Begriff der Stufe und ihrer Unterscheidungsmerkmale und vertiefte dabei die Fragestellung wesentlich, indem er auf den Begriff des Wirtschaftssystems kam. Gegen die Stufen und ihre Unterscheidungsmerkmale wandte Sombart ein, daß mit ihnen das Wesen bestimmter Wirtschaftsverhältnisse nicht hinreichend ausgedrückt werden könne. Seiner Ansicht nach brauchte man einen Begriff, der es ermöglichte, Einzelerscheinungen des Wirtschaftslebens in ihrer Zusammengehörigkeit zu erfassen. Dieser Begriff, diese „Idee" war nach Sombart das Wirtschaftssystem. Darunter verstand er „eine als geistige Einheit gedachte Wirtschaftsweise, die 1. von einer bestimmten Wirtschaftsgesinnung beherrscht wird, 2. eine bestimmte Ordnung und Organisation hat und 3. eine bestimmte Technik anwendet". Danach ergaben sich für das System verschiedene (insgesamt 12) Wesensmerkmale.

Auf dieser Basis räumte Sombart so viele Wirtschaftssysteme ein, als er sinnvolle Möglichkeiten der Gestaltung des Wirtschaftslebens gab. Daraus hoben sich aber doch als geschichtlich bedeutsam heraus: 1. die früheren Eigenwirtschaften, 2. das Handwerk, 3. der Kapitalismus und schließlich noch „die als Möglichkeiten in unserer Vorstellung bekannten sozialistischen Wirtschaftssysteme". Mit Hilfe dieser systematischen Klärung ist es möglich, im geschichtlichen Ablauf verschiedene Wirtschaftsepochen zu unterscheiden. Eine Wirtschaftsepoche war nach Sombart „eine Zeitspanne, während welcher ein Wirtschaftssystem in der Geschichte verwirklicht ist, oder: während welcher das Wirtschaftsleben die einem bestimmten Wirtschaftssystem zugehörigen Züge aufweist". In seinem Werk über den Modernen Kapitalismus hat Sombart diese Wirtschaftsepochen dargestellt.

Wenn man die Ergebnisse der Stufenbildner und diejenigen Sombarts genauer vergleicht, stellt man fest, daß die Stufenbildner schon viel von den Grundbestandteilen des Sombartschen Schemas berücksichtigt hatten. Der Unterschied lag eben darin, daß, wie Sombart es selbst ausdrückte, Büchers Verfahren zu mechanistisch war, während er, Sombart, die Idee suchte, die die Einzelmerkmale in einen inneren Zusammenhang brachte. Sombart konnte zu diesem Ergebnis nur kommen dank der Vorarbeit, die inzwischen von Wilhelm Dilthey und der Heidelberger Schule Rickerts geleistet worden war, um zu einem neuen Erkenntnisverfahren zu gelangen, das man das „historische Verstehen" genannt hat und das eben um die Jahrhundertwende vor allem von Wilhelm Dilthey in seiner berühmten Abhandlung über die „Entstehung der Hermeneutik" vorgetragen wurde. Während das Wesentliche der naturwissenschaftlichen Methode in „der kausalgesetzlichen Erfassung des Aufeinanderfolgens von Ereignissen" bestand, geht es beim „Verstehen" um die Erkenntnis sinnvoller geistiger Zusammenhänge. Als einen solchen geistigen Zusammenhang sah der von Dilthey angeregte Sombart das Wirtschaftssystem oder, wie er auch sagte, den Wirtschaftsgeist an entsprechend dem von der idealistischen Philosophie stammenden Begriff objektivierter Geist als Niederschlag in Kunstwerken und Institutionen, in denen sich die Ideen und Haltungen von Völkern in gewissen historischen Perioden ausgedrückt haben.

Die lebhaften Diskussionen, die einzelne Stufentheorien hervorgerufen haben, sind für die Nationalökonomie, die Wirtschaftsgeschichte, die Wirtschaftspolitik und überhaupt für die ganze geistesgeschichtliche Entwicklung von großer Bedeutung gewesen. Das wichtigste Ergebnis ist die Erkenntnis, daß der Begriff Stufe einen historischen Typus darstellt, der die für den Gesichtspunkt der Betrachtung „typischen Merkmale einer bestimmten Wirklichkeit" enthält. Der Abstraktionsgrad, der bei der Bildung des Typenbegriffs benutzt wird, macht diesen zu einem historischen Begriff und die Stufentheorien zu historischen Theorien, die im Rahmen der exakten Theorie der Nationalökonomie keinen Platz haben. Dadurch, daß die Wirtschaftsstufentheorien historische Erkenntnisse in der Form empirischer Regeln vermitteln, haben sie für die theoretische Nationalökonomie jedoch wenigstens eine indirekte Bedeutung. Sie liefern ein methodologisches Hilfsmittel, um die Veränderungen ihrer Gesetze durch die Verschiedenheit der wirtschaftlichen Verhältnisse in den einzelnen Wirtschaftsstufen darzulegen.

Die Kritik, die von der Empirie ausgehende Forscher an den Wirtschaftsstufentheorien übten (Eduard Meyer, Alfons Dopsch, Georg von Below, Theodor Mayer), hat auf die ungenügende sachliche Grundlage hingewiesen, auf den diese (Hauswirtschaft, Stadtwirtschaft) aufgebaut sind, und gezeigt, daß auch die Charakterisierung der einzelnen Stufen nicht in allem zutraf; und doch sind die Wirtschaftsstufen für die Geschichtswissenschaft ein Hilfsmittel geworden, um die unübersichtliche Mannigfaltigkeit des historischen Stoffes zu ordnen. Der mit der Hilfe der historischen vergleichenden Methode gewonnene typische Begriff ist eines der Abstraktionsmittel, ohne die der Historiker nicht mehr auskommt. Für die Wirtschaftsgeschichte im besonderen vermittelt die Wirtschaftsstufe die historische Erkenntnis der typischen Gestaltung der Wirtschaft zu einer bestimmten Zeit und liefert ferner ein wichtiges Hilfsmittel, um durch den Vergleich mit dem Allgemeinen die konkreten Erscheinungen des Wirtschaftslebens deutlicher zu erkennen.

Mit diesen Ergebnissen wurde die Diskussion über die Stufentheorie wichtige Voraussetzung für die Herausbildung der Wirtschaftsgeschichte als einer eigenen Disziplin. Schließlich verhalf die Auseinandersetzung über die Wirtschaftsstufen der ganzheitlich verstehenden historischen Methode zum Durchbruch, womit der starre zum Teil weltanschaulich bedingte Evolutionismus der älteren Stufentheorie glänzend widerlegt werden konnte[15].

[15]) H. K e l l e n b e n z , Wirtschaftsstufen, in HdSW 12, 1965, 266f.; H. B e c h t e l , Wirtschaftsgeschichte Deutschlands I, 1941; A. M ü l l e r - A r m a c k , zur Genealogie der Wirtschaftsstile, 1941, [4]1944; H. P r o e s l e r , Die Epochen der deutschen Wirtschaftsentwicklung, 1927; d e r s., Die Wirtschaftsgeschichte in Deutschland, 1928; G. v. B e l o w , Zur Würdigung der historischen Schule der Nationalökonomie, in: Zeitschrift für Sozialwissenschaften 1904, 145–185; L. v. M i s e s , Epilog zum Methodenstreit in der Nationalökonomie, in: Archiv für Sozialwissenschaft 61, 1929.
Ch. W a t r i n , Ökonomische Entwicklungsgesetze, in: Beiträge zur Ordnung von Wirtschaft und Gesellschaft (Institut für Wirtschaftspolitik an der Universität zu Köln) 1966, 67–86.

B. 19. und 20. Jahrhundert

1. Bedeutende wirtschaftsgeschichtliche Arbeiten des 19. und 20. Jahrhunderts

Der Aufschwung der Geisteswissenschaften, aus der die Romantische Schule, ein Droysen und ein Ranke hervorgingen, ließ im deutschen Sprachgebiet nicht nur die historische Schule der Nationalökonomie entstehen, sondern schlug sich in zahlreichen wirtschaftsgeschichtlichen Einzelleistungen nieder. Rechts- und kulturgeschichtliche Auffassungen, vielfach noch im Sinn der Aufklärung, lieferten dabei Anregungen. Karl Dietrich Hüllmann veröffentlichte 1805 eine Deutsche Finanzgeschichte des Mittelalters, um sich später den Städten und dem Städtewesen des Mittelalters zu widmen. Von Wilhelm E. Wilda erschien 1831 eine Arbeit über das mittelalterliche Gildenwesen. Der Westfale Gustav von Gülich, Landwirt und Fabrikant, brachte im Jahre zuvor eine zweibändige Darstellung des Handels, der Gewerbe und des Ackerbaus heraus. Mit der Gewissenhaftigkeit eines Archivars und gut belegt schrieb Johannes Falke seine Geschichte des deutschen Zollwesens[1].

Der Durchbruch des Historismus ließ allenthalben historische Vereine und Museen entstehen. Die historische Landeskunde, die Landesgeschichte erfuhren starke Auftriebe. Seit den vierziger Jahren wurden verschiedene Landesgeschichten veröffentlicht, von denen eine der besten diejenige von Christoph Friedrich von Stälin über Württemberg war. Stälin würdigte eingehend die einzelnen Wirtschaftszweige. Dazu kamen die Bemühungen im Bereich der Stadt- und Regionalgeschichte. Ganz deutlich ist dies bei der Hansegeschichte zu sehen: Der Hamburger Archivar Heinrich Lappenberg bearbeitete die Sartorius'sche „Urkundliche Geschichte des Ursprungs der deutschen Hanse" von 1830. Von Lappenberg angespornt folgten dem Böhmerschen „Codex Diplomaticus Moeno-Francofurtensis" Lübeck und Hamburg mit ihren Urkundenbüchern. Und Lappenberg wiederum beantragte 1859 bei der Historischen Kommission der Bayrischen Akademie der Wissenschaften die Herausgabe der Hanserecesse und eines hansischen Urkundenbuchs.

Ein Historiker aus dem hansischen Bereich, Wilhelm Kiesselbach, verwandte 1853 zum erstenmal für eine Heidelberger Vorlesung, die allerdings nicht gehalten wurde, die Bezeichnung „Wirtschaftsgeschichte". Im selben Jahr benützte Knies in seiner politischen Ökonomie noch die ältere Prägung „Wirtschaftliche Geschichte". Kiesselbach wiederum gebrauchte in seinem 1860 veröffentlichten Buch über den „Gang des Welthandels und die Entwicklung des europäischen Völkerlebens im Mittelalter" das Wort Wirtschaftsgeschichte. Zur selben Zeit legte der Königsberger Wilhelm Carl August Drumann eine Untersuchung über die „Arbeiter und Kommunisten in Griechenland und Rom" vor. Georg Ludwig von Maurer wandte sich der Agrargeschichte zu und arbeitete über die Grundherrschaft. Georg Hanssen folgte ihm auf diesem Weg. Wilhelm Christoph Friedrich Arnold, der bedeutendste Vertreter der jüngeren historischen Rechtsschule, studierte die Verfassungsgeschichte von Worms und weitete diese Arbeit zu einer Verfassungsgeschichte der deutschen Freistädte aus (1854), schließlich lieferte er mit seiner Ortsnamentheorie einen wichtigen Ansatz zur siedlungsgeschichtlichen Forschung. Karl Wilhelm Nitzsch, betonter Vertreter einer ökonomischen Interpretation der Geschichte, arbeitete über den holsteinischen Adel und die Zusammenhänge zwischen Ministerialität und frühem Bürgertum[2]. Roscher, der Ranke als seinen Lehrer bezeichnete, war mehr Nationalökonom und Geschichtsphilosoph als Historiker. Das zeigte sowohl sein „Grundriß zu Vorlesungen über die Staatswirtschaft nach geschichtlicher Methode" (1843) als auch sein Hauptwerk „Das System der Volkswirtschaft" (1854–1886). Sein Hauptanliegen war es, im Gegensatz zu Ranke, nicht die Dinge so zu beschreiben, wie sie gewesen, sondern die „historisch-physiologischen" Gesetze der Entwicklung aufzufinden. Die wirtschaftliche Entwicklung sah er dabei wie die geistige, religiöse, politische und ethische als eine Woge im ganzen Strom der Völkergeschichte. Hildebrand und Knies waren in erster Linie Nationalökomomen, denen es um das methodische Anliegen, um die „Politische Ökonomie vom Standpunkt der geschichtlichen Methode" (Knies, 1853) ging. Hildebrand gründete die Jahrbücher für Nationalökonomie und Statistik, die künftig auch wirtschaftsgeschichtliche Beiträge aufnehmen sollten. Der als Wirtschaftshistoriker bedeutendste Vertreter der historischen Schule der Nationalökonomie war der Heilbronner Gustav Schmoller, eines der hervorragendsten Mitglieder des politisch engagierten „Vereins für Socialpolitik", der sich um die Kombination wirtschafts- und sozialhistorischer Studien bemühte und Herausgeber des bedeutenden „Jahrbuchs für Gesetzgebung, Verwaltung und Volkswirtschaft im Deutschen Reich" („Schmollers Jahrbuch") war. Nach seiner Geschichte der deutschen

1. Bedeutende wirtschaftsgeschichtliche Arbeiten 173

Kleingewerbe im 19. Jh., einer Frucht seiner Hallenser Zeit, arbeitete er in Straßburg über die dortige Tucher- und Weberzunft (1879) und legte damit ein Muster dessen vor, was die wirtschaftsgeschichtliche Forschung seiner Zeit leisten konnte.

Seit 1882 Inhaber des Berliner Lehrstuhls, beschäftigte ihn besonders der Einfluß des Staates auf die wirtschaftliche Organisation. Als Herausgeber der „Staats- und sozialwissenschaftlichen Forschungen" und der „Acta Borussica" betreute er eine Reihe materialreicher wirtschaftsgeschichtlicher Arbeiten.Er selbst veröffentlichte Studien über die „Wirtschaftliche Politik" Friedrichs des Großen (1884) und untersuchte in universalgeschichtlichem Rahmen die Erscheinungsformen der Unternehmung. Auch war er der erste, der den Markantilismus als historische Phase staatlicher Wirtschaftspolitik deutlicher faßte[3].

Zu Schmollers Zeiten erlebte die deutsche wirtschaftsgeschichtliche Forschung eine Reihe beachtlicher Arbeiten. Zu den hervorragenden Vertretern gehören der Österreicher Karl Theodor von Inama-Sternegg mit seiner dreibändigen deutschen Wirtschaftsgeschichte (1879–1901); in ihr erhellte er den Gang der Dinge im Sinne der Entwicklung des Späteren aus dem Früheren und vertrat den Standpunkt einer möglichst breiten, aber auch möglichst kritischen Benutzung originaler Quellen.

Als Bonner Privatdozent veröffentlichte Karl Lamprecht 1886 ein dreibändiges Werk „Deutsches Wirtschaftsleben im Mittelalter", in dem er aus einer Fülle von Material in vielen Aspekten die Verhältnisse des Mosel- und mittleren Rheingebietes schilderte. In Leipzig, wo er von 1891 ab tätig war, gab Lamprecht seine Deutsche Geschichte heraus (14 Bde 1912). Zwei Jahre zuvor hatte Eberhard Gothein die Kulturgeschichte gegenüber dem Primatanspruch Dietrich Schäfers für die politische Geschichte verteidigt. Nun geriet Lamprecht als Parteigänger Gotheins gegen die Rankesche Richtung und als Verfechter einer kollektivistischen Geschichtsbetrachtung und zu stark vereinfachter Stufeneinteilung in den Mittelpunkt der Diskussion.

Zum Schülerkreis Lamprechts gehörte Georg Steinhausen, Begründer des Archivs für Kulturgeschichte und Verfasser kulturgeschichtlicher Monographien mit stark wirtschaftsgeschichtlichem Gehalt, während Eberhard Gothein mit seiner monumentalen aber unvollendet gebliebenen Wirtschaftsgeschichte des Schwarzwaldes hervorragt. Wie Gothein waren auch Georg Schanz und Wilhelm Stieda ursprünglich Nationalökonomen. Schanz schrieb eine große Geschichte der Besiedlung und gewerblichen Entwicklung Frankens, während Stieda sich dem hansischen Unternehmen der Veckinchusen und der thüringischen Porzellanindustrie widmete. Nationalökonom war auch Richard Ehrenberg, der den Englandbeziehungen Hamburgs im Zeitalter der Königin Elisabeth sein zweibändiges Werk über das Zeitalter der Fugger folgen ließ und später am Beispiel der Parish als einer der ersten Unternehmergeschichte schrieb. Aus der Bibliothekslaufbahn kam Konrad Häbler, der die Unternehmungen der Fugger und Welser in Spanien, Portugal und Übersee untersuchte. Henry Simonsfeld schrieb die Geschichte des Fondaco dei Tedeschi in Venedig. Ludwig Heyd widmete sich dem Levantehandel. Aloys Schulte, der lange Archivdienste leistete, schrieb über die Fugger in Rom und verfaßte sein großartiges Werk über die mittelalterlichen Handelsbeziehungen zwischen Italien und Deutschland. Ein scharfer Kritiker der Stufentheorie war Georg von Below, dessen wirtschaftsgeschichtliches Arbeitsfeld im besonderen die mittelalterliche Agrar- und Stadtgeschichte war[4].

Der methodische Ansatz sollte vor allem durch Werner Sombart (1863–1941) und Max Weber (1864–1920) vertieft werden. Ihr Werk entstand sowohl aus der kritischen Einstellung zum wilhelminischen Kaiserreich, was besonders bei Sombart deutlich wird, als auch aus dem Bestreben, die zahllosen Einzelerkenntnisse, die eine immer weiter schreitende historische Forschung vorlegte, zu systematisieren. Wichtige Anregungen dafür bezogen sie von den Geisteswissenschaften, sowohl von Dilthey als auch von den Vertretern der Heidelberger Schule Rickert und Windelband. Die Methodenlehre, die diese ausbauten, setzte an Stelle des Begreifens der Naturwissenschaftler aus der Kausalität heraus das Verstehen des Wesens eines Sachzusammenhangs. Diese methodische Hilfe ermöglichte es Sombart und Weber, ganz neue Zusammenhänge in der Vielfalt der historischen Vorgänge zu überschauen. So konnten sie auch besser überzeugen, als es Schmoller und Bücher mit ihren Wirtschaftsstufen möglich gewesen war, indem sie den Geist zu analysieren bestrebt waren, der sich in bestimmten Wirtschaftsformen und ihren Institutionen äußerte.

Sombarts wirtschaftsgeschichtliches Hauptwerk war „Der moderne Kapitalismus". Der Begriff Kapitalismus, der spätestens um 1870 aufkam, gewann durch dieses Werk eine breite Wirkung auf die politische und wissenschaftliche Diskussion der Folgezeit. Den Kapitalismus deutete Sombart als Wirtschaftsweise, deren spezifische Wirtschaftsform die kapitalistische Unternehmung ist. Sie zielt darauf ab, „durch eine Summe von Vertragsabschlüssen über gelieferte Leistungen und Gegenleistungen ein Sachvermögen zu verwerten, d. h. mit einem Aufschlag (Profit) dem Eigentümer zu reproduzieren", oder ist, wie dann in der zweiten Auflage formuliert wird, „eine verkehrswirtschaftliche Organisation, bei der regelmäßig zwei verschiedene Bevölkerungsgruppen, die Inhaber der Produktionsmittel als Wirtschaftssubjekte und besitzlose Nurarbeiter als Wirtschaftsobjekte, durch eine Marktverbindung zusammenwirken und die vom Erwerbsprinzip und dem ökonomischen Rationalismus beherrscht wird." Die Geschichte dieses seinem Wesen nach kaufmännischen und auf Geldgewinn abzielenden Systems legt Sombart von den Anfängen bis zur Gegenwart dar, wobei er unterscheidet zwischen „Frühkapitalismus", „Hochkapitalismus" und „Spätkapitalismus" – drei neugeprägten Begriffen, die in den folgenden Jahren Gemeingut der Wissenschaft geworden und in den allgemeinen Sprachgebrauch übergegangen sind. Geistreich, manchmal überspitzt, hat Sombart noch verschiedene

1. Bedeutende wirtschaftsgeschichtliche Arbeiten

Monographien über den Luxus und Kapitalismus (1913), die Juden im Wirtschaftsleben (1911) und über den Bourgeois (1913) vorgelegt, die vornehmlich dazu dienten, Aspekte des Kapitalismus noch eingehender zu beleuchten und in vielfältiger Weise zur Diskussion herausforderten[5].
Max Weber ging es um die Ausarbeitung einzelner Gesellschaftssysteme. Konnte er auch kein Gesamtsystem vorlegen, so hat er doch die kommende Forschung stärker als Sombart anzuregen gewußt, insbesondere durch die weitere Ausbildung der „verstehenden Methode". Namentlich seine Arbeit über „die protestantische Ethik und den Geist des Kapitalismus" hat die Diskussion beflügelt. Sie war schon seit der Mitte des 19. Jhs. im Gange (Donoso Cortes, Jaime Luciano Balmes, William Cobbet u. a.), aber erst mit Giuseppe Toniolos Arbeiten über die kapitalistischen Tendenzen in der mittelalterlichen Wirtschaft der Toskana trat an die Stelle der Polemik das sachliche wissenschaftliche Interesse. Ernst Troeltsch (Die Bedeutung des Protestantismus für die Entstehung der modernen Welt, 1911; Die Soziallehren der christlichen Kirchen und Gruppen, 1912) und Lujo Brentano (Der wirtschaftende Mensch in der Geschichte, 1923) haben wichtige Beiträge dazu geleistet[6]. Wie sehr der erste Weltkrieg in die Arbeitsplanung der damals führenden Generation eingegriffen hat, wird sichtbar am „Modernen Kapitalismus" von Werner Sombart. Der erste dieses auf vier Bände berechneten Werkes erschien 1902. Mitten im Krieg (1916) brachte Sombart eine Neuauflage heraus, in der er, wie er im Vorwort bemerkte, verglichen mit der ersten Ausgabe, ein „völlig neues Werk" vorlegte. Besonderes Gewicht war auf die Darstellung der wirtschaftlichen Gesamtentwicklung der europäischen Völker namentlich in der Epoche des Frühkapitalismus gelegt, also vom 16. bis 18. Jh. Sombart kündete in dieser Auflage als dritten Band des Werkes eine Darstellung des Wirtschaftslebens im Zeitalter des Hochkapitalismus an. Erst im Jahre 1927 konnte dieser abschließende Teil in zwei Halbbänden erscheinen.

Auch das Werk von Aloys Schulte erstreckte sich über den Krieg hinweg. Im Jahre 1923 erschien seine dreibändige Arbeit über die Große Ravensburger Handelsgesellschaft[7].

Inzwischen war eine jüngere Generation herangewachsen, deren Hauptrepräsentanten Bruno Kuske, Rudolf Häpke, Fritz Rörig, Jakob Strieder und Walther Vogel waren. Kuske bekleidete den ersten deutschen Lehrstuhl für Wirtschaftsgeschichte an der Universität zu Köln. In Auseinandersetzung mit Sombart gab er ein neues realistischeres Bild von der „Entfaltung der Kreditwirtschaft und des Kapitalverkehrs" in einer Untersuchung von 1927. Namentlich an Hand der Quellen des rheinischen Westdeutschlands konnte er darlegen, wie auf der ganzen Linie der neueren Wirtschaftsentwicklung organische Übergänge aus den früheren Perioden in das geld- und kapitalwirtschaftliche Zeitalter festzustellen sind, zumal die Übertragung von Erfahrungen beim Umgang mit Grund und Boden auf die Behandlung des neuen Wirtschaftsfaktors Kapital[8].

Es kennzeichnet die von der Vorkriegszeit so ganz verschiedene Situation in der hansischen Geschichtsforschung während der zwanziger Jahre, daß Fritz Rörig, neben Rudolf Häpke und Walther Vogel einer der Hauptrepräsentanten der hansischen Geschichtsforschung, an der Propyläenweltgeschichte mitarbeitete, die der Lamprechtschüler Walter Goetz herausgab, und daß er dafür seine Abhandlung über die „mittelalterliche Stadt" schrieb. In ihr fand eine auf jahrelangen Archivstudien beruhende vertiefte Schau der hansischen Welt ihren Niederschlag. Hier ging es darum, die sozial- und wirtschaftsgeschichtlichen Zusammenhänge hervorzuheben und die unternehmerische Initiative des Einzelnen im genossenschaftlichen Verband darzustellen, eine Initiative, der die Weite weltwirtschaftlicher Verflechtungen im Rahmen des damaligen Abendlandes bekannt war[9].

Im oberdeutschen Bereich setzte Jakob Strieder, Inhaber eines Lehrstuhls an der Münchner Universität, die wichtigsten Akzente. Strieder gewann seine neuen Ansichten in Auseinandersetzung mit Sombart vor allem an Hand einer guten Kenntnis der Augsburger Verhältnisse. Er schuf, Schultes und Häblers Arbeiten ergänzend, das neue Bild der weltwirtschaftlichen Verflechtungen der oberdeutschen Wirtschaft und gehörte wie Rörig zu den Mitarbeitern der Propyläenweltgeschichte. Zeugte diese vom internationalen Ansehen der kultur- und geistesgeschichtlich, sozial- und wirtschaftsgeschichtlich orientierten Historiographie Deutschlands in den zwanziger Jahren, so repräsentierte das von Georg Brodnitz herausgegebene „Handbuch der Wirtschaftsgeschichte" das große Ansehen der deutschen Wirtschaftsgeschichte im besonderen. Neben Brodnitz selbst, der als Verfasser einer englischen Wirtschaftsgeschichte vertreten war, schrieben dafür Ernst Baasch über Holland, Josef Kulischer über Rußland, Alfred Doren über Italien, Axel Nielsen über Dänemark, Oscar Albert Johnsen über Norwegen, Henri Sée über Frankreich, während Rudolf Kötzschke eine allgemeine Wirtschaftsgeschichte des Mittelalters beisteuerte. Es war eine erste große Zeit der Gesamtdarstellungen auf dem Gebiet der Wirtschaftsgeschichte. Carl Brinckmann, Heinrich Sieveking, Rudolf Häpke, Theodor Mayer, Josef Kulischer und Franz Oppenheimer haben damals solche geliefert[10].

Der weitere Verlauf der dreißiger Jahre hat dieser verheißungsvollen Entwicklung brutale Grenzen gesetzt und viele Ansätze zu fruchtbarem Neuen, vor allem aber die Diskussionsmöglichkeiten mit dem Ausland abgebrochen. Trotzdem sind verschiedene bedeutende Leistungen aufzuweisen, die auch heute noch in der aktuellen Forschung ihren Platz haben. 1933 erschien Ludwig Beutins Arbeit über den deutschen Seehandel im Mittelmeergebiet, als erster Band der „Abhandlungen zur Handels- und Seegeschichte", deren Herausgeber Fritz Rörig und Walther Vogel waren. Die „Nachhansische Handels- und Seegeschichte" sollte im Sinne Schäfers auch künftig ein wesentlicher Punkt des Arbeitsprogrammes bleiben, aber auch die ältere hansische und vorhansische Zeit nachdrücklicher gefördert werden, was mit dem

1. Bedeutende wirtschaftsgeschichtliche Arbeiten

zweiten Band der Reihe, der „Lübeck-Stockholmer Handelsgeschichte" Wilhelm Koppes bewiesen wurde[11].

Aus der stärker nationalökonomisch orientierten Schule Jakob Strieders kam Clemens Bauer, der 1936 seine Habilitationsarbeit über die Unternehmungsformen im Spätmittelalter und in der beginnenden Neuzeit vorlegte. In dieser Zeit veröffentlichte Wilhelm Abel seine ersten bahnbrechenden Untersuchungen über das Wüstungsproblem und begann Friedrich Lütge mit seinen Arbeiten über die deutsche Grundherrschaft, während Walther G. Hoffmann die quantitativen Methoden am Beispiel der englischen Industrialisierung erprobte[12].

Im Habsburger Reich war die wirtschaftsgeschichtliche Forschung zunächst in ähnlicher Weise wie in Deutschland an die Landesgeschichte gebunden und hatte hier bereits zu beachtlichen Leistungen geführt[13]. Aber dann zeigten sich seit Mitte des 19. Jhs. als Folge der Thunschen Hochschulreform die ersten Früchte wirtschaftsgeschichtlicher Betätigung auch an Universitäten, so bei dem Juristen und Nationalökonomen Hermann Ignaz Bidermann (1831-1892), der mit einer Geschichte der technischen Bildung in Österreich (1854) einen Beitrag zur Geschichte der Industrie und des Handels lieferte, als Dozent der politischen Ökonomie in Budapest eine Monographie über die Entwicklung der Eisengewinnung in Ungarn schrieb und dann eine Geschichte der 1705 gegründeten Wiener Stadtbank verfaßte, um schließlich als Professor in Innsbruck und Graz als einer der ersten den Merkantilismus als wirtschaftsgeschichtliches Problem zu behandeln und über die Eisenausfuhr der Steiermark nach Westen zu arbeiten.

Zur selben Zeit widmete sich der stark kulturgeschichtlich interessierte Adam Wolf während seiner Lehrtätigkeit in Pest der Geschichte der Hofkammer unter Leopold I. und löste damit weitere finanzgeschichtliche Arbeiten aus. Adolf Beer (1831-1902), der 1857 eine Professur für Handelsgeschichte an der eben errichteten Wiener Handelsakademie übernahm, schrieb eine vierbändige Geschichte des Welthandels (Wien 1860-1864). Als Innsbrucker Ordinarius für Nationalökonomie, Finanzwissenschaft und Verwaltungslehre hielt Karl Theodor von Inama-Sternegg zum erstenmal im Sommer 1874 eine Vorlesung über Wirtschaftsgeschichte und veröffentlichte zwei Jahre später seine wichtige Wiener Akademieabhandlung über die „Quellen der Wirtschaftsgeschichte des deutschen Mittelalters", auf die dann von 1879 ab seine bereits erwähnte dreibändige deutsche Wirtschaftsgeschichte folgte. Gleichzeitig war Inama maßgeblich an der Edition der Tiroler Weistümer beteiligt und leitete seit 1899 die Weistümerkommission der Wiener Akademie. Allerdings gelang es Inama, der seit 1881 als Leiter der administrativen Statistik in Wien wirkte und als Honorarprofessor an der Universität las, nicht, eine wirtschaftsgeschichtliche Schule heranzubilden. Auch die Tätigkeit Lorenz von Steins an der Wiener Universität, der die Sozialgeschichte und die Geschichte des Sozialismus anregte (1855-1885), brachte keine weiteren Impulse für die Wirtschaftsgeschichte.

Beherrschend war hier der Einfluß Carl Mengers, bei dessen Streit mit Schmoller über den Wert der geschichtlichen Methode für die Theorie man zu gerne übersieht, daß er der „wissenschaftlichen Wirtschaftsgeschichte" eine dreifache Rolle zuwies, nämlich die Quellen der Wirtschaftsgeschichte zu erforschen, sie kritisch zu würdigen und die Entwicklung „jenes Collectivphänomens, welches wir Volkswirtschaft nennen", darzustellen. Es brauchte lange, bis auch im Institut für Österreichische Geschichtsforschung, der berühmten Schule der Hilfswissenschaften, die Wirtschaftsgeschichte stärker zur Geltung kam. Dies war etwa bei Karl Schalk der Fall, der über die österreichische Finanzgeschichte und die Wiener Handwerkerstatistik im 15. Jh. arbeitete, Ludo Moritz Hartmann und Alfons Dopsch konnten aber ihre wirtschaftsgeschichtlichen Interessen nicht im Rahmen des Instituts zur Entfaltung bringen. Inzwischen schrieb in Graz Arnold Luschin von Ebengreuth für das Handbuch von Below und Meinecke eine „allgemeine Münzkunde und Geldgeschichte des Mittelalters und der Neuzeit" (1904).

Zur Generation der in den fünfziger Jahren Geborenen, zu der in Deutschland Gothein, Lamprecht und Below gehörten, zählt in Österreich August Fournier, der in seiner Prager Zeit sich an die Untersuchung der theresianischen Wirtschaftspolitik und Wirtschaftsentwicklung machte und im Rahmen der „Beiträge zur Geschichte der deutschen Industrie in Böhmen" zu weiteren Forschungen anregte, unter denen die Arbeit seines Nachfolgers Ottokar Weber über die böhmische Porzellan- und Steingutindustrie (1894) hervorgehoben werden darf, während Alfred Francis Pribram die Geschichte des böhmischen Kommerzkollegiums (1898) untersuchte. Hermann Hallwich, der spätere Präsident des Zentralverbandes der Industriellen Österreichs, schrieb die Geschichte der Firma Franz Leitenberger und wurde entscheidender Mitarbeiter an dem sechsbändigen Jubiläumswerk über die Großindustrie Österreichs (1898).

Die Generation der in den sechziger Jahren Geborenen erzielte dann den Durchbruch der Wirtschaftsgeschichte an der Wiener Universität. Für den mittelalterlichen Bereich war dies das Werk von Ludo Moritz Hartmann und Alfons Dopsch. Hartmann schrieb eine Reihe von Studien zur italienischen Wirtschaftsgeschichte der Antike und des frühen Mittelalters und begründete 1894 zusammen mit Stefan Bauer, Karl Grünberg und E. Szanto die Zeitschrift für Sozial- und Wirtschaftsgeschichte, die erste wissenschaftliche Zeitschrift auf diesem Gebiet, konnte sich aber neben Dopsch und wegen seiner betonten Hinwendung zur Sozialdemokratie nicht im gewünschten Sinn entfalten. Dopsch bewies seine besonderen Fähigkeiten bei der Erforschung der Karolingerzeit und der Kontinuität von der Antike bis zum Mittelalter. Eine wichtige Schule wurde für ihn dabei die Arbeit an der Edition der landesfürstlichen Urbare Österreichs und der Steiermark.

Der neueren Wirtschafts- und Sozialgeschichte widmete sich Kurt Kaser, der seit 1908 in Graz lebte und im nächsten Jahr Mitherausgeber der Vierteljahrschrift für Sozial- und Wirtschaftsgeschichte wurde. Der in Rumänien

1. Bedeutende wirtschaftsgeschichtliche Arbeiten

geborene und zunächst nationalökonomisch geschulte Karl Grünberg habilitierte sich 1894 mit einem zweibändigen Werk über die Bauernbefreiung in den böhmischen Ländern an der Wiener Universität. Sein erster und bekanntester Schüler Leopold von Mises promovierte bei ihm über die gutsherrlich-bäuerlichen Verhältnisse in Galizien (1902), wandte sich aber später vornehmlich der Geldtheorie zu. Grünbergs Schüler war auch Karl Pribram, der sich 1908 mit einem grundlegenden Werk über die österreichische Gewerbepolitik seit 1740 habilitierte (1907). Grünberg begann 1905 für Arbeiten seiner Schüler die Reihe „Studien zur Sozial-, Wirtschafts- und Verfassungsgeschichte", die allerdings wegen ihres Mangels an quellenkritischer Schulung oft kritisiert wurde.

Mitbegründer der Zeitschrift für Sozial- und Wirtschaftsgeschichte war der wie Hartmann und Grünberg zum Sozialismus neigende Nationalökonom Stefan Bauer, der 1893 seine akademische Laufbahn an der Technischen Hochschule in Brünn begann. Inama, der wichtigste damalige Vertreter der historischen Richtung der Nationalökonomie in Österreich, hatte zu diesem Kreis keine Beziehungen, er war Mitherausgeber der von Böhm-Bawerk gegründeten Zeitschrift für Volkswirtschaft, Sozialpolitik und Verwaltung, die vorwiegend wirtschaftspolitisch eingestellt war. Der nächsten Generation gehörten die Tiroler Hermann Wopfner und Otto Stolz an. Wopfner verband als erster die Wirtschafts- mit der Landesgeschichte. Stolz widmete sich vor allem dem Tiroler Zoll- und Verkehrswesen. Heinrich von Srbik habilitierte sich 1907 mit einem bahnbrechenden Werk über den staatlichen Exporthandel Österreichs. Arbeiten über den Merkantilisten Schröder und die Saline Aussee folgten, bis sich Srbik der politischen und Geistesgeschichte zuwandte. Als Wirtschaftshistoriker, mit einer Arbeit über das nördliche Revier des steyrischen Erzberges (1901), begann auch Ludwig Bittner, der spätere Generaldirektor der Wiener Archive, und der jüngste der Gruppe, Theodor Mayer, habilitierte sich 1914 in Wien, nachdem er vor allem über den auswärtigen Handel des Herzogtums Österreich im Mittelalter (1909) gearbeitet hatte.

Jan Peisker, der spätere Grazer Bibliotheksdirektor tschechischer Herkunft, erhielt 1901 die erste Venia für Sozial- und Wirtschaftsgeschichte in Österreich. Die Karlsuniversität in Prag, an der seit 1908 Arthur Spiethoff als Nachfolger Alfred Webers auf einem der beiden Lehrstühle für politische Ökonomie wirkte, errichtete 1911 ein Extraordinariat für Wirtschaftsgeschichte, das der Schmollerschüler Paul Sander, bekannt durch sein Werk über den Nürnberger Haushalt (1902), übernahm. Im Anschluß daran gelang es Grünberg, in Wien wenigstens für die Wirtschaftsgeschichte der Neuzeit ein persönliches Ordinariat zu erhalten. Im Rahmen der Anregungen, die von diesen Bestrebungen ausgingen, müssen noch Männer wie der Tscheche Konstantin Jireček und der Rumäne Johann Nistor gesehen werden. Der letztere lehrte an der Uni v. Cernowitz, wo er 1912 sein Werk über „Handel und Wandel in der Moldau bis zum Ende des 16. Jhs." veröffentlichte.

Zum bedeutendsten Vertreter der Wirtschaftsgeschichte in der Donaumonarchie war inzwischen Alfons Dopsch herangereift. 1912/13 erschien seine zweibändige Untersuchung über die Wirtschaftsentwicklung der Karolingerzeit und 1918/20 das zweibändige Werk über die wirtschaftlichen und sozialen Grundlagen der europäischen Kulturentwicklung, die einzige österreichische Auseinandersetzung mit der Wirtschaftsstufentheorie.

Der Zerfall der Donaumonarchie führte einerseits zu einem kulturellen Schrumpfungsprozeß, regte andererseits natürlich auch in den Nachfolgestaaten zum Aufbau eigener Traditionen auf nationalsprachlicher Basis an. In Prag übernahm nach dem Tod Sanders der aus Graz übergesiedelte Peisker ein Ordinariat für Sozial- und Wirtschaftsgeschichte. Außerdem wirkte an der deutschen Karlsuniversität Theodor Mayer. Grünberg ging von Wien nach Frankfurt Main (1924). Dafür fand Dopsch nach der Ablehnung eines Berliner Rufs in dem neu gegründeten Seminar für Wirtschafts- und Kulturgeschichte, welches sich am Vorbild Lamprechts orientierte, das ihm gemäße Wirkungsfeld, ohne freilich der Diskussion um die Stellung der Wirtschaftsgeschichte weiter zu dienen. In Graz waren Kaser als Nachfolger Srbiks nur noch einige Jahre gegönnt, um eine großangelegte Erforschung des Eisenwesens in Steiermark und Kärnten einzuleiten. In dieser Richtung wirkte dann Hans Pirchegger weiter.

In Westeuropa konnte sich die wirtschaftsgeschichtliche Richtung am stärksten in England geltend machen, ohne daß es zu den heftigen Polemiken wie in Deutschland gekommen wäre. Auch blieben die Engländer betont im Rahmen der englischen Traditionen, ihre Neigung zur Feststellung der „facts" hielt sie von zu starken Generalisierungen fern. Auf der anderen Seite hatten sie in Darwin einen Interpreten des Entwicklungsgedankens, dessen Einfluß sie sich nicht entziehen konnten. Es kam noch hinzu, daß die englischen Professoren in stärkerem Maße als die deutschen Universitätslehrer mit der im Handel und in der Industrie tätigen Mittelklasse in Verbindung standen und ihre Probleme und Interessen kannten. So konnten wirtschaftliche Krisenjahre wie 1866 oder 1873 hier anregender wirken als auf dem Festland[14].

Schon zuvor gab es einige beachtliche Leistungen, etwa die industriegeschichtlichen Darstellungen von Edward Baines, James Bishoff und J. R. Mc Culloch oder die Preisgeschichte von Thomas Tooke. J. Wade veröffentlichte eine Geschichte der „Middle and Working Classes" (1833). Man sieht das erste bedeutende Werk der englischen Wirtschaftsgeschichte in der „History of Agriculture and Prices in England" von James Edwin Thorold Rogers, ein siebenbändiges Werk, dessen Abschluß 36 Jahre Arbeit in Anspruch nahm (1866–1902). Das Werk überspannte die Zeit von 1259 bis 1793 und wurde im Geist eines entschiedenen Anhängers des Gladstoneschen Freihandelsgedankens und Gegners der feudalen Landlords geschrieben. Rogers ging es insbesondere um die agrarischen Verhältnisse und die Kaufkraft der Preise. Das Buch A. Toynbees d. Ä. von 1884 trug wesentlich zur Einbürgerung des

Begriffs der „Industriellen Revolution" bei. Unter der folgenden Generation englischer Wirtschaftshistoriker waren Cunningham und Ashley die bedeutendsten. William Cunningham, ursprünglich Theologe wie Rogers, begann 1878 in Cambridge Wirtschaftsgeschichte zu lehren. Durch seine Tübinger Studien wurde er von der deutschen Historischen Schule beeinflußt. Sein „Growth of English Industry and Commerce" (1882) trug stark dazu bei, daß das Interesse für die Wirtschaftsgeschichte geweckt wurde. Noch mehr als Cunningham wurde William James Ashley durch seine Begegnung mit Knies in Heidelberg und die Lektüre Schmollers von der deutschen Schule beeinflußt. Da er sich in England nicht entfalten konnte, übernahm er 1888 in Toronto eine Professur für politische Ökonomie. Hier schrieb er seine bahnbrechende „Introduction to English Economic History and Theory". Sie verschaffte ihm einen Ruf nach Harvard, wo er 1892 den ersten Lehrstuhl für Wirtschaftsgeschichte, den es überhaupt gab, übernahm. 1901 ging er als „professor of commerce" an die Universität Birmingham und organisierte hier die erste Handelshochschule. „To be an economist without ceasing to be an historian" betonte Ashley in seiner Aufsatzsammlung von 1900 „Surveys, Historic and Economic", die er bezeichnenderweise Schmoller widmete.

Der bedeutendste britische Wirtschaftshistoriker zu Beginn des 20. Jahrhunderts war George Unwin. Auch dieser geborene Walliser suchte in Berlin die Anregungen der deutschen Historischen Schule und des Vereins für Socialpolitik bei Adolf Wagner und Gustav Schmoller und sein sozialgeschichtliches Interesse überwog den wirtschaftsgeschichtlichen Ansatz. Die Wirtschaftsgeschichte gab dabei die beste Antwort auf die Probleme, die eine wachsende Gesellschaft stellte. Das zeigte deutlich sein erstes Buch „Industrial Organisation". Es ging ihm besonders um den Grundsatz des freiwilligen Zusammenschlusses. Er sah ihn in erster Linie bei den mittelalterlichen Zünften verwirklicht, so lange sie noch nicht reich und gesättigt waren. Dementsprechend war er gegen staatlichen Einfluß. Nicht die Statuten der staatlichen und anderen offiziellen Dokumente sollten erfaßt werden, sondern deren lokale Überlieferung, Quellen, die das Leben des Einzelnen, der Familien und Unternehmungen und anderer wirtschaftlicher Organisationen erhellten.

Diesem Zweck diente das zweite Buch „The Gilds and Companies of London" (1908). 1908 wurde Unwin „lecturer" in Wirtschaftsgeschichte an der Universität Edinburgh. Zwei Jahre später übernahm er einen Lehrstuhl an der Universität Manchester für Wirtschaftsgeschichte. In einem Aufsatz „Some Economic Factors in General History", der 1925 kurz vor seinem Tod veröffentlicht wurde, hat er seine Auffassung über die Wirtschaftsgeschichte noch einmal knapp zusammengefaßt.

John Harold Clapham, der 1928 die neue wirtschaftsgeschichtliche Professur in Cambridge übernahm, war Schüler von Alfred Marshall, bevor er sich ganz dem historischen Feld widmete. Sein Interesse für die Analyse wirtschaftlicher Zusammenhänge muß von den theoretischen Anregungen her gesehen werden. Sein erstes größeres Werk von 1921 behandelte die wirtschaftliche Entwicklung in Frankreich und Deutschland zwischen 1815 und 1914, von 1926 ab folgte dann ein dreibändiges Werk über die Wirtschaft des neueren „Britain". Zuletzt widmete er sich der Geschichte der Bank von England, die er allerdings nicht mehr abschließen konnte.

Inzwischen war für die englische Wirtschaftsgeschichte ein neuer Stern in Richard H. Tawney aufgegangen. Dem 1880 in Calcutta Geborenen galten freilich die aktuellen Aufgaben des öffentlichen Lebens immer ebensoviel wie die Probleme vergangener Jahrhunderte. Nach seinem ersten wirtschaftsgeschichtlichen Werk von 1912 über das Agrarproblem im 16. Jh. folgte eine zweite Phase, als er 1919 seine durch den Krieg unterbrochene Lehrtätigkeit an der Londoner School of Economics wieder aufnahm, zunächst als Reader, von 1931 bis 1949 als Professor der Wirtschaftsgeschichte. Das große Thema, das Tawney berühmt machen sollte, war die Entfaltung der kapitalistischen Wirtschaftsweise und ihre Herauslösung aus den Bindungen an die Religion. In seiner Studie von 1926 „Religion and the Rise of Capitalism" konnte Tawney mit Quellenbelegen aus der englischen Geschichte zeigen, daß mit dem Einsetzen der Reformation die wirtschaftliche Umwandlung im Sinn des Kapitalismus bereits im Gange war und daß die Reformatoren keinesfalls mit diesem Gang der Dinge einverstanden waren. Die Entfaltung des Kapitalismus in Holland und England während des 16. und 17. Jhs. sei nicht in erster Linie der Tatsache zuzuschreiben, daß diese Länder protestantisch waren, sondern anderen großen Umwälzungen zugleich, namentlich den Entdeckungen und ihren weittragenden Folgen. Max Weber habe die kalvinistische Soziallehre zu sehr für etwas Einzigartiges gehalten und ihre Stabilität und Konsequenzen überschätzt. Er habe sein Beweismaterial zum großen Teil aus einer späten Phase der puritanischen Bewegung geholt und nicht genügend die tiefgreifenden Veränderungen berücksichtigt, die in den hundert Jahren nach Calvins Tod eingetreten seien. Der Industrialismus der späteren Puritaner wäre Tawneys Ansicht nach den Kalvinisten und englischen Protestanten des 16. Jhs. noch höchst anstößig vorgekommen[15].

Von Tawneys Werk gingen wichtige Anregungen auf die englische Forschung aus. Man übersetzte Weber. Grubb untersuchte die Rolle des Quäkertums bei der englischen Industrialisierung, Robertson ging der Entstehung des „wirtschaftlichen Industrialismus" nach und geriet darüber in eine interessante Polemik mit J. Brodrick, der die wirtschaftliche Moral der Jesuiten dargestellt hatte. Tawney gehörte zu den Begründern der seit 1926 bestehenden „Economic History Society", die die Zeitschrift „Economic History" – später „Economic History Review" herausbrachte. Die Schwierigkeiten, in welche die Weltwirtschaftskrise die Menschheit stürzte, wurde der Anlaß zu dem bedeutenden Unternehmen der Preisgeschichte, das 1930 von der Rockefeller Foundation ins Leben gerufen wurde. Den Vorsitz des wissenschaftlichen Komitees übernahm William Henry Beveridge, seit 1919 Leiter der London School of Economics. Unter seiner Leitung wurde auch der Band über die englische Preisentwicklung, der 1939 erschien, erstellt (Prices and Wages in England from the Twelfth to the Nineteenth Century). Weitere Mitglieder des Komitees waren Edwin Gay (USA), Henri Hauser (Frankreich), Alfred Francis Pribram (Österreich), Nicolas W. Posthumus (Niederlande), Earl Jefferson Hamilton (für Spanien) sowie Moritz J. Elsas (für Deutschland). Es ging dem Unternehmen vor allem um die Erschließung der Quellen zur Preisgeschichte, namentlich der langen Preisreihen für bestimmte Orte. Dabei sollten auch der jeweilige Gehalt der Maß-, Gewichts- und Geldeinheiten geklärt werden. Elsas brachte einen ersten Band 1936 heraus, Pribram folgte im nächsten Jahr, Posthumus veröffentlichte zwei Bände 1943. Am frühesten wurde Hamilton mit seinem Werk über die amerikanischen Edelmetallzufuhren und die in Spanien erfolgende Preisrevolution (1934) fertig. Dieses Werk drang auch am tiefsten in die Problematik ein und trug zu einer breiten, internationalen Diskussion bei[16]. Ein weiteres bedeutendes englisches Unternehmen stellte die Cambridge Economic History of Europe dar, deren Initiatoren J. H. Clapham und Eileen Power waren. Der erste Band konnte 1941 erscheinen[17].

In den Vereinigten Staaten beginnt die Reihe wirtschaftsgeschichtlicher Publikationen mit J. L. Bishops History of American Manufactures (1861/64) und F. W. Taussigs Tariff History of the United States (1888). F. J. Turner veröffentlichte 1894: Significance of the Frontier in the American History. W. Dodsworth gab 1896/97 eine vierbändige Bankgeschichte der verschiedenen Nationen heraus. Nach Harvard, das schon 1892 William T. Ashley auf einen Lehrstuhl der Wirtschaftsgeschichte berief, folgte 1902 Yale mit einem Lehrstuhl für Clive Day, der 1907 eine Handelsgeschichte veröffentlichte. Früh fanden wirtschaftsgeschichtliche Studien auch an der Columbia-University eine Pflegestätte. 1907 brachte Ernest L. Bogart in Illinois eine erste Wirtschaftsgeschichte der Vereinigten Staaten heraus. 1915 erschien die zweibändige Geschichte des Handels der Staaten, die unter der Leitung von Emory R. Johnson erstand. 1917 trat Charles A. Beard mit seiner „Economic Interpretation of the Constitution" hervor. Bei Ashleys Nachfolger Edwin F. Gay schrieb der in Toronto geborene Norman Scott Brien Gras seine Ph. D.-Thesis über den englischen Getreidemarkt vom 12. bis ins 18. Jh. (1915). Auch seine folgenden Arbeiten sind der englischen Wirtschaftsgeschichte gewidmet. Erst seine Berufung an die Graduate School of Business Administration in Harvard gab seinen Arbeiten eine neue Richtung. Künftig widmete er sich der „Business History", die er auch lehrte. Kurz nach der Aufnahme seiner Tätigkeit in Cambridge wurde das „Journal of Economic and Business History" gegründet, die erste wirtschaftsgeschichtliche Zeitschrift Amerikas und die erste Zeitschrift, die die Wirtschaftsgeschichte mit der neuen „Business History" kombinierte. Nach Gay als erstem Herausgeber übernahm Gras die Leitung im Jahre 1931, doch mußte die Zeitschrift infolge der Schwierigkeiten während der Weltwirtschaftskrise schon im nächsten Jahr ihre Tätigkeit einstellen. Die Spannungen mit Gay und seinen Schülern veranlaßten Gras seine ursprünglich breite Auffassung der Business History aufzugeben und sich auf das Studium der Administration und Geschäftspolitik einzelner Firmen zu konzentrieren, wobei ihn besonders die großen Kompanien interessierten. In diesem Sinne veröffentlichte er 1937 eine Geschichte der First National Bank of Boston und 1942 eine Untersuchung über die Harvard Cooperative Society. 1922 hatte er eine Einführung in die Wirtschaftsgeschichte herausgebracht, sein neues eingeengtes Konzept trug er 1939 vor (Business and Capitalism: An Introduction to Business History).

Die zwanziger Jahre brachten einen ersten Höhepunkt der wirtschaftsgeschichtlichen Studien in den Vereinigten Staaten, 1926 veröffentlichte Arthur H. Cole sein zweibändiges Werk über die amerikanische Wollindustrie, im Jahr danach folgte Leland Jenks mit seiner Studie über die Wanderung des britischen Kapitals, Harold U. Faulkner brachte 1924 eine amerikanische Wirtschaftsgeschichte heraus, 1931 folgte ihm Edward C. Kirkland mit seiner Darstellung des „amerikanischen wirtschaftlichen Lebens". Herbert Heaton veröffentlichte 1936 seine Europäische Wirtschaftsgeschichte, im nächsten Jahr folgten Witt Bowden, Michael Karpovich und Abbott P. Usher mit einer Gemeinschaftsarbeit über dasselbe Thema. Ihnen schlossen sich Shepard B. Clough und Charles W. Cole an. Von der Carnegie-Stiftung gefördert gab I. T. Shotwell eine monumentale „Economic and Social History of the World War" heraus, die seit 1923 in mehreren Länderreihen erschien und 159 Bände erreichte. 1939 schloß J. A. Schumpeter, der Ende der zwanziger Jahre von Bonn nach Harvard gegangen war, sein großes Werk über die „Business Cycles" ab[18].

Obwohl Frankreich mit seinen Beiträgen zur Ausbildung der Soziologie als Wissenschaft und dem Comteschen Konzept des Positivismus wesentliches für die künftige historische Fundierung der Sozialwissenschaften geleistet hat, ist es doch nicht zu einer Schule wie in Deutschland gekommen. Zu den ersten bedeutenderen Historikern, die wirtschafts- und sozialgeschichtliche Aspekte betonten, zählten Adolphe Blanqui und Louis Blanc. Blanqui war ein Schüler von Jean-Baptiste Say, dem er einen Lehrstuhl für Geschichte und Ökonomik an der Handelsschule in Paris verdankte. 1833 wurde er Says Nachfolger am Conservatoire des Arts et Métiers. Blanqui begründete das Journal des Economistes und veröffentlichte 1826 eine zusammenfassende Geschichte des Handels und der Industrie. Seine anderen Arbeiten hatten im wesentlichen nationalökonomischen Charakter, so auch sein Hauptwerk von 1837, Histoire de l'économie politique en Europe depuis les Anciens jusqu'à nos jours.

Hat Louis Blanc durch seine Schrift „Organisation du Travail" von 1840 wesentlich die Revolution von 1848 mit vorbereitet, so fand er in der Londoner Emigration, zu der ihn das zweite Kaiserreich zwang, Gelegenheit, eine Geschichte der Revolution von 1848 (1850) zu schreiben und seine Ge-

1. Bedeutende wirtschaftsgeschichtliche Arbeiten   185

schichte der Französischen Revolution (12 Bde, 1847–1862) abzuschließen[19].
1862 leitete Clement Juglar mit seinem Buch „Des crises commerciales et de leur retour périodique en France, en Angleterre et aux Etats-Unis" die moderne Konjunkturforschung ein. Inzwischen arbeitete der Vicomte d'Avenel an einer „Histoire économique de la propriété, des salaires, des denrées et de tous le prix en général depuis l'an 1200 jusqu'à l'an 1800" (2 Bde 1894) auf Grund eines ausgedehnten Archivmaterials und einer gediegenen Methode. Ein noch wichtigerer Platz geziemt Emile Levasseur, den man als den Vater der modernen Wirtschaftsgeschichte in Frankreich bezeichnet hat. Er begann seine wissenschaftliche Laufbahn mit Untersuchungen über John Laws System (1854) und einer Geschichte der Arbeiterklassen in Frankreich seit der Eroberung durch Julius Caesar (1859), auf die er 1867 eine Fortsetzung für die Zeit seit 1789 folgen ließ. Im nächsten Jahr erhielt er den Auftrag, Wirtschaftsgeschichte am Collège de France zu lehren, und 1872 wurde für ihn ein Lehrstuhl für Wirtschaftsgeschichte und Geographie geschaffen, doch verlegte er dann den Schwerpunkt seiner Tätigkeit an die neugegründete Ecole Libre des Sciences Politiques. Levasseur ließ sich von der deutschen Historischen Schule, namentlich von Roscher anregen und ging mit kritischem Spürsinn an das historische Material, wobei er allerdings einen Unterschied zwischen science économique und art économique machte. Er trieb seiner eigenen Ansicht nach das letztere. Dabei war ihm die Wirtschaftsgeschichte einer der Zweige der Geschichte der „civilisation". Sie beschützte gleichzeitig die science économique vor den Irrtümern, die sich aus der Abstraktion ergeben konnten. Von den verwandten Wissenschaften war ihm besonders die Statistik wichtig und sein Werk „La population française" (1889–1892) erregte wegen seiner neuen Gesichtspunkte berechtigtes Aufsehen. Ebenso wichtig war Levasseur die Verbindung von der Geschichte zur Geographie und zu dem Wissenschaftsbereich, den man heute als Soziologie bezeichnet[20].

Generationsgenosse Levasseurs war Numa Denis Fustel de Coulanges, der mit der Erforschung der Stadtgeschichte von Griechenland und Rom (1864) und seiner Histoire des Institutions politiques de l'Ancienne France (1875–1899) wichtige sozialgeschichtliche Aspekte der antiken und frühen mittelalterlichen Geschichte erschloß. Sein Schüler Paul Guiraud konzentrierte sich dann auf die antike Wirtschaftsgeschichte, namentlich Griechenlands. Er schrieb eine Geschichte des griechischen Grundbesitzes (1893), über die industriellen Arbeitskräfte im alten Griechenland und betonte in seinem letzten Werk (Etudes économiques sur l'antiquité, 1905), daß die Besitzverhältnisse, der Stand von Handel und Industrie, die Organisation der Arbeit und die Steuerverhältnisse ebenso wichtige Fragen seien wie der Bericht von Schlachten und politischen Institutionen[21].

Einer jüngeren Generation gehörten Henri Sée, Paul Masson und Henri Hauser an. Sée lehrte von 1893 bis 1920 an der Universität in Rennes. Auch er gehörte zu den Schülern von Fustel de Coulanges und hatte von ihm,

Lavisse und Seignobos den Sinn für „Objektivität" übernommen. Ähnlich wie Fustel de Coulanges war er stärker an Kollektivvorgängen interessiert als an Ereignissen und Individualitäten. Die wichtigsten dynamischen Faktoren in der Entwicklung der Gesellschaften sind die wirtschaftlichen Erfordernisse, die ihrerseits die Gefühle und Handlungen der Regierungen und sozialen Klassen beeinflussen. Trotz dieser Annäherung an Marx war Sée der Marxsche Standpunkt zu einseitig. Ökonomische Faktoren erklärten nicht alles, und wirtschaftliche Interrelationen hatten keineswegs den Charakter von Gesetzen. Sée schrieb die erste französische Wirtschaftsgeschichte, die zunächst (1932, 2 Bde) in deutsch in der Brodnitzschen Reihe erschien und erst 1939/42 französisch herauskam. Sehr bekannt wurde Sées Beitrag zur Diskussion über die Ursprünge des Kapitalismus (1926). Paul Masson schrieb über den Levante-Handel, Henri Hauser beschäftigte sich zuletzt mit der Wirtschaftspolitik Richelieus[22].

Der französischen Sprach- und Geisteswelt gehörte auch Henri Pirenne an, der, im Industriegebiet von Verviers geboren, in Lüttich bei Godefroid Kurth in die kritische Schule deutscher Tradition eingeführt wurde und dazu Anregungen von Giry in Paris, Gustav Schmoller und Harry Bresslau in Berlin sowie später von Karl Lamprecht übernahm. Lamprecht regte Pirenne zu einer Geschichte Belgiens in Heeren-Ukerts Staatengeschichte an.

Von 1886 bis 1930 lehrte Pirenne in Gent. Sein erstes Buch von 1889 behandelte die Messingindustrie von Dinant. 1900 erschien der erste Band seiner Geschichte Belgiens, der siebte und letzte Band kam 1932 heraus. Daneben erstanden bedeutende Einzelstudien und Quelleneditionen, so 1906 und 1909 zwei Bände über die Tuchindustrie in Flandern. Zuletzt beschäftigten Pirenne die Auswirkungen der Expansion des Islams. Seiner Ansicht nach gab es zwischen der Römischen Welt und den Merowingern keinen tiefen Bruch, dieser trat erst mit dem Vordringen der Sarazenen ein. Aus der Abwehr durch die Karolinger begann dann die neue mittelalterliche Epoche. 1933 lieferte Pirenne für den 8. Band der von G. Glotz herausgegebenen Geschichte des Mittelalters einen Essai über die wirtschaftliche und gesellschaftliche Entwicklung hauptsächlich Westeuropas, der als großlinige Gesamtschau erfolgreich als selbständiges Werk Verbreitung fand[23].

In diesen Jahren drängte die Diskussion in Frankreich zu wichtigen neuen Folgerungen. Sée war lange Mitarbeiter der Revue Historique für den ökonomischen und wirtschaftsgeschichtlichen Teil. Diese Zeitschrift genügte einem Kreis jüngerer Wissenschaftler nicht mehr, die dann 1913 die Revue d'Histoire Economique et Sociale gründeten. Nach dem Krieg bildete sich in Straßburg eine Gruppe, die wiederum neue Wege anstrebte. Die Initiative lag bei Marc Bloch und Lucien Febvre, die beide an der Universität lehrten und die Geschichtswissenschaft ihrer Zeit zu vordergründig, zu sehr ereignisbezogen und in politischen Vorurteilen befangen fanden. Sie glaubten, daß die Geschichtswissenschaft eine neue Aufgabenstellung und eine neue Arbeitsweise brauchte, um überhaupt den Anspruch auf den Rang einer Wissenschaft erheben zu können. Deshalb wandten sie sich dem Teil der Geschichte zu, der ihrer Ansicht nach die Basis für eine neue Geschichtsschreibung darstelle, der Wirtschafts- und Sozialgeschichte. Um die Auseinandersetzung mit der traditionellen Historiographie um so wirksamer führen zu können, gründeten sie die „Annales d'Histoire économique et sociale", deren erstes Heft im Januar 1929 erschien. Einer ihrer ersten Mitarbeiter war Henri Sée. Der in Lyon geborene Marc Bloch hatte seine Studien in Leipzig und Berlin vollendet und lehrte seit 1919 in Straßburg. Im nächsten Jahr legte er der Sorbonne seine „thèse" „Rois et serfs, un chapitre d'histoire capétienne" vor. Die mittelalterliche Gesellschaft sollte ihn weiterhin vornehmlich beschäftigen. 1924 erschienen seine „Rois thaumaturges", 1931 eine Arbeit über die „Caractères originaux" der französischen Agrargeschichte, 1939/40 seine Synthese über die Feudalgesellschaft.

Im Streben, die Geschichte in den Rang einer Wissenschaft zu erheben (ein Ziel, das die Franzosen seit Condorcet beschäftigte), ging es Bloch vor allem um das Verstehenwollen der Bedingungen und Zusammenhänge historischer Entwicklungen, weniger um das Sichtbarwerden der Ereignisse. Stark von der Gruppensoziologie Emile Durkheims beeinflußt, beschäftigten ihn nicht so sehr die Machthaber und sonstigen historischen Größen als die sie bedingenden Gruppen und Umstände. Durkheims Gesellschafts- und Gruppensoziologie mit ihrer Bewertung des kollektiven Bewußtseins als normsetzender Instanz für Gebräuche, Sitten und Rechtsverhältnisse führte Bloch zur Sozialisierung des Einzelmenschen, der nur als Gruppenwesen unter Aufrechterhaltung seiner individuellen Eigenarten und Unregelmäßigkeiten zu einem wissenschaftlich faßbaren Objekt wird. Der Mensch ist insofern „homme social", als er seine maßgebenden Ansichten und Überzeugungen gesellschaftlich vermittelt bekommt und nur so fähig wird, an der sozialen Organisation des Lebens teilzunehmen, also geschichtlich relevant zu werden. Andererseits ist die richtungsweisende, gruppenbildende Kraft von Leitideen politischer, sozialer und religiöser Natur nur möglich durch kollektive Repräsentation. Der Einzelne ist als gesellschaftliches Wesen auf die Gruppe, die Gemeinschaft angewiesen, wie diese aber auch nur durch den Zusammenhalt der einzelnen Menschen bestehen können[24].

Lucien Febvre, der mit seiner Thèse über die Freigrafschaft Burgund unter Philip II. hervortrat, war mehr eine künstlerische, impressionistische Natur; mit seinem, die Annalen auszeichnenden Esprit suchte er die künstlichen, lebensfremden Fachgrenzen zu durchbrechen und alle Beiträge, die aus so viel Teilwissenschaften unter sozialen, wirtschaftlichen, soziologischen, politischen, philosophischen, physiologischen und ästhetischen Gesichtspunkten erbracht werden konnten, zu vereinen, und so zur historisch definierten „totalité de l'homme" zu kommen. In den Arbeiten über Rabelais und Luther wird sein besonderes Interesse an der „histoire psychologique", an der Geschichte der „mentalités" des 16. Jhs. ersichtlich[25].

Die Iberische Halbinsel lag zu peripher, um so rasch und früh schulebildende Leistungen zu erbringen, wie dies in Mittel- und Westeuropa der Fall war. Die Geschichte der politischen Ökonomie im Spanien von Manuel Colmeiro (1865) war die Einzelleistung eines Juristen, und auch die Geschichte der Verwaltung des mittelalterlichen Portugals mit ihrem besonderen Band über Handel und Gewerbe von Henrique da Gama Barros muß in diesem Sinn verstanden werden. Einen Sonderrang nimmt auch die von T. Guiard y Larrauri stammende Geschichte des Konsulats und Handels von Bilbao (1913/14) ein. Nach dem Weltkrieg stellte João Lucio de Azevedo die portugiesische Wirtschaftsgeschichte nach Zyklen dar[26].

Stärker kam die Wirtschaftsgeschichte in Italien zur Geltung. 1843 veröffentlichte Poggi seine Cenni storici sull'agricultura, 1859 brachte Bianchini seine Storia delle finanze del Regno di Napoli heraus. Torlona veröffentlichte 1883 eine Geschichte der Bank von Neapel und Cusamano 1892 eine Geschichte der Banken von Sizilien. In dieser Zeit schrieben Labiola und Loria über den historischen Materialismus, aber zu einer wirtschaftsgeschichtlichen Schule in dieser Richtung kam es nicht. Neue Ansätze lieferte Giuseppe Toniolo mit seinen verschiedenen Arbeiten über die mittelalterliche Wirtschaft der Toskana. Neben ihnen blieben Salveminis Werk über die Magnaten und Popolanen in Florenz von 1280 bis 1295 (1899) und Volpis Studien über die kommerziellen Institutionen in Pisa im 12. und 13. Jh. (1902) Einzelleistungen. Daneben schrieben Rechtshistoriker über das Korporations- und Versicherungswesen, als einer der ersten Solmi 1898 über die Zusammenschlüsse vor dem Aufkommen der Kommunen, Bensa 1884 über den Versicherungsvertrag im Mittelalter. Nationalökonomen widmeten sich der Geschichte der Buchhaltung, so Bariola (1897), Brambilla (1900) und Besta (1912–16). Über den Kapitalismus der Antike arbeitete Giuseppe Salvioli, E. Cicotti schrieb eine Wirtschaftsgeschichte der Antike und gab seit 1899 mit V. Pareto eine „Biblioteca di storia economica" heraus[27].

Der erste bedeutende Wirtschaftshistoriker im eigentlichen Sinn war der Paduaner Gino Luzzatto, der nach Stationen in Bari und Triest seit 1922 am Istituto Universitario di Economia e Commercio in Venedig lehrte. Er begann mit Studien über das mittelalterliche Oberitalien, um sich dann vorwiegend dem Wirtschaftsleben Venedigs zu widmen. 1914 veröffentlichte er eine Handelsgeschichte von der Antike bis zur Renaissance und 1933 legte er den ersten Band einer großangelegten Wirtschaftsgeschichte der neueren und neuesten Zeit vor. Der etwas jüngere Armando Sapori wählte die Geschichte der großen Kaufleute der Toskana zu seinem Hauptarbeitsfeld. In den dreißiger Jahren trat der vielseitige Amintore Fanfani auf. 1934 erschien sein wichtiger Beitrag zur Frage der Entstehung des Kapitalismus, von 1936 ab lehrte er Wirtschaftsgeschichte an der Katholischen Universität in Mailand[28].

In Skandinavien ist Eli F. Heckscher der bedeutendste Vertreter der Wirtschaftsgeschichte gewesen. Alfred Marshall und William Cunningham be-

1. Bedeutende wirtschaftsgeschichtliche Arbeiten

stärkten ihn von Anfang an in der Betonung der Theorie und des statistischen Materials für die Wirtschaftsgeschichte. Seine erste Arbeit von 1907 über die Bedeutung der Eisenbahnen für Schwedens wirtschaftliche Entwicklung betont dies schon. 1909 übernahm er eine Professur für Ökonomie und Statistik an der neuen Handelshochschule in Stockholm. Selbst ein Vertreter des wirtschaftlichen Liberalismus, interessierte ihn als Historiker im besonderen die Wirtschaftspolitik, so in seiner Studie über das Kontinentalsystem von 1918 und erst recht in seinem zweibändigen Werk von 1931 über den Merkantilismus. Darin interpretierte er die wirtschaftspolitischen Vorschläge und Maßnahmen in der Zeit zwischen ausgehendem Mittelalter und aufkommenden Liberalismus als Bestrebungen, die Macht und nationale Einigung der Staaten zu fördern und las dabei letzten Endes zu stark die Züge einer in eine Richtung tendierenden Doktrin heraus, als daß er die Verschiedenheiten betonte. Im übrigen sah er wie Smith die Schwächen im Protektionismus und einer falschen Einstellung zu den Münzproblemen. 1935 erschienen die zwei ersten Bände einer großangelegten Wirtschaftsgeschichte, in der Heckscher vor dem Hintergrund der mittelalterlichen Verhältnisse das Aufblühen der Wirtschaft im unabhängig gewordenen Schweden von Gustav Vasa bis in die Großmachtzeit behandelte. Zwei weitere Bände über die Freiheitszeit, also das 18. Jh., konnten erst 1949 in Druck gehen[29].

Heckscher sollte für das von Georg Brodnitz herausgegebene Sammelwerk eine Wirtschaftsgeschichte Schwedens schreiben, doch setzte die politische Entwicklung in Deutschland von 1933 ab diesem Plan ein Ende. Die dänische Wirtschaftsgeschichte von Axel Nielsen unter Mitwirkung von Albert Olsen erschien noch 1933 in der gleichen Reihe, die norwegische Wirtschaftsgeschichte von O. A. Johnsen kam 1939 heraus. Es waren die ersten wirtschaftsgeschichtlichen Synthesen dieser beiden Länder. Doch darf auf dänischer Seite Erik Arup nicht übersehen werden, der mit einer großangelegten Abhandlung über die Geschichte des Kommissionshandels (1907) begann, die aber, weil sie dänisch geschrieben war, nicht zu der ihr gebührenden Geltung kommen konnte; deshalb arbeitete Arup auch in dieser Richtung nicht weiter, aber von Natur aus war er so sehr für wirtschaftsgeschichtliche Probleme interessiert, daß dieses Interesse auch in seinen weiteren Forschungen, so in der großangelegten Danmarkshistorie (1. Bd. 1932) zur Geltung kam. Ein dänisches, für die weitere internationale wirtschaftsgeschichtliche Forschung außerordentlich fruchtbares Unternehmen war die Edition der Quellen zur Øresundfahrt in Tabellenform. Nina Ellinger Bang, später dänischer Unterrichtsminister, leitete dieses vom Carlsbergfonds finanzierte Unternehmen ein, das zunächst 1906 die Tabellen über die Schiffahrt von 1497 bis 1660 vorlegte. 1922 folgte der ergänzende Teil über den Warentransport. Noch während des Zweiten Weltkriegs erschien, von Axel Nielsen herausgegeben, eine Industriegeschichte Dänemarks, an der Aksel E. Christensen und J. O. Bro-Jørgensen mitwirkten[30]. Den Norweger Halvdan Koht einzuordnen, fällt schwer. Er studierte bei Lamprecht in Leipzig und ließ sich in der

Folgezeit vom historischen Materialismus anregen, blieb aber doch in erster Linie an den Fragen der politischen und sozialen Geschichte interessiert[30a].

In den nördlichen Niederlanden hatte die historische Forschung entsprechend der starken kommerziellen Tradition des Landes schon immer starkes Interesse an den wirtschaftsgeschichtlichen Aspekten. Neben Posthumus, dessen Preisgeschichte wir erwähnten, war Johannes Gerard van Dillen der wichtigste Repräsentant der Wirtschaftsgeschichte. Seine Doktorarbeit von 1914 behandelte den ökonomischen Charakter der mittelalterlichen Stadt. Später widmete er sich vor allem den wirtschaftsgeschichtlichen Fragen Hollands im 17. und 18. Jh. Ihm verdanken wir wichtige Quellenpublikationen über die Geschichte der Wechselbanken, das Gewerbe und Zunftwesen in Amsterdam. Er leitete auch eine internationale Gruppe von Fachkennern, die 1934 eine Geschichte der Banken herausgab. Aber es war doch bezeichnend für das starke Interesse der Deutschen, daß Ernst Baasch die erste holländische Wirtschaftsgeschichte herausgab (1927) und der Deutsche Hermann Wätjen eine große Monographie über die Niederländer im Mittelmeergebiet (1912) und über das holländische Kolonialreich in Brasilien schrieb (1921)[31].

In Rußland beschäftigte man sich seit V. O. Ključevskij mit sozialgeschichtlichen Fragen. Die Industrialisierung zum Ausgang des 19. Jhs. verstärkte das Interesse an der Lehre von Marx und der Wirtschaftspolitik Mittel- und Westeuropas. Maxim Kovalevskij schrieb sein Hauptwerk über die wirtschaftliche Entwicklung Europas vor dem Beginn des Kapitalismus, 3 Bde, 1898–1903. Vinogradoff und seine Schüler bevorzugten die englische Wirtschaftsgeschichte. M. I. v. Tugan-Baranovskij veröffentlichte 1894 ein Buch über die englischen Handelskrisen und 1898 ein Werk über die russische Fabrik.

Von der deutschen historischen Schule ging Josef M. Kulischer aus, der sich zunächst vornehmlich mit Fragen der westeuropäischen Wirtschaftsgeschichte beschäftigte, 1906–08 mit einem zweibändigen Werk über den Kapitaleinsatz und die Entwicklung von Gewerbe und Handel in Westeuropa hervortrat und 1911 eine Untersuchung über das Gewerbe und die Arbeiter in Westeuropa vom 16. bis 18. Jh. folgen ließ. Nach dem ersten Weltkrieg befaßte er sich einerseits mit der russischen Wirtschaftsgeschichte der vorrevolutionären Zeit und brachte 1925 eine zweibändige Geschichte der russischen Volkswirtschaft heraus, andererseits arbeitete er an dem großen Handbuch von Below und Meinecke und lieferte dazu die 1927 und 1928 erschienene Wirtschaftsgeschichte des Mittelalters und der Neuzeit als erste große Synthese[32].

Neben Kulischer erbrachten E. Tarlé und N. Rostovzeff bedeutende wirtschaftsgeschichtliche Leistungen. Tarlés Hauptgebiet war die Epoche der französischen Revolution und Napoleons. 1928 erschien seine Arbeit über die Kontinentalsperre und Italien. Rostovzeff brachte 1926 seine monumentale Sozial- und Wirtschaftsgeschichte des Römischen Reichs heraus und ließ

1. Bedeutende wirtschaftsgeschichtliche Arbeiten 191

1941 eine ähnliche Darstellung der hellenistischen Welt folgen. Die marxistische Geschichtsschreibung wurde inzwischen von M. N. Pokrovskij angeführt. Die sowjetische Wirtschaftsgeschichte wurde vornehmlich von S. G. Strumilin vertreten[33].
In Lateinamerika lag bezüglich der wirtschafts- und sozialgeschichtlichen Orientierung die Initiative bezeichnenderweise bei Brasilien. In dem einen Jahr 1937 erschienen drei wichtige Werke: Simonsens Wirtschaftsgeschichte Brasiliens, das Buch von Ellis über die wirtschaftliche Entwicklung São Paulos und Pedro Calmons Sozialgeschichte Brasiliens. Inzwischen hatte aber Gilberto Freyre in Recife mit seiner „Casa Grande e Senzala" (1933) einen neuen Weg der soziologisch-kulturmorphologischen Betrachtungsweise eingeschlagen[34].

[1]) G. v. Below, Die deutsche Geschichtsschreibung, 161ff.; H. Proesler, Die Wirtschaftsgeschichte in Deutschland, ihre Entwicklung und ihre Probleme, 1928, 9ff.; J. Westfall Thompson, A History of Historical Writing, 410ff.; H. v. Srbik, Geist und Geschichte vom deutschen Humanismus bis zur Gegenwart, 2 Bde, 1950, ²1964, I: 120ff., II: Kap. 18.; H. Heimpel, Über Organisationsformen historischer Forschung, in: HZ 139, 1959; ders., Aus der Geschichte der deutschen Geschichtsvereine, in: Neue Sammlung 1, 1961; ders., Geschichtsvereine einst und jetzt, 1963; F. Redlich, Anfänge und Entwicklung der Firmengeschichte und Unternehmerbiographie, in: Tradition 1959, 1. Beih.; H. Hassinger, Die Wirtschaftsgeschichte an Österreichs Hochschulen bis zum Ende des ersten Weltkrieges, in Festschrift Friedrich Lütge, 1966; ders., Die Anfänge der Wirtschaftsgeschichte in den österreichischen Ländern, in: Tiroler Heimat 29/30, 1965/66, 111-129; H. U. Wehler, Theorieprobleme der modernen Wirtschaftsgeschichte 1800-1945, in Entstehung und Wandel der modernen Gesellschaft, Festschr. H. Rosenberg, 1970; W. Zorn, Ein Jahrhundert deutscher Industrialisierungsgeschichte, in: Blätter für dt. Landesgesch. 108, 1972.
K. D. Hullmann, Deutsche Finanzgeschichte des Mittelalters, 1805; W. E. Wilda, Das Gildewesen im Mittelalter, 1831; G. v. Gülich, Geschichtliche Darstellung des Handels, der Gewerbe und des Ackerbaues der bedeutendsten handeltreibenden Staaten unserer Zeit, 1830-1845; J. Falke, Die Geschichte des deutschen Zollvereins. Von seiner Entstehung bis zum Abschluß des deutschen Zollvereins, 1869.
[2]) K. H. Schwebel, Zur Historiographie der Hanse, in HGBll 82, 1964; W. Drumann, Arbeiter und Kommunisten in Griechenland und Rom, 1860; K. Dickopf, Georg Ludwig von Maurer, 1790-1870, 1960; I. Jastrow, K. W. Nitzsch und die deutsche Wirtschaftsgeschichte, in: Schmollers Jahrbuch VIII, 1884; Westfall Thompson, A History of Historical Writing, 420f. Die posthumen Werke von Nitzsch wurden von G. Mathäi u. G. Thouret herausgegeben.
[3]) K. v. Inama-Sternegg, Deutsche Wirtschaftsgeschichte, 3 Tle in 4 Bden, 1879-1901; über ihn: G. v. Below, in: VSWG 7, 1909; K. Lamprecht, Deutsches Wirtschaftsleben im Mittelalter, 3 Bde, 1886; G. Steinhausen, Der Kaufmann in der deutschen Vergangenheit, 1912; ders., Kulturgeschichte der Deutschen im Mittelalter, 1910, ³1920; ders., Kulturgeschichte der Deutschen in der Neuzeit, 1912, ²1918; E. Gothein, Wirtschaftsgeschichte des Schwarzwaldes,

I: Städte- und Gewerbegeschichte, 1892; G. S c h a n z, Zur Geschichte der Kolonisation und Industrie in Franken, 2 Tle, 1884; d e r s., Englische Handelspolitik gegen Ende des Mittelalters, 2 Bde, 1881; W. S t i e d a, Hildebrand Veckinchusen, Briefwechsel eines deutschen Kaufmanns im 15. Jh., 1921; d e r s., Die Anfänge der Porzellanfabrikation auf dem Thüringer Walde, 1902; R. E h r e n b e r g, Hamburg und England im Zeitalter der Königin Elisabeth, 1896; d e r s., Das Zeitalter der Fugger, Geldkapital und Kreditverkehr im 16. Jh., 2 Bde, 1896, ³1922; K. H ä b l e r, Geschichte der Fuggerschen Handlung in Spanien, 1897; d e r s., Die überseeischen Unternehmungen der Welser und ihrer Gesellschafter, 1903; H. S i m o n s f e l d, Der Fondaco dei Tedeschi in Venedig und die deutsch-venetianischen Handelsbeziehungen, 2 Bde, 1887; L. H e y d, Geschichte des Levantehandels im Mittelalter, 2 Bde, 1879; G. v. B e l o w, Das ältere deutsche Städtewesen, 1898, ³1925; d e r s., Territorium und Stadt, 1900, ²1923; d e r s., Der Deutsche Staat des Mittelalters, 1914, ²1925; d e r s., Probleme der Wirtschaftsgeschichte, 1920; L. K l a i b e r, G. v. Below, Verzeichnis seiner Schriften, 1929; Die Geschichtswissenschaft der Gegenwart in Selbstdarstellungen, Hg. S. S t e i n b e r g, I, 1925.
E. S a l i n, Sombart and the German Approach, in: Architects and Craftsmen in History, Festschrift für Abbott Payson Usher, ed. I. T. Lambie, 1956; H. K e l l e n b e n z, Vita ed opera di Werner Sombart, in: L'opera di Werner Sombart nel centenario della nascita, Pref. di A. Fanfani, Mailand 1964, 9–27.

⁶) M. W e b e r, Die protestantische Ethik und der Geist des Kapitalismus, in: Archiv für Sozialwissenschaften und Sozialpolitik 20–21, 1904–1905; G. A b r a m o w s k i, Das Geschichtsbild Max Webers, 1966; E. T o p i t s c h, Max Webers Geschichtsauffassung, in: Wissenschaft und Weltbild 3, 1950, 262–270; E. T r o e l t s c h, Die Bedeutung des Protestantismus für die Entstehung der modernen Welt, 1906, ⁵1928; O. H i n t z e, Troeltsch und die Probleme des Historismus, Kritische Studien in: O. Hintze, Zur Theorie der Geschichte, Gesammelte Abhandlungen, Hg. Fritz Hartung, 1943, 20ff.; L. B r e n t a n o, Mein Leben im Kampf um die soziale Entwicklung Deutschlands, 1931; W. G o e t z, Lujo Brentano, in: Historiker in meiner Zeit, 1957, 270–277.

⁷) A. S c h u l t e, Die Fugger in Rom, 1495–1523, 2 Bde, 1904; d e r s., Geschichte des mittelalterlichen Handels und Verkehrs zwischen Westdeutschland und Italien mit Ausschluß von Venedig, 1900, 3 Bde; d e r s., Geschichte der großen Ravensburger Handelsgesellschaft, 1923, 3 Bde.

⁸) B. K u s k e, Die Entstehung der Kreditwirtschaft und des Kapitalverkehrs, in: Kreditwirtschaft 1, 1927, 1–79; L. B e u t i n, Die Deutsche Wirtschaftsgeschichte im 20. Jh. und der Anteil Kuskes daran, in: VSWG 43, 1956, 239–245.

⁹) F. R ö r i g, Die europäische Stadt, in: Propyläen-Weltgeschichte, Hg. W. Goetz, IV, 1932, 279–392 (auch: gedruckt „Die europäische Stadt im Mittelalter", 1955).

¹⁰) J. S t r i e d e r, Zur Genesis des modernen Kapitalismus. Forschungen zur Entstehung der großen bürgerlichen Kapitalvermögen am Ausgange des Mittelalters und zu Beginn der Neuzeit, zunächst in Augsburg, 1904, ²1925; d e r s., Werden und Wachsen des europäischen Frühkapitalismus, in: Propyläen-Weltgeschichte, IV, 3–26; Das reiche Augsburg, ausgewählte Aufsätze von Jakob Strieder, Hg. H. F. Deininger, 1938 (mit Schriftenverzeichnis); G. B r o d n i t z, Englische Wirtschaftsgeschichte, 1918; E. B a a s c h, Holländische Wirtschaftsgeschichte, 1928; J. K u n i s c h e r, Russische Wirtschaftsgeschichte, 1925; A. D o r e n, Italienische Wirtschaftsgeschichte, 1934; A. N i e l s e n, Dänische Wirtschaftsgeschichte, 1933;

1. Bedeutende wirtschaftsgeschichtliche Arbeiten

O. A. J o h n s e n , Norwegische Wirtschaftsgeschichte, 1939; H. S é e , Französische Wirtschaftsgeschichte I–II, 1930–1936; R. K ö t z s c h k e , Allgemeine Wirtschaftsgeschichte des Mittelalters, 1924; C. B r i n k m a n n , Wirtschafts- und Sozialgeschichte, 1927; H. S i e v e k i n g , Grundzüge der neueren Wirtschaftsgeschichte, vom 17. Jh. bis zur Gegenwart, 1915; R. H ä p k e , Wirtschaftsgeschichte, 1922; Th. M a y e r , Deutsche Wirtschaftsgeschichte des Mittelalters, 1928, d e r s., Deutsche Wirtschaftsgeschichte der Neuzeit, 1928; J. K u l i s c h e r , Allgemeine Wirtschaftsgeschichte des Mittelalters und der Neuzeit I–II, 1928–1929; F. O p p e n h e i m e r , Abriß der Sozial- und Wirtschaftsgeschichte Europas (1929–35, unvollendet).

[11]) L. B e u t i n , Der deutsche Seehandel im Mittelmeergebiet, 1933; W. K o p p e , Lübeck-Stockholmer Handelsgeschichte im 14. Jh., 1933.

[12]) C. B a u e r , Unternehmung und Unternehmungsformen im Spätmittelalter und in der beginnenden Neuzeit, 1936; W. A b e l , Agrarkrisen und Agrarkonjunktur in Mitteleuropa vom 13. bis zum 19. Jh., 1935; F. L ü t g e , Die Agrarverfassung der frühen Mittelalters im mitteldeutschen Raum, vornehmlich in der Karolingerzeit, 1931, [2]1966.

[13]) H. H a s s i n g e r , Die Anfänge der Wirtschaftsgeschichte in den österreichischen Landen, Tiroler Heimat 29/30, 1965/66, 111–129; d e r s., Die Wirtschaftsgeschichte an Österreichs Hochschulen, in: Festschrift Friedrich Lütge; A. Lhotsky, Österreichische Historiographie, Österreich-Archiv 1962; K. L e c h n e r , 1864–1964, 100 Jahre „Verein für Landeskunde von Niederösterreich und Wien" im Rahmen wissenschaftlich-landeskundlicher Bestrebungen bis Ende des 19. Jhs., Wien 1964; S. S t e i n b e r g (Hg.), Die Geschichtswissenschaft der Gegenwart in Selbstdarstellungen, 1925 (darin: Alfons Dopsch); Beiträge zur Sozial- und Wirtschaftsgeschichte, Ges. Aufsätze von A. D o p s c h , Wien 1938.

[14]) Hierzu und zum Folgenden: W e s t f a l l T h o m p s o n , A History of Historical Writing, 412f., 428ff.; W. H. B. C o u r t , John H. Clapham, in Architects and craftsmen in history, 147–155.

[15]) L. S t o n e , R. H. Tawney, in: Internat. Encycl. of the Social Sciences 15, 1966, 518–521; H. K e l l e n b e n z , Richard H. Tawney, in: Kölner Zs. f. Soziologie und Sozialpsychologie 14, 1962, 608–611.

[16]) M. C o l e , William Henry Beveridge, in: Internat. Encycl. of the Social Sciences 2, 1968, 71–71.

[17]) E. P o w e r u. R. H. T a w n e y (Hg.), Studies of the History of English Trade in the Fifteenth Century, 1932; The Cambridge Economic History of Europe from the Decline of the Roman Empire, Ed. J. H. Clapham u. E. Power, I, Cambridge 1941.

[18]) J. A. S c h u m p e t e r , Business Cycles, A Theoretical, Historical and Statistical Analysis of the Capitalistic Process 1939, dt. Konjunkturzyklen 1953; N. S. B. G r a s , The Rise and Development of Economic History, in: Econ. Hist. Rev. 1, 1927 (auch: M. Caroselli [Hg.], Natura e Metodo della Storia Economica, 1960, 15ff.); F. R e d l i c h , N. S. B. Gras, in: Internat. Encycl. of the Social Sciences 6, 1968, 252–253; A. H. C o l e , Economic History in the United States: Formative Years of a Discipline, in: The Journ. of Econ. Hist. XXVIII, 1968, 556–589; H. H e a t o n , Economic History of Europe, [2]1948, 1963 (frz. 1950); Sh. B. C l o u g h u. Ch. W. C o l e , Economic History of Europe, Boston [3]1952.

[19]) A. J. B l a n q u i , Histoire de l'économie politique en Europe, 2 Bde, 1837; d e r s., Des classes ouvrières en France pendant l'année 1848, 2 Bde, 1849;

L. Blanc, Révolution française, Histoire des dix ans 1830–1840, 5 Bde, Paris 1841–44; ders., Histoire de la révolution française, 12 Bde, 1847–62; J. Vidalenc, Louis Blanc, 1841–1882, Paris 1948.

[20]) C. Fohlen, Levasseur, Intern. Encycl. of the Social Sciences 9, S. 261f.

[21]) R. Latouche, Fustel de Coulanges, in: Intern. Encycl. of the Social Sciences 6, S. 43f.

[22]) M. M. Knight, Henri Sée, in: Architects and Craftsmen in History, 107–118; A. Chabert, Henri Sée, in: Internat. Encycl. of the Social Sciences 14, 1968, 143–144.

[23]) Ch. Verlinden, Henri Pirenne, in: Architects and Craftsmen in History, 85–100; H. van Werveke, H. Pirenne, in: Internat. Encycl. of the Social Sciences 12, 1968, 99–100; H. Pirenne, Histoire économique et sociale du moyen âge, Paris ²1963, engl. 1936, dt. 1946, 1971.

[24]) J. Stengers, Marc Bloch et l'histoire, in: Annales 8, 1953, 329–337.

[25]) L. Febvre und M. Bloch, Nos enquêtes collectives, in: Annales d'histoire économique et sociale 1, Paris 1929, 58–59; L. Febvre, De la théorie à la pratique de l'histoire, in: Annales 8, 1953, 362–369; ders., M. Bloch, dix ans après, ebenda 9, 1954, 145–147; ders., Combats pour l'histoire, Paris 1953; ders., M. Bloch, in: Architects and Craftsmen in History, 75–84.

[26]) M. Colmeiro, Historia de la economia en España, Madrid 1963; H. da Gama Barros, Historia da administração publica em Portugal nos séculos XII a XV, com introdução e observações de T. Sousa Soares, 11 Bde, Lissabon 1950; T. de Sousa Soares, Henrique da Gama Barros, in: Dicionario de historia de Portugal I, Lissabon 1963, 7; J. Lucio de Azevedo, Épocas de Portugal economico, ²1947.

[27]) A. Fanfani, Introduzione allo studio della storia economica, Mailand 1960, 44–60.

[28]) G. Brindisi, Guiseppe Salvioli, Neapel 1928; G. Luzzatto, Studi di storia economica veneziana, Padua 1954; ders., Storia economica d'Italia, Il medioevo, Florenz 1948, ²1963; A. Sapori, Studi di storia economica, Florenz; ders., Le marchand italien au Moyen Age, Paris 1952.

[29]) A. Montgomery, Eli F. Heckscher, in: Architects and Craftsmen in History, 119–146; G. Ohlin, Eli F. Heckscher, in: Internat. Encycl. of the Social Sciences 6, 339–341.

[30]) E. Arup, Studier in engelsk og tysk handels historie, Kopenhagen 1907; C. O. Bøggild-Andersen, Erik Arup, Gedächtnisrede in Videnskabernes Selskab 4. April 1951; A. Nielsen (Hg.), Industriens historie i Danmark I/II, Kopenhagen 1943; N. Ellinger-Bang u. K. Korst, Tabeller over Skibsfart og Varetransport gennem Øresund, 1497–1783, 7 Bde, Kopenhagen 1906–1953.

[30a]) H. Koht, På leit etter liner i historia, Utvalde avhandlingar utgjevne till åttiårsdagen hans, Oslo 1953; ders., Historikar i laere, ebenda 1951; ders., Drivsmakter i historia, ebenda 1959; O. Dahl, Norsk historieforskning i 19 og 20 århundre, ebenda 1959.

[31]) J. G. van Dillen, Mensen en achtergronden, Groningen 1964 (Bibl.).

[32]) E. A. Kosminsky, Russian work on english economic History, in: Econ. History Review I, 1928, 208–33; J. Kulischer, Russische Wirtschaftsgeschichte, 1925; ders., Allgemeine Wirtschaftsgeschichte des Mittelalters und der Neuzeit, 2 Bde, 1929, Neuaufl. 1958 und 1965.

[33]) Jevgenii Viktorovič Tarle, Moskau-Leningrad 1949; M. Rostovzeff, Ge-

schichte der alten Welt, 2 Bde, 1942; d e r s., Gesellschaft und Wirtschaft im römischen Kaiserreich, 2 Bde, o. J.; d e r s., Die hellenistische Welt, 3 Bde, 1955/56; C. B r a d f o r d W e l l e s, Michael I. Rostovzeff, in: Architects and Craftsmen in History, 55–73.
[34]) Gilberto F r e y r e, Casa Grande e Senzala, Recife 1933; R. C. S i m o n s e n, Historia económica do Brasil (1500–1820), São Paulo 1937; E l l i s, Evolução da economia paulista, São Paulo 1937; P. C a l m o n, Historia social do Brasil, São Paulo 1937; J. H o n ó r i o R o d r i g u e s, Teoria da historia do Brasil (Introdução metodológica), 2 Bde, São Paulo ²1957; d e r s., Historia e historiadores do Brasil, São Paulo 1965.

2. Die Wirtschaftsgeschichte nach dem Zweiten Weltkrieg

Als der Schrecken des zweiten Weltkrieges vorbei war, mußten Lehre und Forschung namentlich in Mitteleuropa ganz von vorne anfangen. Zunächst bildeten sich im westlichen Deutschland drei Schwerpunkte der wirtschaftsgeschichtlichen Lehre und Forschung an den Universitäten München, Köln und Göttingen heraus. In München übernahm Friedrich Lütge den Striederschen Lehrstuhl, an dem Nationalökonomie und Wirtschaftsgeschichte zugleich gelehrt wurden. Lütge konzentrierte sich weiterhin auf das Feld der Argrarverfassung und legte die Ergebnisse seiner gesamten Forschung auf diesem Gebiet in einer Geschichte der deutschen Agrarverfassung vor. Lütge ist daneben vor allem bekannt geworden durch seine deutsche Sozial- und Wirtschaftsgeschichte sowie als Herausgeber der Jahrbücher für Nationalökonomie und Statistik, in denen er in verstärktem Maße auch die Wirtschaftsgeschichte zur Geltung kommen ließ. Von seinen Schülern widmete sich Wolfgang Zorn der Handels- und Industriegeschichte Bayerisch-Schwabens, während Jacob van Klaveren eine „Europäische Wirtschaftsgeschichte Spaniens" schrieb und Knut Borchardt mit Karl Häuser die Wirtschaftsgeschichte Gustav Stolpers fortführte. Hans Mauersberg tat sich auf dem Gebiet der vergleichenden Stadt- und Industriegeschichte hervor[1].

In Köln hatte Bruno Kuske in den Nachkriegsjahren den Kölner Lehrstuhl für Wirtschaftsgeschichte und Wirtschaftsraumlehre inne. Nach seiner Emeritierung 1951 wurde die Wirtschaftsraumlehre vom Lehrstuhl getrennt und dafür dem Namen der Fakultät entsprechend ein Lehrstuhl für Wirtschafts- und Sozialgeschichte errichtet, den Ludwig Beutin übernahm. Beutin kam von der Hanse- und Seefahrtsgeschichte, hatte sich insbesondere mit Bremen beschäftigt und soeben ein Buch über die Rolle Bremens im deutschen Amerikageschäft veröffentlicht. Mit seinem Lehrstuhl übernahm Beutin, wie es schon unter Kuske eine Zeitlang gewesen war, die Leitung des Rheinisch-Westfälischen Wirtschaftsarchivs. Dies führte ihn mehr und mehr in die Wirtschafts- und Sozialgeschichte des rheinisch-westfälischen Raumes hinein. Die wichtigste Arbeit Beutins auf diesem Gebiet stellte die Geschichte der südwestfälischen Industrie- und Handelskammer zu Hagen dar.

Wenige Lehrstühle waren so geeignet wie jener in Köln, die von der allgemeinen Historie und den Wirtschafts- und Sozialwissenschaften kommenden Anregungen zu verwerten und zu einer Synthese zu verarbeiten, die dem Studierenden der Wirtschaftsgeschichte als Anleitung dienen konnte. So wurde seine Einführung in die Wirtschaftsgeschichte nicht nur die bedeutendste Frucht seiner Kölner Tätigkeit, sondern der Teil seines Lebenswerkes, mit dem er das wissenschaftliche Gespräch seiner Generation am nachhaltigsten anregen konnte. Beutin sah den Standort der Wirtschaftsgeschichte zwischen der Geschichte und den Wirtschaftswissenschaften festgelegt, wollte aber die Wirtschaftsgeschichte nicht begrenzt sehen auf das bescheidene Anliegen, „geordnetes Wissen in der Wirtschaft im Zeitverlauf zu vermitteln". Die untrennbare Verbindung mit der Geschichte und der Gesellschaft stellt ihr seiner Ansicht nach erweiterte Aufgaben, deren Ziel die „Sicht der großen Zusammenhänge des historischen Lebens ist". In diesem Sinn war die Wirtschaftsgeschichte kombiniert mit der Sozialgeschichte für Beutin „eine historische Kulturwissenschaft", der, wissenschaftliche Objektivität und ihre Bedingtheiten vorausgesetzt, sittliche und erzieherische Kräfte innewohnen.

Ebenfalls in Köln wurde der einzige Lehrstuhl für iberische und iberoamerikanische Geschichte errichtet. Richard Konetzke, für den dieser Lehrstuhl geschaffen wurde, widmete sich besonders den wirtschafts- und sozialgeschichtlichen Aspekten der Geschichte der Spanier und ihrer Kolonien in Amerika. Diese besondere Note kam auch in dem Jahrbuch „für Geschichte von Staat, Wirtschaft und Gesellschaft Lateinamerikas" zum Ausdruck, das er von 1964 ab zusammen mit Hermann Kellenbenz herausgab[2].

In Göttingen lehrte der als Nationalökonom ausgebildete Wilhelm Abel, der durch seine Wüstungsforschungen internationales Ansehen erlangt hat. Die Ergebnisse der agrargeschichtlichen Forschungen seines Instituts faßte er in seiner „Deutschen Agrargeschichte" von 1962 zusammen. Bislang Inhaber eines Lehrstuhls für Nationalökonomie und Agrarpolitik, übernahm er dann einen neu eingerichteten Lehrstuhl für Wirtschaftsgeschichte, der das preisgeschichtliche Archiv von Elsas betreut und der Handwerksgeschichte besondere Aufmerksamkeit zuwendet. Percy Ernst Schramm, Inhaber eines Lehrstuhls für mittlere und neuere Geschichte, ist hervorgetreten durch seine Arbeiten über die mittelalterlichen Krönungssymbole und seine Veröffentlichungen zur hamburgischen und Überseegeschichte, in denen er es verstand, einen reichen Schatz von genealogischem Material für die größeren sozial- und wirtschaftsgeschichtlichen Zusammenhänge zu verwerten. Wilhelm Treue, der einen Lehrauftrag in Göttingen und einen Lehrstuhl an der TH Hannover hat, pflegt als besonderes Arbeitsgebiet die Firmen- und Technikgeschichte. Herausgeber der Zschr. „Tradition", die sich vornehmlich der Firmengeschichte widmet, neuerdings auch Herausgeber der Zschr. „Technikgeschichte", hat er verschiedene zusammenfassende Arbeiten über die deutsche Wirtschaftsgeschichte und eine Wirtschaftsgeschichte der Neuzeit veröffentlicht[3].

2. Die Wirtschaftsgeschichte nach dem Zweiten Weltkrieg

Im Küstenbereich wird Wirtschaftsgeschichte, alter Tradition entsprechend, vornehmlich in Verbindung mit der Hanse- oder Seegeschichte betrieben. Fritz Rörig, der nach Kriegsende noch einige Jahre lang Inhaber eines Lehrstuhls an der Universität in Berlin war, hat damals noch einmal die Aufgaben umrissen, die seiner Ansicht nach der hansischen Forschung weiterhin gestellt waren. Die Gegenwartsbezogenheit in der Art, wie sie in den Anfängen des Bismarckschen Reiches nahelag und wie sie besonders Dietrich Schäfer verkörpert hatte, war jetzt vorbei. Die politische Geschichte, die in den Editionen des Vereins vorgeherrscht hatte, sollte mehr als bisher durch die wirtschaftsgeschichtliche Fragestellung ergänzt und bereichert werden. Was die Hanse wirtschaftlich bedeutete, was ihre Kaufleute und Schiffer geleistet hatten, das sollte nicht an der Peripherie unseres mittelalterlichen Geschichtsbildes bleiben, sondern seiner Bedeutung nach in den Rahmen der deutschen wie der europäischen Geschichte eingearbeitet und die verschwommenen Begriffe von Frühkapitalismus und frühkapitalistischem Geist revidiert werden[4].

Hätte Rörig noch länger gelebt, dann häte er die weitere Verlagerung in der Forschung der Nachkriegsjahre auf die Wirtschafts- und Sozialgeschichte verfolgen können. Die Basis der Forschung wurde weiter und die Einsicht in die Problematik vertieft. Paul Johansen (Hamburg) zeigte, den Bahnen Walther Vogels folgend, wo fruchtbare Möglichkeiten der Grenzerweiterung für den hansischen Forscher lagen, was man gewinnen kann, wenn man die Hanse vom siedlungsgeschichtlichen Aspekt her betrachtet und dabei die Erkenntnisse der neueren stadtgeschichtlichen Forschung und Kartographie verwertet[5].

Neue und wichtige Maßstäbe waren auf diese Weise zu gewinnen, um an das so schwer faßbare innere und äußere Wesen der Hanse heranzukommen. Auf das Werk Heinrich Reinckes hinweisend hat Ahasver von Brandt die Forderung einer vergleichenden hamburgisch-lübeckischen Geschichte erhoben. Eine solche Parallelgeschichte würde, so meinte er, „angesichts der relativ günstigen Quellenlage und der absoluten Bedeutung beider Städte einen erheblichen Beitrag zur Soziologie des deutschen Bürgertums, aber auch zur Verfassungs- und Wirtschaftsgeschichte leisten". Erst eine Ausweitung dieser Methode unter Einbeziehung von Bremen und Danzig, Köln und Braunschweig vor allem auf den gesamthansischen Bereich würde eine unsere heutigen wissenschaftlichen Ansprüche befriedigende Gesamtdarstellung der deutschen Hanse ermöglichen. Heinrich Sproemberg, der nach seiner Emeritierung in Leipzig von Berlin aus sich um die Zusammenarbeit der Hansehistoriker der DDR mit denen der BRD bemühte, wünschte eine stärkere Einbeziehung der vorhansischen Zeit, die, durch neue Ausgrabungen erschlossen, für ein richtiges Verständnis der Anfänge der Hanse bessere Voraussetzungen schaffen könnte. Vor allem ging es ihm um eine Sicht der Hanse im Rahmen der gesamten europäischen Geschichte, die die Forschungsergebnisse von West und Ost verwertend, „das Geben und Nehmen zwischen Hanse und ihren Handelspartnern in anderer Weise als früher als bedeutsames Moment" zu illustrieren vermag[6].

Weder Rörig noch Sproemberg haben uns eine Gesamtdarstellung der Hanse geliefert. Dies zu tun, war das Verdienst des Straßburger Historikers Philippe Dollinger, dessen französische Darstellung sehr rasch eine deutsche und schließlich auch eine englische Übersetzung erfuhr. Von der Hansegeschichte ging einst Wilhelm Koppe aus. Seine Lübeck-Stockholmer Handelsgeschichte fand leider keine Fortsetzung. Dafür verlegte Koppe sein Schwergewicht auf die Geschichte Schleswigs und der wirtschaftlichen Verhältnisse der spätmittelalterlichen Herzogtümer, während Haithabu und seine Ausstrahlungen die große Arbeitskraft Herbert Jankuhns in Anspruch nahm[7].

In Hamburg lehrte von 1947 ab noch einige Jahre Hermann Aubin, der bekannt geworden ist durch seine Arbeiten zur „geschichtlichen Landeskunde" namentlich des Rheinlandes und Schlesiens. Er wurde früh (1925) in die Redaktion der Vierteljahresschrift für Sozial- und Wirtschaftsgeschichte aufgenommen. Ab 1932 Alleinherausgeber, sorgte er dafür, daß die Zeitschrift nach dem Krieg seit 1946 wiedererscheinen konnte und würdigte 1963 anläßlich des 50jährigen Bestehens ihren Weg. Früchte dieser späten Zeit waren die Aufsatzsammlung „Vom Altertum zum Mittelalter", in der Aubin noch einmal seine ausgereifte Vorstellung vom Weiterleben antiken Erbes in den durch die germanischen Wanderungen veränderten Lebensformen vortrug. Bahnbrechend wirkte er zusammen mit Wolfgang Zorn zuletzt noch durch seine Initiative zur Herausgabe eines Handbuchs der deutschen „Wirtschafts- und Sozialgeschichte".

Aubins Nachfolger in Hamburg wurde der Oberösterreicher Otto Brunner. 1949 legte er als erste Frucht der Nachkriegszeit eine Würdigung des Lebens und Werkes des niederösterreichischen Landadeligen Wolf Helmhard von Hohberg vor. Brunner sah damals die Distanz gewonnen, um die durch die Industrialisierung und die Wirkungen der Französischen Revolution zerstörte ständisch gegliederte Welt an Hand des exemplarischen Lebensbildes von Hohberg zu durchleuchten, wobei er bewußt von den „üblichen, meist allzu primitiven, von einer nahen Vergangenheit abgeleiteten Kategorien einer historischen Soziologie" Abstand nahm. „Wirft man ihr weitmaschiges Netz, über das historische Tatsachenmaterial", meinte Brunner „so entgehen ihr wesentliche Probleme. Ihre Kategorien müssen in der historischen Arbeit erst selbst erschlossen werden. Daher ist es notwendig, eine möglichst weite und umfassende Sicht mit einer bis in die letzten Einzelheiten vordringenden Tiefenbohrung am konkreten Gegenstand zu verbinden und in steter Wechselwirkung zwischen beiden Sehweisen zu theoretisch geklärten und quellenmäßig fundierten Begriffen vorzudringen."

Mit dieser Studie und seinen Aufsätzen wollte Brunner „Neue Wege der Sozialgeschichte" bahnen, wie er eine Sammlung sinnfällig betitelte. Unter Sozialgeschichte wollte Brunner kein bestimmtes Sondergebiet verstanden sehen, nicht den Gegenstand eines „Fachs" sondern eine Betrachtungsweise,

2. Die Wirtschaftsgeschichte nach dem Zweiten Weltkrieg

einen Aspekt, der Menschen und menschliche Gruppen in ihrem Zusammensein, in ihrer Vergesellschaftung sieht. Davon hebt er einen engeren Begriff der Gesellschaft ab, des Sozialen, der namentlich für die beiden letzten Jahrhunderte gilt und an dem sich die Wissenschaft der Soziologie und die Sozialgeschichte ursprünglich entwickelt haben. Brunner sieht die Sozialgeschichte außerdem in engem Zusammenhang mit der Verfassungsgeschichte. Für keinen der beiden Aspekte will er einen Monopolanspruch erheben, keiner von beiden gibt „Geschichte" schlechthin, das oft beschworene „Ganze" des historischen Geschehens kann nur von seinen verschiedenen Seiten her erfaßt werden. Bei beiden geht es um eine Darstellung des inneren Gefüges, steht eine „statische Betrachtungsweise" im Vordergrund[8].

Wie jung diese Betrachtungsweise ist, zeigt die Tatsache, daß Hans Proesler, Inhaber des historischen Lehrstuhles an der Nürnberger Hochschule für Wirtschafts- und Sozialwissenschaften, 1956 den ersten Artikel über die Sozialgeschichte für ein Handwörterbuch schrieb. Sozialgeschichte definierte er dabei als integrierenden Bestandteil der Allgemeinen oder Universalgeschichtsschreibung. Zu den wesentlichen Aufgaben der Sozialgeschichte gehörte seiner Ansicht nach „die methodisch-kritische Erforschung und die zusammenhängende Darstellung der historisch relevanten Erscheinungsweisen des menschlichen Zusammenlebens". Unter denjenigen, die sich um eine Vertiefung des Begriffs Sozialgeschichte bemühten, seien Werner Conze in Heidelberg, Karl Bosl in München und Karl Jantke in Hamburg hervorgehoben. Fragen der mittelalterlichen Stadtgeschichte behandelten Erich Maschke, Heidelberg, Edith Ennen, Bonn, Carl Haase, Hannover, und Heinz Stoob, Münster. Wolfgang Köllmann in Bochum spezialisierte sich auf die Bevölkerungsgeschichte, Albrecht Timm auf die Technikgeschichte. Rolf Sprandel, Nachfolger Brunners, schrieb eine Geschichte des Eisens im Mittelalter. Hohenheim mit Günther Franz wurde ein Zentrum für die Agrargeschichte. Unter seiner Herausgeberschaft erschienen seine mehrbändige Geschichte der deutschen Landwirtschaft und der deutschen Agrarverfassung. In Nürnberg lehrte von 1960 ab Götz Freiherr von Pölnitz, seit 1936 Leiter des Fuggerarchivs. Seine Biographien von Jakob und von Anton Fugger lassen das Bestreben erkennen, die Leistung der oberdeutschen Kaufleute in einen großen kulturgeschichtlichen Zusammenhang einzufügen, der nicht allein das wirtschaftsgeschichtlich Relevante erfaßt[10].

Walther G. Hoffmann, der seit 1964 in Münster lehrte, konzentrierte sich auf die Frage des deutschen National- und Realeinkommens und legte mit seinem 1965 erschienenen Buch über das Wachstum der deutschen Wirtschaft seit der Mitte des 19. Jhs. ein maßgebliches Werk der quantitativen Wirtschaftsgeschichte vor. Die Hauptleistung von Clemens Bauer in der Nachkriegszeit auf seinem Freiburger Lehrstuhl wurde die Klärung des Wirtschaftsdenkens im Spätmittelalter und der beginnenden Neuzeit und die Mitwirkung an der Neuauflage des Staatslexikons mit besonderer Sorgfalt für die wirtschaftsgeschichtlich relevanten Artikel. Der Freiburger nationalökonomischen Tradition entstammte Arthur Spiethoff, von dem E. Salin 1935 als posthumes Werk zwei Bände über die wirtschaftlichen Wechsellagen seit 1787 bzw. 1790 veröffentlichte. Das Hauptarbeitsgebiet Hektor Ammanns, der zuletzt in Mannheim und in Saarbrücken lehrte, blieb die mittelalterliche Stadt-, Gewerbe- und Handelsgeschichte[11]. In die Nachkriegszeit reichen auch noch die Arbeiten von Heinrich Bechtel und Hans Haussherr herein. Bechtel veröffentlichte als Emeritus in den fünfziger Jahren eine dreibändige Wirtschaftsgeschichte Deutschlands, während Haussherr, der in Halle gelehrt hatte, aber in Köln starb, in seiner Wirtschaftsgeschichte der Neuzeit eine Zusammenfassung lieferte, die bis zur Mitte des 19. Jhs. reicht. – Wolfram Fischer baute in Berlin ein Institut auf und arbeitete über Fragen des Handwerks und der Frühindustrialisierung, Erich Born in Tübingen schrieb über die Sozialpolitik der Bismarckzeit und die Bankgeschichte der Weimarer Zeit, Ingomar Bog in Marburg über den Reichsmerkantilismus.

Neben dem Staatslexikon wurde das Handwörterbuch der Sozial- und Wirtschaftswissenschaften die bedeutendste Manifestation für Standard und Ansehen der Wirtschafts- und Sozialwissenschaften mit ihren besonderen Artikeln über Wirtschafts- und Sozialgeschichte, über die Wirtschaftsstufen, die Geschichte des Handels u. a. Neben der Vierteljahrsschrift für Sozial- und Wirtschaftsgeschichte und den Jahrbüchern für Nationalökonomie und Statistik gaben auch eine Reihe anderer Zeitschriften wirtschafts- und sozialgeschichtlichen Themen Raum, so die Hansischen Geschichtsblätter, die zunächst Johansen in Hamburg betreute, die Zeitschrift für Agrargeschichte und Agrarsoziologie und das von Richard Konetzke und Hermann Kellenbenz herausgegebene Jahrbuch für Lateinamerika[12].

Zu den auffallendsten Vorgängen in den Jahren nach dem Zweiten Weltkrieg gehört die Strahlungskraft, die von der französischen Schule der „Annales" ausging. Der Verlauf des Krieges, dem Marc Bloch zum Opfer fiel, forderte die für diese Zeitschrift sich verantwortlich fühlende Gruppe zu einer neuen kritischen Standortbestimmung heraus. Neben Lucien Febvre trat jetzt Fernand Braudel, der im Mai 1946 das Vorwort zu seinem Buch über „das Mittelmeer und die mediterrane Welt in der Zeit Philipps II." schrieb, einem Buch, das mit seiner reichen Fazette von Gesichtspunkten, seiner Fülle von Zusammenhängen, die den geographischen Raum mit den historischen Strukturen und nicht zuletzt auch den Ereignissen verbanden und seiner schriftstellerischen Brillanz sich in Kürze den Ruhm eines Standardwerkes verschaffte.

Braudel sah den Neuansatz der „Annales" in der Tradition eines „humanisme nouveau", womit er sich genau auf der Linie bewegte, die die hervorragenden französischen Vertreter der Wirtschaftsgeschichte im 19. Jh. angestrebt hatten. Die humanisierende und zugleich wissenschaftlich objektivierende Funktion der „neuen Geschichte" hieß den Kult der großen Individuen abzuschaffen, den kleinen Individuen aber die sie bedrängenden und

2. Die Wirtschaftsgeschichte nach dem Zweiten Weltkrieg

möglicherweise bedrohenden anonymen unbewußten Kräfte bewußt einsichtig zu machen, um ihnen überhaupt erst die Möglichkeit zu geben, wissend zu reagieren. Der Versuch, den einzelnen gar nicht greifbaren und in seiner Anonymität wissenschaftlich nicht faßbaren Menschen zum Mittelpunkt einer Geschichte zu machen, die ebenfalls in ihrem Sichtbaren nicht die erstrebte sichere Realität enthält, bedurfte Braudels Ansicht nach neuer Mittel und anderer Formen der Vermittlung. Diese neuen Formen wurden von Braudel in den Begriffen „structure" und „durée", temps long, temps bref gefunden. Noch mehr als Febvre faßte Braudel die Geschichte im breitesten Sinne als eine science de l'homme auf und gab in den Annales Raum für alle historisch diesbezüglich relevanten Wissenschaftszweige. Ganz besonders betonte er das gegenseitige Geben und Nehmen im Verhältnis zur Soziologie. Zu einem konkreten Wissen von den menschlichen Tatsachen kann nach Braudel nur eine historisch fundierte Soziologie und eine mit soziologischem Rüstzeug ausgestattete Geschichte führen[13].

Neben Braudel ist Charles Morazé als weiterer Herausgeber der Annales hervorzuheben, der u. a. eine Einführung in die Wirtschaftsgeschichte geschrieben hat. Ihm geht es um eine möglichst konsequente Verwendung der Statistik. Er sieht in der civilisation statistique, die die vorausgehende civilsation préstatistique abgelöst hat, mit dem Mittel der Statistik einen neuen Modus der Erkenntnis und der Orientierung des Menschen, ja einen Weg zu einem neuen Bewußtsein und Glauben an die Vollendbarkeit des Wissens angebahnt. Sein Band über die „Bourgeois Conquérants" des ausgehenden 18. und des 19. Jahrhunderts stellt seine wichtigste synthetische Leistung dar. Dieses Buch repräsentiert einen Teil des von Braudel herausgegebenen Sammelwerk „Destins du Monde", in dem die Weltgeschichte allein vom Menschen ohne Rücksicht auf die Nation aufgefaßt wird. Braudel selbst steuert dazu ein zweibändiges Werk „Civilisation matérielle et Capitalisme" bei, von dem zunächst nur der erste Band vorliegt. Noch von Lucien Febvre wurde die „Encyclopédie Française" begründet, deren 9. Band (1960) „L'univers économique et social" behandelt. Das reiche Wissen, das an Hand der modernen Methoden das Team der 6e Section der Ecole Pratique des Hautes Etudes erarbeitet hat, liegt in Einzelstudien in den Reihen „Ports-Routes-Trafics", „Affaires et Gens d'affaires", „Monnaies-Prix-Conjoncture" und „les Hommes et la Terre" veröffentlicht vor. Die bedeutendsten Leistungen im Rahmen dieser Veröffentlichungen stellen Arbeiten dar, die das Geschäftsarchiv des Medinenser Bankherrn Simon Ruiz verwertet haben (H. Lapeyre, J. Gentil da Silva, V. Vazquez de Prada, Felipe Ruiz Martin), sowie das mehrbändige Werk von Pierre und Huguette Chaunu über die Atlantikfahrt Sevillas. Von Febvre und Braudel kommt auch Robert Mandrou her, der sich in die geistig-religiösen Hintergründe Frankreichs im 17. Jh. vertieft hat[14]. Seine Einführung in das „moderne Frankreich" (1500–1640) in der von Henri Berr begründeten Reihe „L'Evolution de l'Humanité" nennt er einen „Essai de psychologie historique". Im Sinne der von Febvre inspirierten histoire psychologique strebt auch Jacques Le Goff auf eine Sicht des europäischen Mittelalters hin. In diesem Sinn ist sein Buch über die „Civilisation" des „europäischen Westens" in der von Raymond Bloch herausgegebenen Reihe „Les grandes Civilisations" verfaßt.

Das wirtschaftshistorische Interesse hat sich aber in Frankreich nicht auf die 6e Section und den Kreis der Annales beschränkt, sondern auch in den Werken anderer Persönlichkeiten und Zentren Früchte getragen. Emile Coornaert, wie Braudel am Collège de France, der eine frühe Arbeit über Hondschote vorlegte, hat über die Franzosen in Antwerpen gearbeitet. Ernest Labrousse, der schon 1933 den ersten Band seiner „Skizze" einer Preisgeschichte des 18. Jahrhunderts vorlegte, setzte seine Studien über das Ancien Regime fort und entwickelte in seinem Buch von 1944 über die Krise der französischen Wirtschaft am Ende des Ancien Regime und zu Beginn der Revolution seine eigene Krisentheorie für die vorindustrielle Zeit. Michel Mollat schrieb seine These über den spätmittelalterlichen Seehandel Rouens (1952) und organisierte als Präsident der Internationalen Kommission für Seefahrtsgeschichte eine Reihe von Kolloquien, in denen Quellen und Untersuchungen zur Internationalen Seefahrtsgeschichte auf breitester Basis vorgelegt wurden. Georges Duby in Aix en Provence widmete sich der mittelalterlichen Agrargeschichte, Philippe Wolff der des Handels in Toulouse und dem Languedoc und der Stadtgeschichte, Pierre Goubert dem Beauvaisis, R. Baehrel der Provence und E. Le Roy Ladurie dem Languedoc. Robert Latouche stellte die Ursprünge der „westlichen" Wirtschaft dar. Pierre Jeannin arbeitete über den skandinavisch-baltischen Handel, Pierre Vilar über Katalonien, Frédéric Mauro über Portugal und Brasilien, Jacques Heers über Genua, Jean Meuvret über das 17. Jahrhundert, Bertrand Gille entfaltete sich zu einem Spezialisten der Metallurgie wie der Rothschild, Pierre Léon, François Crouzet, Claude Fohlen, Maurice Lévy-Leboyer und Jean Bouvier wurden Kenner der frühen Phase der Industrialisierung bzw. ihrer handels- und bankgeschichtlichen Aspekte. Léon schrieb in der „Collection U" über die vorindustriellen Wirtschaften und Gesellschaften von der Mitte des 17. Jahrhunderts bis 1780 und veröffentlichte eine Synthese der wirtschaftlichen Entwicklung in Lateinamerika seit der Unabhängigkeit. Jan Marczewskis „Histoire quantitative de l'économie française" versucht alle quantifizierbaren Daten ab 1700 in ein System des Nationaleinkommens Frankreichs einzubauen und qualitative Angaben als exogene Variable zu verwerten. Eine allgemeine Geschichte der Arbeit, herausgegeben von L. H. Parias, eine mehrbändige Geschichte der Landwirtschaft, eine Geschichte des Handels, herausgegeben von J. Lacour-Gayet, H. Imberts allgemeine Wirtschaftsgeschichte sind weitere Zeugen des fruchtbaren Strebens der Franzosen nach großen Synthesen[15].

Bei den jungen Historikern der französischen Schweiz, Italiens, Spaniens und Portugals ist die Strahlungskraft der Braudelschule besonders stark zu spüren, so in den Arbeiten von Ruggiero Romano und Alberto Tenenti, bei J. F. Bergiers Geschichte der Genfer Messen oder der Wirtschaftsgeschichte

8. Bemühungen um neue Methoden

des portugiesischen Reiches von V. Magalhães Godinho und den Forschungen von José Gentil da Silva. Daneben steht mit eigener Prägung die Schule von Virginia Rau in Lissabon, zu der A. H. de Oliveira Marques gehört, der sich vornehmlich der Wirtschaftsgeschichte des mittelalterlichen Portugal gewidmet hat. Jorge Borges de Macedo arbeitete u. a. über die Industriegeschichte Portugals. In Coimbra veröffentlichte Manuel Nunes Dias (São Paulo) sein Werk über den „monarchischen Kapitalismus in Portugal"[16].

Dem zu früh verstorbenen Jaime Vicens Vives in Barcelona verdanken wir die erste Synthese einer spanischen Wirtschaftsgeschichte, die wesentlich tiefer greift als Carrera Pujals fünfbändiges Werk. Carmelo Viñas y Mey untersuchte die Frage der spätmittelalterlichen Getreideversorgung Spaniens und der Beziehungen zu den Niederlanden. Das dreibändige Werk von Ramón Carande über Karl V. und seine Bankiers sicherte sich den Ruf eines Standardwerks. Felipe Ruiz Martin in Bilbao schrieb eine Geschichte der Bank in Spanien. Dominguez Ortiz widmete sich der Gesellschaftsstruktur Spaniens im 17. und 18. Jh. Valentin Vazquez de Prada schrieb eine Weltwirtschaftsgeschichte in zwei Bänden[16a].

In Italien ragen neben Armando Sapori, Federigo Melis mit seinen großen Arbeiten über das Unternehmen von Francesco di Marco Datini und Gino Barbieri mit seinen Studien über den Kapitalismus in Mailand und die mittelalterliche Wirtschaftsethik sowie als Redaktor von Economia e Storia hervor. Amintore Fanfani und seine Schülerin Maria R. Caroselli bemühten sich um die Methoden und eine Historiographie der Wirtschaftsgeschichte. Seine zweibändige Wirtschaftsgeschichte führte Fanfani bis zur Gegenwart. In Neapel ragt Domenico Demarco mit seinen Studien zur Bankgeschichte und als Herausgeber einer internationalen Zeitschrift für Bankgeschichte hervor, L. de Rosa, ebenfalls in Neapel, gibt eine Zeitschrift für europäische Wirtschaftsgeschichte in englischer Sprache heraus, während Carlo Cipolla Fragen der Münzgeschichte und die Problematik des Niedergangs Italiens im 17. Jh. untersucht hat, neuerdings aber im Zusammenhang mit seiner Tätigkeit in Berkeley Probleme der Technik- und Bildungsgeschichte behandelt und seit 1969 die Fontana Economic History of Europe herausgibt[17].

Auf mittelalterliche Stadt- und Wirtschaftsgeschichte konzentriert war das Werk Hektor Ammanns in der Deutschen Schweiz. Von den Jüngeren schrieb Herbert Lüthy eine Geschichte der protestantischen Bankiers in Frankreich, A. Hauser eine schweizerische Wirtschafts- und Sozialgeschichte, während H. C. Peyer das St. Galler Leinengewerbe behandelte und neuerdings die Geschichte der Züricher Unternehmer sowie die Bankgeschichte pflegt[18].

Zu den bedeutendsten Leistungen Österreichs gehören Alfred Hoffmanns zweibändige Wirtschaftsgeschichte Oberösterreichs und Ferdinand Tremels Frühkapitalismus in Innerösterreich. Tremel hat eine erste Wirtschaftsgeschichte Österreichs geschrieben, während Othmar Pickl das älteste erhaltene Handelsbuch Österreichs und Fritz Posch die innerösterreichische Agrargeschichte bearbeitet hat. In Salzburg hat Herbert Klein unsere Kenntnis des

Alpenverkehrs bereichert und in Innsbruck, wo Otto Stolz und Franz Huter mit der landesgeschichtlichen Forschung immer auch die Wirtschaftsgeschichte kombinierten, hat Herbert Hassinger zu seinen Arbeiten über J. J. Becher den Außenhandel und die gewerbliche Produktion Österreichs, die Zoll- und Verkehrsverhältnisse der Alpen untersucht. G. Otruba in Linz und A. Brusatti in Wien pflegen die Industriegeschichte, K. Dinklage die Wirtschaftsgeschichte Kärntens[19].

In Belgien hat H. van Werveke durch seine Arbeiten über Brügge und Antwerpen die Brücke vom Mittelalter zur neueren Geschichte geschlagen. Charles Verlinden ist durch seine Untersuchungen über die Sklaven im europäischen Mittelalter und seine Arbeiten zur Überseegeschichte hervorgetreten, außerdem schrieb er eine Einführung in die allgemeine Wirtschaftsgeschichte und arbeitete an der großen von W. H. Beveridge herausgegebenen Preisgeschichte mit. Jan A. van Houtte hat seine zahlreichen Studien in einer Wirtschaftsgeschichte der Niederlande zusammengefaßt. Sein Schüler Herman van der Wee verwendete für seine Thesis über den Antwerpener Markt erfolgreich die quantitative Methode, während Verlindens Schüler Brulez die niederländischen Außenhandelsbeziehungen an Hand der Firma Della Faille und der Niederländerkolonie in Venedig erforschte. J. Craeybeckx arbeitete über die Einfuhr französischen Weins. A. E. Verhulst widmete sich der mittelalterlichen Agrargeschichte und R. van Uytven der Wirtschaft von Löwen. Renée Doehard erschloß Antwerpener und genuesische Quellen, die Lütticher Gruppe Paul Harsins untersuchte die Metall- und Textilwirtschaft des wallonischen Gebiets. Die zusammenfassende 12bändige „Geschiedenis der Nederlanden" enthält wirtschaftsgeschichtliche Beiträge belgischer und nordniederländischer Historiker. Eine Synthese über die frühe Zeit aus nordniederländischer Sicht verdanken wir J. F. Niermeyer. Eine „sozialökonomische Geschichte der nördlichen Niederlande" in drei Bänden hat für die frühe Zeit bis zum Ende des Mittelalters H. P. H. Jansen und W. Jappe Alberts zum Verfasser, während die neueste Entwicklung vom ausgehenden 18. Jh. von J. I. Brugmans dargestellt wurde. J. G. van Dillen, der die dazwischen liegende Zeit schildern sollte, brachte das Werk nicht mehr zum Abschluß, konnte aber noch die wichtige Arbeit über das älteste Teilhaberregister der Kammer Amsterdam der Ostindischen Kompagnie vollenden. Slicher van Bath regte mit seiner Synthese über die Agrargeschichte Westeuropas in starkem Maße Forschung und Diskussion an[20].

In Dänemark hat die Agrargeschichte schon immer großes Interesse gefunden, Gunnar Olsens Buch über den Fragenkomplex um den Gutshof und den Bauernhof und Fridlef Skrubbeltrangs Arbeiten über die Häusler sowie Johan Hvidtfeldts Untersuchung über die Aufhebung der Leibeigenschaft in Schleswig-Holstein gehören in diese Tradition. Aus der Schule von Astrid Friis kommt Kristof Glamann, der über die Holländische Ostindische Kompagnie sowie die dänische Bierbrauerei arbeitete und die preisgeschichtlichen Studien von Friis fortführte. Dazu hat die Edition der Sundzollregister einen vorläufigen Abschluß gefunden. A. E. Christensen konzentrierte sich auf die niederländische Ostseeschiffahrt und die Wirtschaftsgeschichte der Hanse. Der norwegischen Bauernwelt hat sich Andreas Holmsen gewidmet. Stein Tveite arbeitete über die norwegische Schiffahrt und den Holzhandel im 17. Jh., Johan N. Tönnesen untersuchte die Kaperfahrt der napoleonischen Zeit und Johan Schreiner, bekannt durch seine Arbeiten über die Hansen in Norwegen, schrieb zuletzt ein Buch über die norwegische Schiffahrt im 20. Jh. Ingrid Semmingsen hat sich dem Auswanderungsproblem und Edvard Bull den Arbeiterfragen zugewandt[21].

Eli F. Heckscher erlebte es noch, daß seine große schwedische Wirtschaftsgeschichte bis in die erste Hälfte des 19. Jahrhunderts gedieh. Seine erstmals 1941 herausgegebene Überschau der schwedischen Wirtschaftsentwicklung, ebenfalls von Gustav Vasa an, erschien bald nach seinem Tod in einer von Alexander Gerschenkron eingeleiteten Übersetzung. Die Schweden sind durch ihre Kupfer- und Eisenvorkommen und die Verarbeitung dieser Erze immer wieder veranlaßt worden, sich Problemen des Bergbaus und der Metallindustrie zuzuwenden, Karl Gustaf Hildebrand, Kjell Kumlien, Bertil Boëthius und Ernst Söderlund haben auf diesem Gebiet gearbeitet. Sture Bolin, Holger Arbman, Birger Nerman beschäftigten sich mit der Wikingerzeit. Kumlien schrieb über die Verbindungen zur Hanse, Erik Lönnroth und Birgitta Odén über die Staatsfinanzen, Odén auch über den schwedischen Kupferhandel, Kurt Samuelsson über die großen Kaufmannshäuser, Artur Attman über die Rußlandbeziehungen und Ernst Söderlund über die Handwerks- und die Bankgeschichte. Wichtige Beiträge zur Geschichte der schwedischen Gesellschaftsstruktur lieferten Sten Carlsson und Tom Söderberg. Der Industrialisierung und neuesten Wirtschaftsgeschichte widmete sich Lennart Jörberg[22].

Finnlands Wirtschaftsgeschichte war in erster Linie Agrar- und Bauerngeschichte. Eino Juttikala und Gunvor Kerkkonen haben über sie geschrieben, Kerkkonen interessierte sich besonders für die Bauernschiffahrt, Aulis J. Alanen, Sven-Erik Äström und Oskar Nikula widmeten sich der finnischen Seeschiffahrt und dem Außenhandel. Hugo Pipping lieferte wichtige Beiträge zur finnischen Bankgeschichte[23].

Für die „sozialistischen" Länder von der DDR bis zur Sowjetunion, Bulgarien und Rumänien gilt die mehr oder weniger starke Bindung an die Doktrin des Marxismus-Leninismus, für die jede historische Darstellung von vornherein ihre wirtschafts- und sozialgeschichtliche Komponente hat, so daß sich eine eigene Wirtschaftsgeschichte als Spezialdisziplin nur schwer entwickeln konnte. Die Bildung einer internationalen Wirtschaftshistorikervereinigung, die auf dem 1. Stockholmer Wirtschaftshistorikerkongreß zum erstenmal in Erscheinung trat, hat die Tendenz zur besonderen Pflege der Wirtschaftsgeschichte nachhaltig begünstigt. Für die DDR muß besonders auf das umfangreiche Werk von Jürgen Kuczynski zur Geschichte der Arbeiter und der Löhne hingewiesen werden. Daneben sind im Rahmen der von Heinrich Sproemberg geleiteten Arbeitsgemeinschaft des Hansischen Geschichtsvereins verschiedene Arbeiten, u. a. von Karl Friedrich Olechnowitz, Johannes Schildhauer und Konrad Fritze entstanden, die die sozialgeschichtliche Seite des Hanseproblems betonen, während Gerhard Heitz sich der Agrargeschichte zugewandt hat und Walter Markov und seine Schüler, von denen hier Manfred Kossok erwähnt sei, in der Geschichte Afrikas und Lateinamerikas Schwerpunkte ihrer Arbeit sehen. Über die Zeit der Industrialisierung hat vor allem Horst Blumberg gearbeitet und eine Wirtschaftsgeschichte Deutschlands schrieb Hans Mottek[24].

In der Tschechoslowakei ist František Graus mit seiner Schule für die Mittelaltergeschichte bestimmend geworden, wobei Graus selbst Beiträge zur Agrar- und Handelsgeschichte und überhaupt zur Stadtgeschichte lieferte und Josef Macek den sozialgeschichtlichen Hintergrund der Hussitenbewegung erhellte. F. Kavka und Josef Janáček verdanken wir Arbeiten über die Handels- und Gewerbegeschichte des 16. Jhs. Miroslav Hroch und Josef Polišensky widmeten sich den europäischen Zusammenhängen während des 30jährigen Krieges und berücksichtigen dabei auch die wirtschaftsgeschichtlichen Probleme. Über die Manufakturperiode schrieb Arnošt Klima, J. Purš und Otakar Mrázek behandelten die Industrialisierung. Auch in der Slowakei machte sich die Machtübernahme durch die Kommunisten im Jahre 1948 geltend, in stärkerem Maße als früher wurden nun Themen wirtschafts- und sozialgeschichtlicher Art behandelt, zunächst entschieden auf marxistischer Basis, seit Ausgang der fünfziger Jahre wurden allerdings auch stärker andere Gradmesser berücksichtigt. Der Frühzeit widmete sich vor allem Peter Ratkoš, der u. a. das großmährische Reich in die feudale Epoche der slowakischen Geschichte einreihte. Wichtige Beiträge zur Geschichte des slowakischen Kupferbergbaus und seines sozialen Milieus lieferte Jozef Vlachović, Direktor des Nationalmuseums in Preßburg. Über Agrarverhältnisse und Textilmanufakturen schrieb Anton Spiesz, während Akoš Pauliny die Frühzeit der Eisenindustrie untersuchte[25].

Am stärksten hat die wirtschaftsgeschichtliche Richtung sich in Polen entfalten können, namentlich nach dem Umbruch von 1956. Aus der Fülle von Arbeiten können hier nur die wichtigsten hervorgehoben werden, so die 1946 und 1947 erschienenen überarbeiteten Auflagen der Synthese Jan Rutkowskis von 1923 über die Wirtschaftsgeschichte Polens in der Zeit vor den Teilungen, deren Fortsetzung, die Zeit nach 1795 behandelnd, 1950 erschien. Von den einzelnen Perioden wurden die Frühzeit und die mittelalterliche materielle Kultur besonders eingehend bearbeitet, wobei die Arbeiten von Henryk Lowmianski, zuletzt als Herausgeber des ersten 1957 erschienenen Bandes der monumentalen „Historia Polski", hervorgehoben werden müssen, daneben die Beiträge von A. Gieysztor zur Stadtgeschichte, diejenigen von Marian Małowist und einer jüngeren Gruppe (Bogucka, Samsonowicz, Topolski, Mączak, Molenda) über die wirtschaftliche Entwicklung und die Außenhandelsbeziehungen bis ins 16. und 17. Jh. A. Wyczanski hat die

Agrargeschichte des 16. Jhs. untersucht und eine Synthese über die polnische Adelsrepublik geschrieben. Die Agrargeschichte hat in der zweibändigen Geschichte der polnischen Bauern von 1965/66 ihre beachtliche Darstellung gefunden, während für die Problemanalyse Witold Kulas „Wirtschaftstheorie des feudalen Regimes" (1962) bestimmend wurde. Das wichtigste über die Manufakturen des 18. Jhs. hat Kula in einem zweibändigen Werk von 1956 zusammengestellt. Über die Mechanisierung der Landwirtschaft im 19. und beginnenden 20. Jh. hat S. Borowski gearbeitet. Unter Kulas Leitung erschienen 1958–61 zwei Bände über den Bergbau und die Metallurgie sowie 1965 und 1966 zwei weitere Bände über die gesellschaftlichen Verhältnisse im Königreich Polen, und schließlich haben I. Kostrowicka, Z. Landau und J. Tomascewski eine zusammenfassende Wirtschaftsgeschichte des 19. und 20. Jhs. geschrieben. Bei den Bestrebungen zu einer neuen, auch westeuropäischen Anregungen verwertenden Theorie der Wirtschaftsgeschichte ist neben W. Kula (1962) J. Topolski (1968) am weitesten gelangt. Eine allgemeine Wirtschaftsgeschichte ab 1500 verfaßte Władysław Rusiński[27].

In der Sowjetunion trat nach dem Tod Stalins (1953) eine Erleichterung ein, die auch der Wirtschaftsgeschichte zugute kam. Die zahlreichen Bände der „Umrisse der Geschichte der UdSSR", die von 1956 ab erschienen, enthalten jeweils auch wirtschaftsgeschichtliche Abschnitte, die der raschen Information dienen. Das gleiche gilt für die mehrbändigen Geschichten Moskaus und Leningrads. P. I. Ljaščenkos Geschichte der Volkswirtschaft der UdSSR erlebte mehrere Auflagen und wurde bis zum Ende des vierten Fünfjahresplans (1950) fortgesetzt. P. A. Chronov behandelte in seinen „Skizzen über die wirtschaftlichen Verhältnisse Rußlands zur Zeit des Feudalismus" (1957) Teilgebiete der russischen Wirtschaftsgeschichte bis 1861. Ein ebenfalls 1957 erschienenes Sammelwerk widmet sich „Fragen der Wirtschaftsgeschichte der UdSSR". S. G. Strumilin veröffentlichte 1954 den ersten Band einer von 1500 bis 1860 reichenden „Geschichte der Schwarzmetallgewinnung in der UdSSR", P. M. Lukjanov verfaßte eine mehrbändige Geschichte der Chemischen Industrie, K. A. Pazitnov schrieb über die Textilindustrie und G. D. Bakulev behandelte die Kohlenförderung im Donezbecken.

Aus der frühen russischen Geschichte seien M. N. Tichomirovs „Altrussische Städte" hervorgehoben. V. I. Calkin hob in seinen „Materialien zur Geschichte der Viehzucht und der Jagd in Altrußland" die Bedeutung der Jagd für die Waldzone hervor. L. V. Danilova schrieb „Umrisse der Geschichte des Landbesitzes und der Landwirtschaft im Novgoroder Gebiet". „Topographie, soziale Gliederung und wirtschaftliches Leben in Moskau des 14. und 15. Jhs." untersuchte M. N. Tichomirov. Über den Handel von Großnovgorod im 14. und 15. Jh. schrieb A. L. Choroškevic. „Großnovgorod im 16. Jh." ist der Titel eines Buches von A. P. Pronstein. N. V. Ustjugov legte eine gründliche Untersuchung über die Salzsiedereien in Solj Kamskaja vor. Fragen der Kapitalbildung im 18. und der ersten Hälfte des 19. Jhs. hat V. N. Jakovčevskij untersucht, den Wirtschaftsbeziehungen mit China seit der Mitte des 17. Jhs. hat sich M. I. Sladkovskij gewidmet. N. I. Pavlenko und B. B. Kafengauz arbeiteten über die Metallindustrie der ersten Hälfte des 18. Jhs.; der Moskauer „Leichtindustrie" dieser Zeit widmete sich E. I. Zaozerskaja. Die Gutsländereien und das Land der Leibeigenen im europäischen Rußland der 2. Hälfte des 18. Jhs. hat N. L. Rubinstein dargestellt. Die „Verteilung der Industrie im vorrevolutionären Rußland" von R. S. Livšic, die „Umrisse der Finanzgeschichte des vorrevolutionären Rußland" von A. P. Pogrebinskij, die Bevölkerungsgeschichte von A. G. Rašin und A. F. Jakovlevs „Wirtschaftskrisen in Rußland" führen bis ins 20. Jh. herein. Über die sowjetische Wirtschaft bis zum sechsten Fünfjahresplan orientierten I. A. Gladkov, ein Sammelwerk über „das sowjetische sozialistische Wirtschaftssystem 1917–1957" und Lokšins Skizze zur Geschichte der Industrie (bis 1940). Auch zur russischen und sowjetischen Wirtschaftsgeschichte sind von außen her wichtige Beiträge geleistet worden. Es sei vor allem auf die Arbeiten von A. Gerschenkron, W. Kirchner, B. Gille, R. Portal, E. Amburger und H. Raupach verwiesen. Andererseits haben sich sowjetrussische Historiker in Themen außerhalb des russischen Bereichs eingearbeitet wie der Althistoriker I. M. Djakonov, M. P. Lesnikov, I. P. Šaskolskij, A. A. Svanidze und V. Rutenburg[28].

In Ungarn stand vornehmlich die Agrargeschichte im Mittelpunkt des Interesses. So sah Frau E. Lederer „die Entstehung des Feudalismus vom 10. bis zum 12. Jh." entsprechend dem europäischen Gesamtbild. Für die neuere Wirtschaftsgeschichte untersuchten Zs. P. Pach die Grundlagen der kapitalistischen Entwicklung und ihre Verflechtungen und L. Makkai die allmähliche Umstellung des Großgrundbesitzes auf Allodialwirtschaft, I. Revesz veröffentlichte sein Werk über den ungarischen Bauern in der Schweiz, Walter Endrei erwarb als Kenner der Textiltechnikgeschichte Ansehen. Die Wirtschaftspolitik des Wiener Hofes in Ungarn untersuchte der 1957 verstorbene F. Eckhart. Fragen der modernen Wirtschaftsgeschichte Ungarns, besonders der Industriegeschichte, widmeten sich Gy. Merei, E. Lederer, V. Sánor sowie I. T. Berend und Gy. Ranki. P. Sandor behandelte die Agrarkrise in den 1890er Jahren[29].

Außerordentlich reich ist die historische Produktion der im jugoslawischen Staatswesen in 6 Föderativrepubliken vereinigten Völkerschaften, und entsprechend der marxistischen Grundhaltung des Titoismus zahlreich sind die Beiträge zur Sozial- und Wirtschaftsgeschichte, allerdings vielfach mit betont regionalem oder lokalem Charakter, so die Handelsgeschichte Sloweniens mit den Küstengebieten von F. Gestrin, die Handelsgeschichte des mittelalterlichen Bosnien von D. Kovačević, die Untersuchung von M. J. Drinić über den mittelalterlichen Bergbau in Serbien und Bosnien, die see- und handelsgeschichtlichen Arbeiten von J. Tadić, B. Krekić und J. Luetić über Dubrovnik, die Studie von H. Kresevljaković über die Zünfte und Handwerke im alten Sarajevo.

Für Serbien sind die bevölkerungsgeschichtlichen Untersuchungen von

D. J. Popović, die Arbeiten von V. Vuco über den Zerfall der Zünfte in Serbien und von I. Cvijetić über die Finanzen Serbiens im 19. Jh. sowie von Dina Milić über die Industrialisierung zu nennen. Eine Parallele zu der Arbeit von Cvijetić liefert die Untersuchung von M. Djurović über die Finanzen von Crnagora (Montenegro) von 1860 bis 1915. Über die wirtschaftliche Entwicklung Makedoniens in der neueren Zeit schrieb Dančo Zogravski. Eine erste zusammenfassende Wirtschaftsgeschichte Jugoslawiens verdanken wir M. Mirković. Die gesamten Ergebnisse wirtschafts- und sozialgeschichtlicher Bemühungen sind in der serbisch, kroatisch und slowenisch erschienenen zweibändigen Geschichte der Völker Jugoslawiens (1953 1960) zusammengefaßt[30].

Auch in Rumänien haben sich entsprechend der geographischen Verhältnisse verschiedene Zentren der Forschung herausgebildet, wobei neben der Zentrale Bukarest vor allem die Bemühungen der Institute von Cluj (Klausenburg) um die Geschichte Siebenbürgens (Transilvaniens) zu erwähnen sind. Handelsgeschichtlichen Fragen der neueren Zeit haben sich in Bukarest Radu Manolescu, Paul Cernovodeanu und Constantin Giurescu, in Cluj Samuil Goldenberg gewidmet. Agrarprobleme untersuchte Stefan Pascu. Mit dem Handel im unteren Donauraum beschäftigten sich Ion Barnea und Stefan Stefanescu, und eine zusammenfassende Geschichte Transilvaniens mit Berücksichtigung auch der wirtschafts- und sozialgeschichtlichen Aspekte gaben C. Daicoviciu und M. Constantinescu heraus[31].

Eine bulgarische Wirtschaftsgeschichte, die auch russisch erschien und über die Arbeit von I. Sakazov hinausgeht, verfaßte Z. Natan, daneben sind die handelsgeschichtlichen Arbeiten von Virginia Paskaleva zu nennen[32]. Wirtschaftliche Impulse für das Osmanische Reich des 15. und 16. Jahrhunderts griffen Halil Inalcik in Ankara und Lütfi Barkan in Istanbul auf[33]. Wie die Geschichte des Osmanischen Reichs sehr stark von Franz Babinger gefördert wurde, so ist die Geschichte des Byzantinischen Reiches und deren wirtschafts- und sozialgeschichtliche Aspekte nicht ohne die Schule Franz Dölgers und seines Nachfolgers H. G. Beck, nicht ohne die Arbeiten von G. Ostrogowski und R. S. Lopez, ohne Steven Runciman zu denken, daneben sind aber auch griechische Leistungen wie die von N. Svoronos, dann L. Bréhier, M. A. Cook zu beachten. Ch. Evelpidis veröffentlichte 1950 eine Wirtschafts- und Sozialgeschichte Griechenlands. Auch L. Chumanidis befaßt sich mit Wirtschaftsgeschichte[34].

Noch während des Krieges (1942) legte G. M. Trevelyan seine „Englische Sozialgeschichte" vor, die dann illustriert zu vier Bänden erweitert wurde. 1949 wurde aus den nachgelassenen Vorlesungen von Sir John Clapham eine Synthese der englischen Wirtschaftsgeschichte veröffentlicht. Die bedeutendste Leistung der englischen Wirtschaftsgeschichte in der Nachkriegszeit ist die Fortführung der Cambridge Economic History of Europe unter der Redaktion von M. M. Postan, E. E. Rich, Edw. Miller, C. H. Wilson und J. H. Habakkuk über die spätmittelalterliche Wirtschaftsorganisation und Wirtschaftspolitik, die Wirtschaft des expandierenden Europa und die Industrialisierung. Sind auch die wirtschaftliche Entwicklung in Europa und ihre Auswirkungen nach Übersee nicht gleichmäßig erfaßt, so haben wir damit doch eine Basis, von der aus das Konzept einer vergleichenden Wirtschaftsgeschichte Europas weiterverfolgt werden kann. Nach Postan und Carus Wilson hat sich das Schwergewicht der wirtschaftlichen Forschung stärker in die neuere Zeit verlagert. Tawney ragt noch herein mit seinen Büchern über Lionel Cranfield und über den Aufstieg der Gentry, das H. R. Trevor-Roper zu seiner Abhandlung „The Gentry 1540–1640" veranlaßt und eine Diskussion verursacht hat, in die sich auch Lawrence Stone mit seinen Büchern über Horatio Palavicino und den englischen Adel eingeschaltet hat. T. S. Willan, G. Ramsay, Ch. Wilson und Ralph Davis und W. E. Minchinton haben Aspekte der nach Übersee dringenden wirtschaftlichen Aktivität Englands untersucht, während B. E. Supple sich auf die Handelskrisen des frühen 17. Jhs. konzentrierte und T. S. Ashton sich den Fluktuationen des 18. Jhs. gewidmet hat. In den finanzgeschichtlichen Aspekt gerade des 18. Jhs. vertieften sich J. E. D. Binney und L. S. Pressnell. Arthur D. Gayer und seine Mitarbeiter schrieben über das Wachstum und die Fluktuationen der englischen Wirtschaft von 1790 bis 1850 und Phyllis Deane und Phelps Brown sowie E. Boody Schumpeter suchten mittels der quantitativen Methode das Wachstum der britischen Wirtschaft zu erfassen. Wichtige Arbeiten zur Industriegeschichte lieferten D. C. Coleman (über die Papierindustrie), Peter Mathias (über die Brauereien im 18. Jh.), W. E. Minchinton (über die Weißblechindustrie) und Charles Wilson (über Unilever). S. G. Checkland schrieb über die Gladstone. Von T. S. Ashton haben wir eine englische Wirtschaftsgeschichte des 18. Jhs., W. H. B. Court lieferte eine solche ab 1750, auch Peter Mathias und Erich Hobsbawm behandelten den ganzen Prozeß vom Beginn der Industrialisierung bis zum Weltkrieg zusammenfassend. Postan schrieb eine Wirtschaftsgeschichte der Jahre nach dem Zweiten Weltkrieg. Daneben behauptet sich die Wirtschaftsgeschichte E. Lipsons in einer hohen Auflage. Eine Sonderstellung nimmt Frank Spooners Arbeit über die französische Münzgeschichte ein[35].

Hinsichtlich der Methodenfragen zeigen die Briten einen stark ausgeprägten Individualismus und eine darin begründete Scheu, die Erkenntnisse die der eine im Lauf seiner Forschungstätigkeit gesammelt hat, dem anderen aufzudrängen, zu generalisieren. Wie unorthodox war Tawney! Für ihn gab es keine strenge historische Methode. Ja, den Anspruch, Geschichte sei eine Wissenschaft, bezeichnete er als eine Anmaßung. Als er in seinem Vortrag über „Sozialgeschichte und Literatur" von 1950 dann doch eine Art persönliches Programm vorlegte, betonte er eigens, er wolle damit keine grundsätzliche Methode geben, vor allem keine „economic interpretation of culture". So gibt es auch verhältnismäßig wenig grundsätzliche Äußerungen zu methodischen Fragen. Die Beiträge von Postan, Court und Mathias gehören zu den Ausnahmen[36].

Um so intensiver waren in den Vereinigten Staaten die Bemühungen, die

Verflechtungen der Wirtschaftsgeschichte mit den Nachbardisziplinen zu überprüfen und die methodologischen Erkenntnisse der europäischen Kollegen zu Rate zu ziehen. In diesem Sinn bemühten sich an der Harvarduniversität Arthur H. Cole, ferner Frederic C. Lane von Johns Hopkins, Thomas C. Cochran von der Pennsylvania University, Sylvia Thrupp und Bert F. Hoselitz in Chicago sowie Walt Whitman Rostow vom „Massachusetts Institute of Technology" zur Diskussion beizutragen. Dem von Cole geleiteten, seit 1948 bestehenden „Research Center in Entrepreneurial History" ging es vor allem darum, Schumpeters Konzept des dynamischen Unternehmers in der kapitalistischen Gesellschaft historisch zu testen. In einer der frühen programmatischen Veröffentlichungen von 1949 ist noch Schumpeter selbst mit einem Aufsatz über „Ökonomische Theorie und Unternehmergeschichte" vertreten. Eines der Hauptanliegen des Centers war es, wie Cole sich ausdrückte, „den traditionell statischen Konzepten dynamische Proportionen zu geben" und dabei zu zeigen, wie Menschen durch entsprechende Institutionen innerhalb ihres sozialen Milieus wirkten, um bestimmte Ziele zu erlangen. Der unternehmerischen Rolle und den Sanktionen der Gesellschaft kamen, wie Leland H. Jenks und Thomas C. Cochran es analysierten, dabei ein besonderer Platz zu. Die „Explorations" des Centers wurden wichtige Ergänzungen zur „Business History Review", weil es ihnen nicht um eine enge Unternehmergeschichte ging, sondern um das Streben, dem unternehmerischen Element und seinem sozialen Milieu im weitesten Sinn nachzuspüren, wobei Fritz Redlich durch seine deutsche Herkunft besonders befähigt war, Anregungen von Max Weber, Arthur Spiethoff, Kurt Wiedenfeld, Edgar Salin und anderen zu verwerten und zu propagieren. Eine Frucht dieser Bestrebungen, das methodologische Rüstzeug Europas dem amerikanischen Wirtschaftshistoriker näher zu bringen, war das von Lane und Jelle Riemersma herausgegebene Lehrbuch „Enterprise and Secular Change"[37].

Eigene Wege ging Rostow, der 1953 in seinem Buch „Process of Economic Growth" die Ergebnisse seiner Untersuchungen über die Entfaltung der englischen Wirtschaft im 19. Jh. vorlegte und die hier vorherrschenden Gedankengänge 1957 in einem Aufsatz über Theorie und Wirtschaftsgeschichte weiterverdichtete. Doch bekennt auch er im vornherein, die Methode eines Historikers sei „as individual as private a matter a novelists style". Ihn interessierte die Anwendung der „modernen Theorie", im besonderen der Marshall'schen „long period" auf die Wirtschaftsgeschichte, wie auch der modernen Sozialwissenschaften auf die gegenseitige Beeinflussung zwischen dem wirtschaftlichen, politischen, sozialen und kulturellen Sektor ganzer Gesellschaften. Der natürlichste Platz, auf dem sich in unserer Generation Theorie und Geschichte begegnen, ist Rostows Ansicht nach das vergleichende Studium von Veränderungen in verschiedenen Gesellschaften, wie sie sich unter dem Einfluß des Phänomens des wirtschaftlichen Wachstums vollziehen. Rostows angestrebte Synthese war eine Kombination historischer Stufen mit dem Gerüst einer mehr dynamischen Theorie, wobei ihm als besonders nützlich das Studium der Periode erschien, die eintritt, nachdem eine relativ statisch-traditionelle Gesellschaft sich aufzulösen beginnt und dem „takeoff" Raum gibt. In seinem Buch von 1960 „The Stages of Economic Growth" zog er aus dem Lauf der modernen Geschichte allgemeine Schlüsse und entwarf eine neue Theorie wirtschaftlichen Wachstums; außerdem zielte er auf eine allgemeine, wenn auch noch „bruchstückhafte Theorie der modernen Geschichte" hin, ja schließlich wollte er eine Antwort finden auf die Frage, was der „kumulative Prozeß" in Zukunft bringen werde. Damit beschritt er freilich einen Weg, auf dem zuletzt nicht mehr der Historiker, sondern der Politiker in Rostow die Führung übernahm[38].

Die Forderung nach einer vergleichenden Betrachtung wurde namentlich von Bert F. Hoselitz in der mit Sylvia Thrupp herausgegebenen Zeitschrift erhoben. Als Mediaevistin war Thrupp der Ansicht, daß „any medieval peasant who ever sold a cow has told the historian as much or more about the forces of supply and demand as was to be learned from nineteenth century theory". Insbesondere plädierte sie für die Kombination des Studiums auf den zwei weiten Feldern der modernen und der historischen präindustriellen Phase, um sich dabei auf die Diskussion von allgemeinen Problemen zu konzentrieren, die beiden gemeinsam sind. Zu den markanten Vertretern der Bemühungen, die Erkenntnisse und Methoden möglichst vieler Disziplinen zusammenfassend zu verwerten, gehörte Thomas C. Cochran, der 1955 auf dem Internationalen Historikerkongreß auf den großen Rahmen der Social Sciences hinwies, innerhalb dessen die Geschichte und die Wirtschaftsgeschichte gesehen werden müssen[39].

In einem gewissen Gegensatz zur „Entrepreneurial History" der Gruppe um Cole stand Alexander Gerschenkron, der beste amerikanische Kenner russischer Wirtschaftsgeschichte, der in der Auseinandersetzung mit David Landes und Rostow am Beispiel der „Backwardness" von Rußland, Italien und Bulgarien die Bestimmungsgründe für das Eintreten oder Nichteintreten des „Starts" untersucht hat. Während diese Diskussionen vor sich gingen, wurde dank der Fortschritte der Ökonometrie auf dem Gebiet der quantitativen Methode wichtiges Neuland gewonnen. Simon Kuznets entwickelte die Berechnung des Nationaleinkommens und die systematische Anwendung auf die Leistung vergangener Wirtschaftssysteme mit dem Ziel einer neuen Theorie des wirtschaftlichen Wachstums auf vergleichender Basis. Von hier empfing auch die „New Economic History" ihre Impulse. Das Programm dieser neuen Richtung wurde 1957 von A. H. Conrad und J. R. Meyer propagiert und ihre Hauptverfechter wurden Robert William Fogel von der Universität Chicago und Stanley E. Engerman von der Universität Rochester. Auf Grund der für frühere Epochen dürftigen statistischen Quellen ist ihr Arbeitsgebiet im wesentlichen auf die Zeit von 1840 bis in unser Jahrhundert begrenzt, wobei es insbesondere um Ursachen und Geschwindigkeit des amerikanischen Sozialprodukts geht. Dabei wird in starkem Maß mit **statistischen und mathematischen Modellen**, überhaupt mit der Möglichkeit der

Hypothese gearbeitet. Das bekannteste Ergebnis ist die neue Interpretation der Wirkungen der Sklaverei auf die wirtschaftliche Entwicklung in den Südstaaten, wonach das Sklavereisystem am Vorabend des Sezessionskrieges keineswegs veraltet war[40].

Die bedeutendsten Leistungen der amerikanischen Wirtschaftsgeschichte beziehen sich bezeichnenderweise auf die Epoche der Industrialisierung. So arbeiteten Thomas C. Cochran, Ralph W. Hidy (nach seinem Buch über die Baring) und Alfred D. Chandler über die Brauerei, den Eisenbahnbau und die Erdölindustrie. Den mehr konventionellen Wirtschaftsgeschichten der Vereinigten Staaten von Kammerer, Steele – Commager und Faulkner stellte Douglas North seine moderne Auffassung gegenüber. Eine große amerikanische Sozialgeschichte wurde von D. R. Fox und A. M. Schlesinger herausgegeben. Eine von David, Faulkner, Harker, Nettels und Shannon seit 1945 herausgegebene amerikanische Wirtschaftsgeschichte erreichte bislang 10 Bände[41].

Bedeutend ist der amerikanische Beitrag zur Erforschung von Themen außeramerikanischer Wirtschaftsgeschichte. Wir hörten von den Synthesen der europäischen Wirtschaftsgeschichte, die Heaton, Borden mit Karpowich und Usher sowie Clough mit Cole schrieben. Hamilton arbeitete über Spanien. Frederic C. Lane widmete sich den Verhältnissen Venedigs, sein Schüler Robert Forster studierte die Geschichte des südfranzösischen Adels im 18. Jh., Shepard B. Clough schrieb eine italienische Wirtschaftsgeschichte. John U. Nef arbeitete über europäische Silberproduktion und die englische Steinkohlenindustrie. Rondo Cameron studierte die Bankgeschichte der westeuropäischen Industrialisierungsphase. W. Lockwood verfaßte eine japanische Wirtschaftsgeschichte. Kanada erscheint mehr oder weniger als ein Anhängsel, wobei die Initiative bislang von Toronto ausging. Hier schrieb Harold Innis sein Buch über die „Codfisheries", hier erschien auch die Wirtschaftsgeschichte Kanadas von W. T. Easterbrook und Hugh Aitken[42].

An unserer Kenntnis der Wirtschafts- und Sozialgeschichte Lateinamerikas wirkten in besonders starkem Maße europäische und nordamerikanische Historiker mit: Richard Konetzke, R. A. Humphreys, F. Chevalier, P. Chaunu und F. Mauro, Francisco Morales Padrón und Magnus Mörner unter den Europäern, Woodrow Borah, Lewis Hanke, Harold Whitaker, St. Stein auf amerikanischer Seite. Die Zahl bedeutender wirtschafts- oder sozialhistorischer Arbeiten, die von Lateinamerikanern über Lateinamerika geschrieben worden sind, ist relativ gering. Für Mexiko ist vor allem Silvio Zavala zu nennen, der im Rahmen der Bestrebungen einer gesamtamerikanischen Geschichte die wichtigsten Fakten der Wirtschafts- und Sozialgeschichte zu einer Synthese zusammengefaßt hat. Für Venezuela heben wir Eduardo Arzila Farias und Acellano Moreno mit ihren Arbeiten zur kolonialen Wirtschaftsgeschichte ihres Landes hervor, in Bogotá arbeitete Juan Friede über die Welser und die Münzgeschichte seines Landes, in Peru schrieb Guillermo Lohmann Villena über die Quecksilberminen von Huancavelica und die Espinosa, in Chile arbeitete Mario Gongora über die spanische Auswanderung nach Amerika und den Gruppencharakter der Unternehmungen der Conquistadoren, Alvaro Jara untersuchte die Grundbesitz- und Arbeitsverhältnisse im kolonialen Chile und Rolando Mellafe beschäftigte sich mit der Negersklaverei, Eugenio Pereira Salas und Sergio Villalobos untersuchten handelsgeschichtliche Fragen am Ende der Kolonialzeit. In Argentinien bildete Ceferino Garzón Maceda an der Universität Cordoba eine Gruppe von Schülern heran, die die Wirtschafts- und Sozialgeschichte der kolonialen Epoche untersuchte, während Fragen der neueren Wirtschafts- und Bevölkerungsgeschichte eine Gruppe der Universität Rosario beschäftigte und Claudio Sanchez Albornoz mit Maria del Carmen Carlé sich dem mittelalterlichen Spanien widmeten. Aldo Ferrer verdanken wir eine Geschichte der Entwicklungsphasen der argentinischen Wirtschaft[42].

In Brasilien hat José Antonio Gonsalves de Mello von der Universität Recife verschiedene Arbeiten über die koloniale Epoche und besonders die Zeit der Holländer geschrieben, Alice Piffer Canabrava von der Universität São Paulo hat den Kontrabandhandel der Portugiesen über den Rio de la Plata nach Peru und Manuel Nunes Dias die Geschichte der Handelskompagnien im Norden und Nordosten Brasiliens untersucht. José Roberto do Amaral Lapa schrieb über die Rolle der brasilianischen Häfen im Rahmen der Ostindienfahrt und E. M. Lahmeyer Lobo untersuchte die „sozioökonomischen Aspekte" der iberoamerikanischen Kolonialverwaltung. Die Plantagenbesitzergesellschaft und ihrer Sklaven schilderte Gilberto Freyre in mehreren Werken. Mit der Inflation des unabhängig gewordenen Brasiliens beschäftigte sich Oliver Onody, während N. Vilela Luz über die brasilianische Baumwollproduktion schrieb. Eine Agrargeschichte Brasiliens schrieb Luis Amaral, und neben Simonsens Wirtschaftsgeschichte traten die Darstellungen von Caio Prado Junior und Celso Furtado sowie die große von Sergio Buarque de Holanda herausgegebene allgemeine Geschichte der „civilização brasileira"[44].

Wie die Wirtschaftsgeschichte Lateinamerikas sehr viel den Forschungen der Nordamerikaner und Europäer verdankt, so auch diejenige Afrikas. Sie ist ohne die Beiträge der Portugiesen, Franzosen, Engländer und anderer Europäer nicht zu denken. Auch osteuropäische Historiker wirken neuerdings dabei mit. Einzelne Historiker wie Subhi Labib haben ihr Tätigkeitsfeld in Europa gefunden, in Südafrika ist Eric Axelson als Historiker europäischer Tradition hervorzuheben. Ähnlich ist es hinsichtlich des asiatischen Bereichs. Die Geschichte der ostindischen und asiatischen Handelskompagnien ist von europäischer Seite, die Geschichte der japanischen Industrialisierung von amerikanischer erforscht worden. Daraus ragen einzelne eigenständige Leistungen hervor, für Israel die Arbeiten Eliyahu Ashtors über die mittelalterliche Wirtschaftsgeschichte des vorderen Orients, für das osmanische Reich die Untersuchungen Lütfi Barkans und Halil Inalciks, für Indien die Arbeiten von Tapan Raychaudhuri und außerdem eine Reihe japanischer

2. Die Wirtschaftsgeschichte nach dem Zweiten Weltkrieg   215

Arbeiten, die aber wegen der sprachlichen Schwierigkeiten uns schwer zugänglich sind[45].

Sucht man nach den Hauptlinien wirtschaftsgeschichtlichen Bemühens in den letzten Jahrzehnten, so sieht man, daß hinsichtlich der Epochen das Interesse an der Antike und dem Mittelalter deutlich nachgelassen hat und sich mehr auf die Industrialisierungsphase sowie die Probleme der unterentwickelten Länder konzentriert. Auch in der Thematik haben sich neue Schwerpunkte herausgebildet. Die Preisgeschichte in ihrer ursprünglichen Form hat an Interesse verloren, dafür ist die Industrie- und Bevölkerungsgeschichte mehr und mehr in den Mittelpunkt gerückt und mit ihnen haben gesamtwirtschaftliche Aspekte, die volkswirtschaftliche Gesamtrechnung, die Probleme des wirtschaftlichen Wachstums, die Trends und die Wechsellagen erhöhte Bedeutung erlangt.

[1]) F. L ü t g e , Deutsche Sozial- und Wirtschaftsgeschichte, Berlin usw. ³1966; d e r s ., Geschichte der Deutschen Agrarverfassung vom frühen Mittelalter bis zum 19. Jh., ²1966; Wirtschaft, Geschichte und Wirtschaftsgeschichte. Festschrift zum 65. Geburtstag von Friedrich Lütge, Hg. W. A b e l u. a., 1966; W. Z o r n , Handels- und Industriegeschichte Bayerisch-Schwabens 1648–1870, 1961; J. van K l a v e r e n , Europäische Wirtschaftsgeschichte Spaniens im 16. und 17. Jh., 1960; G. S t o l p e r , Deutsche Wirtschaft seit 1870, fortgeführt von K. H ä u s e r und K. B o r c h a r d t , 1964, ²1966, engl. 1967.

[2]) L. B e u t i n , Einführung in die Wirtschaftsgeschichte, 1958; d e r s ., Gesammelte Schriften zur Wirtschafts- und Sozialgeschichte, hrsg. v. H. Kellenbenz; H. K e l l e n b e n z , Richard Konetzke zum 70. Geburtstag, in: Jahrbuch f. Geschichte von Staat, Wirtschaft und Gesellschaft Lateinamerikas, 4, 1967, XV–XXVI; Bibliographie der Werke von R. K o n e t z k e , zusammengestellt von G. Herterich und G. Kahle, ebenda, XXVII–XXXI.

[3]) W. A b e l , Geschichte der deutschen Landwirtschaft vom frühen Mittelalter bis zum 19. Jh., 1962, ²1967; d e r s ., Die drei Epochen der deutschen Agrargeschichte, 1964; P. E. S c h r a m m , Hamburg, Deutschland und die Welt, 1943; d e r s ., Kaufleute zu Hause und über See, 1949; d e r s ., Deutschland und Übersee, Der deutsche Handel mit den anderen Kontinenten, insbesondere Afrika, von Karl V. bis zu Bismarck, Ein Beitrag zur Geschichte der Rivalität im Wirtschaftsleben, 1950; d e r s ., Neun Generationen, Dreihundert Jahre deutscher Kulturgeschichte im Licht der Schicksale einer Hamburger Bürgerfamilie (1648–1948), I–II, 1964; d e r s ., Hamburg, ein Sonderfall in der Geschichte Deutschlands, 1964; W. T r e u e , Wirtschaftsgeschichte der Neuzeit, 1700–1960, 1962.

[4]) F. R ö r i g , Stand und Aufgaben der hansischen Geschichtsforschung, in: HGBll 69, 1950, 1–13.

[5]) P. J o h a n s e n , Umrisse und Aufgaben der hansischen Siedlungsgeschichte und Kartographie, in: HGBll 73, 1955, 1–105.

[6]) A. von B r a n d t , Hamburg und Lübeck, Beiträge zu einer vergleichenden Geschichtsbetrachtung, in: Zeitschrift des Vereins für hamburgische Geschichte XLI, 1951 (Festschrift Heinrich Reincke), 20ff.; G. H e i t z u. M. U n g e r (Hg.), Hansische Studien, Heinrich Sproemberg zum 70. Geburtstage, 1961.

[7]) Ph. D o l l i n g e r , La Hanse, Paris 1964, dt. 1966. W. K o p p e , Lübeck-

Stockholmer Handelsgeschichte im 14. Jh. 1933; H. J a n k u h n , Haithabu, ein Handelsplatz der Wikingerzeit 1936, ³1956.

⁸) H. A u b i n , Geschichtliche Landeskunde, 1925; Vom Altertum zum Mittelalter, Absterben, Fortleben und Erneuerung, 1949; H. A u b i n und W. Z o r n (Hg.), Handbuch der Deutschen Wirtschafts- und Sozialgeschichte, I, 1971; O. B r u n n e r , Land und Herrschaft, 1939, ⁵1965; d e r s., Adeliges Landleben und europäischer Geist, 1949; d e r s., Neue Wege der Verfassungs- und Sozialgeschichte, 1968.

⁹) H. P r o e s l e r , Sozialgeschichte, in: HdSW 9, 1956, d e r s., Hauptprobleme der Sozialgeschichte, 1951; W. C o n z e , Die Stellung der Sozialgeschichte in Forschung und Unterricht, in: Geschichte in Wissenschaft und Unterricht 1952; K. B o s l , Die Gesellschaft in der Geschichte des Mittelalters, 1962.

¹⁰) G. Freiherr v o n P ö l n i t z , Jakob Fugger I–II, 1959-61; Anton Fugger I–IV, 1958–1971.

¹¹) W. G. H o f f m a n n , Das Wachstum der deutschen Wirtschaft seit der Mitte des 19. Jhs., 1965; C. B a u e r , Gesammelte Aufsätze zur Wirtschafts- und Sozialgeschichte, 1965; Festschrift Hektor Ammann zum 70. Geburtstag, 1965; H. A m m a n n , Nürnbergs wirtschaftliche Stellung im Spätmittelalter, 1970; H. B e c h t e l , Wirtschafts- und Sozialgeschichte Deutschlands, 3 Bde, 1951–56, in einem Bd. 1967; H. H a u s h e r r , Wirtschaftsgeschichte der Neuzeit ³1960, ⁴1970.

¹²) Handwörterbuch der Sozial- und Wirtschaftswissenschaften 12 Bde, 1956–1965.

¹³) F. B r a u d e l , La Méditerranée et le monde méditerranéen, 2 Bde, Paris 1949, ²1966; d e r s., Écrits sur l'histoire, Paris 1969; M. W ü s t e n m e y e r , Die „Annales". Grundsätze und Methoden ihrer „neuen Geschichtswissenschaft", in: VSWG 54, 1967, 1–45; D. G r o h , Strukturgeschichte als „totale" Geschichte in VSWG 58, 1971, 289–322; H. K e l l e n b e n z , Die Methoden der Wirtschaftshistoriker, Köln 1973.

¹⁴) Ch. M o r a z é , Les Bourgeois conquérants, dt. Das Gesicht des 19. Jhs., Die Entstehung der modernen Welt, 1959; F. B r a u d e l , Civilisation matérielle et Capitalisme I, Paris 1967; Die Arbeiten über die internationalen Bankbeziehungen um Simon Ruiz vgl. S. 41; Pierre und Huguette C h a u n u , Seville et l'Atlantique 1504 à 1650, 7 Bde in 11, Paris 1960; F. B r a u d e l u. E. L a b r o u s s e (Hg.), Histoire économique et sociale de la France, Paris 1970ff.

¹⁵) E. C o o r n a e r t , Les Français et le commerce international à Anvers, 2 Bde, Paris 1961; E. L a b r o u s s e , Esquisse du mouvement des prix et des revenus en France au XVIIIᵉ siècle, 2 Bde, Paris 1933; d e r s., La crise de l'économie française à la fin de l'Ancien Regime et au début de la Révolution, Paris 1944; M. M o l l a t , Le commerce maritime normand à la fin du Moyen Age, Paris 1952; G. D u b y , L'économie rurale et la vie des campagnes dans l'Occident médiéval, 2 Bde, Paris 1962; P. W o l f f , Commerce et marchands de Toulouse (vers. 1350–1459), Paris 1954; Ph. D o l l i n g e r , La Hanse, Paris 1964; R. L a t o u c h e , Les origines de l'économie occidentale, Paris 1956; F. C r o u z e t , L'économie britannique et le blocus continental (1806–1813) I/II, Paris 1958; M. L é v y - L e b o y e r , Les banques européennes et l'industrialisation internationale dans la première moitié du XIXᵉ siècle, Paris 1964.

H. S é e , Histoire économique de la France, 2 Bde, ²1948–51; L. H a l p h e n , R. D o u c e t u. a., Histoire de la société française, Paris 1953; G. D u b y u. R. M a n d r o u , Histoire de la civilisation française, 2 Bde, Paris 1958; J. L a c o u r - G a y e t (Hg.), Histoire du Commerce, 6 Bde, Paris 1950–1955; G. I m-

bert, Histoire économique des origines à 1789, Paris 1965; J. M a r c z e w s k i, L'histoire quantitative, buts et méthodes, in: Cahiers de l'Institut des sciences économiques appliquées, Série AF No 115, 1961; d e r s., Introduction à l'histoire quantitative, Genf 1965; P. C h a u n u, L'histoire sérielle, bilan et perspective, in: Rev. Hist. 94, 1970. Weitere Informationen: Comité Français des sciences historiques, Vingt ans de recherche historique en France (1940–1965), 2 Bde, Paris 1965. H. O. S i e b u r g, Literaturbericht über französische Geschichte der Neuzeit, in: HZ Sonderh. 2, 277–427, bes. 380ff.
F. B r a u d e l und R. R o m a n o, Navires et marchands à l'entrée du port de Livourne (1547–1611), Paris 1951; A. T e n e n t i, Naufrages, corsaires et assurances maritimes à Venise 1592–1609, Paris 1959; J. F. B e r g i e r, Genève et l' économie européenne de la Renaissance, Paris 1963; V. M a g a l h ã e s G o d i n h o, L'économie de l'empire portugais, Paris 1968; M. N u n e s D i a s, O capitalismo monárquico português, 2 Bde, Coimbra 1963–1964; V. R a u, O comercio do sal de Sebutal I, Lissabon 1951; d i e s., Estudos de Historia economica, Lissabon 1968; Antonio Henrique de O l i v e i r a M a r q u e s, Hansa e Portugal, Lissabon 1959; d e r s., Introdução à Historia da Agricultura em Portugal, Lissabon ²1968.

¹⁶ᵃ) J. C a r r e r a P u j a l, Historia de la economia española, 5 Bde, Barcelona 1943–1947; R. C a r a n d e, Charlos V y sus banqueros, 3 Bde, Madrid 1949–1967; J. Vicens V i v e s, Manual de historia economica de España, Barcelona 1958, ³1964 (engl. Princeton 1969); P. V i l a r, La Catalogne dans l'Espagne moderne, Recherches sur les fondements économiques des structures nationales, 3 Bde, Paris 1962; F. Ruiz M a r t i n, La Banca de España hasta 1782, o. O., o. J.; G. Vazquez d e P r a d a, Historia economica mundial, 2 Bde, Madrid 1961/64; A. S a p o r i, Libro giallo della compagnia de Coroni, Mailand 1970; F. M e l i s, Aspetti della vita economica medievale, Studi nell'archivio Datini di Prato, Siena 1962; d e r s., Documenti per la Storia economica; G. B a r b i e r i, Origini del capitalismo lombardo, Mailand 1961; G. L u z z a t t o, Storia economica d'Italia, L'Antichità e il Medioevo, Rom 1949; d e r s., Storia economica d'Italia, il Medioevo, Florenz 1963; A. F a n f a n i, Storia economica, Parte prima, Antichità-Medioevo-Età moderna, Mailand-Messina ¹1940, Turin ²1965; d e r s., Introduzione allo studio della storia economica, Mailand ³1960; M. R. C a r o s e l l i, Natura e metodo della storia economica, Raccolta di saggi, Mailand 1960; C. C i p o l l a, Studi di storia della moneta: I movimenti dei cambi in Italia del secolo XIII al XV, Pavia 1948; d e r s., Moneta e civiltà mediterranea, Venedig 1957; d e r s., The economic history of world population, Pelican Books 1962; d e r s., Guns, sails and empires, New York 1965. Vgl. zu Italien ferner: L. d e R o s a, Vent' anni di storiografia economica italiana (1945–1965), in: L. de Rosa (Hg.), Ricerche storiche ed economiche in memoria di Corrado Barbagallo I, Neapel 1970, 187–250.

¹⁸) H. L ü t h y, La banque protestante en France, 2 Bde, Paris 1959/61; H. K. P e y e r, Von Handel und Bank im alten Zürich, Zürich 1968; d e r s., Leinwandgewerbe und Fernhandel der St. Gallen, 2 Bde, St. Gallen 1959/60; H. H a u s e r, Schweizerische Wirtschafts- und Sozialgeschichte von den Anfängen bis zur Gegenwart 1961; J. F. B e r g i e r, Problèmes de l'histoire économique de la Suisse, Population, vie rurale, échanges et trafics, Bern 1968.

¹⁹) A. H o f f m a n n, Wirtschaftsgeschichte Oberösterreichs I–II, Salzburg 1952; F. T r e m e l, Der Frühkapitalismus in Innerösterreich, Graz 1954; d e r s, Wirtschaftsgeschichte Österreichs, Graz 1969; O. P i c k l, Das älteste Geschäftsbuch Österreichs, Die Gewölberegister der Wiener Neustädter Firma Alexius Funk

(1516–ca. 1538), Graz 1966; O. S t o l z , Deutsche Zolltarife des Mittelalters und der Neuzeit, 1955; H. H a s s i n g e r , Johann Joachim Becher, Wien 1956; d e r s., Der Stand der Manufakturen in den deutschen Erbländern der Habsburgermonarchie am Ende des 18. Jhs., in: Forschungen zur Sozial- und Wirtschaftsgeschichte 6, 1964; d e r s., Der Außenhandel der Habsburgermonarchie in der zweiten Hälfte des 18. Jhs., ebenda.

[20]) Ch. V e r l i n d e n , Introduction à l'histoire économique générale, Coimbra 1948; d e r s., L'esclavage dans L'Europe médiévale I. Péninsule Ibérique-France, Gent 1955; J. A. v a n H o u t t e , Economische en sociale geschiedenis van de Lage Landen, Zeist u. Antwerpen 1964; H. v a n d e r W e e , The Growth of the Antwerp Market and the European Economy, 3 Bde, The Hague 1963; R. D o e h a r d , Etudes anversoises, Documents sur le Commerce international à Anvers, 3 Bde, Paris 1962; W. B r u l e z , De firma della Faille en de internationale handel van vlaamse firmas in de XVIe eeuw, Brüssel 1959; P. H a r s i n , Les Doctrines monétaires et financières de France du XVIe au XVIIIe siècle, 1928; d e r s., Recueil d'Etudes, Lüttich 1970; J. L e j e u n e , La formation du capitalisme moderne dans la principauté de Liège au XVIe siècle, Lüttich-Paris 1959; P. L e b r u n , L'Industrie de la laine à Verviers pendant le XVIIIe et le début du XIXe siècle, Lüttich 1948; I. J. B r u g m a n s , Paardenkracht en mensenmacht, Sociaal-economische geschiedenis van Nederland 1795–1940, s'Gravenhage 1961; W. J a p p e A l b e r t s u. H. P. H. J a n s e n , Welvaart in wording, Sociaal-economische geschiedenis van Nederland van de vroegste tijden tot het einde van de Middeleeuwen, s'Gravenhage 1964; J. G. v a n D i l l e n , Het oudste aandeelhoudersregister van de Kamer Amsterdam der Oost-Indische Compagnie, s'Gravenhage 1958; B. H. S l i c h e r v a n B a t h , De agrarische geschiedenis van West-Europa (500–1850), Utrecht-Antwerpen 1962. Zur weiteren Orientierung vgl. Un quart de siècle de recherche historique en Belgique 1944–1968, publiée sous la direction de J. A. v a n H o u t t e , Louvain-Paris 1970, sowie J. C r a e y b e c k x , A. E. V e r h u l s t u. H. v a n W e r v e k e , Literaturbericht über belgische Geschichte, in: HZ, Sonderh. 2, 58–107; J a p p e A l b e r t s , Literaturbericht zur Geschichte der Niederlande (Allgemeines und Mittelalter), ebenda 1–57.

[21]) G. O l s e n , Hovedgård og bondegård, Studier over stordriftens udvikling i Danmark i tiden 1525–1774, Kopenhagen 1957; F. S k r u b b e l t r a n g , Den danske husmand, Husmand og husmandsbevaegelse gennem tiderne, I, Kopenhagen 1952; J. H v i d t f e l d t , Kampen om ophaevelsen af livegenskabet i Slesvig og Holsten 1795–1805, Viborg 1963; A. E. C h r i s t e n s e n , Dutch Trade to the Baltic about 1600, Kopenhagen-The Hague 1941; A. F r i i s und K. G l a m a n n , A History of Prices and Wages in Denmark 1660–1800, I, Kopenhagen 1958; K. G l a m a n n , Dutch Asiatic Trade, 1620–1740, Kopenhagen-The Hague 1958; E. O l s e n , Danmarks økonomiske historie siden 1750, 1962; St. T v e i t e , Engelsk-norsk Trelasthandel 1640–1710, Bergen-Oslo 1961; J. S c h r e i n e r , Hanseatene og Norge i det 16 århundre, Oslo 1941; d e r s., Norsk skipsfart under krigi og højkonjunktur 1914–1920, Oslo 1963; I. S e m m i n g s e n , Veien mot vest, Utvandringen fra Norge til Amerika 1825–1865, Oslo 1941, 2. Teil 1865–1915, Oslo 1950; E. B u l l , Arbejderklassen i norsk historie, 1945; d e r s., Arbejdermiljö under det industrielle gennembrudd, Oslo 1958.

[22]) E. F. H e c k s c h e r , Sveriges ekonomiska historia från Gustav Vasa I, 1–2, II, 1–2, Stockholm 1935 u. 1949; d e r s., Svenskt arbete och liv, Stockholm 1941; d e r s., An economic history of Sweden, Cambridge/Mass., 1954, ²1957; E. L ö n n -

2. Die Wirtschaftsgeschichte nach dem Zweiten Weltkrieg 219

r o t h, Statsmakt och statsfinans i det medeltida Sverige, Göteborg 1940; K. G. Hildebrand, Falu stads historia till år 1687, 2 Bde, Falun 1946; K. Kumlien, Sverige och hanseaterna, 1953; d e r s., (Hg.), Norberg genom 600 år, Studier i en gruvbygds historia, Uppsala 1958; B. B o ë t h i u s, Koppar Bergslagen fram till 1570-talets genombrott, Uppsala 1965; B. O d é n, Rikets uppbörd och utgift, Statsfinanser och finansförvaltning under senare 1500-talet, Lund 1955; d i e s., Kopparhandel och statmonopol. Studier i svensk handelshistoria under senare 1500–talet, Stockholm 1960; L. J ö r b e r g, Growth and Fluctuations of Swedish Industry 1869 to 1912, Lund 1961; S. C a r l s s o n, Ståndssamhälle och ståndspersoner 1700–1865, 1949; d e r s., Svensk ståndscirkulation 1680–1950, 1950; d e r s., Lantmannapolitiken och industrialismen 1890–1902; T. S ö d e r b e r g, Den namnlösa medelklassen, Socialgrupp två i det gamle svenska samhället intill 1770-talet, Stockholm 1956.

[23]) E. J u t t i k a l a, Bonden i Finland genom tiderna, Helsingfors 1963; G. K e r k k o n e n, Bondsegel på Finska viken, Kustbors handel och sjöfart under medeltid och äldsta vasatid, Helsingfors 1959; A. J. A l a n e n, Der Außenhandel und die Schiffahrt Finnlands im 18. Jh., Helsinki 1957; S. E. Å s t r ö m, From Cloth to Iron, the Anglo-Baltic Trade in the late 17th Century, Helsingfors 1963; H. E. P i p p i n g, Från pappers rubel til guldsmark, Finlands Bank 1811–1877, Helsingfors 1961; E. J u t t i k a l a (Hg.), Suomen talons- ja sosiali historian kehityslinjoja, Helsinki 1968.

[24]) J. K u c z y n s k i, Allgemeine Wirtschaftsgeschichte von der Urzeit bis zur sozialistischen Gesellschaft, 1957; d e r s., Die Geschichte der Lage der Arbeiter unter dem Kapitalismus, 40 Bde, 1948ff.; Hansische Studien, Heinrich Sproemberg zum 70. Geburtstag, 1961; K. F. O l e c h n o w i t z, Der Schiffbau der hansischen Spätzeit, 1960; d e r s., Handel und Seeschiffahrt der späten Hanse, 1965; J. S c h i l d h a u e r, Soziale, politische und religiöse Auseinandersetzungen in den Hansestädten Stralsund, Rostock, Wismar im ersten Drittel des 16. Jhs., 1959; G. H e i t z, Ländliche Leinenproduktion in Sachsen, 1961; R. F o r b e r g e r, Die Manufaktur in Sachsen, 1958; H. B l u m b e r g, Die deutsche Textilindustrie in der industriellen Revolution, 1965; H. M o t t e k, Wirtschaftsgeschichte Deutschlands, 1957; d e r s., Wirtschaftsgeschichte Deutschlands, 2 Bde, 1964, ²1968/69.

[25]) Einzelne Titel vgl. 25 ans d'historiographie tchécoslovaque 1936–1960, Prag 1960; J. M a c u r e k, Dejepisectvi evropského vychodu, Prag 1946.

[26]) Einzelne Titel vgl. Horst G l a s s e l, Literaturbericht über die Geschichte der Slowakei, in: HZ Sonderh. 3, 1969, 329–354.

[27]) B. L e s n o d o v s k i, Les sciences historiques en Pologne au cours des années 1945–1955, in: Comitato Internazionale di Scienze Storiche, X. Congresso Internazionale di Scienze Storiche Relazioni VI, Rom 1955, 457–515; G. R h o d e, Literaturbericht über polnische Geschichte I, in: HZ Sonderh. 1, 158–211; J. T o p o l s k i, Développement des études historiques en Pologne, in: La Pologne au XIIe Congrès nternational des Sciences Historiques à Moscou, Warschau 1970, 7–75; Witold K u l a, Teoria ekonomiczna ustroju feudalnego, Warschau 1962, franz. Paris 1970; A. G r o d e k u. I. K o s t o w i c k a, Historia gospodarcza Polski, 1955; J. R u t k o w s k i, Historia gospodarcza Polski do 1864 (Hg.) W. Kula, ⁴1953; W. R u s i n s k i, Zarys historii gospodarczej powszechnej Czasy nowozytne i najnowsze (1500–1939), Warschau 1970.

[28]) H. J a b l o n o w s k i, Sowjetrußland, in: HZ, Sonderh. 1, 212–273; Očerki istorii istoričeskoj nauki v SSSR, Moskau 1955; L. V. Č e r e p n i n, Russkaja

istoriografija do XX veka, Moskau 1957; P. L y a š č e n k o, Istorija narodnago chozjajstva SSSR, 3 Bde, 1950–1960 (engl.) gekürzt: History of the National Economy of the USSR, New York ²1959; P. B. S t r u v e, Socialnaja i ekonomičeskaja istorija Rossii, Paris 1952; S. G. S t r u m i l i n, Očerki ekonomičeskoi istorii Rossii i SSSR, Moskau 1966. Vgl. die Reihe Studies by Soviet Historians for the period 1965–1969; L. V. C h e r e p n i n, Soviet Literature on the History of the USSR published in 1965–1969, Moskau 1970; M. P. K i m, J. S. B o r i s o v, V. S. L e l c h u k, Contemporary historiography of Soviet Society 1965–1969, Moskau 1970; H. F. K i m u. V. N. N i k i f o r o v, Researches in the History of the countries of the East (1965–1969), Moskau 1970; A . . P u s h k a s h, Works by Soviet Historians on the history of Central and Southeast Europe written between 1965 and 1969, Moskau 1970; G. A. N e r s e s o v, Soviet Literature on the History of the African Countries for the Period 1965–1969, Moskau 1970; M. A. P e r s i t s, Soviet works on History of Contemporary International Workers Movement published in 1965–1969, Moskau 1970; V. A. D y a d i c h e n k o, F. E. L o s u. V. G. S a r b e y, Development of historical science in the Ukrainian SSR, Kiev 1970; J. S. G r o s u l u. A. M o h o v, Istoričeskaja nauka Moldavskoi SSR, Moskau 1970; B. A. L i t v i n s k y, K. P. M a r s a k o v, A. M. M u k h t a r o v, Historiography of Tajikistan (1917–1969) Moskau 1970; V. R. S h e r s t o b i t o v, K. K. O r o z a l i e v u. D. E. V i n n i k, Soviet Historiography of Kirghizia, Frunze 1970.

A. G e r s c h e n k r o n, Agrarian Policies and Industrialization: Russia 1861–1917, in: The Cambr. Ec. Hist. of Europe VI, Part I, 1965; W. K i r c h n e r, Commercial Relations between Russia and Europe 1400 to 1800, Indiana Univ. 1966; B. G i l l e, Histoire économique et sociale de la Russie, Paris 1949; R. P o r t a l, L'Oural au XVIIIe siècle, Paris 1950; d e r s., The Industrialisation of Russia, in: The Cambr. Ec. Hist. of Europe VI, Part I, 1965; E. A m b u r g e r, Die Familie Marselis, 1957; H. R a u p a c h, Geschichte der Sowjetwirtschaft, 1964.

I. M. D j a k o n o f f (Hg.), Ancient Mesopotamia, Socio-Economic History, A Collection of Studies, Moskau 1969; d e r s., Economy of the Ancient Oriental City, Moskau 1970; S. L. U t c h e n k o, I. M. D i a k o n o f f, Social Stratification of ancient society; M. P. L e s n i k o v, Puti baltijsko – černomorskoi torgovli XIV–XV vekov, in: Problemy ekonomičeskogo i političeskogo razvitija Evropy v srednie veka i antičnuju epohu, Moskau 1969; I. P. Š a s k o l' s k i j, Ekonomičeskie svjazi Rossii s Daniei i Norvegiei v IX–XVII vv, in: Istoričeskie Svjazi Skandinavii i Rossii IX–XIX vv, Leningrad 1970; A. A. S v a n i d z e, Remeslo i remeslenniki srednovekovoi Švezii (XIV–XV vv), Moskau 1967; V. I. R u t e n b u r g (Hg.), Italjanskie komuni XIV–XV vekov, Moskau-Leningrad 1965.

[29]) U. M. B a k, Literaturbericht über ungarische Geschichte, Veröffentlichungen 1945 bis 1960, in: HZ, Sonderh. 1, 123–157; L. T. B e r e n d, G. R a n k i, The Development of the Manufacturing Industry in Hungary (1900–1944), Budapest 1960.

[30]) Comité National Yougoslave des Sciences Historiques. Dix années d'historiographie yougoslave, 1945–1955, Red. J. T a d i ć, Beograd 1955; Fédération des Sociétés historiques de Yougoslavie, Historiographie yougoslave 1955–1965, Red. en chef J. T a d i ć, Beograd 1965; K. G r o t h u s e n, Literaturbericht über die Geschichte Jugoslawiens, in: HZ Sonderh. 3, 355–430; M. M i r k o v i ć, Ekonomska historija Jugoslavije, Zagreb ²1962.

[31]) R. M a n o l e s c u, Comertul Tarii Rominesti si Moldovei cu Brasovul (Seco-

2. Die Wirtschaftsgeschichte nach dem Zweiten Weltkrieg 221

lele XIV–XVI), Bukarest 1965; S. Goldenberg u. S. Belu, Epoca marilor rescoperiri geografice, Bukarest 1971; Brève Histoire de la Transylvanie, Red. C. Daicoviciu u. M. Constantinescu, Bukarest 1965.

[32]) I. Sakazov, Bulgarische Wirtschaftsgeschichte, 1929; Z. Natan, Istorija ekonomičeskogo rasvitija Bolgarii, Moskau 1961.

[33]) Leider fehlt uns eine gute Übersicht über die türkischen wirtschaftsgeschichtlichen Arbeiten. Vgl. T. Stoianovich, L'économie balkanique aux XVIIe et XVIIIe siècles, Paris 1952; P. Cernovodeanu, England's trade policy in the Levant 1660–1714, Bukarest 1972.

[34]) Vgl. dazu: P. Wirth, Literaturbericht über byzantinische Geschichte, in: HZ, Sonderh. 3, 575–640, und H. E. Mayer, Literaturbericht über die Geschichte der Kreuzzüge, ebenda, 641–731; L. Bréhier, La civilisation byzantine (le Monde byzantin 3), Paris 1950; M. A. Cook, Studies in the Economic History of the Middle East, London 1970.

[35]) F. Trautz, Literaturbericht über die Geschichte Englands im Mittelalter, in: HZ, Sonderh. 2, 108–259, bes. 232ff.; zur allgemeinen Orientierung: G. R. Elton, Literaturbericht über die englische Geschichte der Neuzeit 1485–1945, ebenda, Sonderh. 3, 1–132; K. Borchardt, Probleme der ersten Phase der industriellen Revolution in England, Ein bibliographischer Bericht usw., in: VSWG 55, 1968, 1–62; G. M. Trevelyan, English Social History, 1944, 4 Bde, ²1949–1952, dt. 1948; E. Lipson, The economic History of England, 3 Bde, ¹²1963; ders., The Economic History of England from the earliest Times to 1750, ²1951; W. H. B. Court, A Concise Economic History of Britain from 1750, 1954; E. J. Hobsbawn, Industrie und Empire. Britische Wirtschaftsgeschichte seit 1750, 2 Bde, 1969; P. Mathias, The first industrial nation, An economic history of Britain 1700–1914, 1969; M. M. Postan, An Economic History of Western Europe, 1945–1964, London 1967; T. S. Ashton (Hg.), Methuen's Economic History of England, bislang 2 von 8 Bänden, London 1955ff.; A. Briggs (Hg.), Social and Economic History of England, bislang 3 Bde, 1963ff.

[36]) M. M. Postan, The historical method in social science, Cambridge 1939; ders., Fact and relevance; Essays on historical method, Cambridge 1971; J. Hicks, A Theory of Economic History, Oxford 1969; P. Mathias, Living with the Neighbours, The Role of Economic History, Oxford 1971.

[37]) W. W. Rostow, The Interrelation of Theory and Economic History, in: The Journal of Economic History 17, 1957, 509–523; Enterprise and Secular Change, Readings in Economic History, ed. by F. C. Lane u. J. C. Riemersma, Homewood/Ill. 1953.

[38]) Vgl. dazu H. Kellenbenz, Von der Wirtschaftsstufentheorie zu den Wachstumsstadien Rostows, in: Zeitschr. f. d. Gesamte Staatswissenschaft 120, 1964, 553–561.

[39]) S. Thrupp, Comparison in the Development of Theory, in: Journal of Economic History 17, 1957, 554–570; Vgl. ferner: The Social Sciences in Historical Study; A Report of the Committee on Historiography, in: Social Science Research Council, Bulletin 64, 1954.

[40]) A. Gerschenkron, Economic Backwardness in Historical Perspective, New York, 1965; ders., Continuity in History and other Essays, Cambridge 1968; R. Andreano (Hg.), The new economic history: Recent papers on methodology, London 1970; R. W. Fogel, Die neue Wirtschaftsgeschichte – Forschungsergebnisse und Methoden in: Kölner Vorträge zur Sozial- und Wirtschaftsgeschichte

Heft 8, 1970; ders., Historiography and Retrospective Econometrics, in: History and Theory IX, 1970, 245–264; R. W. Fogel und St. L. Engerman (Hg.) The Reinterpretation of American Economic History, New York 1971; A. Gerschenkron, Some Methodological Problems in Economic History, in: Continuity in History and other Essays, Cambridge/Mass. 1968, 40–56; F. Redlich, „New" and Traditional Approaches to Economic History and their Interdependence, in: Journal of Economic History XXV, 1965, 480–495; M. Lévy-Leboyer, La „New" Economic History, in Annales 24, 1969; J. D. Gould, Hypothetical History, in: Economic Hist. Rev. 2, 22, 1969.

[41]) Vgl. dazu W. Fischer, Neuere Forschungen zur Wirtschafts- und Sozialgeschichte der USA, in: VSWG 49, 1962, 459–538; H. R. Guggisberg, Vereinigte Staaten von Amerika, in: HZ, Sonderh. 2, 428–546; D. R. Fox u. A. M. Schlesinger (Hg.), A History of American Life, 13 Bde, New York 1927–1948; David, Faulkner, Hacker, Nettels u. Shannon (Hg.), The Economic History of the United States, 10 Bde, New York 1945ff.; Douglas North, The Economic Growth of the United States 1790–1860, Englewood Cliffs 1961; Th. C. Cochran, The American Business System. An Historical Perspective 1900–1955, Cambridge/Mass. 1957 (dt. 1964); D. Dillard, Economic Development of the North-Atlantic-Community, Englewood Cliffs 1967 (schwed. 1969).

[42]) W. T. Easterbrook u. H. G. J. Aitken, Canadian Economic History, Toronto 1956.

[43]) Vgl. dazu R. Konetzke, Literaturbericht über Geschichte Lateinamerikas, Veröffentlichungen 1945 bis 1959, in: HZ, Sonderh. 1, 1962, 343–417; G. Kahle, Literaturbericht über die Geschichte Hispano-Amerikas, in: HZ, Sonderh. 3, 497–545; H. Kellenbenz, Literaturbericht Lateinamerika (1–4), in: Geschichte in Wissenschaft und Unterricht 1966, 71–82, 1967, 565–584, 1972, 702–712 u. 758–778; A. Arellano Moreno, Origenes de la economia venezolana, Caracas-Madrid 1960; Aldo Ferrer, La economia argentina, las etapas de su desarrollo y problemas actuales, Mexiko–Buenos Aires 1953.

[44]) Vgl. G. Thomas, Literaturbericht über die Geschichte Brasiliens, in: HZ, Sonderh. 3, 564–574; C. Prado Junior, Historia econômica do Brasil, São Paulo [8]1963; C. Furtado, Formação econômica do Brasil, Rio de Janeiro 1959, [5]1963; Historia geral da civilização brasileira, (Hg.) S. Buarque de Holanda, 4 Bde, São Paulo 1963/64.

[45]) Vgl. dazu vor allem die Arbeiten von V. Magalhães Godinho, Ch. Boxer, Subhi Labib, neuerdings auch: Marian Małowist, Europa a Afryka Zachodnia w dobie wczesnej ekspansji kolonialnej, Warschau 1969; E. Axelson, Portuguese in South-East Africa 1600–1700, Johannesburg 1960; Eliyahu Ashtor, Histoire des prix et des salaires dans l'Orient médiéval, Paris 1969.

Japan: Recent Trends in Japanese Historiography, Bibliographical Essays. Japan at the XIIIth International Congress of Historical Sciences in Moscow, Ed. The Japanese National Committee of Historical Sciences, Tokyo 1970, 2 Bde, bes. I, 13ff., 61ff.

VI. WIRTSCHAFTSGESCHICHTE IN DER GEGENWÄRTIGEN FORSCHUNG UND LEHRE

Industrialisierung und Technisierung und die damit zusammenhängenden geistigen Umwälzungen des 19. Jhs. ließen die Wirtschaftsgeschichte neben der allgemeinen Geschichte und anderen historischen Sondergebieten zu einer eigenen Disziplin werden, die sich ihren Platz als Lehr- und Forschungsfach an den Universitäten zu sichern verstand.

Die angelsächsischen Länder gingen in der Errichtung von Lehrstühlen für Wirtschaftsgeschichte voran. Schon 1892 übernahm William J. Ashley in der „Faculty of Economics" der Harvarduniversität den ersten Lehrstuhl, der eigens für Wirtschaftsgeschichte eingerichtet wurde. Columbia und Yale folgten. In England übernahm L. L. Price 1908 einen Lehrstuhl für Economic History an der Universität Oxford, George Unwin lehrte seit 1918 in Manchester. Auch an der „London School of Economics" wurde ein Lehrstuhl eingerichtet, in Holland lehrte seit 1910 J. N. Posthumus Wirtschaftsgeschichte an der Handelshochschule Rotterdam, an der Handelshochschule Köln hatte Bruno Kuske seit 1909 eine Dozentur für Wirtschaftsgeschichte, die nach der Errichtung der Universität in eine Professur umgewandelt wurde. In Prag gab es seit 1911 ein Extraordinariat für Wirtschaftsgeschichte an der deutschen Karlsuniversität, das P. Sander bekleidete. In Frankreich hatte Emile Levasseur eine Professur für Geschichte der Arbeit am Conservatoire National des Arts et Metiers. 1933 übernahm Lucien Febvre den Lehrstuhl für Geschichte der modernen „Civilisation" am College de France, 1936 erhielt Marc Bloch an der Sorbonne einen neuen Lehrstuhl für Sozial- und Wirtschaftsgeschichte. Seit 1925 gab es an der Harvarduniversität für N. S. B. Gras einen eigenen Lehrstuhl für Business History, 1950 wurde an der Handelshochschule Lille ein Lehrstuhl für Histoire des Entreprises errichtet und seit 1955 lehrt Slicher van Bath Agrargeschichte an der Landbauhochschule in Wageningen. An der landwirtschaftlichen Hochschule in Stuttgart „Hohenheim" gab es für G. Franz von 1957 bis 1970 einen besonderen Lehrstuhl für Geschichte und Agrargeschichte.

Nach dem Zweiten Weltkrieg verstärkte sich die Tendenz zur Errichtung von Lehrstühlen für Wirtschaftsgeschichte namentlich in den Vereinigten Staaten und auf den britischen Inseln.

Im Osten ist die Entwicklung zu einer wirtschaftsgeschichtlichen Disziplin wahrscheinlich in Polen am weitesten gediehen. Hier wurden nach dem Zweiten Weltkrieg Lehrstühle für Wirtschaftsgeschichte in Lublin (1953), Breslau (Wroclaw, 1946 für Wirtschafts- und Sozialgeschichte), Krakau (1958, für Geschichte des wirtschaftlichen Denkens schon 1953), Lodz (1950), Posen (mit W. Rusiński), in Stettin (1961), in Warschau (1954, Witold Kula) errichtet.

Ursprünglich auf die Handels- und Wirtschaftshochschulen beschränkt, wird die Wirtschaftsgeschichte heute in der Bundesrepublik an zahlreichen Universitäten und auch einigen Technischen Hochschulen gelehrt, teils im Rahmen der philosophischen, der wirtschafts- und sozialwissenschaftlichen bzw. der rechts- und staatswissenschaftlichen Fakultäten. Studien- und Prüfungsfach ist sie indessen nur an einigen wenigen wirtschafts- und sozialwissenschaftlichen Fakultäten. Im übrigen Europa liegen die Verhältnisse ähnlich, Universitäten und Wirtschaftshochschulen pflegen das Fach, wobei insbesonders seine Rolle im Rahmen der „Faculties of Economics" der angelsächsischen Länder hervorgehoben werden darf.

Außer den üblichen Seminaren gibt es bereits einige Hochschulinstitute, die der besonderen Pflege der Wirtschafts- und Sozialgeschichte dienen, so in Berlin, München, Heidelberg, Göttingen, Köln und Marburg. Auch die landesgeschichtlichen oder landeskundlichen Institute (z. B. Bonn, Münster, München) beziehen das Gebiet der Wirtschaftsgeschichte mit ein, ebenso die Sozialforschungsstelle an der Universität Münster in Dortmund. Dazu kommen die für die Bearbeitung der Geschichte der einzelnen Landschaften eingesetzten „Historischen Kommissionen". Von den Akademien der Wissenschaften hat die Historische Kommission bei der Bayerischen Akademie der Wissenschaften in München eine Abteilung zur Bearbeitung der Handelsakten des Mittelalters und der Neuzeit, und die von der Kommission herausgegebene Neue Deutsche Biographie nimmt in verstärktem Maße Biographien von Persönlichkeiten aus dem Bereich der Wirtschafts- und Technikgeschichte auf. Zu den Fachausschüssen der Deutschen Forschungsgemeinschaft gehört auch ein solcher für Sozial- und Wirtschaftsgeschichte, der wichtige Forschungsvorhaben und entsprechende Publikationen betreut. Besonderes Schwergewicht hat die Forschungsgemeinschaft in den letzten Jahren auf den Bereich der Frühindustrialisierung gelegt.

An ausländischen Forschungsinstitutionen sei vor allem die 6. Sektion der seit 1868 bestehenden „Ecole Pratique des Hautes Etudes" in Paris erwähnt. Daneben gehen vom Institut de Science Economique Appliquée, ebenfalls in Paris, wichtige Anregungen im Sinne der quantitativen Wirtschaftsgeschichte aus. Dasselbe gilt für das wirtschaftsgeschichtliche Zentrum von Herman van der Wee in Löwen. In London befaßt sich das National Institute of Economic and Social Research ebenso mit wirtschaftsgeschichtlichen Fragen wie in New York das National Bureau of Economic Research. Seit 1968 besteht in Prato in Verbindung mit dem Datiniarchiv ein Internationales Zentrum für Wirtschaftsgeschichte, das in jährlichen Kolloquien Probleme der Wirtschaftsgeschichte vornehmlich vom Mittelalter bis ins 18. Jh. zur Diskussion stellt und in Seminaren in das mittelalterliche Schriftwesen der Wirtschaft einführt. In Skandinavien seien die wirtschaftsgeschichtlichen Institute an den Universitäten Kopenhagen und Stockholm hervorgehoben. In Österreich ist das 1922 von Alfons Dopsch geschaffene Seminar für Wirtschafts- und Kulturgeschichte seit 1961 mit einer eigenen Lehrkanzel für

VI. Wirtschaftsgeschichte in der gegenwärtigen Forschung und Lehre

Wirtschafts- und Sozialgeschichte versehen und in ein Institut umgewandelt worden.

In den sozialistischen Ländern haben sich die Akademien als Pflegestätten der Wirtschaftsgeschichte herausgebildet. Zu erwähnen sei hier das Wirtschaftsgeschichtliche Institut der Ostberliner Akademie, die ein eigenes Jahrbuch für Wirtschaftsgeschichte herausgibt. Für Polen sind vor allem das von Witold Kula geleitete wirtschaftsgeschichtliche Forschungszentrum des Instituts für Wirtschaftswissenschaften an der Universität Warschau und das Institut für die Geschichte der Materiellen Kultur der Polnischen Akademie der Wissenschaften mit Witold Hensel zu nennen. Auch das Institut der Wirtschaftswissenschaften an der Wirtschaftshochschule in Wroclaw (Breslau) hat ein wirtschaftsgeschichtliches Zentrum[1].

Auch Archive und Museen nehmen sich in mehr oder weniger großem Umfange der wirtschaftsgeschichtlichen Forschung an. Das Fuggerarchiv in Dillingen/Donau gibt die Studien zur Fuggergeschichte heraus, das Rheinisch-Westfälische Wirtschaftsarchiv in Köln veröffentlicht Forschungen zur rheinisch-westfälischen Wirtschaftsgeschichte, das Westfälische Wirtschaftsarchiv in Dortmund gibt eine Vortragsreihe heraus, die Wirtschaftsgeschichtliche Forschungsstelle Hamburg unter E. Hieke erschließt die Hamburger Unternehmer- und Firmengeschichte. Das Ervhervsarkiv in Århus, das Internationale Institut für Sozialgeschichte in Amsterdam geben eine eigene Zeitschrift heraus. Die Kress-Library of Business and Economics an der Baker Library (Harvard Univ.), Cambridge, Mass., veröffentlicht eine Reihe von Quellenschriften mit kritischer Einleitung. Das Nederlandsch Agronomisch Historisch Instituut in Wageningen gibt eine Reihe „Bijdragen" heraus.

Zahlreiche Vereinigungen haben der Wirtschaftsgeschichte einen beachtlichen Platz eingeräumt, so der Hansische Geschichtsverein und der Verein für Socialpolitik, der dann umgeändert wurde in eine Gesellschaft für Wirtschaftswissenschaften und nun einen eigenen Ausschuß für Wirtschaftsgeschichte hat, schließlich die 1961 gegründete Gesellschaft für Sozial- und Wirtschaftsgeschichte, der auch Wirtschaftshistoriker Österreichs, der Schweiz, Belgiens und Japans angehören. Sie hält alle zwei bis drei Jahre eine Arbeitstagung ab, so 1963 in Mainz, 1965 in Würzburg, 1968 in Mannheim und 1970 in Wien. Dazu kommen Arbeitskreise, wie der Wirtschaftshistorische Verein in Köln, die Gesellschaft für Westfälische Wirtschaftsgeschichte in Dortmund, der Arbeitskreis für moderne Sozialgeschichte in Heidelberg, der stadtgeschichtliche Arbeitskreis in Tübingen, die Gesellschaft für Geschichte des Landvolks und der Landwirtschaft und der Ausschuß für Technik-Geschichte des Vereins Deutscher Ingenieure.

Auch das Ausland hat seine eigenen wirtschaftsgeschichtlichen Organisationen, so besonders England und die Vereinigten Staaten. Neuerdings haben sich die Wirtschaftshistoriker zu einer internationalen Organisation zusammengeschlossen, die 1960 in Stockholm ihre erste Konferenz abhielt und im

Internationalen Komitee der historischen Wissenschaften als Kommission für Wirtschaftsgeschichte vertreten ist. Der 2. Internationale Wirtschaftshistorikerkongreß fand 1962 in Aix-en-Provence, der dritte 1965 in München, der vierte 1968 in Bloomington/Indiana und der fünfte 1970 in Leningrad statt[2]. Alle im Rahmen der Seefahrtsgeschichte auftauchenden wirtschaftsgeschichtlichen Probleme werden in einer internationalen Gruppe für Seefahrtsgeschichte wahrgenommen, die ebenfalls im Rahmen des Internationalen Komitees der historischen Wissenschaften eine eigene Kommission bildet. In internationalen Kolloquien, die unter der Leitung von Michel Mollat zunächt in Paris stattfanden, wurden Fragen des Schiffbaus, der Quellen zur Seefahrtsgeschichte, der Rolle des Salzes in der Geschichte behandelt. 1960, anläßlich des Kongresses, der zur Feier des 500. Todestages von Heinrich dem Seefahrer in Lissabon stattfand, widmete sich ein Kolloquium der Organisation und Finanzierung der Entdeckungsfahrten. Zwei Kolloquien von 1962 in Lorenço Marques und Venedig sowie ein Kolloquium in Beirut 1965 behandelten die Beziehungen Europas zum indisch-ostasiatischen Raum, 1967 beschäftigte sich ein Kolloquium in Sevilla mit der Atlantikfahrt, 1968 fand ein Kolloquium an Bord der Ausonia statt, das sich auf die Seefahrtsgeschichte im Mittelmeer konzentrierte, ähnlich standen bei dem Kolloquium in Moskau 1970 die Fahrten in den arktischen Gewässern im Mittelpunkt[3].

Zahlreiche internationale Kolloquien widmen sich Spezialfragen, so die „Coloquios Luso-Brasileiros" u. a. Problemen der Wirtschaft und Gesellschaft im portugiesischen Reich. Bei Symposien, solchen der Bodingesellschaft und auf Visby, standen städtegeschichtliche Fragen im Mittelpunkt, in Nancy fand 1955 ein Kolloquium zur Geschichte des Eisens statt, in Marburg wurden Fragen der Handelsbeziehungen zwischen Mittel- und Osteuropa, in Köln die Rolle der fremden Kaufleute auf der Iberischen Halbinsel, die Geschichte des Eisens, des Kupfers, der Farbstoffe, in Graz die Bedeutung der Türkenkriege für die Wirtschaft behandelt. Die Fruchtbarkeit dieser Kolloquien, Symposien mit begrenzter Teilnehmerzahl, hat sich um so deutlicher erwiesen, je mehr die großen Internationalen Historiker-Kongresse zu Massenveranstaltungen geworden sind[4].

Zu den wichtigsten Werkzeugen wirtschaftsgeschichtlicher Forschung gehören die Fachzeitschriften. Am längsten bestehen die von Bruno Hildebrand gegründeten Jahrbücher für Nationalökonomie und Statistik (seit 1862) und die 1893 von Stephan Bauer, Karl Grünberg, Ludo Moritz Hartmann und Emil Szanto in Wien gegründete Zeitschrift für Sozial- und Wirtschaftsgeschichte, die seit 1903 sich Vierteljahrschrift für Sozial- und Wirtschaftsgeschichte nennt. In Frankreich wurde die Revue d'Histoire des Doctrines économiques, die seit 1908 bestand, 1913 in eine Revue d'Histoire économique et sociale umgewandelt. 1915 folgte in Holland das Economisch-Historisch Jaarboek, in England entwickelte sich aus einem Supplement zum Economic Journal 1927 die Economic History Review. In den USA gab es seit 1926 das Bulletin der Business Historical Society, 1928 folgte das Journal of Economic and Business History, von dem sich 1941 die Business History Review absonderte. 1929 kamen die Annales von Lucien Febvre und Marc Bloch hinzu, 1931 erschienen in Polen die Jahrbücher für Sozial- und Wirtschaftsgeschichte (Roczniki Dziejow społecznych i gospodarczych) und ab 1936 in Turin die Rivista di Storia Economica.

Neuerdings sind hinzugekommen die Scandinavian Economic History Review (seit 1935), die italienischen Zeitschriften Economia e Storia (seit 1954) und Journal of European Economic History (1972) sowie in England die Zeitschrift Business History (seit 1958), in den USA die Business History Review (seit 1956) und Zeitschriften mit einer besonderen Fachrichtung, wie die für Firmengeschichte „Tradition" (seit 1956), die Zeitschrift für Agrargeschichte und Agrarsoziologie (seit 1953), in Dänemark das Erhvervshistorik Årbog (seit 1949) und in Genf die Revue Internationale d'Histoire de la Banque (seit 1968)[5].

[1]) Verzeichnis der Hochschulinstitute der Bundesrepublik, Hg. Deutsche Forschungsgemeinschaft, [2]1957; A. H o f f m a n n , Neue Aufgaben der Wirtschafts- und Sozialgeschichte in Österreich, in: Anzeiger der phil.-hist. Kl. der Österreichischen Akademie der Wissenschaften 1964, So. 5; A. T i m m , Das Fach Geschichte in Forschung und Lehre in der Sowjetischen Besatzungszone von 1945 bis 1955, 1957; H. S p r o e m b e r g - H. K r e t s c h m e r , Zum 50. Geburtstag der Gründung der Abteilung Landesgeschichte der Leipziger Universität (Karl-Marx-Universität Leipzig, Institut für Deutsche Geschichte), 1956; H. H a s s i n g e r , Die Wirtschaftsgeschichte an Österreichs Hochschulen bis zum Ende des 1. Weltkriegs, in: Wirtschaft, Geschichte, Wirtschaftsgeschichte, Festschrift F. Lütge, 1966; H. A u b i n , Zum 50. Band der Vierteljahrschrift für Sozial- und Wirtschaftsgeschichte, in VSWG 59, 1963; A. H. C o l e , Economic History in the United States: Formative Years of a Discipline, in: Journal of Econ. Hist. 28, 1968.
A. W y c z a n s k i , Centres de recherche historique en Pologne, in: La Pologne au XIIIe Congrès International des Sciences Historiques à Moscou, I, Warschau 1970.
[2]) Die wirtschaftliche Situation in Deutschland und Österreich um die Wende vom 18. zum 19. Jh., Bericht über die Erste Arbeitstagung der Gesellschaft für Sozial- und Wirtschaftsgeschichte in Mainz, 4–6. März 1963, Hg. F. L ü t g e (Forschungen zur Sozial- und Wirtschaftsgeschichte, Hg. F. L ü t g e , 6), 1964. Wirtschaftliche und soziale Probleme der gewerblichen Entwicklung im 15.–16. und 19. Jh., Bericht über die zweite Arbeitstagung der Gesellschaft für Sozial- und Wirtschaftsgeschichte in Würzburg, 8–10. März 1965 (Forschungen zur Sozial- und Wirtschaftsgeschichte, Hg. F. L ü t g e , 10), 1968.
Öffentliche Finanzen und privates Kapital im späten Mittelalter und in der ersten Hälfte des 19. Jhs., Bericht über die 3. Arbeitstagung der Gesellschaft für Sozial- und Wirtschaftsgeschichte in Mannheim am 9. und 10. April 1969, Hg. H. K e l l e n b e n z , (Forschungen zur Sozial- und Wirtschaftsgeschichte, Hg. K. B o r c h a r d t , E. S c h r e m m e r und W. Z o r n , 16), 1971.
Première Conférence Internationale d'Histoire Economique, Stockholm, 1960, Paris-La Haye 1960; Deuxième Conférence Internationale d'Histoire Economique, Aix-en-Provence 1962, 2 Bde, Paris-La Haye 1965; Michel F r a n ç o i s , Organisation collective de la recherche historique, in: L'histoire et ses méthodes, 1454–1466.

³) Le Navire et l'Economie maritime du XVe au XVIIIe siècle. Travaux du Colloque d'histoire maritime, tenu le 17 mai 1956, à l'Academie de Marine, présentés par M. Mollat avec la collaboratin d'O. de Prat, Paris 1957; Le Navire et l'Economie maritime du Moyen Age au XVIIIe siècle, Travaux du Deuxième Colloque international d'histoire maritime, tenu 17 mai 1957, à l'Academie de Marine, présentés par M. Mollat avec la collaboratin d'O. de Prat, Paris 1959.
Le Navire et l'Economie maritime du Nord de l'Europe du Moyen Age au XVIIIe siècle. Travaux du Troisième Colloque international d'histoire maritime, tenu le 30 et 31 mai 1958 à l'Academie de Marine, présentés par M. Mollat avec la collaboration du Commandant Denoix, d'O. de Prat, de P. Adam et de M. Perrichet, Paris 1960. Mediterranée et Ocean Indien, Travaux du Sixième Colloque International d'Histoire maritime. Par les Soins de Chr. Villain-Gandossi et de M. Cortelazzo (Venice, 20–24 septembre 1962), Paris 1970.

⁴) z. B. III. Colloquio Internacional de Estudos Luso-Brasileiros, Lissabon 1957, Actas Lissabon 1960.

⁵) Zeitschriften (in alphabetischer Ordnung):
Annales (Economies, Sociétés, Civilisations), Paris 1929.
Annali di storia economica e sociale, Neapel 1960ff.
Anuario de Historia economica y social, Madrid 1968.
Contributions à l'histoire économique et sociale, Brüssel 1962.
Cuadernos de Historia economica de Cataluña, Barcelona 1969.
Economia e Storia, Mailand 1954.
Economy and History, Lund 1958.
Economic History 1–13, London 1929–1944.
The Economic History Review, 14–18, London 1948–1952; 2nd series 1ff., 1948ff.
Economisch Historisch Jaarboek, s'Gravenhage 1915.
Erhvervshistorisk Årbog, Aarhus 1949.
Indian Economic and Social History Review, 1964.
Jahrbücher für Nationalökonomie und Statistik, 1863.
Jahrbuch für Geschichte von Staat, Wirtschaft und Gesellschaft Lateinamerikas, Köln 1964.
Jahrbuch für Gesetzgebung, Verwaltung und Volkswirtschaft 1, Berlin 1881.
Jahrbuch für Wirtschaftsgeschichte, Berlin (Ost) 1960.
Journal of Economic and Business History, Cambridge/Mass., 1–4 1928/29–1932.
The Journal of Economic History, New York 1944.
The Journal of European Economic History, Rom 1972.
Journal of the Economic and Social History of the Orient, Leiden 1957.
Past and Present, Oxford 1957.
Revue d'histoire économique et sociale, Paris 1913.
Revue Internationale d'Histoire de la Banque, Genf 1968.
Roczniki Dziejow społeznych i gospodarczych, 1931.
The Scandinavian Economic History Review, Stockholm 1953.
Scripta Mercaturae, München 1967.
Studia Historiae economicae, Poznan 1966.
Vierteljahrsschrift für Sozial- und Wirtschaftsgeschichte 1–37, Stuttgart 1903–1944, 38ff., Wiesbaden 1949.

VII. WOZU WIRTSCHAFTSGESCHICHTE?

Aus den bisherigen Ausführungen ergibt sich, wie weitgreifend und vielschichtig das Arbeitsfeld der Wirtschaftsgeschichte ist. Es geht ihr in erster Linie darum, die zeitliche Abfolge der wirtschaftlichen Vorgänge und Ereignisse zu erfassen und in Querschnitten die dahinter sich verbergenden Zustände und Strukturen freizulegen und zu sehen, wieweit sie sich in langfristige Trends und Wellen einfügen lassen, oder ob sie noch starrer, noch mehr der Bewegung der Natur angepaßt sind.

Doch soll sich der Wirtschaftshistoriker nicht damit zufriedengeben, nur ein bestimmtes Tatsachenmaterial irgendeiner Epoche aus den Quellen zu erschließen und die Ergebnisse in die Form der Darstellung zu bringen. Sein Streben muß es sein, auf ein Gesamtbild der wirtschaftlichen Vergangenheit hinzustreben bzw. er soll seine Leistung als Beitrag zur Erreichung eines solchen Gesamtbildes auffassen. Dieses Gesamtbild muß wieder in den größeren Rahmen der gesamten Kulturleistung der Menschen eingefügt werden. In diesem größeren Rahmen liefert die Wirtschaftsgeschichte freilich nur den Stoff für die unteren Schichten, die Fundamente. Allerdings sind diese Fundamente wichtig: Mit der Erarbeitung dieser Realitäten verhilft der Wirtschaftshistoriker zu einem vertieften Geschichtsbild und erschwert oberflächliche schwarzweißmalende Geschichtsdeutungen. Insbesondere hilft er die sozialgeschichtlichen Zusammenhänge erhellen. In diesem Sinn ist die Mitarbeit des Wirtschaftshistorikers für den allgemeinen Historiker ebenso wichtig wie für den Wirtschaftstheoretiker, den Sozialwissenschaftler, denen er durch die Erforschung der historischen Realität nicht nur Materialien, sondern Gesichtspunkte, Möglichkeiten der Revision liefert.

Indem der Wirtschaftshistoriker auf dieses Ziel zustrebt, werden an seine wissenschaftliche Haltung bestimmte sittliche Anforderungen gestellt, wie sie jeder Wissenschaftler erfüllen muß. Er muß sich möglichster wissenschaftlicher Objektivität befleißigen, d. h. er muß seine Schlüsse auf Grund der in den Quellen gegebenen Tatsachen ziehen, darf sich nicht durch vorgefaßte Meinung zugunsten eines Menschen oder einer Sache beeinflussen lassen, am allerwenigsten durch eine Ideologie. Wir halten uns hier an das von Max Weber aufgestellte Postulat der Wertfreiheit. Dabei wird allerdings zugegeben, daß auch das Postulat der Objektivität seine Grenzen hat und immer nur zu einer nicht nur durch Kenntnisstand und das Temperament, sondern auch die apriorischen Überzeugungen des einzelnen Forschers bedingten „anschaulichen Abstraktion" führt, daß alle Geschichtsschreibung mit „geschichtsphilosophischen Voraussetzungen" durchsetzt ist.

Abgesehen davon steht jeder Historiker in seiner Gegenwart. Wirtschaftsgeschichte und Geschichte darüber hinaus sind ihm das Feld, das er in dauernder Beziehung zu den Gegenwartsproblemen sieht. Von Erfahrungen, und

d. h. von vielen Enttäuschungen geprägt, wird er in der Gegenwart seinen Standpunkt beziehen und mit Mut verteidigen. Indem der Wirtschaftshistoriker sein Arbeitsfeld als Teilgebiet des weiteren Bereiches der historischen Sozialwissenschaften erkennt und pflegt, fällt ihm auch sein Anteil an den allgemein-sittlich-erzieherischen Aufgaben zu, die diese Wissenschaften erfüllen. Er wird Karl Marx, wo er als Historiker richtig gesehen hat, ebenso anerkennen, wie er sich gegen dogmatischen Historizismus und Determinismus wehren wird. Er muß die Rolle der materiellen Dinge in der Geschichte herausarbeiten, er im besonderen ist deshalb auch beauftragt, die Gefahren zu erkennen, die in einer Geringschätzung des menschlichen Elementes im Wirtschaftsprozeß, in einer Verkennung der menschlichen Freiheit, insbesondere der schöpferischen Initiative des Einzelnen, liegen. Ganz allgemein wird durch ihn die ethische Leistung aller im Wirtschaftsprozeß Tätigen sichtbar, die darin liegt, daß durch ihre Arbeit die mannigfachen Widerstände von seiten der Natur, der Gesellschaft und des Einzelnen überwunden werden, um ihre eigene Existenz und diejenige der anderen zu sichern und zu verbessern. Ihm ist es auch gegeben, gegenüber einer übertriebenen Abstraktion, einer zu starken Verkürzung der Perspektiven, einer zu starken „Faszination" durch die Zahl der Eigenständigkeit des Konkreten in der Geschichte den Eigenwert der einzelnen Epoche zu betonen, den Menschen in seiner dämonischen Vielfalt und Abgründigkeit zu begreifen. Mit ihm sich zu beschäftigen, wird er nie fertig werden, wird er immer Neues lernen, neue Techniken, Methoden erproben müssen[1].

---

[1] M. Weber, Die „Objektivität" sozialwissenschaftlicher und sozialpolitischer Erkenntnis, in: Archiv für Sozialwissenschaft und Sozialpolitik 19, 1904; L. Beutin, Die Praxis und die Wirtschaftsgeschichte (= Vorträge der Gesellschaft für Westfälische Wirtschaftsgeschichte, H. 3,), 1955; R. Kötzschke, Über Wirtschaftsgeschichte und Gegenwart 9, 1919; B. Kuske, Wirtschaftsgeschichte an Handelshochschulen, in: Zs. für die ges. Staatswissenschaft 69, 1913; Th. Sommerlad, Die Wirtschaftsgeschichte und die Gegenwart, 1911; G. Weisser, Wirtschaft, in: Handbuch der Soziologie, Hg. W. Ziegenfuß, 1956; H. Albert, Wertfreiheit als methodisches Prinzip, Schriften des Ver. f. Socialpolitik N.F. 29, 1963; ders. (Hg.), Theorie und Realität, Ausgewählte Aufsätze zur Wissenschaftslehre der Sozialwissenschaften, 1964; ders., Wert, in: HdSW XII, 1965, 637–642.

REGISTER

1. Geographische Bezeichnungen

Aachen 35
Aarhus 37, 38, 225
Abendland 90
Adria 69
Afrika 70, 116, 139, 206
Ägina 13
Ägypten 11
Aix-en-Provence 202, 226
Albuquerque, Bras de 139, 140
Aleppo 33
Alexandrien 44, 45
Alpen 204
Amerika 70, 76, 108, 110, 118, 139, 195, 196, 214
Amiens 45
Amsterdam 16, 21, 22, 34, 116, 190, 204
Angelsächsische Länder 224
Ankara 209
Antillen 32, 76
Antwerpen 16, 21, 33, 34, 87, 116, 202, 204
Arabien, arabisch 18
Argentinien 214
Arkadien 129
Arnstein 145
Arsakiden 14
Artus 227
Asien 69, 139
Asia 139, 140
Assurbanipal 45
Athen 124, 125, 126
Atlantik 69
Augsburg 32
Ausonia 226
Aussee 179
Australien 76

Bagdad 134
Bamberg 45
Barcelona 22, 35, 81, 203
Bari 188
Barmen 157
Basel 29, 38
Bayerisch-Schwaben 195

Beauvais, Beauvaisis 35, 202
Beirut 226
Belgien 73, 186, 204, 225
Berlin 30, 186, 187, 189, 197, 200, 224
Berkeley 203
Biberach 32
Bilbao 188
Birka 11, 15
Birmingham 181
Blekinge 69
Bloomington (Indiana) 226
Bochum 64, 199
Böhmen 178, 179
Bogotá 213
Bonn 55, 150, 173, 199, 224
Bordeaux 33
Bosnien 208
Boston 184
Brasilien 11, 71, 190, 191, 202, 214
Braunschweig 197
Bremen 195, 197
Breslau 31
Brindisi 14
Britische Inseln 223
Brügge 31, 204
Brünn 179
Budapest 177
Bulgarien 205, 209, 212
Bundesrepublik 224
Burgos 33
Byzanz, byzantinisch 18, 209

Calcutta 182
Cambridge (England) 181
Cambridge (Mass.) 183, 225
Cernowitz 179
Ceuta 118
Charlottenburg 30
Chicago 59, 211, 212
Chile 213, 214
China 140, 208
Cleveland 59
Cluj (Klausenburg) 209
Coimbra 139, 203

Columbia University 183, 223
Corbie 45
Cordoba 214
Cremona 33
Crnagora (Montenegro) 209

Dänemark 34, 38, 176, 227
Danzig 23, 31, 197
Delft 34
Deutschland 2, 17, 18, 20, 55, 61, 81, 98, 116, 144, 148, 149, 159, 174, 177, 178, 180, 182, 183, 184, 195, 206
DDR 205
Dillingen/Donau 32, 225
Dinant 186
Dithmarschen 150
Dobrudscha 11
Don 15
Donau 11, 69
Dortmund 38, 46, 224, 225
Draguignan 35
Dresden 20, 158
Dubrovnik 208
Duisburg 38

Einsiedeln 45
England 2, 11, 20, 22, 37, 45, 46, 54, 85, 86, 110, 121, 146, 151, 153, 157, 161, 162, 180, 181, 182, 210, 223, 225, 226
Ephesus 69
Erft 71
Este 46
Euphrat 71, 72
Europa 70, 71, 79, 121, 139, 146, 190, 210, 224

Falun 11
Finnland 205
Flandern 23, 186
Flensburg 31
Florenz 29, 31, 33, 46, 136, 188
Frankfurt/M. 61, 154, 176, 180, 185
Frankfurt/Oder 150
Franken 23, 81
Frankreich 2, 14, 32, 33, 35, 37, 44, 64, 70, 71, 137, 147, 151, 153, 182, 183, 184, 202, 203, 223, 226
Freiburg 199

Galizien 179

Gent 186
Genua 16, 18, 31, 33, 35, 81, 202
Gerona 22
Gibraltar 35
Goa 139
Göttingen 145, 195, 196, 224
Gotland 13, 14
Graz 177, 178, 179, 180, 226
Griechenland 95, 172, 185, 209
Großbritannien 73

Haag 30, 34, 38, 46
Hagen 195
Habsburger Reich 177
Haithabu 198
Halle 173, 200
Hamburg 17, 19, 21, 22, 31, 35, 38, 46, 97, 143, 147, 171, 172, 173, 197, 198, 199, 200, 225
Hannover 196, 199
Harvard 55, 181, 183, 184, 211, 225
Heidelberg, Heidelberger Schule 3, 46, 161, 169, 172, 174, 181, 199, 224, 225
Heilbronn 172
Helmstedt 140, 142
Herculaneum 69
Hispaniola 138
Hohenheim 199, 223
Hohenlohe 145
Holland 30, 176, 182, 190, 223, 226
Hondschote 202
Huancavelica 213

Illinois 183
Indien 14, 140
Indischer Ozean 69
Indus 71, 72
Innerafrika 69
Innerösterreich 203
Innsbruck 177
Istanbul 209
Italien 2, 15, 19, 29, 46, 72, 85, 116, 174, 176, 190, 202, 203, 212

Japan 69, 73, 214, 225
Judenburg 32
Jugoslawien 208, 209

Kärnten 204
Kalabrien 69
Kalundborg 31

Geographische Bezeichnungen

Kanada 69, 213
Karthago 129
Karibische Inseln 69
Kassel 46
Katalonien 202
Kiel 18, 31, 38, 46, 142, 154, 157
Kijew 15
Kleinasien 29
Koblenz 30
Köln 11, 17, 29, 31, 35, 38, 46, 175, 195, 196, 197, 200, 223, 224, 225, 226
Königsberg 172
Konstantinopel 14, 118
Konstanz 29
Kopenhagen 30, 46, 150, 224
Krakau 223
Kronborg 11

Ladoga 15
Laibach (Ljubljana) 32
Lakedaimon 127
Languedoc 202
La Rochelle 39
Lateinamerika 196, 202, 206, 213, 214
Lausanne 54
Leiden 46, 140
Leipzig 38, 46, 72, 143, 152, 173, 187, 189, 197
Leningrad 34, 207, 226
Leufsta 34
Lille 223
Lima 139
Limburg 34
Linz 204
Lissabon 33, 69, 203, 226
Lodz 223
Löwen 204, 224
Lombardei, lombardisch 16
London 21, 29, 30, 46, 116, 143, 223, 224
Londrina 71
Lorenço Marques 226
Lorsch 46
Lübeck 17, 18, 23, 29, 31, 98, 116, 172, 177, 198
Lublin 223
Lucca 31, 33
Lüttich 186, 204
Lydien 81
Lyon 21, 33, 87, 187

Madrid 30
Mälarsee 15
Magdeburg 23, 140
Mailand 31, 33, 188, 203
Mainz 225
Makedonien 13, 209
Malmö 31
Manchester 223
Mannheim 200, 225
Mantua 15
Marburg 200, 224, 226
Marilia 71
Marseille 32, 35
Marsilia 24
Massachusetts 211
Mazedonien s. Makedonien
Medina del Campo 21, 33
Megalopolis 129
Memmingen 32
Merseburg 30
Mesopotamien 29, 109
Messene 128
Messina 14, 69
Mexico 76, 213
Middelburg 34
Mina 189
Misdroy 157
Mississippi 69
Mitteleuropa 2, 13, 85, 195
Mittelmeer 78, 90, 226
Mittelmeergebiet 12, 13, 190
Moldau 179
Monte Cassino 45
Mont Pelé 69
Mosel 159, 173
Moskau 207, 208, 226
München 11, 30, 40, 158, 176, 195, 199, 224, 226
Münster 35, 199, 224

Nancy 226
Nantes 33
Neapel 203
Neunhof 32
New York 224
Niederlande 15, 19, 33, 34, 73, 85, 140, 183, 190, 203
Nil 69, 71, 72, 109
Nordafrika 72, 145

Nordamerika 73, 120
Norddeutschland 18, 19
Norden 13
Nordfrankreich 73
Nordfriesen 69
Norditalien 73
Nordstrand 69
Normandie 32, 35
Norwegen 34, 69, 176
Nürnberg 11, 18, 19, 22, 31, 32, 147, 179, 199
Nürnberg, Burggrafen von 15

Oberdeutschland 18, 35
Oberhausen 38
Oberösterreich 203
Oberpfalz 72
Ofen 46
Oppenheim 38
Öresund 11, 23, 69
Orient 71, 78, 90, 214
Ormuz 140
Osmanisches Reich 209
Osnabrück 148, 149
Ostafrika 69
Ostberlin 225
Österreich 55, 147, 177, 178, 179, 183, 203, 204, 224, 225
Ostindien 139
Oxford 46, 223

Padua 15
Paris 30, 45, 152, 154, 184, 186, 224
Pazifischer Ozean 69
Pennsylvania University 211
Pergamon 45
Persien 89
Peru 139, 213, 214
Pest 177
Petersburg 161
Pisa 29, 188
Polen 206, 223, 225, 227
Pompeji 69
Posen 31, 223
Portugal 30, 33, 173, 174, 202, 203
Prag 46, 178, 179, 180, 223
Prato 20, 21, 31, 224
Preußen 30
Princeton 64
Provence 202

Ravensburg 32
Recife 214
Regensburg 11
Remscheid 35
Rennes 185
Reval 31
Rhein 11, 59, 173
Rheinland 35, 73, 198
Riesengebirge 11
Riga 147
Rio de la Plata 214
Rochester 212
Rom 14, 29, 30, 44, 45, 46, 109, 118, 129, 131, 143, 150, 172, 174, 185
Rosario 214
Rostock 18, 31, 36
Rotterdam 223
Rouen 32, 202
Rumänien 178, 205, 209
Rußland 14, 34, 176, 190, 212

Saarbrücken 38, 200
Sagamibucht 69
St. Maur 140
Saint Pierre 69
Salzburg 204
San Francisco 69
San Sebastian 11
Santa Cruz (= Brasilien) 139
Santarem 139
Santo Domingo 138
Santos 11
São Jorge, Engenho de 11
São Paulo 191, 203, 214
Sarajevo 208
Schaffhausen 46
Schlesien 198
Schleswig 198
Schleswig-Holstein 204
Schonen/Schonenhering 69
Schwarzes Meer 15
Schwarzwald 160, 173
Schweden 14, 22, 34, 189, 205
Schwerin 30
Schweiz 35, 73, 202, 225
Serbien 208
Sevilla 16, 30, 33, 139, 201, 226
Sibirien 69
Siebenbürgen (Transilvanien) 209

Siena 31
Simancas 29, 30
Sizilien 13, 14
Skandinavien 14, 45, 188, 224
Slowakei 206
Slowenien 208
Soest 23
Solj Kamskaja 207
Sowjetunion 205, 207
Spanien 14, 15, 21, 30, 33, 72, 87, 109, 149, 173, 183, 188, 195, 202, 203, 213
Sparta 126
Steiermark 177, 178, 180
Stettin 223
Steyrischer Erzberg 179
St. Gallen 45, 203
Stockholm 35, 46, 64, 177, 189, 198, 224, 225
Straßburg 173, 186, 187
Strelitz, Strelitzer 30
Stuttgart 223
Südeuropa 69
Südrußland 11
Syrakus 126

Tarent 13
Terraferma 35
Theben 13
Theos 13
Thessalien 13
Tigris 71, 72
Tirol 147, 177, 179
Toronto 181, 183, 213
Toskana 136, 188
Toulon 35
Toulouse 33
Trier 11, 155
Triest 188
Tschechoslowakei 206
Tübingen 181, 225
Turin 227

Ulm 11, 32
Ungarn 177, 208
Urbino 46
USA 55, 61, 183, 226

Valencia 10, 22
Valladolid 29, 30, 33
Venedig 16, 18, 22, 29, 31, 33, 35, 109, 116, 174, 188, 204, 213
Venezuela 32, 213
Vereinigte Staaten 64, 210, 213, 223, 225
Verviers 186
Villach 69
Visby 98, 226
Viseu 139
Vivarium 45
Vorderer Orient 12

Wageningen 223, 225
Warschau 223, 225
Westdeutschland 175
Westeuropa 85, 120, 151, 180, 190
Westfalen 35, 73
Wien 23, 30, 54, 145, 177, 178, 179, 180, 204, 225, 226
Wiener Neustadt 32
Wismar 142
Wolfenbüttel 46
Wolga 15
Wollin 157
Worms 172
Wroclaw (Breslau) 225
Württemberg 171
Würzburg 145, 225

Yale 183, 223

Zweistromland 123
Zürich 38, 203

2. Personen

Abel, Wilhelm 177, 196
Acciaiuoli 31
Adelung, Johann-Christoph 144
Adorno, Theodor 56
Adrichem, Claes Adriansz van 34
Ägypter 13, 130
Affaitati 32, 33
Agricola, Georg 11
Aitken, Hugh 213
Alanen, Aulis J. 205
Albert, Hans 60
Alberti 31
Albertus Magnus 132
Albrecht I, Herzog von Bayern 46
Alexander der Große 14, 128
Al-Masudi 134
Amburger, Erik 34, 208
Ameral, Luis 214
Ammann, Hektor 200, 203
Ammann, Jost 11
Amoroso, L. 59
Amya 34
Anderson, Adam 146
Andrea 34
Anton, Karl Gottlob von 147
Antonin 133
Aquin(o), Thomas von 99, 132, 133
Araber 134
Arbman, Holger 205
Aristoteles 127, 128, 130, 131, 132
Arnold, Wilhelm Christoph Friedrich 172
Artaxerxes 127
Arup, Erik 189
Arzila Farias, Eduardo 213
Ashley, William James 183, 189, 223
Ashton, T. S. 210
Ashtor, Eliyahu 214
Assyrer 13
Åström, Sven-Erik 205
At-Tabari 134
Attman, Arthur 205
Aubin, Hermann 198
Augustinus 132
Avenel, Vicomte d' 183

Axelson, Eric 214
Azevedo, João Lúcio de 188

Baasch, Ernst 176, 190
Babylonier 13
Bacon, Francis 137
Baehrel, René 202
Baines, Eduard 180
Baker, Library 46
Bakulev, G. D. 207
Balmes, Jaime Luciano 175
Balodis, Francis 15
Balzac 24
Barbaren 124
Barbieri, Gino 33, 203
Bariola 188
Barkan, Lütfi 209, 214
Barnea, Ion 209
Baron, Paul 112
Barros, João de 139, 140
Bauer, Clemens 177, 199
Bauer, Stefan 178, 179, 226
Beard, Charles A. 183
Becher, J. J. 204
Bechtel, Heinrich 120, 200
Beck, H. G. 209
Beer, Adolf 177
Behaim 32
Behrendt, Richard F. 112
Below, Georg von 169, 170, 174, 178, 190
Bensa 188
Berdrow, Wilhelm 37
Berend, I. T. 208
Berengo, Andrea 33
Bergier, Jean-François 202
Bernheim, Ernst 8
Berr, Henri 201
Besche, de (De) 34
Besta 188
Beutin, Ludwig 176, 195
Beveridge, William Henry 182, 204
Bianchini 188
Bidermann, Hermann Ignaz 177
Binney J. E. D. 210

Bishoff, James 180
Bilhop, J. L. 183
Bismarck 197
Bittner, Ludwig 179
Blanc, Louis 184
Blanqui, Adolphe 184
Bloch, Marc 186, 187, 200, 223, 227
Bloch, Raymond 202
Blumberg, Horst 206
Boas, Franz 55
Bobé, Louis 34
Bobeck 73
Boccaccio 24
Böckh, August 150
Bodin, Jean 136, 137
Bodley, Thomas 46
Boëthius, Bertil 205
Bog, Ingomar 200
Bogart, Ernest L. 183
Bogoljubskij, Andrej 15
Bogucka 206
Böhm-Bawerk 179
Böhmer 172
Boisguillebert 56
Bolin, Sture 205
Borah, Woodrow 213
Borchardt, Knut 195
Borden 213
Born, Erich 200
Borromei 36
Borowski 207
Bortkiewicz, L. O. 59
Bosl, Karl 199
Boussemart 34
Bouvier, Jean 202
Bowden, Witt 184
Brambilla 188
Brandt, v. A. 31, 197
Braudel, Fernand 3, 33, 51, 111, 200, 201, 202
Bréhier, L. 209
Brentano, Lujo 175
Bresslau, Harry 186
Brinckmann, Carl 176
Bro-Jørgensen, J. O. 189
Brodnitz, Georg 176, 189
Brodrick, J. 182
Brown, Phelps 210
Brugmans, J. I. 204

Brulez, Wilfrid 204
Bruni, Leonardo 136
Brunner, Otto 198, 199
Brusatti, Aloys 204
Buarque de Holanda, Sergio 214
Bucharin 55
Bücher, Karl 72, 74, 119, 162, 163, 164, 165, 167, 169
Buckle 158
Bull, Edvard 205
Buonvisi 33
Burckhardt, Jakob 159
Burgunder 23
Burke, Edmund 149
Büsch, Johann Georg 24, 143, 147

Caesar, Julius 185
Calkin, V. I. 207
Calmon, Pedro 191
Calvin 99, 182, 183
Cameron, Rondo 213
Candiani, Filippo 33
Capponi 33
Carande, Ramón 203
Carlé, Maria del Carmen 214
Carlsson, Sten 205
Carnegie-Stiftung 184
Caro, Georg 115
Caroselli, Maria R. 203
Carrera Pujal, Jaime 203
Carus Wilson, E. 210
Cassiodor 45
Caster, Gilles 33
Cavignac, Jean 35
Cernovodeanu, Paul 209
Chandler, Alfred D. 213
Charlemagne (Karl der Große) 144
Chaunu, Pierre 11, 64, 213
  Huguette 201
Checkland, S. G. 210
Chevalier, F. 213
Chicotti, E. 188
Chigi, Fabio 46
Child 138
Chinesen 13, 78, 144
Choroškevic, A. L. 207
Christaller 73
Christen 131
Christensen, Aksel E. 34, 189, 205

Chromov, P. A. 207
Chumanidis, L. 209
Cieza de León, Pedro 139
Cipolla, Carlo 203
Cicero 130
Clapham, John Harold 181, 183, 209
Clough, Shepard B. 184, 213
Cobbet, William 175
Cochran, Thomas C. 211, 212, 213
Cœur, Jacques 32
Colbert 54
Cole (mit Clough) 213
Cole, Arthur H. 184, 211, 212
Cole, Charles W. 184
Coleman, D. C. 210
Colmeiro, Manuel 188
Colonna, de 15
Comte, Auguste 54, 152, 153, 158, 184
Condorcet, Caritat de 2, 51, 187
Conquistadoren 214
Conrad, Alfred H. 64, 212
Conring, Hermann 142
Considérant, Victor 152
Constantinescu, M. 209
Conze, Werner 199
Cook, M. A. 209
Coornaert, Emile 202
Correia, Gaspar 139, 140
Corsi 33
Cortes, Donoso 139, 175
Corvinus, Matthias 46
Cournot, A. 59
Court, W. H. B. 210
Couto, Diogo do 139, 140
Craeybeckx, J. 204
Cranfield, Lionel 210
Crocini 31
Cromwell, Oliver 45
Crouzet, François 202
Crüger, Carl 19
Cruz, Fr. Gaspar 140
Cunningham, Timothey 146
Cunningham, William 188, 189
Cusamano 188
Cvijetić, I. 209

Dahlgren 34
Daicoviciu, C. 209
Danse 35

Darbys of Coalbrookdale 35
Darwin, Charles R. 153, 180
Datini, Francesco di Marco 20, 21, 31, 203, 224
Dauthius, Johannes 141
Dauvet, Jean 32
David 65, 213
Davis, Ralph 210
Day, Clive 183
Deane, Phyllis 210
Defoe, Daniel 143
Degrange, Eduard 19
Demarco, Domenico 203
Demokrit 126
Deutsche 148
Diaz del Castillo, Bernal 139
Dickens 24
Dikaiarchos 128, 130, 132
Dilthey, Wilhelm 3, 53, 169, 170, 174
Dillen, Johannes Gerard van 190, 204
Dinklage, Karl 204
Djakonov, I. M. 208
Djurović, M. 209
Dobel, Franz 32
Dodworth, W. 183
Doehard, Renée 204
Dölger, Franz 209
Dollinger, Philippe 198
Domar, Evesey D. 11, 55
Dominguez Ortiz, Antonio 203
Domann 141
Dopsch, Alfons 168, 170, 178, 224
Doren, Alfred 176
Doria 33
Dreyer 48
Drinić, M. J. 208
Droysen, Johann Gustav 8
Drumann, Wilhelm Carl August 172
Duby, Georges 202
Dunkelgud, Heinrich 31
Duns Scotus 133
Dupont de Nemours 54
Durkheim, Emile 55, 154, 187

Easterbrook, W. T. 213
Easterlin, R. 111
Eckhart, F. 208
Ehinger 32
Ehrenberg, Richard 32, 35, 36, 37, 173

Personen

Eichhorn, Karl Friedrich 150
Elisabeth, Königin 173
Ellinger Bang, Nina 189
Ellis 191
Elsas, Moritz J. 183
Enbeck, Ditlev 31
Endrei, Walter 208
Engels, Friedrich 86, 157
Engerman, Stanley L. 212
Engländer 148, 214
Ennen, Edith 199
Espinosa 213
Esterhues, Elisabeth 35
Eucken, Rudolf 59
Eucken, Walter 51
Europäer 214
Evelpidis, Ch. 209
Evelyn, John 143

Faaborg, Christoffer 31
Falke, Johannes 171
Fanfani, Amintore 188, 203
Farina 35
Faulkner, Harold U. 184, 213
Febvre, Lucien 92, 186, 187, 200, 201, 202, 223, 227
Feder, A. 9
Feldhaus, Franz Maria 37
Ferber 32
Ferdinand II., deutscher Kaiser 145
Ferguson, Adam 146
Fernandez de Oviedo, Gonzalo 138, 139
Ferrer, Aldo 214
Fieschi 33
Fink, G. 31
Fischer, F. Ch. J. 147
Fischer, Wolfram 200
Fisher, Irving 59
Flaubert 24
Flügel 19
Fogel, Robert W. 65, 212
Fohlen, Claude 202
Forbonnais 147
Forster, Robert 213
Fort, C. D. 20
Fourastié, Jean 63
Fourier, Charles 152
Fournier, August 178
Fox, D. R. 213

Frank, Andre Gunder 112
Franz, Günther 199, 223
Franzosen 144, 145, 202, 214
Freyre, Gilberto 191, 214
Freytag, Gustav 159
Friede, Juan 213
Friedman, Milton 110
Friedrich der Große 173
Friedrich II. (von Hohenstaufen) 14, 145
Friis, Astrid 204
Frisch, Ragnar 55, 59
Fritze, Konrad 206
Fueter, Eduard 159
Fugger 21, 32, 36, 173, 174, 225
Fugger, Jakob 32, 199
Fugger, Anton 32, 199
Funk, Alexius 32
Furtado, Celso 214
Fustel de Coulanges, Numa Denis 185, 186

Gama Barros, Henrique da 188
Garcilaso de la Vega 139
Garzon Maceda, Ceferino 214
Gatterer 145
Gay, Edwin F. 183, 184
Gayer, Arthur D. 210
Geer, Louis de (De) 34
Geldersen 31
Gerloff, W. 167
Germanen 11, 118
Gerschenkron, Alexander 111, 205, 208, 212
Gestrin, F. 208
Gierke 165
Gieysztor, A. 206
Gille, Bertrand 202, 208
Giralt, Emilio 203
Giry 186
Giurescu, Constantin 209
Gladkov, I. A. 208
Gladstone 180
Glamann, Kristof 204
Glotz, G. 186
Gmelin, J. F. 147
Goessens, Passchier 19
Goethe 142, 148
Goetz, Walter 176
Goldenberg, Samuil 209

Goldsmith 46
Gongora, Mario 214
Gonsalves de Mello, J. A. 214
Goten 23
Gothein, Eberhard 160, 173, 178
Gotzkowski 24
Goubert, Pierre 35, 202
Gracchen 157
Grammateus, Henricus 19, s. Schreiber, Heinrich
Gras, Norman Scott Brien 183, 184, 223
Graus, František 206
Gregor I., Papst 29
Griechen 13, 29, 124
Grimaldi 33
Grobbendonk, s. Schetz
Grubb 182
Gruber 31
Grünberg, Karl 178, 179, 180, 226
Guiard y Larrauri, Teófilo 188
Guicciardini 33, 136, 137
Guiraud, Paul 185
Gülich, Gustav von 171
Gustav Adolf, König von Schweden 14
Gutehoffnungshütte 38

Haase, Carl 199
Habakkuk, J. H. 209
Habermas, Jürgen 56
Häbler, Konrad 32, 173, 176
Habsburg 33
Halbwachs, Maurice 92
Haller 32
Hallwich, Hermann 178
Hamilton, Earl Jefferson 64, 183, 213
Hammarström, Ingrid 64
Hanke, Lewis 213
Hanse 18, 116, 141, 148, 149, 172, 197, 198, 205
Hansen 205
Hanssen, Georg 172
Häpke, Rudolf 73, 175, 176
Harker 213
Harms, Bernhard 38, 120, 162, 166
Harsin, Paul 204
Harrod, R. 55, 111
Hartmann, Ludo Moritz 178, 199, 226
Hasenclever, Johann Peter 35
Hassinger, Herbert 204

Haug 32
Hauser, Henri 183, 185, 186, 203
Hauser, Karl 195
Haussherr, Hans 200
Heaton, Herbert 184, 213
Heckscher, Eli F. 188, 189, 205
Heeren, Arnold Hermann Ludwig 146, 186
Heers, Jacques 202
Hegel 154, 155, 159
Heinrich II., König von England 29
Heinrich der Seefahrer 226
Heinrich III., König von Frankreich 136
Heinrich VII., König von England 137
Heinrich VII., deutscher Kaiser 29
Heitz, Gerhard 206
Hellenen 124
Hensel, Witold 225
Heraklit 130, 148
Herder 148, 149
Hermite, Antoine 32
Hermite, Gilles 32
Herodot 13, 124, 125
Herrera, Antonio de 139
Hesiod 124
Heyd, Ludwig 174
Hicks, J. R. 111, 121
Hidy, Ralph W. 213
Hieke, Ernst 37, 225
Hieronymus 132
Hildebrand, Bruno 119, 162, 163, 164, 165, 172, 226
Hildebrand, Karl-Gustaf 205
Hilferding, R. 112
Hobsbawm, Eric J. 210
Hobson, John A. 112
Hochberg, Grafen 15
Hoep, Mathias 31
Hoffmann, Alfred 203
Hoffmann, W. G. 112, 177, 199
Hohberg, Wolf Helmhard von 198
Holländer 143
Hollerith, H. 20
Holmsen, Andreas 205
Holzschuher 18, 31
Homer 81, 124
Hoselitz, Bert F. 211, 212
Hormayr, J. von 147
Houtte, Jan A. van 204

Hroch, Miroslav 206
Huet, Pierre Daniel 143
Hugo, Gustav 150
Huizinga 92
Hume, David 161
Humphreys, R. A. 213
Hüllmann, Karl Dietrich 171
Hussiten 206
Huter, Franz 204
Hvidtfeldt, Johan 204

Ibn-Chaldun 134
Imbert, H. 202
Imhoff 32
Immermann 24
Immerseel 34
Inalcik, Halil 209, 214
Inama-Sternegg, Karl Theodor von 165, 173, 177, 179
Incas 139
Inder 78, 130
Innis, Harold 213
Italiener 148

Jakovcevskij, V. N. 207
Jakovlev, A. F. 208
Janaček, Josef 206
Jankuhn, Herbert 198
Jansen, Max 32
Jansen, Namann 31
Janssen, Johannes 159
Jantke, Karl 199
Jappe Alberts, W. 204
Jara, Alvaro 214
Jeannin, Pierre 202
Jenks, Leland H. 184, 211
Jesuiten 182
Jesus 131
Jireček, Konstantin 179
Johan III., König von Portugal 139
Johansen, Paul 197, 200
Johns Hopkins 211
Johnson, Emory R. 183
Johnson, Oscar Albert 176, 189
Jörberg, Lennart 205
Juden, jüdisches Volk 123
Juglar, Clement 110, 185
Julius, Herzog von Braunschweig-Wolfenbüttel 46
Juttikala, Eino 205

Kafengauz, B. B. 208
Kalveram 168
Kammerer 213
Karl V., Deutscher Kaiser, König von Spanien 29, 33, 203
Karl der Große 23
Karl XII., König von Schweden 14
Karolinger 178, 180, 186
Karpovich, Michael 184, 213
Karthager 13
Kaser, Kurt 178, 180
Kautsky, Karl 157
Kavka, F. 206
Kellenbenz, Hermann 196, 200
Kerkkonen, Gunvor 205
Keynes, J. M. 55, 56, 110
Keyser, Erich 9
Kiesselbach, Wilhelm 172
Kirchenväter 132, 133
Kirchner, Walther 208
Kirkland, Edward C. 184
Kirn, Paul 9
Kitchin 110
Klaveren, Jacob van 195
Klein, Herbert 204
Klein, P. W. 34
Klemm, Gustav 158
Klima, Arnošt 206
Ključevskij, V. O. 190
Klotzsch, J. F. 147
Knies, Karl 162, 172, 181
Kobatsch, Rudolf 166
Koch-Sternfeld, J. E. von 147
Koht, Halvdan 189
Köllmann, Wolfgang 64, 199
Kondratieff, N. D. 110
Konetzke, Richard 196, 200, 213
König, Manfred 136
König, René 50, 61
Körbler, Clemens 32
Kopernikus, Nikolaus 54, 136
Koppe, Wilhelm 177, 198
Kossok, Manfred 206
Kostrowicka 207
Kötzschke, Rudolf 126
Kovačević, D. 208
Kovalevskij, Maxim 190
Krekić, B. 208
Kresevljaković, H. 208

Kress, Room Library 31, 32, 46, 225
Krupp 36, 37
Kuczynski, Jürgen 205
Kula, Witold 207, 223, 225
Kulischer, Josef 176, 190
Kumlien, Kjell 205
Kurth, Godefroid 186
Kurz, Franz 147
Kuske, Bruno 73, 175, 195, 223
Kuznets, Simon 55, 64, 111, 212
Kyros der Jüngere 127

Labib, Subhi 214
Labiola 188
Labrousse, Ernest 111, 202
Lacour-Gayet, J. 202
Laffemas, Isaac de 137
Lahmeyer Lobo, E. M. 214
Lakedaimonier 125
Lamprecht, Karl 159, 165, 173, 178, 180, 186, 189
Landau, Z. 207
Lange, Oskar 55
Langenauer 32
Lane, Frederic C. 211, 213
Landes, David 212
Lapa, José Roberto do Amaral 214
Lapeyre, Henri 21, 33, 201
Lappenberg, Heinrich 171, 172
Latouche, Robert 202
Lavisse 186
Law, John 185
Lederer, E. 208
Leibniz 141, 148
Leitenberger, Franz 178
Lenin 54, 112, 157
Leo, Heinrich 150
Léon, Pierre 202
Leopold I., Kaiser 177
Le Roy Ladurie, Emmanuel 202
Lesnikov, M. P. 208
Leuchs, Johann Michael 19
Levasseur, Emile 185, 223
Lévy-Leboyer, Maurice 202
Lewis, Arthur 111
Linder 147
Link 32
Lipson, E. 210
List, Friedrich 119, 161, 162, 163

Livius 150
Livšic, R. S. 208
Ljaščenko, P. I. 207
Lookwood, W. 213
Lohmann Villena, Guillermo 213
Lokšin 208
Lönnroth, Erik 205
Lopez de Gómara, Francisco 139
Lopez, R. S. 209
Lorenz 63
Lora 188
Lösch, A. 11
Louis XIII 144
Louis XIV 144
Lowmianski, Henryk 206
Lopez de Castanheda, Fernão 139
Lucretius Carus (Lukrez), Titus 130
Ludditen 108
Ludovici, Carl Günther 24, 143
Ludwig XIV., von Frankreich 16, 44
Luetić, J. 208
Lukacs, Georg 56
Lukjanov, P. M. 207
Luschin von Ebengreuth, Arnold 178
Luther 99, 118
Lütge, Friedrich 177, 195
Lüthy, Herbert 203
Luxemburg, Rosa 112
Luz, N. Vilela 214
Luzzatto, Gino 188
Lyder 13

Macedo, Jorge Borges de 203
Macek, Josef 206
Machiavelli 54, 136
Mączak 206
Magalhães Godinho, Vitorino 207
Magdeburger Centurionen 140
McCulloch, J. R. 180
Mac Pherson 147
Makkai, L. 208
Malestroit 137
Malowist, Marian 206
Malthus 83, 109
Mandrou, Robert 201
Manolescu, Radu 209
Marcuse, Herbert 56
Marczewski, Jan 64, 202
Marini 33

Personen

Markov, Walter 206
Marperger, Paul Jakob 24, 143
Maschke, Erich 199
Marselis 34
Marshall, Alfred 54, 181, 188
Marx, Karl 3, 54, 55, 56, 86, 96, 109, 112, 155, 156, 157, 186, 190, 230
Masson, Paul 185, 186
Matschoss, Conrad 37
Mathias, Peter 210
Matich, H. 168
Matthias, deutscher Kaiser 145
Mauersberg, Hans 195
Mauro, Frédéric 111, 202, 213
Maurer, Georg Ludwig von 172
Mayer, Theodor 73, 170, 176, 179, 180
Mazarin, Kardinal 46
Mead, Margret 55
Medici 31, 33, 46
Mehring, Franz 157
Meinecke, Friedrich 178, 191
Melanchthon, Philipp 99
Melis, Federigo 21, 33, 203
Mellafe, Rolando 214
Mendel 31
Mendel'sche Zwölfbrüderstiftung 11
Mendes 34
Menger, Carl 54, 59, 178
Merei, Gy. 208
Merowinger 16, 186
Merton, R. K. 60
Messias 123
Meuvret, Jean 202
Meyer, Eduard 168, 170
Meyer, John R. 64, 212
Mickwitz, G. 31
Milić, Dina 209
Mill, John Stewart 54
Miller, Edw. 209
Minchinton, W. E. 210
Mirković, M. 209
Mises, Leopold von 179
Mitscherlich, Waldemar 119, 166, 167
Mohammedaner 133, 134, 144
Molenda 206
Mollat, Michel 208, 226
Momma-Reenstierna 34
Mongolen 145
Montesquieu 144, 146

Morales Padrón, Francisco 213
Morazé, Charles 201
Moreno, Arellano 213
Morhof, Daniel Georg 142
Mörner, Magnus 213
Mosbacher, Sigmund 32
Möser, Justus 148, 149, 158
Motte 35
Mottek, Hans 206
Mrázek, Otokar 206
Mulich, Paul 31
Müller-Armack, Alfred 120
Mun, Thomas 54, 138

Nadal Oller, Jorge 203
Napoleon 190
Natan, Z. 209
Nef, John U. 213
Negroni 33
Neidhart 32
Nerman, Birger 205
Nerli di Filippo 136
Nettels 213
Newton 78
Nicklisch 55
Niebuhr, Barthold Georg 150
Nielsen, Axel 176, 189
Niermayer, J. F. 204
Nikolaus V., Papst 46
Nikula, Oskar 205
Nistor, Johann 179
Nitzsch, Karl Wilhelm 157, 172
Nietzsche 148
Nordamerikaner 214
North, Douglass 213
Nunes Dias, Manuel 203, 214

Odén, Birgitta 205
Odenbreit, B. 168
Olechnowitz, Karl Friedrich 31, 206
Oliveira Marques, Antonio de Henrique 213
Olsen, Albert 189
Olsen, Gunnar 204
Onody, Oliver 214
Oppenheimer, Franz 176
Oresme, Nicolas de 54, 133, 135
Osmanen 145
Österreicher 32

Ostrogowski, G. 209
Otruba, Gustav 204
Ott Heinrich, Kurfürst von der Pfalz 46

Pach, Zs. P. 208
Pacioli, Luca 18
Palavicino, Horatio 210
Pareto, Vilfredo 54, 188
Parias, L. H. 202
Parish 35, 173
Parsons, Talcott 55
Parvus-Helphand A. 112
Pauliny, Akoš 206
Pavlenko, N. I. 208
Pažitnov, K. A. 207
Pascu, Stefan 209
Paskaleva, Virginia 209
Peisker, Jan 179, 180
Peller 32
Pellet, Jean 35
Peloponnesier 125
Pereira Salas, Eugenio 214
Perroux, François 112
Perser 72, 127
Peruzzi 31
Petrus Martyr 138
Petry, L. 31
Petty, William 143
Peutinger, Konrad 54
Peyer, H. C. 203
Philipp II. von Spanien 33, 200
Philippovich, Eugen von 165
Philippson 19
Phönizier 13
Phönix-Rheinrohr 38
Pickl, Othmar 203
Piffer Canabrava, Alice 214
Pipping, Hugo 205
Pirchegger, Hans 180
Pirenne, Henri 186
Pisz, Johann 31
Pitz, Ernst 52
Platon 54, 126, 127, 130
Plautius 33
Plenge, Joh. 163, 167, 168
Podmer 31
Poggi 188
Pogrebinskij, A. P. 208

Pokrovskij, M. V. 191
Polišensky, Josef 206
Pölnitz, Götz, Freiherr von 32, 199
Polybios 129
Popović, D. J. 209
Popplau 31
Portal, Roger 208
Porte, de la 19
Portugiesen 139, 214
Posch, Fritz 204
Postan, M. M. 209, 210
Posthumus, Nicolas W. 183, 190, 223
Power, Eileen 183
Prado Junior, Caio 214
Praun 31, 32
Pressnell, L. S. 210
Přibram, Alfred Francis 178, 183
Přibram, Karl 179
Price, L. L. 223
Proesler, Hans 199
Pronštein, A. P. 207
Propheten 123, 131
Purš, J. 206
Pytheas 24

Quesnay 54

Rademacher 34
Ramsay, G. 210
Ranke 148, 150, 171, 172, 173
Ranki, Gg. 208
Rašin, A. G. 208
Ratkoš, Peter 206
Rau, Karl Heinrich 161
Rau, Virginia 203
Raumer, Georg Wilhelm von 157
Raupach, Hans 208
Raychaudhuri, Tapan 214
Raynal, Abbé 147
Redlich, Fritz 3, 211
Rees du (Du) 34
Reincke, Heinrich 191
Reitmeyer 147
Repgow, Eike von 97
Revesz, I. 208
Ricardo, David 54, 112
Rich, E. E. 209
Rickert 174
Riehl, Wilhelm Heinrich 158
Riemersma, Jelle 211

Riesman, David 55, 121
Rinne, Joh. Chr. 162
Rios, Ch. F. 59
Rittershausen, Heinrich 59
Rjurik 15
Robertson 182
Rockefeller Foundation 182
Rodbertus 165
Rogers, James Edwin Thorold 180
Romano, Ruggiero 202
Romantiker 149
Römer 11, 13, 129, 130, 144
Roosevelt 54
Roover, Raymond de 18, 79
Rörig, Fritz 176, 197
Rosa, Luigi de 203
Roscher, Wilhelm 102, 151, 172, 185
Rostovzeff, N. 190
Rostow, W. W. 111, 112, 121, 211, 212
Roth, Johann Ferdinand 147
Rothschild 202
Rubinstein, N. L. 208
Rudolf II., Kaiser 26
Ruiz (Ruys), Andre 33
Ruiz Martin, Felipe 33, 201, 203
Ruiz, Simon 21, 33, 201
Ruland, Ott 32
Runciman, Steven 209
Rusinski, W. 207, 223
Rutenburg, V. I. 208
Rutkowski, Jan 206

Saint-Simon, Claude-Henri de Rouvroy, Graf von 2, 36, 152, 162
Sakazov, I. 209
Salin, Edgar 200, 211
Salimbeni 136
Salvemini 188
Salviati 33
Salvioli, Giuseppe 188
Sampayo, Thomas de 34
Samsonowicz 206
Samuelson, Paul 55
Samuelsson, Kurt 35, 205
Sanchez Albornoz, Claudio 214
Sander, Paul 179, 180, 223
Sándor, P. 208
Sándor V. 208
Sapori, Armando 188, 203
Sarazenen 186
Sartorius 171
Sassaniden 14, 81
Sauli 33
Savary 24, 143
Savigny, Friedrich Karl von 150
Say, Jean-Baptiste 36, 54, 80, 153, 161, 184
Schäfer, Dietrich 160, 173, 176, 191
Schäffle, A. 165
Schalk, Karl 178
Schanz, Georg 173
Šaskolskij, I. P. 208
Scherer 158
Schetz 34
Schildhauer, Johannes 206
Schlesinger, A. M. 213
Schlözer, August Ludwig von 145
Schmalenbach, E. 20, 38
Schmidt, Michael Ignaz 145, 146
Schmoller, Gustav 36, 119, 162, 163, 164, 165, 172, 173, 174, 178, 179, 181, 186
Schneider, A. 168
Schoapp, J. G. 19
Scholastiker 132, 133
Schönberg, Gustav 119, 163, 164, 165, 167
Schramm, Percy Ernst 35, 196
Schreiner, Johan 205
Schröder, W. v. 179
Schuhmacher 20
Schulte, Aloys 174, 176
Schultz, H. 59
Schumpeter, J. A. 55, 57, 59, 86, 110, 120, 184
Schwarz, Matthäus 19
Scipio der Jüngere 129
Sée, Henri 176, 185, 187
Seignobos 186
Seiler 32
Semmingsen, Ingrid 205
Serra, Gian Battista 54, 138
Shaftesbury 148
Shannon 213
Shorter, E. 64
Shotwell, I. T. 184
Siemens 36
Siemens, Werner von 24
Sigismund, Erzherzog von Tirol 14

Silva, José Gentil da 201, 203
Simonde de Sismondi 109, 161
Sienesen 136
Sieveking, Heinrich 176
Simonsen 191, 214
Simonsfeld, Henry 174
Sinclair, Sir John 146
Skrubbeltrang, Fridlef 204
Sladkovskij, M. I. 208
Slicher van Bath, B. H. 204, 223
Smith, Adam 2, 24, 54, 56, 72, 115, 146, 151, 152, 154, 161, 189
Söderberg, Tom 205
Söderlund, Ernst 205
Sokrates 126
Solmi 188
Solon 54, 124
Sombart, Werner 36, 54, 120, 165, 170, 174, 175, 176
Sophisten 125
Spanier 139, 196
Spann, Othmar 73
Spencer, Herbert 153, 158
Sperges, J. von 147
Spiesz, Anton 206
Spiethoff, Arthur 51, 57, 110, 165, 179, 200, 211
Spinola 33
Spooner, Frank C. 210
Sprandel, Rolf 199
Sproemberg, Heinrich 197, 206
Srbik, Heinrich von 179, 180
Stalin 55, 207
Stälin, Christoph Friedrich von 171
Steele-Commager 213
Stefanescu, Stefan 209
Stein, St. J. 213
Stein, Lorenz von 154, 155, 177
Steinhausen, Georg 173
Steuart 161
Stieda, Wilhelm 173
Stolz, Otto 179, 204
Stone, Lawrence 210
Stoob, Heinz 199
Storch, Heinrich 161
Strabo 130
Strieder, Jakob 175, 176, 177, 195
Stromer, W. Frhr. v. 31
Strozzi 33

Stolper, Gustav 195
Strumilin, S. G. 191, 207
Suck-Pauli 35
Sudermann 140
Sulla 29
Sumerer 13
Supple, B. E. 210
Svanidze, A. A. 208
Svoronos, N. 209
Sweezy, Paul 112
Sylvester Maurus 132
Szanto, S. 178, 226

Tacitus 24, 130
Tadić, J. 208
Tarlé, E. 190
Taussig, F. W. 183
Tawney, Richard H. 182, 211
Tenenti, Alberto 202
Tertullian 132
Thierfelder, H. 31
Thierry, Augustin 152
Thrupp, Sylvia 211, 212
Thukydides 125, 129
Thünen, Johann Heinrich von 59, 73
Thun (und Hohenstein), Leo Graf v. 177
Thyssen 38
Tichomirov, M. N. 207
Timm, Albrecht 199
Tinbergen 55
Tölner, Johann 18, 31
Tönnessen, Johan N. 205
Tomascewski, J. 207
Tooke, Thomas 180
Toniolo, Giuseppe 175, 188
Topolski, J. 206, 207
Torlona 188
Toynbee, A., d. Ä. 180
Tremel, Ferdinand 203
Treue, Wilhelm 37, 196
Trevelyan, G. M. 209
Trevor-Roper, H. R. 210
Trip 34
Troeltzsch, Ernst 175
Tucci, Ugo 33
Tucher 32
Tugan-Baranovskij, M. I. von 190
Turgot 2, 54, 83, 151, 161
Turner, F. J. 183

Tutain, Jean-Claude 64
Tveite, Stein 205

Ukert 186
Unilever 210
Unwin, George 181, 223
Ursel, s. Schetz
Usher, Abbot P. 184, 213
Ustjugov, N. V. 207
Uytven, R. van 204

Van den Berg 92
Varro 130, 132
Vasa, Gustav 189, 205
Vauban 56
Vazquez de Prada, Valentin 201, 203
Veckinchusen, Hildebrand und Sievert 21, 31
Verhulst, A. E. 204
Verlinden, Charles 204
Viatis 32
Vicens Vives, Jaime 203
Vico 148
Vilar, Pierre 35, 202
Villalobos, Sergio 214
Villani, Giovanni 136
Viñas y Mey, Carmelo 203
Vinogradoff 190
Vlachović, Josef 206
Vladimir Svjatoslavič 15
Vogel, Walther 175, 176, 197
Volpi 188
Voltaire 144, 145, 150
Voltes Bou, Pedro 203
Vossius, Isaak 46
Vuco, V. 209

Wade, J. 180
Waldemar, König von Dänemark 22
Walras, Léon 54
Wätjen, Hermann 190
Wagner, Adolf 181
Warendorp & Clingenberg 31
Weber, Alfred 73, 179

Weber, Max, 3, 38, 51, 54, 55, 57, 165, 169, 174, 175, 182, 211
Weber, Ottokar 178
Welser 32, 173, 213
Wenzel, deutscher König 145
Werdenhagen, Johannes Angelus 140, 141
Werveke, H. van 204
Wheeler, John 137
Whitaker, Harold 213
Whitney, William 64
Wicksell, Knut 54, 110
Widener, Library 46
Wiedenfeld, Kurt 211
Wiese, Leopold von 55
Wikinger 13, 15, 68, 89, 108, 205
Wilda, Wilhelm E. 171
Wilhelm der Eroberer 22
Wilhelm, Landgraf von Hessen 46
Willan, T. S. 210
Wilson, Charles 209, 210
Windelband 174
Wittenborg, Hermann 18, 31
Wopfner, Hermann 179
Wolf, Adam 177
Wolf, G. 8
Wolff, Philippe 202
Wolff, S. de 110
Wundt, Wilhelm 92
Wyczanski, A. 206

Ximenes 34
Xenophon 126, 127

Ympyn Christoffels, Jan 19

Zangmeister 32
Zaozerskaja, E. I. 208
Zavala, Silvio 213
Zirngibl 147
Zogravski, Dančo 209
Zola 24
Zollern, Grafen 16
Zorn, Wolfgang 195, 198
Zurmühlen 35